中国法学会后期资助项目文丛

BOOK SERIES FUNDED BY CHINA LAW SOCIETY

项目执行人

孙立军

中国法学会后期资助项目文丛

BOOK SERIES FUNDED BY CHINA LAW SOCIETY

台湾地区涉陆区际私法问题实证研究

Interregional Private Law Issues Between the Mainland and Taiwan :
An Empirical Study of Legal Practice in Taiwan

曾丽凌◎著

九州出版社
JIUZHOUPRESS 全国百佳图书出版单位

图书在版编目（CIP）数据

台湾地区涉陆区际私法问题实证研究 / 曾丽凌著.
-- 北京 ：九州出版社，2019.12
ISBN 978-7-5108-8756-7

Ⅰ．①台… Ⅱ．①曾… Ⅲ．①私法－研究－台湾
Ⅳ．①D927.580.304

中国版本图书馆CIP数据核字（2020）第013417号

台湾地区涉陆区际私法问题实证研究

作 者	曾丽凌 著	
出版发行	九州出版社	
地 址	北京市西城区阜外大街甲 35 号（100037）	
发行电话	(010)68992190/3/5/6	
网 址	www.jiuzhoupress.com	
电子信箱	jiuzhou@jiuzhoupress.com	
印 刷	北京九州迅驰传媒文化有限公司	
开 本	720 毫米 ×1020 毫米 16 开	
印 张	26.5	
字 数	350 千字	
版 次	2020 年 6 月第 1 版	
印 次	2020 年 6 月第 1 次印刷	
书 号	ISBN 978-7-5108-8756-7	
定 价	92.00 元	

中国法学会后期资助项目文丛

文丛说明

　　为进一步落实中央《关于加强中国特色新型智库建设的意见》，充分发挥中国法学会作为党和政府联系法学法律界桥梁和纽带的作用，着力实现中国法学会作为国家法治建设领域核心智库的发展目标，为专家学者开展法学研究和成果转化提供支持，不断丰富和发展中国特色社会主义法治理论体系，中国法学会特决定设立后期资助项目，对具有重要理论和实践价值的优秀法学研究成果予以后期资助，纳入"中国法学会后期资助项目文丛"出版。2015 年中国法学会后期资助项目设立以来，累计立项 80 余项成果，已交付出版 60 余部。今后每年我们还将评选确定一定数量的后期资助项目并予以出版。

中国法学会研究部

2019 年 5 月

目 录
Contents

导　论

一、问题的提出

台湾地区涉陆民事案件的处理过程中所涉区际私法问题的范围包括涉陆民事案件管辖权、法律适用与裁判认可与执行。目前，两岸除了在裁判认可与执行等司法互助问题上达成了初步协议外，管辖权问题和法律适用问题依然处于各说各话的自发状态。就台湾地区而言，于1992年开始施行的"台湾地区与大陆地区人民关系条例"（下文简称为"两岸人民关系条例"，或"两岸条例"，或"条例"）系台湾地区对两岸往来关系的综合性规范，其中民事部分是以台湾地区"涉外民事法律适用法"为参考，并在采纳"区际法律冲突"理论的基础上制定而成，形成既有民事冲突规范、又有民事实体规范的二元调整格局。

在这部"条例"的创制之初，学术界就开始批判其过度"单边性"和当地法至上主义，直指台湾当局对待大陆人民不够公平、开放和文明，也就是"不够法治"。很可惜的是，二十多年过去了，当前我们对它的了解，某种程度上仍然停留在纸面的静态立法例和"法条主义"的理论演绎之上。在这二十多年间，两岸关系在起起伏伏中向前发展，然而学术理论认识多年来却似乎尚未超越这种"不够法治"的"宣称"批判水平。事实上也鲜有人去关注这部"条例"在台湾社会运作过程的真实状况，无暇或无意去分析这部分"不够法治"的规范是如何被执行适用、与事件当事人和争议纠纷的内在关系究竟是什么。不可否认，法学研究应鼓励以"更为合理地解决问题"为己任的责任意识，但在"解决问题"这个实用取向之前，似乎更应该处理好法学如何"认识"问题这一个关键性环节。就两岸区际私法而言，囿于理论预设的框架，仅仅依靠法律内在逻辑理论演绎推理的传统法释义学，是无法回答台湾地区以"两岸人民关系条例"为核心的涉陆民事规范体系当下是以何种方式"存在"或"变形"于台湾当代法制之中的。当我们观照这部两岸间重要的规范时，发现关于其司法运作状态、社会效用、与两岸民间生活的互动过程等问题，长期处于被学术界所忽视的状态，亟待理论及实证性的研究来填补和构建。

有鉴于此，本研究拟透过"法律实证研究"（Empirical Legal Studies）视角，考察以"两岸人民关系条例"为核心的台湾地区涉陆区际私法实践状况，并将关注重心置于下列三个问题意识之上：

首先，台湾地区涉陆区际私法实践的应然与实然状态如何？已有的理论共识能否借助实证研究证实或证伪？如何评价现有规范的实践效果？

其次，在面对两岸的民事关系的多样化形态时，以"两岸人民关系条例"为核心的法律规范体系是否能够广纳社会结构因素的复杂度？在管辖权、法律适用、判决认可执行等制度的运行中，会遇到哪些规范中未曾规定的实践新问题，实务人士又是如何因应这些新问题的？

最后，在当前两岸都正经历着渐进但显著的法律变迁和社会变迁的阶段，传统法制精神正向着更具人性尊严和人文关怀的现代法制精神过渡，两岸区际私法法治的未来又应向着怎样的方向发展？

二、研究的价值和意义

从宏观而言，沟通理性要求在参与者相互之间建立起相互承认的关系，相互接受对方的视角，学会用他者的眼光审视自己，相互学习，取长补短，这才可能出现建立在信念基础上的共识。[①] 两岸在面向未来思考构建法律协调机制时，祖国大陆不仅应从我出发开展涉台研究，更应深入开展台湾地区涉陆民事案件的实践研究，这样方能知己知彼，从台湾的法制和社会层面寻找最大共识，进而寻求两岸法制协调框架的能动创造，形成两岸共识和常态制度。从这个意义上来看，本选题实质上是一个从两岸关系框架的微观视角介入两岸未来的实践性问题[②]，研究成果将有助于推动两岸各层次交往中的规范朝"法制化"和"共识化"方向发展。

从微观而言，当前，两岸关系呈现出一种不完全的治理模式，关系结构上主要倚重两岸公权力的政治力量自上而下的构建治理权威和社会秩序，对民间社会参与两岸治理尚未充分重视。两岸公权力机关的交往范围也基本上局限于行政性事务，而较少涉及司法事务和立法事务。[③] 殊不知，两岸民商事争议的司法解决过程恰是民众独立地对两岸的法制进行理性评判的实践过程，也是在司法场域交往中培养两岸社会信任，实现两岸司法资源的最优化配置的自下而上的治理过程。两岸人民的和谐共处，有赖于用沟通理性的思维从微观司法活动层面加强对话和理解。区际私法的研究路径也应如此，即从微观个案观察发展至宏观制度构建。由是之故，本选题之研究将结合法学、社会学和统计学方法，开展定性和定量实证研究，

---

① 郑永流：《中国法圈：跨文化的当代中国法及未来走向》，《中国法学》2012 年第 4 期，第 14 页。

② 刘文忠：《两岸法律适用问题研究——一个政治与法律互动的视角》，《台湾研究》2012 年第 6 期，第 15 页。

③ 周叶中、段磊：《海峡两岸公权力机关交往的回顾、检视与展望》，《法制与社会发展》2014 年第 3 期，第 168 页。

真正回答"两岸互动"这个一体两面议题中之"台湾涉陆区际私法实践的真实状况为何"这一关键性问题,以丰富两岸区际私法当下的现代性理解,并从中找出改变和提升的契机。

三、本选题国内外研究现状述评

就本研究选题研究范围而言,两岸现有的研究主要在以下几个方面形成了较有价值的学术观点:

(一)台湾地区"两岸人民关系条例"综合评价

"两岸人民关系条例"诞生于两岸政治互动及人民交往的新时期[1]。两岸学者普遍认为"条例"是台湾地区推动两岸关系朝制度化方向发展的重要一步。"条例"在整体内容上包含了民、刑、行政法律关系的内容,性质上属于综合性立法。[2]大陆学者曾宪义认为"台湾当局制定这种包罗万象的特别法,旨在使其成为效力高于其他法律、用以处理两岸民间交往一切事宜、使用方便的根本性法律,以与两岸关系的特殊性、复杂性相适应"。[3]

"条例"体现了进步、开放中的限制、保守与矛盾。[4]从积极的意义上来看,"条例"具有现实性和前瞻性的特点,即在立法上注意了两岸在法律制度上的差异,一定程度上突破了其不现实的法统观念[5],有条件地承认

---

① 田飞龙:《历史脉络中的"两岸人民关系条例"》,《新产经》2013年第3期,第68页。

② 许惠佑:《两岸交流法制之建立》,《中国大陆法制研究》(第6辑),台北"司法院司法行政厅"1997年版,第327-329页、第343-345页。

③ 曾宪义等:《关于"台湾地区与大陆地区人民关系条例"的评估及对策的初步研究》,《涉台法律问题研究》,海峡两岸关系协会编,1994年1月,第45页。

④ 《海峡两岸人民关系的法律问题——全国台联和人民大学台法所联合举行台湾"两岸关系条例(草案)"研讨会》,《法律学习与研究》1989年第6期,第13-27页;黄来纪、宋锡祥:《"台湾地区与大陆地区人民关系条例"研讨综述》,《上海大学学报》(社科版)1993年第4期,第77-79页。

⑤ 陈友平:《台湾"两岸人民关系暂行条例"草案得失评》,《法学杂志》1990年第5期,第13页。

了大陆方面法律的效力以及制作的文书及民事裁决的法律效力，这是面对现实的务实做法，同时立法上考虑到将来两岸关系的发展，在条文上留有多处可供变通的伏笔，期以行政裁量模式推进两岸互涉法律问题个案化，具有一定的前瞻性。但从消极的意义上来看，学者普遍认为"条例"的局限性也是很明显的，包括：落后保守，对两岸交往进行限制；歧视违理，对大陆方面有关法律和人民做出诸多不平等的不合情理的规定。① 从某种意义上讲，认为这一"条例"只不过是台湾当局若干僵化的大陆政策的固定化而已。② 总体来看，"条例"是禁多于导，限制多于开放，这种封闭性的立法与两岸民间交往的开放性要求势必产生矛盾，因此，台湾当局不得不对有关规定进行频繁的修改③。近年来两年法律事务处理方式的变化逐渐由以单方规范为主的模式向单方规范、两岸协议为主的模式过渡，个案变通方式在处理两岸法律事务中的作用有所式微。④

（二）台湾地区"两岸人民关系条例"中民事篇冲突规范评价

学者普遍认为："两岸人民关系条例"中民事篇冲突规范将两岸民事法律问题，定位在"区际法律冲突"上是可取的。⑤ 大陆学者在坚持"一国两制"的政治立场前提下，普遍认为两岸间的法律冲突本质上是区际法律

---

① 覃有土：《同一法律问题的悬殊规定——评大陆与台湾对两岸人民继承彼岸遗产的不同态度》，《法学研究》1992 年第 3 期，第 42-46 页；王泽鉴：《海峡两岸人民继承的若干问题》，《中外法学》1990 年第 5 期，第 39-45 页；凌远：《评台湾当局的"两岸关系条例"》，《中国法学》1992 年第 6 期，第 94-98 页；陈友平：《台湾"两岸人民关系暂行条例"草案得失评》，《法学杂志》1990 年第 5 期，第 12-14 页；田文君：《论海峡两岸人民法律地位平等》，《中南政法学院学报》1993 年第 4 期，第 122-126 页；梁建达、蔡银喜：《台湾当局应当赋予海峡两岸人民平等的继承权利》，《汕头大学学报》（人文科学版）1991 年第 1 期，第 72-78 页。

② 曾宪义、郑定：《略论两岸关系的立法与前途》，《法律学习与研究》1992 年第 4 期，第 72 页。

③ 王建源：《在事实与规范之间——论国家统一前的两岸交往秩序》，《台湾研究集刊》2001 年第 2 期，第 80 页。

④ 彭莉：《试论近年来两岸法律事务处理方式的变化》，《台湾研究》2011 年第 4 期，第 6-10 页。

⑤ 余先予主编：《台湾民商法与冲突法》，东南大学出版社 2001 年版，第 609 页。

冲突①,台湾学者多数认同两岸间法律冲突可归类为特殊的区际法律冲突②,仅有少数学者认为两岸间法律冲突规则并非区际私法的性质。③

"条例"在立法方式上采用逐条式、细密性的规范原则。多数学者肯定该法有关解决区际法律冲突的规定尽管有部分不符合现代国际私法选法规则但仍是目前台湾地区所制定内容最广泛的解决两岸区际法律冲突的综合性规范,④为台湾解决海峡两岸的法律冲突提供了法律上的准备和依据。⑤但是学者普遍认为"条例"中的措辞、形式上大量采用单面冲突规则、某些准据法确定方法的陈旧落后,均体现了"条例"保守性的一面。⑥学者

---

① 韩德培、黄进:《制定区际冲突法以解决我国大陆与台湾、香港、澳门的区际法律冲突》,《武汉大学学报》(社会科学版)1993年第4期,第56页;余先予主编:《台湾民商法与冲突法》,东南大学出版社2001年版,第597页;黄进主编:《中国的区际法律问题研究》,法律出版社2001年版,第5页;肖永平、杜涛:《当代多法域国家区际法律冲突协调模式研究》,《中国国际私法与比较法年刊》1998年卷;郭玉军、徐锦堂:《中国区际法律冲突解决路径探析》(上、下),《时代法学》2008年第1期,第13-22页,2008年第2期,第8-23页;徐崇利:《两岸民商事法律冲突的性质及立法设计》,《厦门大学法律评论》第5辑,厦门大学出版社2003年版,第270-286页;沈涓:《中国国际冲突法研究》,中国政法大学出版社1999年版,第54-66页;于飞:《海峡两岸民商事法律冲突问题研究》,商务印书馆2007年版,第22-29页;冯霞:《涉港澳台区际私法》,中国政法大学出版社2012年版,第73页。

② 刘铁铮、陈荣传:《国际私法论》,台湾三民书局2011年版,第737页;王志文:《港澳问题与两岸法律冲突》,《法令月刊》1992年第43卷第1期,第8页;王志文:《解决两岸法律冲突的思考模式》,《法律学习与研究》1992年第2期,第77-84页;赖来焜:《国际私法中区际法律冲突之研究》,《法律哲理与制度——国际私法》,台湾元照出版公司2006年版,第437页。

③ 王泰铨、陈月端:《两岸关系法律》,台湾大中国图书股份有限公司2000年版,第190页。

④ 赖来焜:《国际私法中区际法律冲突之研究》,《法律哲理与制度——国际私法》,台湾元照出版公司2006年版,第437页。

⑤ 韩德培、黄进:《制定区际冲突法以解决我国大陆与台湾、香港、澳门的区际法律冲突》,《武汉大学学报》(社会科学版)1993年第4期,第56页。

⑥ 余先予主编:《台湾民商法与冲突法》,东南大学出版社2001年版,第615-618页;汪萍、许石慧、王淳:《试论海峡两岸民事法律冲突的合理解决》,《江苏社会科学》1999年第5期,第59-65页;裴普:《海峡两岸民商事关系法律适用刍议——兼评台湾"两岸人民关系条例"》,《现代法学》1999年第2期,第108-111页;徐平:《台湾当局有关两岸民事关系法律适用规定之评析》,《台湾研究集刊》1994年第3期,第31-40页;许俊强、吴海燕:《海峡两岸民事法律适用问题研究》,《大连海事大学学报》(社会科学版)2003年第3期,第22页;赖来焜:《国际私法中区际法律冲突之研究》,《法律哲理与制度——国际私法》,台湾元照出版公司2006年版,第437页。

吴光平认为，现代冲突法则的立法已较少采用单面法则，但"条例"却大量运用单面法则，此在现代冲突法则立法上可谓罕见。而且"条例"极力想扩大法院地法的适用，明显蕴含有"当地法至上主义"的思想在其中①，也反映出相当程度之政治顾虑。②

"条例"属人法连结因素采用"设籍地"；有的学者认为从一国四法域的协调来看，应以"住所"或"经常居住地"取代户籍地作为连结因素最为合适。③

就两岸民事事件的界定，学者认为，根据"条例"第 41 条第 1、2 项规定，可知，其对两岸民事事件之认定，系以当事人为唯一标准，换言之，只要某民事法律关系当事人之一方为大陆人民者，该民事法律关系即为涉陆民事法律关系而须依"条例"冲突法则择定准据法，纵当事人双方皆为台湾地区人或大陆人民但行为地或物之所在地在大陆者，亦不构成涉陆民事法律关系。④

就一区数法问题，有学者认为其针对的是 1997 及 1999 年港澳回归之后，中国的多法域问题⑤，但台湾学者徐慧怡认为，当有涉及台湾地区与澳门间，或台湾地区与香港间之贸易事件时，台湾地区之法院将直接适用"香港澳门关系条例"，类推适用"涉外民事法律适用法"之规定处理，从

---

① 吴光平：《涉陆民事关系之准据法——"两岸人民关系条例"第三章之研究》，台湾《德明学报》2003 年第 32 期，第 157 页；李平：《大陆与台湾法律冲突问题分析及其冲突规范比较》，《四川大学学报》（哲学社会科学版）1993 年第 4 期，第 109 页。

② 王志文：《海峡两岸法律冲突规范之发展与比较》，《法学家》，1993 年第 5/6 期，第 102 页。

③ 于蓁篱：《论解决中国区际法律冲突的基本连结因素》，《宁波大学学报》（人文科学版）1991 年第 2 期，第 108 页；徐崇利：《两岸民商事法律冲突的性质及立法设计》，《厦门大学法律评论》第 5 辑，厦门大学出版社 2003 版，第 270-286 页。

④ 吴光平：《涉陆民事关系之准据法——"两岸人民关系条例"第三章之研究》，台湾《德明学报》2003 年第 32 期，第 158 页。

⑤ 杨贤坤：《试论海峡两岸民事、经济交往适用法律的原则——兼论"台湾地区与大陆地区人民关系条例"民事部分适用法律的规定》，《中山大学学报》（社会科学版）1993 年第 2 期，第 32 页。

而目前"两岸关系条例"第42条之规定尚无适用之余地。① 台湾学者陈荣传教授认为，一区数法有可能是因地方或当事人特性而有多数内容不同的法律同时并存时，理论上应该由大陆依其内部之冲突规则，决定应适用何法律。②

就大陆方面法律不明及反致适用台湾法之条款，学者认为所谓"法律不明"应指法无明文或法之适用有疑义，③ 但有学者持反对意见，认为应仅指的是法无明文④。关于反致问题，有的学者认为其目的无非是为扩大台湾地区"法律"的适用，⑤ 在区际冲突法中接受反致，会导致扩大本法域法律的适用范围而损害外法域法律的平等地位。⑥ 但有的学者却认为在各地区用自己的法律调整区际冲突的时期，是应该采用反致制度的。但反致制度的采用必须加以限制。⑦

就公序良俗条款，有的学者肯定其能在两岸民商事区际法律冲突的解决中充当"安全阀"的作用⑧，是国家分裂状态下不得已的选择，与法庭地之扩大适用无关。⑨ 仅仅从文本来看，大陆和台湾在区际公共秩序保留制度中采用的是内容违背标准或主观说，而不是结果违背标准或客观说。因

---

① 徐慧怡：《两岸贸易法律冲突之研究——由"台湾地区与大陆地区关系条例"之规定观之》，《〈WTO法与中国论坛〉文集——中国法学会世界贸易组织法研究会年会论文集（六）》2007年5月，第154页。

② 陈荣传：《两岸法律冲突的现况与实务》，台湾学林出版社2003年版，第21-22页。

③ 王泰铨、陈月端编著：《两岸关系法律》，台北大中国图书出版社2000年版，第51页。

④ 吴光平：《涉陆民事关系之准据法——"两岸人民关系条例"第三章之研究》，台湾《德明学报》2003年第32期，第160页。

⑤ 冯霞：《涉港澳台区际私法》，中国政法大学出版社2012年版，第139页。

⑥ 余先予、杨亮：《评海峡两岸"人民关系条例"中的民事法律冲突规范》，《宁波大学学报》（人文科学版）1993年第2期，第100页。

⑦ 沈涓：《中国区际冲突法研究》，中国政法大学出版社1999年版，第104页。

⑧ 徐崇利：《两岸民商事法律冲突的性质及立法设计》，《厦门大学法律评论》第5辑，厦门大学出版社2003版，第282页。

⑨ 王泰铨、陈月端编著：《两岸关系法律》，台北大中国图书出版社2000年版，第52页；刘铁铮、陈荣传：《国际私法论》，台湾三民书局2011年版，第744页。

此，大陆学者普遍对台湾地区采用"公序良俗"排除大陆方面法律适用的可能性表示担忧，认为在解决大陆与台湾的区际法律冲突时，与解决其他区际法律冲突比较起来，公共秩序保留原则的运用可能更为重要，其频率也会高些①。"'条例'所规定的公共秩序保留制度如果被台湾当局滥用则会对发展两岸的正常关系产生非常不利的影响。"②"大陆与台湾在社会制度、意识形态上有很大的不同，台湾当局如利用这一条款任意解释，则可能在很大程度上排除大陆法律的适用。"③两岸的民商事区际法律冲突时全方位的，从而导致人民法院对公共秩序保留制度使用的频率可能也会更高一些。④台湾学者对此普遍主张：区际冲突法中公序良俗条款乃一项应谨慎认定的例外规定，故除该法律之规定适用之结果，确实与公序良俗抵触外，不宜动辄认定与台湾地区之法律规定不同者，为违反公序良俗。⑤也有的学者意识到，目前我们对公序良俗的理解，只是从相关文本中推导出来的，在不同法院的司法实践中应该会有不同的理解和做法⑥。

就冲突规范的分论部分，涉及行为能力，法律行为方式，债之契约及侵权，物权，亲属之婚姻、非婚生子女认领、收养、父母子女间关系、监护及扶养，继承之法定继承和遗嘱继承、捐助行为之法律适用。由于在两岸司法实务中，两岸人民间涉及结婚及离婚问题、收养问题以及继承问题的纠纷最为频发。相关文献的研究主要围绕这三个方面的问题进行展开。

（1）婚姻。首先，就婚姻中之涉陆婚姻问题，早期文献多探讨因历史

---

① 汪萍、许石慧、王淳：《试论海峡两岸民事法律冲突的合理解决》，《江苏社会科学》1999年第5期，第61页。

② 余先予主编：《台湾民商法与冲突法》，东南大学出版社2001年版，第617页。

③ 徐平：《台湾当局有关两岸民事关系法律适用规定之评析》，《台湾研究集刊》1994年第3期，第33页。

④ 徐崇利：《两岸民商事法律冲突的性质及立法设计》，《厦门大学法律评论》第5辑，厦门大学出版社2003版，第282页。

⑤ 刘铁铮、陈荣传：《国际私法论》，台湾三民书局2011年版，第744页。

⑥ 郭玉军、徐锦堂：《中国区际法律冲突解决路径探析》（下），《时代法学》2008年第2期，第20页。

遗留问题而产生的两岸重婚之现象，现该问题已随相关规定出台而妥善解决。目前两岸婚姻案件多集中在结婚及离婚案件之管辖权及法律适用问题上。台湾地区伍伟华法官认为，涉陆婚姻之区际管辖，应斟酌具体个案情形，体察两岸直航之现况，妥适认定当事人之住所或经常共同住所，并兼顾法院审理之公益、当事人之程序保障与合理期待，不宜机械式的一律认定台湾法院无论如何必然具有区际管辖权。[①] 至于在两岸常涉及之"假结婚"纠纷事件，应识别为婚姻成立要件问题抑或婚姻效力问题，进而决定援引第 52 条第 1 项还是第 53 条之规定，因其可能导致完全相反之婚姻有效无效的结论，在实务中认识不一。伍伟华法官以及陈荣传教授，分别对确认婚姻不成立、确认婚姻无效以及确认婚姻不存在之各种不同做法进行了评析。[②] 伍伟华法官认为应援引第 52 条第 1 项之规定援引婚姻要件之准据法。其次，关于两岸夫妻财产制问题，有学者关注到台商在大陆定居而生夫妻财产制问题，并对两岸夫妻财产制度进行详细的比较。[③] 在实务中，"针对两岸夫妻财产制冲突之争议案例不多，究其因或许当事人争执重点多在离婚准否，仅是依法（'民事诉讼法'572 条）合并请求夫妻财产分配，较少去争执应该依大陆婚姻法分割共同财产还是该依台湾亲属法分配夫妻财产，换言之两岸实体法差异虽大，但对分割夫妻财产之结果而言，则可谓殊途同归影响不大。"[④] 最后，除了法律领域的探讨外，台湾地区学者还尝试运用人类学方法、社会学方法对外籍配偶和大陆籍配偶的婚姻问题进

① 伍伟华：《涉陆婚姻事件之区际管辖与法律适用》，台湾《法学丛刊》2013 年 10 月总第 232 期，第 90 页。

② 伍伟华：《涉陆婚姻事件之区际管辖与法律适用》，台湾《法学丛刊》2013 年 10 月总第 232 期，第 120-125 页；陈荣传：《论假结婚的涉外及涉陆问题：冲突法的实务观点》，《国际私法理论与实务问题之探讨》，台湾元照出版有限公司 2008 年版，第 273-281 页。

③ 林雪玉：《台湾与大陆地区夫妻财产制之比较研究——兼论台商之相对因应》，台湾《稻江学报》第 5 卷第 1 期，第 1-21 页。

④ 阎小莲：《论两岸夫妻财产法律冲突及解决》，《黑龙江省政法管理干部学院学报》2011 年第 3 期，第 129 页。

行研究。①

（2）收养。涉陆收养案件中，依照各该当事人设籍地区之规定，决定其收养关系成立与否，台湾学者有的认为这条指的是实质要件，形式要件应依法律行为方式条款，有的学者认为这条包含实质与形式要件。该条有反致台湾法的可能。在收养关系的终止上，大陆方面收养法并无相同的用语，大陆是"解除"收养关系，二者之间类似，但并不完全相同，所以这里有定性的问题，不能认为大陆法无明文规定。② 也有学者认为，依法理解释，收养成立及终止的要件，有关收养者部分，应以收养者设籍地为准据法，有关被收养者部分，应以被收养者设籍地为准据法，即对单一的收养行为，同时或并行适用二个准据法。本条规定的形式虽在兼顾收养者被收养者的利益，但实际的结果可能使涉大陆收养较难成立，法院实务似宜妥予解释，以期缓和。③ 特别值得引起重视的是，"条例"针对台湾地区人民收养大陆人民为养子女还特别设置了实体限制规则，体现在第 65 条，"司法院大法官"于 2013 年 10 月 4 日举行第 1409 次会议作成释字第 712 号解释认为法条部分违反"宪法"第 22 条及第 23 条保障收养自由的意旨及比例原则等规定，应自即日起失其效力，"大法官"解释文中对该条进行了详细的剖析。

（3）继承。关于大陆人民继承台湾地区遗产，其管辖权的确定，虽然"条例"未曾规定，赖淳良法官认为其判断之基准应为被继承人死亡时

---

① 这方面的研究成果包括：郭书琴：《法律人类学之理论与方法初探》，《2008 法律思想与社会变迁》，台北"中央研究院"法律学研究所筹备处专书 2008 年版，第 215-254 页；陈国霖：《台湾地区与大陆地区婚姻制度之比较研究》，2007 年台湾高雄大学法学院法律学研究所硕士论文；邓建邦：《跨境婚姻：中国大陆台干家庭的身份安排》，《台湾社会研究季刊》2012 年 6 月第 87 卷，第 173-215 页；王明辉：《台湾外籍配偶结构性弱势情境之分析》，《社区发展季刊》2004 年 9 月第 107 期，第 320-334 页。

② 王重阳：《从国际私法选法规则对两岸收养案件之分析》，台湾《政大法学评论》2006 年 12 月第 94 期，第 335-378 页。

③ 陈荣传：《涉外与涉陆收养准据法之研究》，台湾《台北大学法学论丛》2008 年 6 月总第 66 期，第 38 页。

之住所地或是财产之所在地。"条例"对大陆人民继承权利有诸多的限制，其合宪性仍有检讨之余地。[①] 台湾学者陈荣传认为：在私权的规定中，纳入"国家安全""国防利益"及其他政策的考量，或许可以借此宣示政策立场，但其法律体系却因呈现公法、私法杂陈的混乱现象，仍有改进之必要。[②]

（三）台湾地区"两岸人民关系条例"中民事篇实体规范评价

"条例"的民事部分不仅确定了一系列冲突规范，而且也有若干实体规范。学者们的批评主要集中在限制被继承遗产的数额、声明继承的时效、收养上。认为既违法理，也悖人情。这部分文献综述已经在前文关于继承及收养问题的论述中一并完成，在此不再赘述。

（四）其他

在"条例"条款之外，还有学者对知识产权法律适用、外国法及国际惯例的援用问题进行过探讨。首先，知识产权部分。学者郑成思曾撰文认为"条例"第51条"可能涉及包含版权在内的传统知识产权在区际私法中的法律适用问题。……如果所指的'以权利为标的之物权'可以解释为包含知识产权在内，则它是一条明确版权地域性原则的条款。……当然，相当一部分人包括一部分参与起草'关系条例'的人，可能并不认为起草第五十一条的初衷是希望包含知识产权在内的。但至少我认为如果从法理上推断，可以认为包含知识产权在内。"[③] 其次，外国法、国际条约及国际惯例的援用问题。根据"条例"第三章的规定，对于两岸民商事法律冲突，

---

① 赖淳良：《大陆地区人民继承在台遗产事件处理之研究》，台湾花莲地方法院1994年研究报告，第213页。

② 陈荣传：《两岸法律冲突的现况与实务》，台湾学林出版社2003年版，第244-276页。

③ 郑成思：《台湾的"关系条例"与大陆作者在台的版权问题》，《法学研究》1993年第4期，第25、29页。

台湾法院可适用台湾地区或大陆方面法律。台湾学者认为原则上不能适用其他国家的法律。[①] 大陆学界也有学者主张，对于中国的区际合同法律冲突，如双方当事人均来自中国的不同法域，且合同履行地和缔结地都在中国的这些法域的，就不能适用外国法律，法律选择的范围应仅限于两岸及港澳法律。[②] 学者徐崇利的看法有所不同，他认为，两岸民商事区际法律冲突的解决，可以适用外国法及国际惯例，这样做不会违反"一国两制"的基本原则。国际条约毕竟是主权国家之间签订的法律文件，对于两岸民商事区际法律纠纷的解决，应禁止以任何方式适用国际条约的规定，以免有将"两国论"引入两岸关系之定位的嫌疑。[③]

（五）两岸管辖权问题研究

两岸区际管辖权冲突的主要形式是"平行诉讼"。其冲突主要有四种类型：一般地域管辖、特殊地域管辖、专属管辖冲突和合意管辖冲突。在解决的对策上可采不方便法院原则、受诉在先原则、待决诉讼原则。[④] 也有学者认为可采相互尊重对方管辖权的原则、充分尊重当事人合意管辖原则、礼让原则。[⑤] 还有学者提出还可采取受诉在先与承认预期规则相结合机制。[⑥] 大陆和台湾地区之间现有的间接管辖权的规定本质上都是"被请

[①] 王志文：《两岸三地民事法律适用问题之研究》，《国际私法论文集》，台湾五南图书出版公司1996年版，第331-333页。

[②] 孟宪伟：《我国国际私法应及时出台——港澳回归后我国大陆涉港澳案件的法律适用》，《北京联合大学学报》1997年第2期，第72页。

[③] 徐崇利：《两岸民商事法律冲突的性质及立法设计》，《厦门大学法律评论》第5辑，厦门大学出版社2003版，第279-280页。

[④] 靳羽：《海峡两岸民事诉讼管辖权冲突之对策分析》，《东南司法评论》厦门大学出版社2010年版，第388-400页。

[⑤] 宋健、王天红：《关于解决涉台民商事案件管辖权冲突的几点思考》，《法律适用》2011年第2期，第16-20页。

[⑥] 夏先鹏、林欣宇：《论两岸民商事平行诉讼问题的法律规制》，《海峡法学》2013年第1期，第26-32页。

求方专属管辖排除"模式。①

（六）两岸民事判决的认可与执行问题研究

目前两岸相互认可与执行民事判决的规定仍有诸多分歧与差异，表现在对民事确定裁判的概念与内容、国际管辖权、保障法定听审以及两岸法院认可判决的程序和效力等问题之上。② 大量的民事调解书不被认可影响到了当事人的切身利益，增加了不必要的诉讼。③ 学者认为公共秩序保留为两岸相互认可与执行民商事判决和仲裁裁决所必需，但应合理适度适用。④ 多数学者认为，台湾法院只承认大陆判决认可后作为执行名义，却未能承认既判力，该做法缺乏依据，应当予以纠正。⑤ 也有学者认为大陆法院判决既非台湾法院判决，岂有可能在认可后具有台湾法院判决之既判力。⑥

（七）现有研究存在的问题和评价

从上述六个方面的文献综述来看，目前研究台湾地区涉陆区际私法问题的文献着重从现实合理性及价值公正性的理论角度去比较和评价两岸区际私法立法和政策得失，并对两岸司法互助实务运作过程中所遇到的问题

---

① 王定贤:《简论我国区际私法中的间接管辖权问题》,《河北法学》2009 年第 4 期, 第 48-49 页。

② 王冠玺、周翠:《两岸民事判决的认可与执行问题研究》,《法学研究》2010 年第 3 期, 第 134 页。

③ 罗发兴:《两岸相互认可民事裁判若干问题的检讨与完善》,台湾《法令月刊》2011 年第 62 卷第 9 期, 第 104 页。

④ 于飞:《公共秩序保留的适度适用》,《台湾研究集刊》2010 年第 3 期, 第 11-17 页。

⑤ 伍伟华:《经台湾法院裁定认可确定之大陆民事确定裁判及仲裁判断是否有既判力?》,台湾《台大法学论丛》2009 年第 38 卷第 4 期, 第 385-440 页;黄国昌:《一个美丽的错误: 裁定认可之中国大陆判决有无既判力?》,台湾《月旦法学杂志》2009 年第 167 期, 第 186-203 页;罗发兴:《两岸相互认可民事裁判若干问题的检讨与完善》, 台湾《法令月刊》2011 年第 62 卷第 9 期, 第 104 页; 张文郁:《论大陆判决之承认》,台湾《月旦法学杂志》2010 年第 178 期, 第 246-257 页。

⑥ 吴光陆:《从案例研究大陆地区判决在台湾地区强制执行之救济》,台湾《法令月刊》2010 年第 61 卷第 7 期, 第 89-110 页。

进行检视，部分学者和实务人士也曾讨论两岸民事诉讼管辖权冲突问题，但仅少数文献触及区际私法实务运作所受到的多元社会影响之分析。总体而言，研究在以下几个方面存在不足，尚可开展深入的拓展研究：

（1）研究视角上，大陆学者更多地站在大陆的角度思考涉台问题，对台湾如何处理涉陆民事案件论述较少，而且在论述时通常与内地与港澳法律冲突问题"等量齐观"，简单套用，研究结论缺乏针对性。台湾地区学界就该问题的研究呈零散状态，最全面的对本问题开展综合研究的论著距今已有一定时日。近十年来，两岸民商事关系发展迅速，虽有台湾地区个别学者对个别领域进行过总结，但全面的综合性、系统性、动态性研究仍有待深耕。

（2）研究方法上，倚重价值和规范分析，缺乏定性和定量的综合实证研究。当前已有的对台湾地区涉陆区际私法问题所进行的研究，多为法解释方法，很多时候只能在静态的法律规则研究领域奏效，很难充分涵盖和解释法律实践中大量存在的理论与实践、条文与现实背离的现象。

（3）研究框架上，现有的研究大多就两岸区际私法的某一项问题展开，未将台湾地区涉陆区际私法实践所涉管辖权、法律适用、判决的认可与执行问题放在一个相互关联的动态系统中进行研究。

四、研究方法

（一）方法总体说明

1. 调查研究。笔者在台北大学、高雄大学访学期间，走访了台湾陆委会、台湾海基会、台北高等法院等地，与台湾陆委会法规处、海基会各部门代表、法院法官等进行"半结构性"式（semi-structured）[①]访谈，对实践

[①]　笔者在访谈进行前，与被访谈者进行初步沟通，提供问题清单，在实际访谈过程中再根据具体进展情况进行内容上的调整和新问题的延伸。

中的问题进行了解和求证。同时，来自司法领域的个案和数据是开展实证研究的重要信息来源之一。台湾地区案例公开制度实施较好，在台湾地区"司法院"网站和法源数据库中，均能找到系统完善、类目细致的公开的司法统计资料，在此基础上，即可开展对案例的数量、类型、方法等多角度的系统性解读和分析。

2. 文献研究。对已有的涉及台湾地区涉陆区际私法问题之文献资料进行内容分析，并根据研究目的收集历史文献资料进行历史分析。在此基础上，再深挖其背后的深层次文化结构和具体社会情境。

3. 观察研究。观察方法即实地研究，由于本研究命题涉及政治、法律、社会、经济、文化等多重因素，因此，观察研究方法能有效了解当事人的选法意识、法院的个案处理等，完成对研究命题更为全面、细致和深入的考察。

（二）法院裁判之采集方法与范围

1. 时间范围设定。本研究将时间条件设定为自 2009 年 1 月 1 日起，至 2019 年 12 月 31 日止。由于"两岸人民关系条例"颁行时间较早，若始自 1992 年 7 月 31 日至今，虽可完整呈现法律现实发展之全貌，但亦会遇到早期司法文书未公开，获取数据不完整之难题。且早年之实践在外界现实已经发生巨大变化的今天，其可参考借鉴之价值亦有不足。客观说，两岸关系真正开启交流合作新局面，始自 2008 年 5 月国民党籍人士马英九先生任台湾地区领导人之后。在新执政理念推动下，台湾地区方才结束了民进党执政八年以来的停滞和倒退，与大陆共同致力于推动两岸关系发展，推进签署了一系列协议，为两岸间民间往来、经济合作奠定了稳定的基础。特别是 2009 年 4 月 26 日签署的《海峡两岸共同打击犯罪与司法互助协议》开启了两岸司法机构合作的序幕。故而本书的研究拟从这个阶段开始，以完整日历年的方式，研究自 2009 年 1 月 1 日起至 2019 年 12 月

31 日止，台湾地区司法机构涉陆民事区际审判实务。

2. 裁判书来源。本研究裁判书来源于"法源法律网"（www.lawbank.com.tw）①。并在收集整理基础上，比对了台湾地区"司法院"网站所设之法学资料检索系统（http://jirs.judicial.gov.tw）上数据后确定。本研究收集了近十年所有相关涉陆民事案例，即从 2009 年 1 月 1 日起至 2019 年 12 月 31 日止，共计 1 万余例法院裁判书，进行全样本分析。为了确保高等法院及地方法院、都市地区法院及乡村地区法院、一般民事法院、智慧财产法院及家事法院的裁判书都能获得分析，以获得对不同级别、不同地区、不同类型法院、不同案件类型等的变量统计数据，笔者全面搜索了"法源法律网"案例库中民事类别下所有法院，即台湾地区"最高法院"、高等法院及其五个分院、智慧财产法院、台北地方法院等 23 个地方法院，② 共计 31 个法院近十年的全部相关判决书。然后，借助量化软件对判决结果进行定量分析，并以"描述性统计"③ 的方法对数据进行归类统计。故正文中出现的"实证研究表明""样本案例"等词汇，如无特别的说明，皆是指在此条件下获取的有效样本案例，以及围绕这些案例所作之实证研究。

---

① 根据网站的说明，该网站二十余年来已建构了非常完备的台湾法学资料库，并负责开发、建置、维护台湾"司法院"裁判书查询系统。该网站之裁判书数据库中，收录了民事、刑事、行政等各类案件裁判书。就民事部分而言，收录了台湾地区"最高法院"自 1996 年起之案件，高等法院及其分院自 2000 年起之案件，智慧财产法院自 2008 年起之案件，地方法院自 2000 年起之案件。见 http://www.lawbank.com.tw/about/product01.aspx（最后访问日期：2020 年 2 月 29 日）

② 这 23 个地方法院分别是：台北地院、士林地院、新北地院、宜兰地院、基隆地院、桃园地院、新竹地院、苗栗地院、台中地院、彰化地院、南投地院、云林地院、嘉义地院、台南地院、高雄地院、桥头地院、花莲地院、台东地院、屏东地院、澎湖地院、金门地院、连江地院、高雄少年及家事法庭。

③ 统计学分析的方法通常分为描述性统计分析（Descriptive Analysis）和推断性统计分析（Inferential Analysis）两种。描述性统计分析是指应用分类、制表等方法，对观测对象相关数据进行概括、整理，并以揭示数据分布特征的方式表达与发现其内在的规律的方法。它通常是对定量数据进行分析的初始步骤。

第一章　管辖权

　　台湾地区法院是否有涉陆民事事件区际民事裁判管辖权，为诉讼提起之程序要件，属法院依职权调查事项。理论上而言，区际民事裁判管辖权的法律制度是与台湾地区法域内民事诉讼管辖权不同的法律制度，解决的是不同层面的管辖权确定的问题。涉陆民事诉讼管辖权包含两个阶段的管辖权问题：首先是区际民事裁判管辖权分配问题，即案件应由台湾地区法院还是大陆法院来行使司法管辖权；其次是台湾地区内部民事裁判管辖权分配问题，即在台湾地区内部，应由何地域、何级别、何类型法院具体行使管辖权的问题。结合案件的具体审理过程来看，区分"区际管辖权"和"内部管辖权"暗含这样一个命题：任何一个涉陆民事诉讼案件管辖权的确定，都将分为两个必不可少的步骤，即先确定台湾地区法院是否有管辖权，再确定具体管辖法院之所在。

　　然而，从台湾地区的相关立法来看，无论是"两岸人民关系条例"还是"民事诉讼法""家事事件法"等法律中均未对涉陆民事诉讼管辖问题作出特殊规定。除"涉外民事法律适用法"就外国人之禁治产及死亡宣告有明文规定、"海商法"就载货证券所生争议例外赋予专属管辖权外，余则未予规定。涉陆民事案件管辖权问题还主要是在台湾地区民事诉讼法的框架内进行，没有独立的法律规则。涉陆民事案件管辖权确定与台湾地区内部一般民事案件相比，至少在法律适用上并无实质性区别。

那么，在台湾地区涉陆民事诉讼实践中，管辖权"二次分配"思维究竟是一种主观臆断，还是一种现实规程呢？涉外民事诉讼管辖权的确定与台湾法域内民事诉讼管辖权的确定究竟有何不同呢？

第一节　管辖权确定依据及类型

一、管辖权确定依据

台湾地区立法中，除少数条款外，没有关于涉外民事诉讼法管辖权的特别规定。理论上，为解决这一实在法缺失问题，台湾地区学者共提出三种主要学说：一是类推适用说，即类推适用台湾地区"民事诉讼法"规定；二是逆推知说，直接由台湾地区"民事诉讼法"管辖规定，逆推有无涉外管辖权；三是修正之类推适用说，又称管辖权分配说，主张在类推适用台湾地区"民事诉讼法"管辖规则的同时，为调和涉外管辖权冲突，在考虑利益、公正等因素后，适当限缩管辖权范围。[①] 在台湾地区涉陆民事诉讼实践中，上述三种学说是否以及在多大程度上左右着实务的取向呢？

（一）类推适用说

此说认为，由于程序法中无涉外民事诉讼管辖权规定，而涉外管辖权的性质与地域管辖权类似，故可"参酌""推定适用"或"类推适用"内国（法域）民事诉讼法之法理及规定。例如：台湾高等法院审理的周某诉沈某等三人请求返还不动产所有权案中，法院就管辖权确定论述道：台湾

---

① 关于上述学说之分类及内容可参考台湾地区学者对台湾地区涉外管辖权的研究,主要包括:刘铁铮、陈荣传:《国际私法论》(修订五版),台湾三民书局 2011 年版,第 665-680 页; 吴光平:《国际裁判管辖权的认定标准: 总论上方法的考察》,台湾《政大法学评论》第 94 期, 第 311-313 页; 林秀雄:《国际裁判管辖权》,《国际私法理论与实践（一）》,台湾学林文化事业有限公司出版 1998 版, 第 123-130 页; 陈启垂:《审判权、国际管辖权与诉讼途径》,台湾《法学丛刊》第 189 期, 第 27-28 页。

地区人民与大陆人民间之民事事件，除本"条例"另有规定外，适用台湾地区之法律，固为"两岸人民关系条例"第 41 条第 1 项所明定，然征诸"两岸人民关系条例"第 43 条以下相关条文，皆属实体争执所应适用之法律规范，不涉司法主权行使之诉讼法规定，自应认所谓"本条例另有规定外，适用台湾地区法律"，系指适用民事实体法，非包含诉讼管辖等程序法。是就两岸人民之民事纠纷，其一般管辖权之有无，属涉外管辖权之判断，应类推适用台湾地区"民事诉讼法"。①

（二）逆推知说

该观点是直接由"民事诉讼法"管辖规定逆推有无涉外管辖权。如果依据民事诉讼管辖权规定确定台湾某一地区的法院具有管辖权时，则可逆推台湾地区法院已具有对涉外案件的管辖权。例如："本件两造均为台湾法人，惟本件原告主张受让自其被保险人欣益企业股份有限公司对被告之运送契约债务不履行等请求权，因该契约之履行地兼跨台湾及中国大陆，故本件具有涉外因素，属涉外民事法律事件。又一国法院对涉外民事法律事件，有无一般管辖权即审判权，悉依该法院地法之规定为据。原告既已向台湾地区法院提起本件诉讼，则有关一般管辖权之有无，即应按法院地之台湾地区法律定之。查，原告起诉时被告系设立于台北市某区某路某号，且于本院辖区，依民事诉讼法第 2 条第 2 项之规定，本院自有管辖权。"②

（三）修正之类推适用说（管辖权分配说）

依据该学说，法院应审查案件事实要素是否与台湾地区有重要联系，并依此判断台湾地区法院在行使管辖权的利益平衡。该说并非置台湾地区"民事诉讼法"于不顾，另行自由裁量，而是就每个争议事件，重新赋予

---

① 台湾高等法院民事裁定 2015 年抗字第 1259 号。

② 台湾台北地方法院民事判决 2010 年海商字第 35 号、台湾台北地方法院民事判决 2012 年海商字第 24 号、台湾台北地方法院民事判决 2013 年海商字第 5 号等。

台湾地区民事诉讼管辖权规则以新的意义，在不违反国际规则并本着跨法域间诉讼更应注重公平、公正、经济、有效的理念，在不同法域间实现管辖权的合理分配。该说仍然以台湾地区"民事诉讼法"规则为基础，但加入涉外因素进行考量，从而形成相对独立的涉外民事诉讼管辖权理念及原则。例如：台湾高等法院2012年重上更（二）字第88号民事判决中，法庭论道："按两岸人民关系条例、涉外民事法律适用法系对于涉及大陆或涉外事件，决定其应适用何地区、何国之法律，至法院管辖部分，并无明文规定，故就具体事件受诉法院是否有管辖权，仍应依法庭地法加以判断；又案件含有涉及大陆或涉外成分，如管辖权不具合理基础，不仅易衍生两岸、国际争执，纵经裁判确定，亦难为大陆或外国法院所认可，致无法强制执行而失去诉讼之功能及目的，是法院行使一般管辖权之合理基础，应指该案件中之一定事实与法庭地有某种牵连关系存在，使法院审理该案件应属合理、无违公平正义原则；至所谓一定之事实指当事人之国籍、住居所、行为地、事实发生地、财产所在地等连系因素，并得援引民事诉讼法对于台湾地区案件管辖权之规定，以为涉及大陆或涉外民事事件管辖权判断标准。"[①]台湾地区"最高法院"在"2018年台抗字第706号民事裁定"中也是持有修正之类推适用说，以案件中事实与法院地有一定联系因素，作为管辖权确立的考量基础。

（四）评价

上述三种方式，类推适用说和逆推适用说虽然在法律思维路径方向上正好相反，然而均是以台湾地区民事诉讼之实在法条文为根据，在具体确定管辖权的规则及结果上并无实质不同。在这两种方式中，民事诉讼规则

---

① 在实务中采用该观点的典型案例还包括：台湾高等法院2017年抗字第1458号、台湾台北地方法院民事裁定 2014年诉字第4892号、台湾高雄地方法院民事判决2012年海商字第3号、台湾高雄地方法院民事判决2010年重诉更（一）字第1号等。

中之管辖权规则均负有"双重任务"：既要解决台湾地区内部地域、级别、类别管辖问题，同时还要解决涉外民事裁判管辖权问题。但事实上，一法域内部的管辖权和跨法域行使管辖权是有着本质不同的。前者主要立基于保障人民诉讼权，强调管辖权在法域内部的分配，因此有移送管辖制度。但涉外法域案件中管辖权则更应强调由本法域法庭行使管辖权是否能实现原被告获得程序上实质公平的保护。其目的并不完全相同，在性质上也有区别。

应该承认，近几年，涉外管辖权判断之案件在台湾地区司法实务中是越来越多且日趋复杂，但立法上却一直未增订相关法律。实务中，台湾地区法院多年来在处理涉陆案件管辖权问题时主要采用类推适用说，这种司法上的合并思维是有台湾地区长期的实践为基础的，也具有一定的可预测性及法律安定性。但该方法缺少跨法域思考，在全球化迅速发展及两岸民事关系来往密切的今天，若罔顾管辖权行使上对内和对外的不同，过度扩大主张自己的管辖权，则容易给当事人挑选法院的机会，产生诉讼竞合及管辖权的冲突问题。同时，如果不考虑两岸管辖权之协调及裁判功能之实现，不仅容易引起两岸争执，纵使判决确定，若其区际管辖权不具合理联系的基础，则该判决亦难为大陆法院所认可，并导致无法于大陆为强制执行，进而失去诉讼之功能及目的，损害诉讼当事人之利益。事实上，无论是"类推适用说"和"逆推适用说"都不宜再继续推行适用。

世界范围内涉外管辖权确定的趋势是"类推适用说"和"逆推适用说"渐渐失去了通说的地位。从比较法研究的视角来看，二十世纪中期以来，随着国际民商事交往日益密切，法院受理民商事案件激增，即使是长期通过适用国内管辖权规定来确立法院涉外管辖权的德国和日本法院，也深感这种做法的不足，纷纷在司法实践中通过判例确认这种做法之不足，并确立了独立的国际民事管辖权规范[①]。欧盟、日本、瑞士等均有独立的国际民事裁判管辖权的立法，韩国亦在积极起草。[②]

修正之类推适用说则是在以台湾地区民事诉讼管辖权规则为基础，即在判断涉外法域民事事件与法庭地法院之联系因素时，管辖之基本原则包括以原就被、侵权行为之行为地及结果地、债务履行地、财产所在地等均应纳入考量，但更进一步的，还应平等考量两岸法院在管辖权可能竞合的情况下，"基于当事人间之实质公平、裁判正当、迅速、经济、调查证据方便、判决得否认可与执行之实效性等涉外民事诉讼程序基本原则，综合考量各项因素而为利益衡量之个案判断，以求个案之具体妥当性。"这些考量均为不成文的法理，由于其注重涉外因素的特殊性而形成了独立于内国民事诉讼管辖权法律的特殊的法律原则。此外，实务中还引入"不方便法院原则"考量被告之合理信赖，即被告对可能在法庭地法院应诉是否具有可预见性，是否有诉讼便利性，以防止原告挑选法院，单方面选择管有利于己之管辖法院。

从总体而言，台湾地区法院在涉陆民事诉讼管辖权确定实务中，基本是往返徘徊于类推适用说或逆推适用说与修正之类推适用说之间，其表面分歧在于对内国管辖权和涉外管辖权的区别认识不足，但更关键的问题在于对区际管辖权协调之意义，没有一致且适当的共识。以两岸司法秩序协调角度观之，区际民事诉讼管辖权的审酌要素，应依修正类推适用说，在个案调和的基础上，本着适度的"礼让"精神，追求管辖权确定的适当及对当事人的公平，始中肯綮。

---

① 甘勇：《涉外协议管辖：问题与完善》，《国际法研究》2014 年第 4 期，第 58 页。

② 李旺：《国际民事裁判管辖权制度析——兼论 2012 年修改的〈民事诉讼法〉关于涉外民事案件管辖权的规定》，《国际法研究》2014 年第 1 期，第 98 页。

二、管辖权类型

台湾地区法院对涉陆民商事案件管辖权的确定，取决于它所采取的管辖根据（Jurisdiction bases），即涉陆民商事法律关系的主体、客体或者事实与台湾地区法院存在某种事实上的牵连关系。如前所述，台湾地区法院确定涉陆民商事案件管辖权以其民事诉讼法中管辖权规则为依据，类型上主要包括普通管辖、特别管辖、专属管辖、应诉管辖① 和合意管辖。

（一）普通管辖

诉讼，由被告住所地或居所地之法院管辖。此为台湾地区"民事诉讼法"在管辖权上的一般原则。② 对于住所的确定方法，该法第 1 条第 2 项规定：对于被告在台湾地区无住所或住所不明者，以其在台湾地区之居所，视为其住所，无居所或居所不明者，以其在台湾地区最后之住所，视为其住所。与"两岸人民关系条例"中以"设籍地"作为属人法适用依据有所不同，在判断管辖权时，台湾地区并不以"设籍地"作为一般管辖原则的牵连关系判断依据，而是采被告住所地或居所地管辖原则。

对于法人而言，根据"民事诉讼法"第 2 条第 2 项及第 6 条规定："对于私法人或其它得为诉讼当事人之团体之诉讼，由其主事务所或主营业所所在地之法院管辖""对于设有事务所或营业所之人，因关于其事务所或

---

① 台湾地区"民事诉讼法"第 25 条、第 26 条规定：被告不抗辩法院无管辖权，而为本案之言词辩论者，以其法院为有管辖权之法院。但本法定有专属管辖之诉讼，不适用之。这一规定实际上就是通过对当事人的应诉行为进行推定，从而确认法院的管辖权。应诉行为的体现是不抗辩法院无管辖权，且为言词辩论。例如：台湾台北地方法院民事判决 2013 年诉字第 430 号、台湾高等法院台中分院民事判决 2011 年重上字第 114 号、台湾台北地方法院民事判决 2017 年诉字第 4985 号、台湾花莲地方法院民事判决 2019 年诉字第 118 号。

② 台湾地区"民事诉讼法"第 1 条即规定："诉讼，由被告住所地之法院管辖。被告住所地之法院不能行使职权者，由其居所地之法院管辖。诉之原因事实发生于被告居所地者，亦得由其居所地之法院管辖。"

营业所之业务涉讼者，得由该事务所或营业所所在地之法院管辖。"所谓
"主事务所"系指订明章程业经注册之合法总事务所而言。[1]例如在台湾
台南地方法院民事裁定 2009 年重诉字第 249 号事件中，被告系台湾奇美
电子股份有限公司（以下简称台湾奇美公司）于大陆投资之子公司，在法
律上为独立不同之法人，原告主张之本件债权债务关系（货款）系存在于
原告与被告之间，而被告之主营业所所在地为广东省佛山市，支付货款地
（履行地）亦在该被告主营业所，因此，法院认定本件原告请求货款之民
事事件，应由被告主营业所所在地之大陆法院管辖，台湾地区法院无管辖
权，驳回原告之诉。[2]

（二）特别管辖

特别管辖是以案件与法院地的特定联系因素为根据来确定管辖权。[3]
这种特定联系因素包括：行为的因素，如合同履行地[4]、侵权行为地、财产
管理地[5]、票据付款地或发票地[6]等；物的因素，如可扣押之财产或请求标
的所在地[7]、不动产所在地[8]、船舶所在地等；属人法因素，如亲子关系之父

---

[1] 台湾台中地方法院民事判决 2007 年重诉字第 306 号。

[2] 样本案例中，类似的在涉陆民事案件中以被告主事务所或主营业所所在地之法院为管辖权之案例还
包括：台湾高等法院高雄分院民事判决 2011 年上字第 166 号、台湾高等法院台中分院民事判决 2011
年重上字第 114 号、台湾台中地方法院民事裁定 2012 年诉字第 1210 号、台湾桃园地方法院民事裁定
2013 年诉字第 100 号、台湾新北地方法院民事判决 2014 年劳诉字第 1 号、台湾新北地方法院民事判决
2014 年诉字第 1909 号、台湾高等法院民事判决 2018 年上字第 100 号，等等。

[3] 徐卉：《涉外民商事诉讼管辖权冲突研究》，中国政法大学出版社 2001 年版，第 61 页。

[4] 台湾高等法院 2017 年抗字第 1458 号、台湾高等法院民事裁定 2019 年抗字第 856 号。

[5] 台湾高雄地方法院民事判决 2010 年简上字第 91 号。

[6] 台湾士林地方法院民事判决 2012 年湖诉字第 4 号、台湾云林地方法院民事裁定 2010 年司票字第
463 号、台湾台北地方法院民事裁定 2012 年抗字第 334 号，等。

[7] 台北地方法院宣示判决笔录 2011 年北海商简字第 11 号、台北地方法院民事判决 2013 年国贸字第
2 号、高雄地方法院民事判决 2009 年雄简字第 1406 号，等。

[8] 台湾高等法院 2015 年抗字第 1259 号、台湾台北地方法院民事裁定 2014 年重诉字第 85 号，等。

母或子女住所地[①]、被继承人住所地[②]、公司所在地[③]等。

1. 因契约涉讼之特别管辖

台湾地区"民事诉讼法"第 12 条规定:"因契约涉讼者,如经当事人定有债务履行地,得由该履行地之法院管辖。"此项规定,并不考虑该债务是否就是"引发争议的义务",也无须法院定夺合同实际债务履行地位于何处,而采"约定的债务履行地"标准确定管辖权。

实证研究发现:(1)"约定的债务履行地"形态包括合同约定的设立付款账户之银行所在地[④]、合同约定的下订单、给付货款之地点[⑤]等。(2)就信用证付款方式约定而言,债务之履行时、地及其条件,有以信用证之记载内容为准之默示合意。以台湾高等法院 2011 年抗字第 1230 号民事裁定所载事件为例:本件抗告人为台湾地区法人,相对人则系依中国大陆方面法律成立之公司,双方采购单记载:"付款:L/C 30 天"仅概略约定以信用证为其付款方式,并未在合同中确切记载双方当事人所约定之合同履行地。

---

① 亲子关系事件管辖规则,见台湾地区"家事事件法"第 61 条、第 104 条,样本案例包括:台湾新北地方法院民事裁定 2014 年亲字第 127 号确认亲子关系存在之诉,台湾桃园地方法院民事裁定 2014 年亲字第 16 号否认婚生子女之诉,台湾高雄少年及家事法院民事判决 2014 年亲字第 15 号否认子女之诉。

② 台湾地区对大陆人民继承台湾地区人民在台湾地区遗产之情形,在实体法及程序法上均作出了特殊的规定。"两岸人民关系条例"第 66 条规定:大陆地区人民继承台湾地区人民之遗产,应于继承开始起三年内,以书面向被继承人住所地之法院为继承之表示。"条例"第 67 条及第 68 条也对遗产管理事项特别作出了规定。由于立法不是将涉陆继承案件作为台湾地区内部一般继承诉讼事件而为对待,故样本案例中,并无涉陆继承事件依据"家事事件法"第 70 条关于继承事件涉讼之特别管辖规则确定管辖权之案例。

③ "非讼事件法"第 171 条之规定:"公司法所定由法院处理之公司事件,由本公司所在地之法院管辖。"台湾台北地方法院民事裁定 2013 年司字第 87 号事件中,相对人福州福欣公司系由福磊公司以及福建省闽侯县上街投资建设开发公司等,于大陆合资设立之公司,其公司所在地为福建省闽侯县上街镇上街村,声请人向台湾地区法院声请特别清算,关于管辖权之有无,法庭认为即应按法庭地法即台湾地区"法律"定之。故依非讼事件法第 171 条之规定裁定相对人福州福欣公司之本公司所在地既非属台北地方法院辖区,该院即无管辖权,且无从移转管辖,故声请人声请应予驳回。

④ 台湾高等法院民事裁定 2014 年抗字第 1016 号、台湾高等法院民事判决 2012 年重上更(二)字第 88 号、台湾高等法院民事裁定 2015 年抗字第 1037 号。

⑤ 台湾高等法院民事判决 2012 年上字第 260 号。

但法院认为：一般缔约当事人通常仅认知信用状作为国际付款工具之特性为债权人得"就近"接受"债务人"之清偿，而未加以区分其间法律关系之差异，堪认双方就该笔货款债务之履行时、地及其条件，有以将来信用状之记载内容为准之默示合意；又相对人依系争采购单向中国银行深圳分行申请开立之系争信用状，其上记载抗告人得就系争信用状在 2009 年 11 月 30 日前，于台湾任何银行办理押汇以取得货款，则相对人给付货款之履行地即在台湾各银行，因此依"民事诉讼法"第 12 条定其管辖法院之契约履行地即分散于台湾各法院管辖区域内，依"民事诉讼法"第 21、22 条规定各该法院均具有管辖权。（3）对消费者合同，台湾地区"消费者保护法"第 47 条、第 2 条第 3 款另定有管辖权确定条款如下：消费诉讼得由消费关系发生地之法院管辖，而所谓消费关系则系指消费者与企业经营者间就商品或服务所发生之法律关系。所谓消费关系发生地包括契约关系发生地（契约订立地及契约履行地）及侵权行为关系发生地（侵权行为发生地及侵权结果发生地）。例如：台湾地区原告主张其为消费者，在其住所提交网络订单而与大陆被告成立衣物买卖契约。台湾高雄地方法院认为：依原告所主张之事实从形式上观之，该院所辖区域即属"消费者保护法"第 47 条所指之消费关系发生地（契约订立地），该院就本件因双方契约所生之诉讼自有管辖权。[1]

2. 因侵权涉讼之特别管辖

侵权特别管辖依据，见"民事诉讼法"第 15 条的规定："因侵权行为涉讼者，得由行为地之法院管辖。"台湾地区"最高法院"认为："所谓侵权行为地，凡为一部实行行为或其一部行为结果发生之地皆属之。"[2] 即侵权行为地包括原因事实发生地及损害后果发生地。原告欲于何处提起侵权行为之诉，委实由原告享有的管辖选择权决定之。

---

[1] 台湾高雄地方法院民事判决 2014 年雄小字第 2417 号。

[2] 台湾"最高法院 1967 年台抗字第 369 号判例"参照。

实证研究发现：（1）在身份关系侵权之诉中，受侵权之原告住所地可认为是侵权损害后果发生地。例如：原告主张被告与诉外人即原告前配偶王某在大陆相奸，破坏居住于台南市之原告基于配偶权应互相协力保持共同生活安全及幸福之身份法益，爰依侵权行为损害赔偿之法律关系，请求被告负损害赔偿责任。法院认为依原告之主张，被告侵权行为之结果地亦在台南地方法院之辖区，该法院自有管辖权。① （2）若原告选择于被告台湾地区之住所地提起诉讼，而侵权行为之原因事实或损害后果发生地又均不在台湾地区，则法庭多会援引"方便法院原则"对管辖权是否公允进行评估衡量。②

3. 因婚姻事件涉讼之特别管辖

早期，向来实务上认为涉陆婚姻事件，应一律类推适用修正前"民事诉讼法"第 568 条规定，专属夫妻之住所地，或夫、妻死亡时之住所地，或诉之原因事实发生之居所地法院管辖，而认无合意或应诉（拟制合意）管辖之适用。③ 后因台湾地区新订立之"家事事件法"于 2012 年 6 月 1 日起施行，该法就家事之诉讼事件及非讼事件管辖权均作出了详尽规定。故"民事诉讼法"中家事部分条款于 2013 年 5 月 8 日修订之际，全部予以删除。故本文就该部分之管辖权实务实证研究将围绕新"家事事件法"中之管辖权规则进行。研究样本采集时间范围亦调整为 2012 年 6 月 1 日至 2019 年 12 月 31 日止。

台湾地区"家事事件法"中婚姻事件包括诉讼事件及非讼事件，关于

---

① 台湾台南地方法院台南简易庭民事判决 2014 年南简字第 356 号。样本案例中类似的案例还包括台湾高雄地方法院民事判决 2013 年诉字第 1843 号。

② 台湾台中地方法院民事判决 2014 年诉字第 820 号、台湾台中地方法院民事判决 2013 年重诉字第 529 号、台湾桃园地方法院民事判决 2010 年诉字第 321 号、台湾板桥地方法院民事判决 2010 年诉字第 226 号。

③ 伍伟华：《涉陆婚姻事件之区际管辖与法律适用》，《法学丛刊》No.232，2013 年 10 月，第 96 页。

婚姻之非讼事件管辖，明定准用婚姻诉讼事件之管辖确定规则①。"家事事件法"第 52 条及第 53 条为婚姻诉讼事件管辖权规则。

（1）台湾地区"家事事件法"第 52 条：确认婚姻无效、撤销婚姻、离婚、确认婚姻关系存在或不存在事件，专属下列法院管辖：一、夫妻之住所地法院。二、夫妻经常共同居所地法院。三、诉之原因事实发生之夫或妻居所地法院。当事人得以书面合意定管辖法院，不受前项规定之限制。第一项事件夫或妻死亡者，专属于夫或妻死亡时住所地之法院管辖。不能依前三项规定确定法院管辖者，由被告住、居所地之法院管辖。被告之住、居所不明者，由"中央政府"所在地之法院管辖。

显然，"两岸人民关系条例"在判断其适用范围时，采用的是"设籍地"标准，认定是否为大陆人民与台湾地区人民间民事关系。而此处判断涉陆婚姻事件管辖权时采用的则是"住所"及"居所"标准。"家事事件法"第 52 条第 1 项第 1 款所谓"夫妻之住所"，与修正前"民事诉讼法"第 568 条规定相互参照来看，应系指夫妻"共同"住所地之法院而言。且依台湾地区"民法"第 1002 条规定："夫妻之住所，由双方共同协议之；未为协议或协议不成时，得声请法院定之。法院为前项裁定前，以夫妻共同户籍地推定为其住所。"台湾地区"最高法院 2006 年台抗字第 595 号"裁定之意旨亦可参照②。再参照"家事事件法"第 52 条之立法理由所示：

---

① 台湾地区"家事事件法"第 98 条：夫妻同居、指定夫妻住所、请求报告夫妻财产状况、给付家庭生活费、扶养费、赡养费或宣告改用分别财产制事件之管辖，准用第五十二条及第五十三条之规定。

② "最高法院民事裁定 2006 年度台抗字第 595 号"："该条项所称之'专属夫妻之住所地'，系指专属夫妻'共同'住所地之法院而言，此观该条项文字未规定为'专属夫或妻之住所地'或'专属夫、妻之住所地'，及该条项于 1986 年修正时，特揭示依民法第二十条第二项'一人不得同时有两住所'之规定，夫妻住所必属同一，亦即夫之住所即为妻之住所或妻之住所即为夫之住所，爰将第一项'专属夫或赘夫之妻之住所地或其死亡时住所地'修正为'专属夫妻之住所地或夫、妻死亡时住所地'为其立法理由，并参照民法第一千零零二条'夫妻之住所，由双方共同协议之；未为协议或协议不成时，得声请法院定之。法院为前项裁定前，以夫妻共同户籍地推定为其住所'之规定暨司法院大法官会议释字第四五二号解释之意旨自明。"

"现今婚姻形态多样，婚姻事件中有争执而提起诉讼之夫妻，或经常居住于共同户籍以外之住所，或无共同户籍地，或无法依上开民法规定达成协议，亦未声请法院定住所地，或常已各自分离居住，故为因应时代变迁及婚姻态样多元化之现象，爰以夫妻之住所地、经常共同居所地、诉之原因事实发生之夫或妻居所地之法院定专属管辖。"因此，综合上述法律规定之意旨，可以认为法律已就定管辖权之"住所"及"居所"分别详予规范，若以夫妻之住所地定管辖法院时，应系指夫妻"共同"住所地之法院而言，若夫妻之住所地不同时，则依"家事事件法"第52条第1项第2款、第3款所定之夫妻共同居所地或诉之原因事实发生之夫或妻居所地定专属管辖，只是应不得单独以夫或单独以妻之住所地定管辖法院。

若大陆配偶曾申请依亲赴台，则多以户籍誊本、结婚证、大陆配偶入台时依亲居留申请书及大陆人民进入台湾地区旅行证申请书等为依据，根据在上所载之居留地址认定为夫妻共同住所，并依此建立管辖权。亦有法院在案涉诉之原因事实，即依同法第1项第3款，以夫妻双方发生婚姻破绽之事实发生地之夫或妻居所地法院为管辖法院。

若大陆配偶从未赴台居住，或者大陆配偶虽入境台湾，但因为假结婚[①]或仅在台湾地区作短暂居留，难认在台湾地区有夫妻共同住所或居所，又或者夫妻婚后共同居住大陆，然台湾地区配偶只身返回台湾地区为离婚之诉[②]，则以"家事事件法"第52条第4项，被告之住、居所不明者，由"中央政府"所在地之法院管辖，即台北地方法院管辖。例如：台湾高雄少年及家事法院民事裁定2015年婚字第280号事件中，原告主张双方于2003年11月3日在大陆结婚，原告嗣后随即返台，而被告于婚后至今均未共同在台居住，法庭认定双方在台湾地区并无共同设定之住所，且夫妻

---

① 台湾花莲地方法院民事裁定2015年婚字第41号。

② 台湾桃园地方法院民事裁定2013年婚字第559号、台湾新北地方法院民事裁定2012年婚字第863号。

二人之经常共同居所地及诉之原因事实发生（即原告只身离开大陆返台）之夫或妻居所地均在大陆，因此高雄少年及家事法院无从依法行使管辖权，且双方并未以书面合意定管辖法院，故最后裁定认为本案应由"中央政府"所在地之法院即台湾台北地方法院管辖。[①]

仅有个别案例，在大陆配偶从未赴台居住情况下，以原告为被告申请在台居留之处所地法院有管辖权。[②]

（2）"家事事件法"第53条规定：婚姻事件有下列各款情形之一者，由台湾地区法院审判管辖：一、夫妻之一方为台湾地区人。二、夫妻均非台湾地区人而于台湾地区境内有住所或持续一年以上有共同居所。三、夫妻之一方为无国籍人而于台湾地区境内有经常居所。四、夫妻之一方于台湾地区境内持续一年以上有经常居所。但台湾地区法院之裁判显不为夫或妻所属国之法律承认者，不在此限。（第1项）被告在台湾地区应诉显有不便者，不适用前项之规定。（第2项）

本规定为台湾地区涉外婚姻事件之管辖权规则，是否能类推适用于两岸区际婚姻事件之管辖？实务中有些法院在个案中亦会直接援引第53条裁定涉陆婚姻事件管辖权。研究样本案例中，有的法庭是同时援引第53条及第52条确定涉陆婚姻事件管辖权[③]。有的法庭则是直接援引第53条第

---

① 采类似处理方法的案例还包括：台湾士林地方法院民事裁定2015年婚字第86号、台湾士林地方法院民事裁定2014年婚字第368号、台湾士林地方法院民事裁定2014年婚字第359号、台湾新北地方法院民事裁定2019年婚字第337号、台湾新北地方法院民事裁定2019年婚字第201号、台湾南投地方法院民事裁定2019年婚字第29号、台湾高雄少年及家事法院民事裁定2019年婚字第526号等。

② 台湾台北地方法院民事裁定2014年婚字第317号事件中，原被告双方为夫妻，被告为大陆人民，双方于2001年在大陆结婚后，原告代为申办旅行证，但被告从未赴台团聚，显见双方从未有共同之住所或居所，而原告为被告申请在台居留之处所则为新北市，原告现居所亦为新北市，法庭遂认为：本件离婚诉之原因事实发生地皆在新北市树林区，本件离婚诉讼，应专属台湾新北地方法院管辖，故裁定依职权移送于该管法院。采类似处理方法的还包括台湾高等法院高雄分院民事裁定2019年家抗字第28号。

③ 台湾桃园地方法院民事判决2018年婚字350号、台湾台中地方法院民事判决2018年婚字第297号，等。典型表述如：……"家事事件法"第53条、第52条定有明文。本件原告为台湾地区人，且并无事实足认被告在台湾地区应诉显有不便，依前开规定，台湾地区法院对本件诉讼有审判权。

1 项第 1 款，只要夫妻之一方为台湾地区人民，即认为台湾地区法院有管辖权，完全采"原告住所地法院"管辖。①

关于被告应诉不便之认定。"家事事件法"第 53 条第 1 项订有四种在跨境婚姻事件得由台湾地区法院管辖之规定，唯例外情形是第 2 项"被告在台湾地区应诉显有不便者，不适用前项之规定"，即在被告于台湾地区法院应诉现有不便者，台湾地区法院不得自认为有管辖权。参照台湾高等法院暨所属法院 2012 年法律座谈会民事类提案第 23 号："所谓被告之应诉显有不便者，从制度及目的性考虑，应解为被告'应诉客观上不能或极其不便者'而言，被告是否有'应诉显有不便'之情，应依客观具体事证认定之。"研究样本案例中，共有三例，地方法院认定为"被告应诉显有不便"而裁定就该涉陆婚姻事件无审判管辖权，但均被上级法院推翻，原裁定被废弃。

例一：台湾屏东地方法院家事裁定 2013 年婚字第 54 号事件中，原告起诉被告（大陆人士）恶意遗弃而要求离婚一案中，被告未于言词辩论期日到场，仅提出书状声明求为驳回原告之诉，理由是其因罹病无法搭机、乘车返台应诉。法庭认为此种情形下，被告显然有应诉不便之情，依"家事事件法"第 53 条第 2 项规定，台湾地区就本件离婚诉讼并无审判管辖权存在，自应裁定驳回原告之诉。然而，经原告抗诉后，台湾高等法院高雄分院民事裁定 2014 年家抗字第 22 号中认为：诊疗医师由建议相对人继续住院治疗，改建议相对人休息治疗即可，相对人所患之病症，应系属慢性病症，且因逐渐减轻好转，相对人客观上应无不能应诉或显有不便应诉之情，故台湾地区法院就本件离婚诉讼，自有审判管辖权。

例二：台湾屏东地方法院民事裁定 2014 年婚字第 49 号事件中，屏东

---

① 台湾新北地方法院民事判决 2015 年婚字第 62 号、台湾嘉义地方法院民事判决 2017 年婚字第 273 号、台湾花莲地方法院民事判决 2016 年婚字第 93 号，等。典型表述如：按"家事事件法"第 53 条第 1 项第 1 款定有明文。本件原告为台湾地区人民，依上揭规定，本院自有审判管辖权。

地方法院就原告诉请被告离婚之文书函请依两岸司法互助协议予以协助送达。但送达司法文书逾 8 个月，犹未能送达被告。法庭遂认为：足见被告返台应诉需耗长久时日，应认在大陆调查证据较为便利；何况本件原告既不惜耗费时间、精力、金钱，远赴广西壮族自治区迎娶被告，则关于婚姻之解消，原告应在大陆起诉，亦非不合理。但原告却在台湾地区对已出境的大陆配偶提出离婚诉讼，被告显然有应诉不便之情，故依 "家事事件法" 第 53 条第 2 项规定，台湾地区法院就本件离婚诉讼并无管辖权，裁定驳回原告之诉。然而台湾高等法院高雄分院民事裁定 2015 年家抗字第 6 号持不同观点，认为：此仅系诉讼文书有无合法送达之问题。以现今台湾地区与大陆人民之商务、旅游等往来互通并无障碍，从广西壮族自治区前往台湾地区亦非无适当之交通途径或工具，相对人至台湾地区法院应诉，客观上尚非不能或极其不便，自无应诉显有不便可言。且相对人并未为应诉不便之抗辩，受诉法院自不得任予揣度。故原审认相对人应诉显有不便，法院就本件离婚诉讼无审判管辖权，容有违误。

例三：台湾澎湖地方法院民事裁定 2017 年婚字第 27 号案件中，法庭认为被告于大陆公务机关工作，难以请假，出境审批、次数及申请入台均受严格限制，相当耗时不便，属于 "应诉显有不便" 之情形。但经原告抗诉后，台湾高等法院高雄分院民事裁定 2018 年家抗字第 13 号裁定认为：现今台湾地区与大陆之交通往来便利，且相对人虽任公职，但也曾携其子来台湾及澎湖旅游探亲一个月；且台湾地区现行民事诉讼实施集中审理制，开庭次数减少，应不致使相对人需要多次出庭应诉。又相对人纵有无法亲自出庭应诉之情形，亦可委任律师代理诉讼，并不影响相对人之权益，因此，不能类推适用 "家事事件法" 第 53 条第 2 项规定而认 "应诉显有不便"。

如果说例一、例三考量的是被告应诉之便利性，而例二更多的是考量不便利法庭原则，即基于程序及实体公益，认为交由大陆方面法院进行证据调查及审理更为便利。

（3）专属管辖之疑义

"家事事件法"第52条文中措辞"专属下列法院管辖"，显然是针对纯粹台湾地区法域内部之婚姻事件而言，采取专属管辖之立法。然而，此种内法域管辖的专属性，其法理是否亦对涉陆婚姻事件的区际管辖权具有妥当性，则不无疑义。实证研究发现，台湾地区法院对大陆法院所作确定离婚判决的认可裁定中已明确表述对这一问题的实务见解。台湾地区法院每年认可大量的大陆法院所作之婚姻事件判决。在认可裁定中，下列表述比较常见："判决系就声请人与相对人间之离婚事件所为之裁判，由大陆某人民法院管辖审理，并未违背台湾有关离婚事件专属管辖之规定。"亦有当事人在声请认可裁定中声称应由台湾地区法院专属管辖，被法院驳回。[①]因此，可以反推论之：台湾地区法院并不认为涉陆婚姻事件仅台湾地区法院具有专属之区际管辖权。

综上所述，就婚姻事件之特别管辖确定，可认为：（1）台湾地区法院在确定涉陆婚姻事件管辖权时，将涉陆区际婚姻事件等同于涉外婚姻事件，直接援引"家事事件法"第53条建立台湾地区原告住所地管辖权并不妥当，有违"以原就被"之程序原则，更重要的是对大陆人民之诉讼权益考量不周。但就第53条第2项关于被告应诉不便利原则的利益考量，虽然被台湾地区高等法院所否定，但屏东及澎湖地方法院的裁判也有值得肯定之处。在涉陆婚姻事件中，应有对大陆配偶之经济便利及诉讼权益的客观考量，方有利于实现两岸当事人的诉讼地位的平衡对等。（2）样本案例中，除前文所述地方法院曾有3例基于被告应诉不便利考量认无管辖权之行使外，所有台湾地区法院都认为对涉陆婚姻事件具有管辖权。绝大多数法院所依据的是"家事事件法"第52条，设法在台湾地区找寻夫妻共同住所、共同居所或诉之原因事实发生之夫或妻居所地，甚至在大陆配偶从未入境

---

① 详细研究内容见后文"判决认可与执行"章节中关于"认可与执行的条件"部分之论述。

台湾，或夫妻从未在台湾有过住所或居所的情况下，最后也要由"中央政府所在地"之台北地方法院管辖。如此竭尽所能行使对涉陆案件之管辖权，其结果也是带来文书送达困难，以及大量的大陆配偶未应诉而作出的缺席审判。这种做法完全忽略管辖权建立应考虑程序公益及原被告双方利益衡平的原则，实不足取。

4. 因收养事件涉讼之特别管辖

认可收养子女事件多在收养人和被收养人身份关系之中心即住所地发生，基于实体和程序利益，由收养人或被收养人住所地法院管辖。① 实务中确定认可收养子女之管辖法院并不难判断。

终止收养事件专属养子女住所地之法院管辖，但如果养子女在台湾地区并无住所，管辖权如何确定？实证研究发现：研究样本案例中，不同法院援引不同的法律依据作出进一步的认定：（1）有的法院以"民事诉讼法"第 1 条第 2 项为依据，例如：台湾桃园地方法院民事裁定 2014 年家亲声字第 390 号事件中，相对人（养子女）为大陆人士，未于台湾地区设有户籍。故法庭乃援引"民事诉讼法"第 1 条第 2 项，被告在台湾现无住所或住所不明者，以其在台湾之居所，视为其住所；无居所或居所不明者，以其在台湾最后之住所，视为其住所。法庭查养子女在台时居住于声请人（收养人）桃园市大溪区住所处，足认声请人之住所地即为相对人在台湾最后之住所，故桃园地方法院就本件终止收养事件有管辖权。② （2）有的法院以终止收养事件乃非讼事件，故依"非讼事件法"第 2 条及"家事事

① 台湾地区"家事事件法"第 114 条规定：认可收养子女事件，专属收养人或被收养人住所地之法院管辖；收养人在台湾地区无住所者，由被收养人住所地之法院管辖。认可终止收养事件、许可终止收养事件及宣告终止收养事件，专属养子女住所地之法院管辖。

② 样本案例中，采类似做法的案例还有：台湾桃园地方法院民事裁定 2012 年家亲声字第 238 号、台湾桃园地方法院家事裁定 2012 年家亲声字第 290 号。

件法"第97条为依据①。例如：台湾花莲地方法院民事裁定2015年家非调字第51号事件中，被收养人即相对人甲某为大陆人民，经声请人收养为养女。相对人未曾入境台湾地区，于台湾地区并无住所，依前述规定，应由"司法院"所在地之法院即台湾台北地方为管辖法院。②

5.因载货证券涉讼之特别管辖

台湾地区"海商法"第78条第1项规定：装货港或卸货港为台湾地区港口者之载货证券所生之争议，得由台湾地区装货港或卸货港或其他依法有管辖权之法院管辖。此规定为台湾地区"法律"对载货证券法律关系之涉外民事裁判管辖之特别规定，除规范台湾地区法域内部关于载货证券法律关系所生争议事件之特别管辖规则外，还当然涵括规范涉外海商事件中关于载货证券法律关系涉讼之涉外民事裁判管辖在内。样本案例中，台湾桥头地方法院民事判决2014年海商字第24号、台湾高雄地方法院民事判决2011年海商字第16号、台湾高等法院台中分院民事判决2013年重上字第189号、台湾基隆地方法院基隆简易庭民事判决2015年基海商简字第2号、台湾基隆地方法院民事判决2009年海商字第6号就是直接将该条适用于涉陆载货证券争议之中以确定管辖权。

实务中，就管辖权之有无，法院通常依原告主张之事实作实质审核，并分别依据不同之实体请求权，适用法律关于管辖之规定作出认定。因载货证券具有运送契约证明之性质，故"载货证券所生之争议"或"载货证券所生之法律关系"，实系蕴含载货证券所证明之海上货物运送契约法律关系在内；基于此，凡是以载货证券证明之海上货物运送契约法律关系所生之争议，自仍得依"海商法"第78条第1项定管辖法院。

---

① 非讼事件之管辖，法院依住所而定者，在台湾地区无住所或住所不明时，以在台湾地区之居所视为住所；无居所或居所不明者，以在台湾地区最后之住所视为住所。住所地之法院不能行使职权者，由居所地之法院管辖。无最后住所者，以财产所在地或司法院所在地之法院为管辖法院。

② 样本案例中，采类似做法的案例还有：台湾台南地方法院民事裁定2015年养声字第4号。

　　较为复杂的是，当事人若基于同一事实，以与载货契约有关之运送契约争执为中心提出数项复合法律请求，法庭是否得一体适用"海商法"第78条决定管辖权，抑或是分割不同的请求事项，分别进行管辖权之说理判断？

　　例如：台湾高雄地方法院民事判决2010年海商字第24号事件中，原告主张被告万通船务代理股份有限公司代理被告中外运公司（大陆法人）签发载货证券并承揽运送及运送原告所承保奇菱科技股份有限公司及台湾日通国际物流股份有限公司出口液晶显示器零件一批至浙江省宁波市，受货人为中国日通国际物流股份有限公司，系争货物于运送途中毁损，原告已赔付被保险人奇菱公司及台湾日通公司，并受让台湾日通公司及中国日通公司就系争货物之一切请求权，基于承揽运送契约、海上货物运送契约、载货证券、"民法总则施行法"第15条、侵权行为、保险代位、债权让与之法律关系，诉请被告连带赔偿损害，故本件为含有大陆之人、事、物涉外成分之承揽运送契约、海上货物运送契约、载货证券、侵权行为、保险代位、债权让与等法律关系涉讼之争议。

　　法庭在认定管辖权时，首先，认为举凡以载货证券证明之海上货物运送契约法律关系所生之争议，自仍得依"海商法"第78条第1项定管辖法院；其次，认为本件原告诉请被告赔偿其损害之涉外海上货物运输保险契约之保险代位、债权让与等法律关系，应以载货证券所证明之海上货物运送契约确定涉外民事裁判管辖，而台湾地区对于本件载货证券所证明之海上货物运送契约有涉外民事裁判管辖，已如前述，故原告所主张涉外海上货物运输保险契约之保险代位、债权让与等法律关系，台湾地区法院就被告中外运公司应有民事裁判管辖；最后，原告主张侵权行为法律关系部分，共同诉讼之被告数人，其住所不在一法院管辖区域内者，如本案一被告为大陆法人，另一被告为台湾地区法人，原则上得肯定诉之主观合并作为裁判管辖之原因，但就各请求之间，应要求必须具备一定之关联性为要件，以防止对于原告管辖利益之过度倾斜。在涉外共同诉讼之情形，其涉外裁判管辖之牵连关系，应以为诉讼标的之权利或义务，为其所共同者（"民事诉讼法"第 53 条第 1 款），以及为诉讼标的之权利或义务，本于同一之事实上及法律上原因者（"民事诉讼法"第 53 条第 2 款）为参考标准。本案原告主张系争货物因被告中外运公司员工未尽"海商法"第 63 条规定义务而应负侵权行为责任，被告中外运公司为被告万通公司之履行辅助人，被告万通公司亦应负侵权行为责任，显系基于系争货物毁损之同一事实上及法律上原因，而请求被告负连带给付义务，此主观诉之合并具有牵连关系，且被告中外运公司有在台湾地区为经济交易活动，于台湾地区法院审判并无违背当事人间之实质公平、裁判之适正、妥适、正当、程序之迅速、经济等民事诉讼法理之特别情事存在，故认台湾地区法院对被告中外运公司关于侵权行为法律关系所生争议，亦有民事裁判管辖权。上述案例中，原告以系争货物于运送途中毁损之同一原因事实，围绕载货证券所证明之承揽运送契约、海上货物运送契约关系，一并提出侵权、保险代位、债权让与之法律关系之诉，法官遂依据当事人之请求权，分割三大类法律关系进行管辖权逐一说理分析，颇为复杂和重复。其实，只要发现和辨明所有这些请求权均是基于同一原因事实，其本质核心都是基于载货运送关系所生之争议，法庭即可一并适用"海商法"第 78 条确定其管辖权，无须重复说理，反而简单明确，直击要害。例如：台湾桥头地方法院民事判决 2014 年海商字第 24 号案中，法庭认为：因载货证券具有运送契约证明之性质，故"载货证券所生之争议"或"载货证券所生之法律关系"，实系蕴含载货证券所证明之海上货物运送契约法律关系在内，举凡以载货证券证明之海上货物运送契约法律关系所生之争议，自得依"海商法"第 78 条第 1 项定具体管辖法院。

（三）专属管辖

专属管辖，是指法院对一个案件或者当事人行使的排他的独占性管辖权。在涉外民事诉讼之领域，则指的是特定类型的诉讼只能由特定的法院行使管辖权，不承认其他任何法院对此类型之涉外案件具有管辖权。台湾地区立法上，出现"专属"管辖二字的规定，包括不动产事件、婚姻事件、亲子事件、收养事件、支付命令等。但真正在涉外民事诉讼领域中具备专属含义之管辖，从实务来看，仅包括：

1. 不动产所在地法院专属管辖权

（1）因不动产之物权或其分割或经界涉讼者，专属不动产所在地之法院管辖。[①] 此部分专属管辖的规定，系台湾地区仿效德国民事诉讼法所立。所谓不动产物权系指因不动产所有权、地上权、抵押权、地役权等发生争议之诉讼，如确认不动产所有权之诉。所谓因不动产分割涉讼，指请求分割共有不动产之诉。所谓因不动产之经界涉讼，指请求定不动产界限或设置界限之讼。

如果不动产位于台湾地区，台湾地区法院当然可行使专属管辖权。例如：台湾桃园地方法院民事简易判决 2011 年坜简字第 68 号。问题是，若不动产位于大陆，台湾地区法院是否也承认该诉讼应由大陆法院专属管辖权？从样本案例来看，乃为肯定回答。关于涉外管辖权之择定，自得类推适用不动产物权专属管辖之规定。[②] 例如：台湾高雄地方法院民事裁定 2016 年诉字第 1847 号案件中，当事人双方原为配偶关系，后判决离婚，原告请求确认位于福建省漳州市之系争房屋之所有权。法院认为："两岸人民关系条例"中并无对于管辖及审判权之程序法规定，故台湾地区与大陆人民之民事纠纷管辖之有无，应类推适用"民事诉讼法"之规定。而原告所请求确认之不动产坐落福建省漳州市，并非在该院辖区，而不动产涉讼，应专属于系争房地所在地即大陆法院管辖，该院并无管辖权；又依台湾地区"民事诉讼法"并

---

① 台湾地区"民事诉讼法"第 10 条。

② 台湾台北地方法院民事裁定 2014 年诉字第 4892 号。

无得裁定移送大陆法院之规定，故原告之诉应予驳回。^①

以不动产为标的物之债权契约涉讼者，请求履行时，则属债法上之关系，而非不动产物权之讼争，应不在专属管辖之列。不过，若不动产位于大陆，台湾地区也有个别法院对此类案件亦倾向于由大陆法院行使管辖权。^②

2. 支付命令之专属管辖

"民事诉讼法"第 510 条规定：支付命令之声请，专属债务人为被告时，依第 1 条^③、第 2 条^④、第 6 条^⑤或第 20 条^⑥规定有管辖权之法院管辖。实证研究发现：样本案例中，台湾地区当事人若向台湾地区法院声请以大陆自然人或法人为债务人发支付命令时，台湾地区法院将依上述规定酌定其管辖权。例如：台湾台北地方法院民事裁定 2015 年司促字第 1956 号事件中，声请人声请对债务人苏州市悦升商贸有限公司发支付命令，然法院查债务人苏州市悦昇商贸有限公司设址于江苏苏州高新区，非该院辖区，故台北地方法院遂认其无管辖权，声请人向该院声请发支付命令，殊不合

---

① 类似的因位于大陆不动产物权争议涉讼，台湾地区法院裁定应由大陆法院专属管辖的案件还有：台湾基隆地方法院民事判决 2009 年婚字第 118 号、台湾台北地方法院民事裁定 2014 年诉字第 4892 号、台湾高等法院高雄分院民事裁定 2009 年抗字第 74 号、台湾台北地方法院民事裁定 2012 年家诉字第 310 号。

② 台湾高等法院 2015 年抗字第 1259 号、台湾台北地方法院民事裁定 2014 年重诉字第 85 号。

③ "民事诉讼法"第 1 条："诉讼，由被告住所地之法院管辖。被告住所地之法院不能行使职权者，由其居所地之法院管辖。诉之原因事实发生于被告居所地者，亦得由其居所地之法院管辖。被告在台湾地区现无住所或住所不明者，以其在台湾地区之居所，视为其住所；无居所或居所不明者，以其在台湾地区最后之住所，视为其住所。在外国享有治外法权之台湾地区人，不能依前二项规定定管辖法院者，以中央政府所在地视为其住所地。"

④ "民事诉讼法"第 2 条规定："对于公法人之诉讼，由其公务所所在地之法院管辖；其以中央或地方机关为被告时，由该机关所在地之法院管辖。对于私法人或其它得为诉讼当事人之团体之诉讼，由其主事务所或主营业所所在地之法院管辖。对于外国法人或其它得为诉讼当事人之团体之诉讼，由其在台湾地区之主事务所或主营业所所在地之法院管辖。"

⑤ "民事诉讼法"第 6 条规定："对于设有事务所或营业所之人，因关于其事务所或营业所之业务涉讼者，得由该事务所或营业所所在地之法院管辖。"

⑥ "民事诉讼法"第 20 条规定："共同诉讼之被告数人，其住所不在一法院管辖区域内者，各该住所地之法院俱有管辖权。但依第四条至前条规定有共同管辖法院者，由该法院管辖。"

法，应予驳回。①

3.票据之专属管辖

依台湾地区"票据法"及"非讼事件法"规定，本票执票人声请法院裁定准许强制执行，其管辖法院之判断，首先应以票载付款地认定之，若本票上未载付款地，则以发票人签发本票时之发票地认定。②"非讼事件法"第194条第1项规定由票据付款地之法院管辖，此为专属管辖（台湾高等法院暨所属法院2011年法律座谈会民事类提案第31号研讨结果参照）。在台湾台北地方法院民事裁定2019年司票字第2833号案件中，系争本票之发票人江苏宏图高科技股份有限公司为大陆所设立之公司，且未在台湾地区设立登记或为分公司之设立登记，而本件声请人所提出之系争本票，并未记载付款地，又系争本票之发票人江苏宏图高科技股份有限公司所载之发票地在"中国南京市"，故法庭认为台湾地区法院无管辖权。经当事人抗告，台湾台北地方法院于2019年抗字第185号民事裁定中认定应以发票地之南京市为付款地，并以付款地之法院为专属管辖法院，台北地方法院既非付款地法院，就本件自无管辖权。

（四）合意管辖

合意管辖指的是对于可能或已经产生的民事争议，当事人可事先协商确定具有管辖权的法院。合意管辖制度由于"充分尊重私法自治"以及"实现国际及区际民事诉讼管辖权合理分配"等制度价值，在两岸民商事关系快速发展的今天，其对争议妥当解决之重要性已毋庸多说。

----

① 研究样本案例中，类似以无管辖权驳回当事人支付命令声请的案例还包括：台湾台中地方法院民事裁定2010年事声字第55号、台湾台中地方法院民事裁定2010年司促字第10998号、台湾士林地方法院民事裁定2012年司促字第24671号、台湾新竹地方法院民事裁定2012年司促字第10052号。

② "非讼事件法"第194条："票据法第一百二十三条所定执票人就本票声请法院裁定强制执行事件，由票据付款地之法院管辖。二人以上为发票人之本票，未载付款地，其以发票地为付款地，而发票地不在一法院管辖区域内者，各该发票地之法院俱有管辖权。""票据法"第120条："未载付款地者，以发票地为付款地。""票据法"第123条："执票人向本票发票人行使追索权时，得声请法院裁定后强制执行。"

台湾地区制度中明确规定当事人间可就管辖法院成立合意，包括明示约定管辖及默示推定管辖两种。明示管辖体现在台湾地区"民事诉讼法"第24条："当事人得以合意定第一审管辖法院。但以关于由一定法律关系而生之诉讼为限。前项合意，应文书证之。"默示管辖，又可称为"应诉管辖"，体现在该法第25条："被告不抗辩法院无管辖权，而为本案之言词辩论者，以其法院为有管辖权之法院。"

如前文所述，台湾地区尚未就涉外民事诉讼管辖权确定进行明确的规定，实务中，多是经由"类推适用""民事诉讼法"的相关规定加以确定。故在涉陆民事争议中类推适用上述法条，可以明确的是，明示合意管辖合法有效应满足至少以下几项条件：当事人合意而定；协议必须采取书面形式；法院选择限定在由一定法律关系而生之诉讼，非诉讼案件不得进行管辖权选择。默示推定合意管辖应满足的二个条件是：被告不抗辩法院无管辖权；且被告为本案之言词辩论。

但仅从规定本身，仍无法直接回答以下问题：1.合意管辖的诉讼类型范围是否有限制？ 2.管辖权的指定是简单指定台湾地区法院或大陆法院即可，还是要足够精确到选定某一特定法院？ 3.法院选择协议的性质是专属排他性还是非专属性？如果原告选择在一家未被合意选定的法院起诉，该法院应如何处理？又或者原告在被选择的法院起诉，该法院是否可放弃该管辖权？诉讼主体均为大陆居民或法人，若合意选择台湾地区法院为管辖法院，又该如何应对？在本书设定的样本采集条件下，自2009年1月1日至2019年12月31日，共有76个[①]台湾地区法院审理的涉陆民事案件

---

① 金门地方法院民事判决2008年诉字第29号、台湾高雄地方法院民事裁定2011年诉字第2069号（台湾高等法院高雄分院民事裁定2013年抗字8号、台湾高雄地方法院民事判决2013年诉更（一）字第6号）、台湾高雄地方法院民事判决2010年海商字第13号、台湾台东地方法院民事判决2010年东小字第16号、台湾彰化地方法院民事裁定2009年重诉字第22号（台湾高等法院台中分院民事裁定2009年抗字第231号、台湾彰化地方法院民事裁定2009年重诉更字第1号）、台湾台中地方法院民事判决2013年重诉字第446号、台湾苗栗地方法院民事判决2011年诉字第344号、台湾新竹地方法院民事判

中，当事人通过协议的方式约定由何法院行使管辖权。实证研究将围绕上

决 2014 年重诉字第 15 号、台湾桃园地方法院民事简易判决 2013 年桃简字第 468 号、台湾桃园地方法院民事判决 2014 年诉字第 1262 号、台湾新北地方法院民事裁定 2013 年诉字第 2768 号（台湾高等法院民事裁定 2013 年抗字第 1618 号、台湾新北地方法院民事判决 2014 年诉更一字第 6 号）、台湾土林地方法院民事判决 2013 年诉字第 924 号、台湾土林地方法院民事判决 2013 年重诉字第 240 号、台湾士林地方法院民事判决 2011 年重诉字第 249 号、台湾台北地方法院民事判决 2007 年重诉字第 1621 号、台湾台北地方法院民事判决 2009 年审诉字第 5607 号（台湾高等法院民事裁定 2010 年抗字第 754 号）、台湾台北地方法院民事判决 2010 年重诉字第 295 号、台湾台北地方法院民事判决 2010 年诉字第 700 号、台湾台北地方法院民事判决 2010 年劳诉字第 102 号、台湾台北地方法院民事判决 2010 年重诉字第 814 号（台湾高等法院民事判决 2011 年重上字第 762 号）、台湾台北地方法院民事判决 2011 年重诉字第 851 号、台湾台北地方法院民事判决 2010 年国贸字第 12 号、台湾台北地方法院 2010 年诉字第 2770 号、台湾台北地方法院民事判决 2011 年智字第 40 号（智慧财产法院民事判决 2013 年民著上字第 11 号）、台湾台北地方法院民事判决 2012 年建字第 351 号、台湾台北地方法院民事判决 2013 年重诉字第 1249 号、台湾台北地方法院民事判决 2012 年诉字第 4473 号、台湾台北地方法院民事判决 2015 年诉字第 1288 号、台湾台北地方法院民事判决 2013 年诉字第 4681 号、台湾台北地方法院民事判决 2013 年诉字第 1784 号、台湾台北地方法院民事裁定 2014 年重诉字第 85 号、智慧财产法院民事裁定 2013 年民著诉字第 23 号、台湾高雄地方法院民事判决 2015 年建字第 139 号、台湾台中地方法院民事判决 2017 年诉字第 1654 号、台湾桃园地方法院民事判决 2014 年诉字第 1390 号、台湾桃园地方法院民事判决 2014 年重诉字第 29 号、台湾新北地方法院民事裁定 2017 年重诉字第 401 号（台湾高等法院民事裁定 2017 年抗字第 1678 号）、台湾新北地方法院民事判决 2016 年重诉字第 705 号、台湾新北地方法院民事裁定 2016 年简抗字第 5 号、台湾台北地方法院民事判决 2016 年诉字第 1981 号、台湾台北地方法院民事裁定 2015 年重诉字第 695 号、台湾士林地方法院民事裁定 2017 年重诉字第 346 号、台湾台北地方法院民事裁定 2016 年诉字第 1402 号（台湾高等法院民事裁定 2016 年抗字第 1309 号、"最高法院民事裁定 2017 年台抗字第 445 号"、台湾高等法院民事裁定 2017 年度抗更（一）字第 20 号）、台湾桃园地方法院民事裁定 2018 年诉字第 1667 号（台湾高等法院民事裁定 2019 年度抗字第 161 号）、台湾台北地方法院民事判决 2017 年诉字第 4895 号、台湾台中地方法院民事判决 2017 年诉字第 1222 号、台湾台北地方法院民事判决 2018 年重诉字第 788 号、台湾台北地方法院小额民事判决 2018 年北小字第 2401 号、台湾台北地方法院民事判决 2018 年智字第 6 号、台湾台北地方法院民事简易判决 2017 年北简字第 6818 号、台湾台北地方法院民事判决 2017 年诉字第 4895 号、台湾台北地方法院民事判决 2017 年诉字第 3859 号、台湾台北地方法院民事判决 2017 年重诉字第 1339 号、台湾台北地方法院民事判决 2016 年重诉字第 395 号、（台湾新北地方法院民事裁定 2018 年诉字第 1143 号）、台湾士林地方法院民事简易判决 2018 年湖简字第 715 号、台湾桃园地方法院民事裁定 2018 年诉字第 2114 号（台湾高等法院民事裁定 2018 年抗字第 1545 号）、台湾桃园地方法院民事判决 2017 年诉字第 441 号、台湾新竹地方法院民事裁定 2018 年诉字第 583 号、台湾新竹地方法院民事判决 2017 年诉字第 716 号、台湾苗栗地方法院民事判决 2017 年诉字第 674 号、金门地方法院民事判决 2016 年诉字第 25 号、台湾台北地方法院民事裁定 2018 年诉字第 743 号（台湾高等法院民事裁定 2019 年抗字第 280 号）、台湾云林地方法院民事裁定 2018 年诉字第 150 号（台湾高等法院台南分院民事裁定 2019 年抗字第 62 号）、台湾高等法院台中分院 2017 年重上字第 227 号、台湾台北地方法院民事判决 2019 年重诉字第 950 号、台湾台北地

述问题展开。

1. 合意管辖的诉讼类型范围

尽管当事人可以通过协议选择诉讼法院，但法律上对这种自由往往会加以限制，尤其在诉讼类型的范围上，不少国家法律规定仅在涉及经济或财产权益事项上，当事人才有权选择解决其争议的法院。缔结于 2005 年 6 月的《协议选择法院公约》(*Convention on Choice of Court Agreement*) 第 2 条适用例外亦详尽列举了不适用该公约的诸多诉讼类型。

从字面来看，台湾地区"民事诉讼法"没有对当事人有权协议选择法院的领域施加任何限制。从样本案例来看，裁判案由包括清偿债务、返还货款、损害赔偿、履行契约、确认本票债券不存在、给付价金、著作权相关争议、交付资料等，均是与财产、侵权相关之债，且多以当事人合同在先约定为准据，仅个别案件由当事人在诉讼过程中合意由台湾地区法院管辖。[①]

2. 管辖合意的特定程度

管辖合意的特定程度指的是在涉陆案件中，双方当事人合意管辖权的指定是简单指定台湾地区法院、大陆法院即可，还是要足够精确到选定某一特定法院？也就是当事人的合意是以"法域"还是"法院"为对象？同样，该问题在台湾地区中并未明确规定。

在汉泰生医科技股份有限公司（台湾地区法人）诉广东省佛山市顺德区汉方萃取卫生用品有限公司返还货款案[②]中，双方当事人所签订之系争合约上约定："本合约如有争议、诉讼事宜，双方先进行协商仲裁，如协商

方法院民事判决 2019 年重诉字第 1119 号、台湾台北地方法院民事判决 2018 年重诉字第 1073 号、台湾台北地方法院民事判决 2018 诉字第 3501 号、台湾台北地方法院民事判决 2017 年重诉字第 1462 号、台湾台北地方法院民事判决 2019 年重诉字第 100 号、台湾台北地方法院民事简易判决 2019 年北简字第 2214 号、台湾台北地方法院民事判决 2017 年诉字第 3680 号、台湾台北地方法院民事判决 2018 年重诉字第 1339 号、金门地方法院民事判决 2019 年重诉字第 23 号、台湾高雄地方法院民事判决 2018 年重诉字第 11 号。

① 金门地方法院民事判决 2016 年诉字第 25 号、台湾台北地方法院民事判决 2010 年诉字第 700 号。

② 台湾高雄地方法院民事裁定 2011 年诉字第 2069 号。

不成，双方同意以台湾之地方法院为第一审管辖法院。"法庭援引台湾地区"最高法院 1997 年台抗字第 139 号"裁定要旨："当事人以合意定第一审管辖法院，旨在使预定之诉讼，归属于一定之法院管辖，是合意所定之管辖法院，必须限于一定之法院，不得广泛就任何第一审法院定为合意管辖之法院。"依此要旨，在本案中，法庭论述道："此等约定，系广泛就任何第一审法院定为合意管辖之法院，并未限于以特定之法院为合意管辖法院，亦即就合意所定之管辖法院，两造间显无约定为单一、具体之法院，揆诸前揭说明，上开条款尚不生定合意管辖之效力。至证人即原告之业务经理陈孟妙虽证称双方签订系争合约时，有讨论到争议部分以台湾为处理地等语，然证人所证述之内容亦无从确定为台湾地区之何一法院……本件既无合意管辖之适用，自应回归民事诉讼法所定之管辖原则。"

　　然而，当事人对该法院的管辖权认定不服，向台湾地区高等法院高雄分院提起抗告，法院对此认定持有不同观点，直陈结论为"两造就系争合约争议，应有以台湾地区法院为一审管辖法院之合意。"[①] 虽然，抗告法院推翻一审合意管辖效力认定，并未说明具体理由，但不曾援引台湾"最高法院 1997 年台抗字第 139 号"裁定要旨，似乎可推论为该引用并不妥当，该裁定要旨不适合本案作为先例否定当事人在跨境诉讼中的合意管辖条款效力。该先例案中，双方当事人在合同中的约定是"本件发生讼议时，由债权人（即再抗告人）指定之法院为合意管辖法院，债务人（即相对人）无异议"。这种以一方指定代替双方合意，广泛就任何第一审法院定为合意管辖之法院之情形，显然与本案中台湾地区当事人和大陆当事人就管辖权之"法域的分配"问题显有不同，不可断章取义，推而论之，并引以为据，否定本案中之合意管辖条款效力。由此可推知，法庭应是肯定当事人仅选择特定法域法院有管辖权，而不具体制定特定法院的合意管辖约定应当有效。

---

① 台湾高等法院高雄分院民事裁定 2013 年抗字第 8 号。

　　一般而言，涉外诉讼之合意管辖，指定某法域之法院即可，并无进一步指定特定法院之必要。在涉外民事诉讼中，"当事人管辖合意之重心，并非某特定法域内之何法院，而系究欲利用何法域所建立之审判制度之问题。"[①] 再者，在指定管辖权协议条款中，当事人的选择通常不能违背该法域诉讼法中关于级别管辖和专属管辖的约定。当事人在合同签订之时，通常是无法预见未来可能的争议金额的，因此在指定管辖时，若要求当事人未卜先知，指定特定一家法院管辖就存在难度，勉强约定亦有可能因为违背级别管辖的规定而效力堪虞。故从减少不确定性角度而言，较为合理的做法应该是允许当事人选择特定法域的法院管辖，至于具体应由该法域的哪一家法院行使管辖权，则应根据该法域民事诉讼规则进一步确定之。

　　3. 合意管辖约定的效力

　　合意管辖权本质上是一种程序法上的私人自治，是当事人对纠纷解决过程的控制权的体现。然而，由于这种当事人处分权的对象是司法权体现之争议管辖权，故这种控制权无疑必须建立在特定法域的法律承认其合意管辖约定的有效性的基础之上。问题是，当事人间的管辖权约定在什么样的条件下，在什么样的范围内可以改变、分配甚至排除该法域法律所建立的司法管辖权分配规则，进而控制司法的进程呢？合意管辖约定的效力究竟为何？

　　理论上，当事人合意管辖的效力，可以分为"并存之合意管辖"以及"排他之合意管辖"两种。

　　"并存之合意管辖"指的是经由当事人之合意选定的某法院固然因该约定而取得了裁判管辖权，但原即有裁判管辖权之其他法院并不因之而丧失裁判管辖权，原告仍可在多个法院中选择起诉法院。当事人的约定仅系扩大该选定管辖法院对诉讼事件之管辖权，而无拘束其他法域定管辖权或合意管辖权之效力。也就是说，国际私法上定涉外管辖权或合意管辖权之

---

① 黄国昌：《国际诉讼之合意管辖——以排除效果之有效性要件为中心》，台湾《政大法学评论》2006年总第90期，第20页。

效力，仍系依各国或各法域司法权准用或类推适用内国或内法域民事诉讼法上关于定管辖权之原则为之，且系依起诉之法庭地法决定管辖权之有无。故当事人关于管辖权之合意约定，并非当然绝对具有排他之效力。关于该合意之法院，如对该诉讼事件并无管辖权时，除非内国或内法域法律有特别规定，当事人的约定亦不当然拘束该合意之法院，该法院仍可依其法律规定，排除当事人的约定而拒绝管辖。

"排他之合意管辖"指的是仅受合意选定之法院能专属地的行使裁判管辖权，原具有裁判管辖权之他国或他法域法院因当事人合意选定即不得行使其裁判管辖权，原告只能在约定的管辖法院起诉。若原告在约定管辖法院之外的其他法院起诉，则该法院应以不具有裁判管辖权为由而驳回原告之诉。

（1）台湾地区法院就管辖权合意效力的先例

实务中，"最高法院"明确认为：在涉外民事案件中，当事人合意管辖约定并非当然绝对具有排他之效力，且仍以"并存"效果为原则。①

如果当事人在"合意管辖"条款中，明确表达出"排他管辖"的意思，那是否就当然的取得排他的、专属的效果了呢？参考台湾地区"最高法院"在"2012年台抗字第259号民事裁定"中旨意，若合意管辖的"排他专属"效果需要得到承认，其应满足三个条件：一是该合意管辖之争议非专属于台湾地区法院管辖；二是当事人"明示"约定管辖为"排他"性质，即当事人明确表达出争议仅交由特定法院并排除其他法院管辖的意思；三是该约定之外国法院亦承认该合意管辖，以免管辖权的落空。当事人合意

---

① 台湾地区"最高法院"曾在"2002年台抗字第268号民事裁定"中作出如下判决旨意："国际裁判管辖之合意，除当事人明示或因其他特别情事得认为具有排他亦即专属管辖性质者外，通常宜解为仅生该合意所定之管辖法院取得管辖权而已，并不当然具有排他管辖之效力"。台湾地区"最高法院"在"2012年台抗字第259号民事裁定"中再次肯认上述"并存之国际合意管辖"效力，认为："各国有关民事诉讼管辖之规定，除涉及公益或法律特别规定之专属管辖外，系以并存为原则。关于国际管辖法院，该合意之法院，如对该国际诉讼事件并无管辖权时，除非内国法律有特别规定，亦不当然拘束该合意之法院，且国际间亦无管辖权移送之规定或实务，故国际管辖权之合意规定，并非当然绝对具有排他之效力。"

所定提起诉讼之该国法院，若在法律上或事实上不能行使裁判权，当事人自不得援用此合意管辖。台湾地区"最高法院"在"2017 年台抗字第 445 号民事裁定"中再次强调了上述三个条件，并增加一条，即无"民事诉讼法"第 28 条第 2 项显失公平之情形①。只有满足上述四个条件，该案件方能仅由约定的法院专属管辖。

上述先例说明，当事人明示排他是选定法院具有专属管辖权的关键条件。那么，何为"当事人明示"，当事人的约定应如何表述方能具有明示的排他意思呢？若当事人仅作出约定管辖的合意，但是否"是"或"不是"排除管辖之合意不明，又当如何理解其效力呢？试举如下三种合同争议解决条款的表述方式为例：

"双方当事人同意关于本合同之争议，仅由甲方（江苏苏州某公司）所在地有管辖权的人民法院为第一审管辖法院。"

"双方当事人同意关于本合同之争议，得由甲方（江苏苏州某公司）所在地有管辖权的人民法院为第一审管辖法院。"

"双方当事人同意关于本合同之争议，由甲方（江苏苏州某公司）所在地有管辖权的人民法院为第一审管辖法院。"

上述三种表述，仅一字之差，从中文字面意思似可分别理解为："排他合意""并存合意""不明合意"。前二者的意思尚且明确，只是第三条的意思究竟应理解为"排他合意"还是"并存合意"，则颇费踌躇。对这一问题，同样是"最高法院 2012 年台抗字第 259 号民事裁定"中作出回应："有无国际管辖合意之约定，仍不应限于契约条款有无排他（exclusive）之文字，亦不当然受限于 shall 或 will 之选用。有关合意国际管辖之争议，应采具体个案之契约解释说，亦即该意思表示所根基之原因事实、交易上

---

① "民事诉讼法"第 28 条第 2 项规定:第二十四条之合意管辖,如当事人之一造为法人或商人,依其预定用于同类契约之条款而成立,按其情形显失公平者,他造于为本案之言词辩论前,得声请移送于其管辖法院。但两造均为法人或商人者,不在此限。

之习惯、经济目的、一般社会之理性客观认知、经验法则及当事人所欲使该意思表示发生之法律效果而为探求，借以检视解释之结果是否符合公平正义。当与管辖有关文字发生争议，而无法认为系有国际管辖合意时，自应回归民事诉讼管辖所采之并存原则。"

（2）台湾地区法院就涉陆案件的合意管辖效力的实践

从实践案例来看，当事人合意选择管辖法院条款主要有两类方式，一是明确约定将争议交由大陆法院或台湾地区法院行使管辖权，二是约定将争议交由特定连结点所指向的法院行使管辖权，例如：公司所在地[①]、主营业所所在地[②]、户籍所在地[③]、债权人所在地[④]、合同签订地[⑤]、供方所在地[⑥]、被告所在地[⑦]等，再经连结点指引，由特定法院行使管辖权。无论两类方式之何种，在合意选择结果上无非是由大陆法院或台湾地区法院行使管辖权。从台湾地区法院角度来看，这之间就存在着由内法域法院或是由外法域法院行使管辖权之差别，效力判定即有所不同。

A. 选择台湾地区法院

无论是当事人选定，还是经连结点指引选择台湾地区法院审理案件，台湾地区法院多未讨论此种情形下，当事人合意效力的专属性或排他性问题。根据台湾地区"民事诉讼法"第 24 条规定，当事人得以合意定第一审管辖法院，故判决书或裁定中多写道：经当事人合意选定台湾地区法院为争议管辖法院，台湾地区法院自得因当事人的择定而有管辖权。

---

① 金门地方法院民事判决 2008 年诉字第 29 号、台湾士林地方法院民事判决 2013 年诉字第 924 号、台湾士林地方法院民事判决 2013 年重诉字第 240 号、台湾台北地方法院 2010 年诉字第 2770 号、台湾智慧财产法院民事裁定 2013 年民著诉字第 23 号。

② 台湾高雄地方法院民事裁定 2010 年海商字第 13 号。

③ 台湾台东地方法院民事判决 2010 年东小字第 16 号。

④ 台湾彰化地方法院民事裁定 2009 年重诉字第 22 号。

⑤ 台湾台北地方法院民事判决 2013 年诉字第 1784 号、台湾高等法院台中分院 2017 年重上字第 227 号。

⑥ 台湾桃园地方法院民事判决 2014 年重诉字第 29 号。

⑦ 台湾高雄地方法院民事判决 2015 年建字第 139 号。

在涉及台湾司法体制内部管辖权设置时，当事人的约定仍有一定的自主选择空间。比如：台湾地区虽专设智慧财产法院受理智慧财产权争议案件，但若当事人约定将智慧财产争议交由普通地方法院审理，仍得有效，当事人的意思将得到尊重。①

在研究样本中，多数案件在争议主体、债权债务履行地、合同签订地等方面或多或少均与台湾地区存在一定的实际联系，台湾地区法院依其"民事诉讼法"本即可行使"法定"管辖权，当事人合意选择台湾地区法院不过是在多个有管辖权的平行法院中择定台湾地区法院而已，并不因此产生特殊的争议。然而，在法院并无法定管辖权之情形下，是否仅因当事人的"择定"，法院就不仅"有权"，而且有"责任"审理该争议呢？比如：两个大陆人民间发生之争议，与台湾无涉，却选择台湾地区法院审理。这种私人间合意是否能约束台湾地区法院，或者课以台湾地区法院必须审理的义务？台湾地区对此并未明确规定，实务中，台北地方法院曾以司法资源有限、审理该案为不便利法庭为由，认为台湾对此类案件并无一般管辖权，驳回当事人的起诉。②虽然立法上并未对当事人合意选择施加实质关联性限制，但实务中，法院依然倾向在司法资源有限性之现实下，不必容许域外当事人就无涉台湾之纷争约定由台湾地区管辖，侵占台湾地区司法资源。法院也并不会因当事人的私人合意而"自我约束"承担起相应的审理职责。

B. 选择大陆法院

"合意管辖条款具有两个不同之面向:使特定法院取得管辖权（prorogation）以及排除其他原有法定管辖权法院之管辖权（derogation）。"③从台湾地区法

---

① 台湾台北地方法院民事判决2011年智字第40号、台湾智慧财产法院民事判决2013年民著上字第11号。

② 台湾台北地方法院民事裁定2009年审诉字第5607号。当然,本案的逻辑事实上是有问题的,不便利法庭原则的运用应以有管辖权为前提,只不过是考虑到行使的不方便,而拒绝管辖。

③ 黄国昌:《国际诉讼之合意管辖——以排除效果（derogation）之有效性要件为中心》,台湾《政大法学评论》2006年总第90期,第12页。

院的角度来看，如果当事人合意由台湾地区法院管辖，意味着使台湾地区法院"取得"管辖权。如果当事人合意由大陆法院管辖，则究竟意味着专属大陆管辖，可排除台湾地区法院行使管辖权，还是"并存之合意管辖"，台湾地区法院仍得行使一般法定管辖权呢？实践中，对这一问题，法院认识并不一致，裁断难免自相矛盾，莫衷一是。

如前文所述，台湾地区法院就管辖权合意效力的先例表明，当事人合意管辖约定并非当然绝对具有排他之效力，实务中仍以"并存"效果为原则。这一原则性认识，在涉陆民事案件之合意管辖效力认定上仍得以一定程度的延续。[①]

另有法院对当事人合意管辖持"排他性效力"观点，认为经当事人选定的法院有"专属"管辖权。如果当事人选定由大陆法院管辖，则台湾地区法院难认有管辖权。例如：在台湾士林地方法院 2013 年重诉字第 240 号民事判决中，法院写道："原告既已同意系争买卖契约采购订单之订购单条款而与华冠（江苏）公司订定系争买卖契约，则其与华冠（江苏）公司间若有涉讼，当以华冠（江苏）公司所在地之管辖法院为第一审合意管辖法院，本院自无管辖权。"特别是，当事人已经约定由大陆法院管辖，而原告违背约定在台湾地区法院起诉，被告又对此提出抗辩的情形下，"衡诸契约自由原则，并两造已于订约时合意定有管辖之法院，本有其一定之利害关系与考量，且就此管辖问题，被告已系抗辩本院无管辖权，有其一定之利益考量，自应予以尊重。况原告并非舍本院之管辖即无从利用两造合意所定管辖法院之救济等情形下，应认被告抗辩之词可加采取，原告此

---

① 金门地方法院民事判决 2008 年诉字第 29 号、台湾高等法院台中分院民事裁定 2009 年抗字第 231 号、台湾新北地方法院民事判决 2014 年诉更一字第 6 号、台湾高等法院民事裁定 2013 年抗字第 1618 号、台湾新北地方法院民事判决 2016 年重诉字第 705 号、台湾台北地方法院民事判决 2016 年诉字第 1981 号、台湾台北地方法院民事裁定 2015 年重诉字第 695 号、台湾台北地方法院民事判决 2017 年诉字第 4895 号、台湾高等法院民事裁定 2018 年抗字第 1545 号、台湾高等法院台南分院民事裁定 2019 年抗字第 62 号。

部分之主张自无理由。……原告之诉应由大陆之人民法院管辖。"

当事人约定大陆法院管辖条款是否具有排除台湾地区法院管辖权之效果，法庭应充分尊重当事人之自由意思，尊重其利益考量。诚如台湾智慧财产法院 2013 年民著诉字第 23 号民事裁定中所述：于一般民事契约，如当事人就契约之文字发生争议时，首应探究当事人之真意解释契约。管辖权之合意系一契约条款，如当事人就立约时与管辖有关之契约文字发生争执时，自应依上开判决意旨探求当事人之真意。若文字业已明白表示当事人真意，或解释当事人之真意后，确有清楚且明确之合意管辖约定时，除非契约另有明定，其真意通常即为使其产生排他之效力，特别是与智慧财产权有关之国际贸易契约，殊难想象当事人会任意订定一仅取得并存管辖权之合意条款，衡诸处分权之法理，应认该约定具有排他之效力。

在精成科技股份有限公司提起的再抗告案中，台湾地区"最高法院"对这一观点予以肯定："双方为因应在大陆之商务契约，避免将来诉讼时管辖法院不确定性造成时间与成本之耗费，已预先评估诉讼程序、诉讼成本及应适用法律之利益及风险，经充分考量，乃选择大陆昆山人民法院为管辖法院等情非虚，则衡诸常情，两造为该管辖约定，是否无仅受选定之昆山人民法院有管辖权，而排除其他法院管辖之真意，洵非无疑。"[1] 循此思路，台湾高等法院在随后的更审判决文书中，写道：涉外审判管辖权有其不同于内法域法院管辖之特殊性，于意思表示不明时，宜解释为专属管辖合意，……在国际商务诉讼之脉络下，应认两造约定合意管辖条款时，为避免将来时间、成本之耗费，真意是以昆山人民法院为专属、排他之管辖法院。[2]

除了"并存"和"排他"效力之外，当事人合意管辖效力还存在与

---

[1] "最高法院民事裁定 2017 年台抗字第 445 号"。

[2] 台湾高等法院民事裁定 2017 年抗更（一）字第 20 号。类似的案例还有台湾新北地方法院民事裁定 2018 年度诉字第 1143 号、台湾桃园地方法院民事裁定 2018 年诉字第 2114 号、台湾桃园地方法院民事判决 2017 年诉字第 441 号、台湾高等法院民事裁定 2019 年抗字第 280 号。

"应诉管辖"的效力何者优先的问题，即合意管辖优于应诉管辖，还是应诉管辖可以改变合意管辖？在台湾地区民事诉讼法中并未加以明确。立法上虽然要求合意管辖必须以书面为之，但应诉管辖作为一种当事人行为是否能构成合意管辖合意的变更，从而改变管辖权约定条款的效力呢？在福建省漳州轮船有限公司诉钧维股份有限公司给付租金一案中，双方当事人原本在协议中约定："本租约下所发生的一切争执应经双方协商解决，如协商无效，应提交厦门海事法院裁定，适用中华人民共和国法律。"事后，原告福建省漳州轮船有限公司选择诉至台北地方法院，且在法院审理期间被告又不为管辖权抗辩，双方均同意由台北地方法院为案件管辖法院，台北地方法院遂依据台湾地区"民事诉讼法"第25条而取得"应诉管辖权"。

综上所述，台湾地区"民事诉讼法"第24条规定当事人得以合意定第一审管辖法院，但该条规定较为笼统概括，仍留有诸多未决问题。立法上的模糊回避，给予了法院较大程度的自由裁量空间。在76个涉及合意管辖的涉陆民事案件中，法院出现了诸多方法错误、说理不足，结论矛盾的不足之处，司法实践的不一致性，在一定程度上损害了当事人管辖协议效力的稳定性，也给当事人带来了困扰和误导。

4. 评价

合意管辖条款之所以在世界范围内得到普遍认同和接受，概因其尊重个人意志和个人权利、能减少管辖权冲突、实现诉讼公平和效率、增加确定性和可预见性。[1] 事先的管辖协议可防止任何一方当事人"挑选法院"并置另一方当事人于不利境地，对民事关系双方当事人而言均可谓意义重大。

然而，无论是两岸协议，还是两岸各自立法，均未就互涉性民事争议管辖权之确定作出明确规定，故两岸民商事法律关系当事人将无可避免地面对未来潜在争议在何地审理、依何种法律裁断等不可预知的风险。就台

---

① 何其生：《比较法视野下的国际民事诉讼》，高等教育出版社2015年版，第184页。

湾地区而言，虽有"民事诉讼法"第 24 条及第 25 条对合意管辖问题作出规定，但仍因过于概括，语焉不详，实务中仍留有诸多难以裁断的问题。实证研究观察表明，台湾地区法院在涉陆民事案件中，对当事人合意管辖问题上立法模糊之处，有如下实践做法：

（1）台湾地区尚未就涉外及涉陆民事诉讼合意管辖进行明确的立法，实务中，多是经由"类推适用""民事诉讼法"第 24 条的规定并援引台湾"最高法院"的相关先例中的裁判意旨加以裁断。

（2）台湾地区立法没有对当事人有权协议选择法院的争议类型作出任何限制。实务中合意管辖均发生在与债相关之财产关系争议上，且多以当事人合同在先约定为依据。婚姻、家庭、继承等领域中未发现合意管辖的案例。

（3）双方当事人合意管辖约定仅需做"法域"的约定即可，无须指定具体的特定法院。

（4）在涉及台湾司法体制内部管辖权设置时，当事人的约定仍有一定的自主选择空间。

（5）应诉管辖权效力优于合意管辖权。被告不为管辖权抗辩亦可视为双方当事人以行为达成默示的合意，从而改变原先的管辖协议的约定。

（6）当事人合意选择管辖法院的方式既包括明确约定将争议交由大陆法院或台湾地区法院行使管辖权，又包括约定将争议交由特定连结点所指向的法院行使管辖权。无论采何种约定的方式，在管辖权效力的指定上无非是指向台湾地区法院管辖或大陆法院管辖。在效力的认定上，自有不同。首先，经当事人合意选定台湾地区法院为争议管辖法院，台湾地区法院自得因当事人的择定而有管辖权。但如果两个大陆人民间发生之争议，且该争议在实际事实因素上与台湾无涉，当事人却选择台湾地区法院审理时，台湾地区法院拒绝管辖。其次，如果当事人合意选定大陆法院为争议管辖法院时，其效力认定在实践中存在分歧。有的法院将之作为"并存之合意管辖"，除当事人所选定的大陆法院可取得管辖权外，台湾地区法院依一般法定管辖规则仍具有管辖权限，当事人的约定不得排除之，台湾地区法院仍可对该争议行使管辖权。也有的法院持相反观点，将当事人管辖合意作为"排他之合意管辖"，大陆法院经当事人选定取得专属管辖权，台湾地区法院即丧失管辖权限，又因两岸间不存在"移送管辖"规定或约定，台湾地区应驳回当事人之诉。最后，在对当事人合意管辖条款之约定进行解释时，应以具体个案中当事人所欲使该意思表示发生之法律效果而为真意之探求。

总体而言，理论上认为，承认当事人协议选择争议解决法院的权利，允许当事人综合案件事实因素衡量判断，从而选择在当事人看来最适当的法院来解决争议，不仅能增加争议解决的可预见性，实现诉讼效率的最优化，而且能最大程度地减少跨域间管辖权冲突。实证研究发现，制度的实际运行过程中，因对合意管辖条款的内容理解存在分歧，导致该制度不仅未能充分发挥理论上预期的减少管辖权冲突的价值功能，反而因法院对相同案件的不同裁断结论而增加了当事人不可预知、无法控制的风险。

面向未来，诉讼之合意管辖制度，对两岸民事商务关系之重要性已毋庸置疑。在两岸均未对跨连两岸民事诉讼管辖权分配进行明确立法之际，法院对处理此类问题的司法见解，对未来立法改革或两岸协议的磋商具有关键性的影响。未来，两岸应争取在合意管辖权的适用条件和效力方面尽可能协商一致，达成共识。从实现制度价值的最大化以及与国际潮流接轨的角度而言，对当事人合意管辖条款的合法性要件应有放宽的必要，同时，在合意管辖条款的效力上亦宜采专属排他性解释，方更符合当事人诉讼权益保障之基本价值。

第二节　管辖权冲突之平行诉讼问题

平行诉讼是在两岸民事诉讼领域中经常遇到的问题，指的是对于同一两岸间民商事案件，当事人分别到两地法院先后或同时提出同一诉讼，法院亦同时或先后行使管辖权，对同一案件进行审理并作出裁判的行为。平行诉讼本质上是属于区际法院之间就跨连两岸之民事诉讼竞相行使管辖权而产生的司法管辖权的积极冲突。如前文所述，两岸民事管辖权立法上的差异，客观上给当事人挑选法院提供了机会，当事人为达到最佳诉讼效果，利用两岸管辖权制度的差异向择地起诉时，管辖权的积极冲突即无法避免。管辖权冲突意味着为解决同一争议，两岸法院均要利用司法资源进行审理，也意味着当事人要反复到两个法院起诉举证、应诉答辩，这不仅是对公共资源的浪费，也给当事人带来经济成本上的不必要的负担。所以，从避免法院就同一诉讼标的进行重复审理，防止作出相互矛盾的裁决，实现司法资源的最佳利用以及当事人的诉讼经济等因素进行考虑，无论于公于私，两岸平行诉讼问题均应积极协调，妥当处理。

从表现形式来看，平行诉讼可以两种形式：一是重复诉讼，即同一民商事纠纷的当事人在一法域法院起诉之后，又到另一法域再次提出相同的诉讼请求，两地法院均受理案件，并主张行使案件管辖权。二是对抗诉讼，即同一民商事纠纷的当事人一方在一法域起诉后，另一方到另一法域起诉，两地法院均受理并主张行使案件管辖权。重复诉讼和对抗诉讼的相同之处在于后诉与前诉的当事人相同、后诉与前诉的诉讼标的也相同，但不同之处在于重复诉讼后诉与前诉的诉讼请求相同，希望在两地获得同样的判决结果，而对抗诉讼中后诉的诉讼请求实质上在寻求否定前诉裁判结果，希望以后诉的胜诉判决结果否定前诉的不利结果。

一、重复诉讼

在台湾地区法院审理的涉陆民事案件中，重复诉讼发生概率最高的是离婚案件。样本案例中，共有 784 件台湾地区法院受理之离婚诉讼已在大陆法院受理或已作出判决，数量之巨不可忽视。统计如图 1-1 所示：

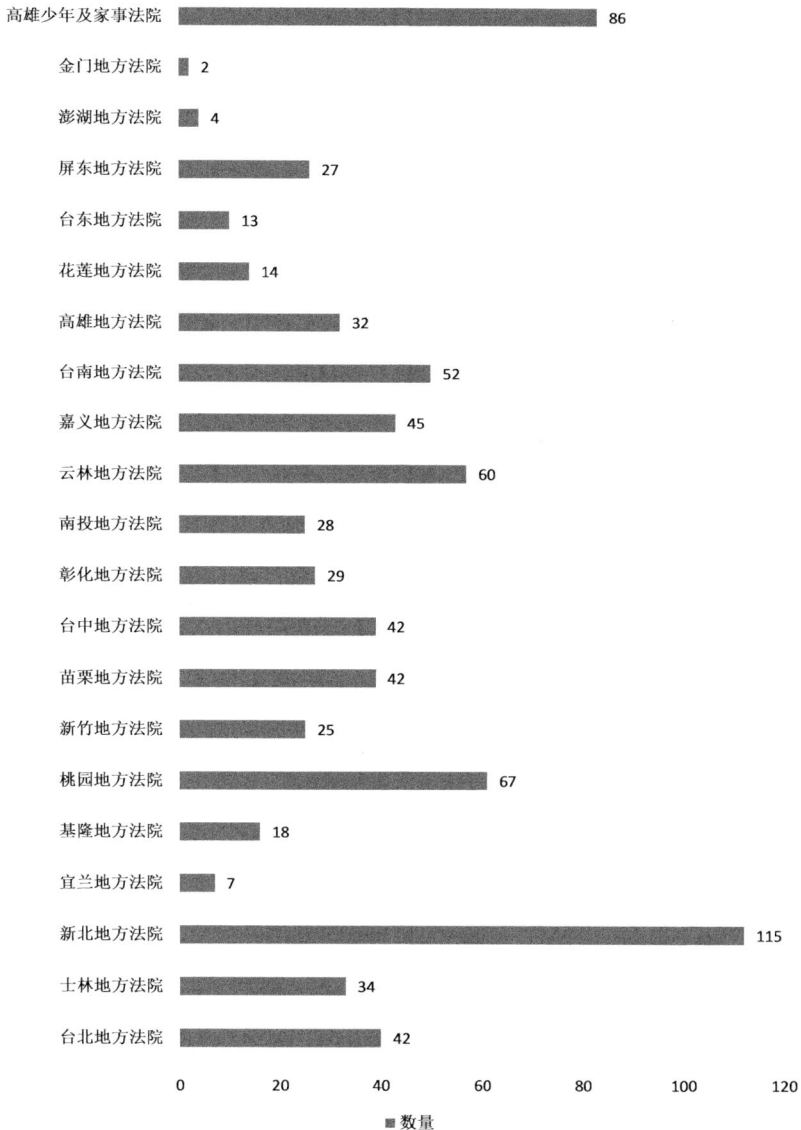

图表来源：作者自制

图 1-1　台湾地区法院涉陆离婚案件重复诉讼统计

实务中，当事人解决离婚问题的通常路径是选择在台湾地区法院或大陆法院起诉离婚，待允许离婚的判决生效后，执生效判决向另一法域之法院申请认可该判决。然而，实务中，亦有婚姻关系中一方当事人在大陆法院起诉离婚后，另一方当事人到台湾地区法院再次提出离婚诉讼的情形。出现这种情况的原因不一而足：（1）有的是因为判决书在大陆的公证和验证手续，大陆当事人不愿意配合办理或者台湾地区当事人嫌手续烦琐，或其他原因，因文书无法齐备，故在台湾地区法院无法提起或未提起判决认可声请，也无法向户政部门为离婚登记，因此，台湾地区当事人选择在台湾地区法院重新起诉离婚；①（2）有的是因为大陆离婚判决许可声请因送达程序瑕疵被法院驳回，当事人只能重新在台湾地区法院起诉离婚；②（3）有的是因为台湾地区当事人虽曾收到大陆离婚诉讼传票通知，但因未收到判决书，或未参加诉讼，为结束婚姻不稳定状况，选择在台湾地区起诉离婚以终结婚姻关系；③（4）还有的是因为一方当事人对大陆离婚判决结果不服，选择在台湾地区重新提起离婚、夫妻财产分配及未成年人监护权酌定之诉。

台湾地区法院在受理重复离婚诉讼时，对涉及的以下问题曾作出如下裁判：

第一，无论当事人是否已在大陆起诉离婚，台湾地区法院对涉陆离婚案件均可行使管辖权。根据台湾地区"家事事件法"第53条第1项第1款规定：婚姻事件之夫妻一方是台湾地区人民者，由台湾地区法院审判。因此，只要婚姻关系中一方为台湾地区人民，则无论台湾地区人民是作为原告，还是被告，也无论该案是否已经大陆法院受理或裁判，台湾地区法

---

① 台湾新北地方法院民事判决2017年婚字第763号、台湾新竹地方法院民事判决2017年婚字第194号、台湾基隆地方法院民事判决2018年婚字第88号、台湾士林地方法院民事判决2019年婚字第97号。

② 类似的，台湾台中地方法院民事判决2011年诉字第548号事件诉因虽为返还不当得利，但重复诉讼之缘起，也是因为大陆相同诉讼所为判决因送达程序瑕疵不被台湾地区法院裁定认可。

③ 台湾地区士林地方法院民事判决2017年婚字第131号、台湾地区桃园地方法院民事判决2017年婚字第463号等。

院对该案均可行使管辖权。实务中，没有任何一个台湾地区法院因大陆法院已经在先受理同一案件，而放弃其管辖权的行使。甚至在当事人提出管辖权抗辩，法庭依然坚持行使管辖权。①

第二，未经认可的大陆判决不具有既判力及执行力，台湾地区法院仍有为实体判决之法益，②不过，虽然未经认可之大陆判决不构成台湾地区法院为实体裁判的拘束力，但当事人已在大陆提出离婚诉讼或已经大陆法院判决离婚之状况，经常被台湾地区法院在审理同一离婚诉讼中援引为双方当事人婚姻显生严重破绽难以维持的重要情由。③

第三，已经台湾地区法院认可之大陆法院离婚判决，即可认为在台湾地区婚姻关系已经消灭，若一方当事人再次在台湾地区法院起诉离婚，则可认为离婚诉讼标的之婚姻法律关系已不复存在，当事人诉讼请求应予驳回。④

第四，离婚案件之重复诉讼，若两地法院作出不同的判决，判决在对

---

① 台湾士林地方法院民事判决 2013 年婚字第 252 号。

② 台湾高雄少年及家事法院民事判决 2015 年婚字第 8 号、台湾台北地方法院民事判决 2012 年婚字第 182 号、台湾士林地方法院民事判决 2013 年婚字第 252 号、台湾智慧财产法院民事判决 2017 年民著诉字第 48 号。

③ 典型如台湾台北地方法院 2015 年婚字第 75 号民事判决书中写道："经福建省福安市人民法院（2013）安民初字第 2535 号民事判决两造离婚，两造徒有婚姻之名，已无婚姻之实，而婚姻乃一男一女之两性结合，以组织家庭共同生活为目的，则本件两造间因被告上开之事由，不仅被告主观上无婚姻维持之意愿，夫妻关系就两造客观上应存之基本维系及义务，亦已名存实亡，堪认两造诚挚相爱之基础早已动摇而不复存在，客观上依两造目前状况，任何人将丧失维持婚姻之意欲，而有难以维持婚姻之重大事由存在，且此一事由之发生，显然非可归责于原告，从而，原告依民法第 1052 条第 2 项规定诉请判决离婚，依法即无不合，应予准许。"

④ 典型如台湾新北地方法院 2013 年婚字第 958 号民事判决书中写道："本件两造既已离婚，彼等间之婚姻关系已消灭，关于为诉讼标的之法律关系之要件即离婚之形成权即属欠缺，本院自无从再以判决消灭两造之婚姻关系，且两造所生未成年子女丙之亲权，亦经该大陆判决酌定由被告扶养，并于台湾地区户政机关为监护登记，自无再予酌定之必要，揆诸上开说明，应认原告之诉欠缺权利保护要件，无保护必要，依其所诉之事实，在法律上显无理由，本院爰不经言词辩论，径以判决驳回之。"类似案件包括：台湾桃园地方法院民事判决 2015 年婚字第 381 号、台湾台中地方法院民事判决 2018 年婚字第 175 号。

方法域的认可与执行亦无法进行，当事人在两地的婚姻状况将处于矛盾的不稳定状态。具体又有两种情形：

第一种情况是台湾地区法院驳回离婚之诉请，而大陆法院判决离婚，例如：在台湾地区人民洪某与大陆人民廖某离婚一案中，廖某在台湾地区法院提起离婚诉讼，被台北地方法院判决驳回①。廖某不服判决提起上诉，在台湾高等法院审理过程②，廖某再就同一离婚事件向大陆法院起诉而获准判决离婚③。廖某遂持该大陆胜诉判决至台湾地区法院声请认可，最终不被准许④。在这一离婚重复诉讼中，廖某与洪某的婚姻关系结果是处于矛盾尴尬之境地：二人在大陆已经被判决离婚，双方在大陆即已经不再为夫妻关系，但二者在台北地区离婚之诉未被准予离婚，且在台湾地区已经作出判决的情形下大陆判决不得被许可，那么二者在台湾地区仍成立夫妻关系。

在这种情况下，反过来说，还有可能大陆法院驳回离婚之诉请，但台湾地区法院受理后判决双方当事人离婚。在台湾桃园地方法院民事判决2018 年婚字第 302 号案件中，双方当事人曾于 2007 年间在大陆诉请解除两造婚姻关系，但四川省自贡市大安区人民法院以被告未提供充足的证据证实双方夫妻感情已经破裂，故被告诉请解除婚姻关系的理由不能成立为由，判决不准许被告与原告离婚。双方自上述法院判决后未再共同生居且互不联系，又逾 10 年，可认两方婚姻已生破绽无回复之希望而有难以维持之重大事由，故法院判决双方当事人离婚。

第二种情况是台湾地区法院判决婚姻不成立或婚姻无效，而大陆法院判决离婚。例如：台湾苗栗地方法院 2015 年婚字 43 号判决中，大陆法院判决双方当事人离婚，而台湾地区法院在审理时发现一方当事人存在重婚，

---

① 台湾台北地方法院民事判决 2009 年婚字第 513 号。

② 台湾高等法院民事判决 2010 年家上字第 239 号。

③ 广西壮族自治区桂林市叠彩区人民法院（2010）叠民初字第 785 号民事判决。

④ 台湾台北地方法院对该判决以民事裁定 2011 年家声字第974号文书予以认可。洪某对该裁定不服向台北地方法院提出抗告，抗告结果为原认可裁定废弃，大陆该判决不应予以认可。

故判决双方当事人婚姻无效。又如台湾台中地方法院2013年婚字第557号判决中，大陆法院判决双方当事人离婚，而台湾地区法院在审理中认为双方当事人的结合欠缺缔结婚姻的真意，为假结婚，故判决双方当事人婚姻不成立。[①]

二、对抗诉讼

对抗诉讼本质上也是同一诉讼主体对同一诉讼标的提出的重复诉讼，只不过，当事人在台湾地区法院提起"对抗"诉讼通常是因为该当事人在大陆法院得到不利于己的裁判结果，目的是为否定前诉，以"对抗"依前诉而产生的法律后果或强制执行程序。

对抗诉讼一般发生在三个阶段：

一是大陆法院受理争讼案件后，另一方当事人至台湾地区法院提起对抗诉讼。例如：在台湾高等法院台中分院民事判决2014年上字第320号案件中，上诉人向沈阳市和平区法院提出之起诉状中向本案被上诉人主张人民币105万元债权。被上诉人在收到法庭通知后，于台湾地区法院提起确认之诉，要求确认被上诉人对其所主张的债权不存在。

二是大陆法院对争讼案件作出判决但尚未得到台湾地区法院认可，另一方当事人就同一讼争在台湾地区法院提起对抗诉讼。由于未经认可的大陆判决在台湾地区不具有既判力和执行力，只要台湾地区法院能够根据其"民事诉讼法"建立起管辖权，则台湾地区法院仍可为实体判决。

三是大陆对争讼案件作出的判决已经得到台湾地区法院裁定认可，另一方当事人就同一讼争在台湾地区法院提起对抗诉讼。一般而言，经认可之境外法院民事确定判决，原则上与内国法院之确定判决具有同一效力，

---

① 类似的案例还有：台湾桃园地方法院民事判决2018年婚字第295号、台湾高雄少年及家事法院民事判决2019年婚字第492号。

即除认可其执行力及形成力外，还应认可其既判力，也意味着同一诉讼事件即生"一事不二诉"之效果，当事人不得重复起诉。然而，大陆判决在台湾是否享有既判力，台湾地区法院是否得就同一事实进行审理这一问题，却在近年来成为法律界争论的焦点。问题起因在于：台湾地区"最高法院1997 年台上字第 2531 号判决"以及"2008 年台上字第 2376 号判决"之见解认为经台湾地区法院裁定认可之大陆民事确定给付判决，仅有执行力，并无既判力。故实务上既然认定大陆判决不具有既判力，逻辑上即有提出对抗诉讼的可能性，在大陆法院受到不利裁判的台湾地区当事人，就有可能在台湾地区"反击"成功，从而造成两岸相互矛盾之裁决结果。

此种情形下，最为常见的对抗诉讼就是债务人异议之诉。所谓债务人异议之诉，台湾地区陈荣宗教授认为："是指执行名义成立后，如有消灭或妨害债权人请求之事由发生，债务人于强制执行程序终结前，向执行法院对债权人提起的异议之诉。"[1] 赖来焜教授总结道："债务人异议之诉系指债务人请求确定执行名义所表示之实体上请求权，与债权人现在之实体上之权利状态不一致，主张有足以排除强制执行之原因事实发生，要求法院以判决排除执行名义之执行力为目的，宣告基于执行名义之全体的强制执行不许可为目的之诉讼。"[2] 债务人异议之诉管辖权规定见于"强制执行法"第 14-1 条：债务人异议之诉应当向执行法院提出。

在陈某诉黄某债务人异议之诉[3]案中，双方当事人因在大陆某公司的股权投资一事发生争议，黄某遂于 2007 年 6 月，于大陆法院起诉请求陈某等给付 275 万元，并请求确认系争股权协议不成立。经湖南省高级人民法院判命陈某给付 275 万元胜诉确定。黄某执该判决声请台湾士林地方法院以 2008 年声字第 1622 号认可裁定认可后，以之为执行名义，声请台湾

---

① 陈荣宗:《强制执行法》，台湾三民书局 2000 年版，第 162 页。

② 赖来焜:《强制执行法总论》，台湾元照出版有限公司 2007 年版，第 577 页。

③ 台湾士林地方法院民事判决 2010 年重诉字第 255 号。

士林地方法院以 2010 年司执字第 22625 号强制执行事件对陈某执行。陈某遂在台湾士林地方法院以黄某为被告提出债务人异议之诉。

该案经台湾士林地方法院、台湾高等法院以及台湾"最高法院"为三次审理,在三法院所为的判决文书[①]中,均对大陆法院在台湾地区的效力问题作出了相同的裁判。台湾"最高法院"的观点是:经台湾地区法院裁定认可之大陆民事确定裁判,只具有执行力,而无与台湾地区法院确定判决同一效力之既判力,债务人得依"强制执行法"第十四条第二项规定,以执行名义成立前,有债权不成立或消灭或妨碍债权人请求之事由发生,于强制执行程序终结前,提起债务人异议之诉。

台湾地区"最高法院"的观点代表了目前台湾地区法院对大陆法院作出的判决在台湾地区的效力的主要观点。根据"两岸人民关系条例"第 74 条规定,经法院裁定认可之大陆民事确定裁判,以给付为内容者,得为执行名义。法院认为,该条规定并未明定在大陆作成之民事确定裁判,在台湾地区与确定判决有同一之效力,所以该执行名义应属"强制执行法"第 4 条第 1 项[②]第 6 款规定其他依法律之规定得为强制执行名义,而与同条项第 1 款所称台湾地区确定之终局判决。所以经台湾地区法院裁定认可之大陆民事确定裁判,应只具有执行力而无与台湾地区法院确定判决同一效力之既判力。大陆裁判,对于诉讼标的或诉讼标的以外当事人主张之重大争点,不论是否作出"实体"之认定,在台湾地区也无争点效原则之适用。台湾地区法院自然可斟酌当事人辩论意旨及调查证据之结果,作出不同之

---

① 台湾士林地方法院民事判决 2010 年重诉字第 255 号,台湾高等法院民事判决 2011 年重上字第 459 号、"最高法院民事判决 2015 年台上字第 546 号"。

② 台湾地区"强制执行法"(2014 年 6 月 4 日修正)第 4 条第 1 项:"强制执行,依左列执行名义为之:一、确定之终局判决。二、假扣押、假处分、假执行之裁判及其它依民事诉讼法得为强制执行之裁判。三、依民事诉讼法成立之和解或调解。四、依公证法规定得为强制执行之公证书。五、抵押权人或质权人,为拍卖抵押物或质物之声请,经法院为许可强制执行之裁定者。六、其它依法律之规定,得为强制执行名义者。"

判断，不受大陆法院裁判之拘束。[①] 大陆法院判决既然无既判力，那么相同诉讼主体就相同诉讼标的再次在台湾地区法院提出债务人异议之诉就没有"一事不再理"原则之适用。

　　研究样本中，共有 10 例，已经台湾地区法院裁定认可之大陆确定判决的当事人在台湾地区法院提出债务人异议之诉（详见表 1-1），其中期间指的是从台湾地区法院作出民事裁定认可大陆民事确定裁判之日起，至债务人异议之诉结束获得确定判决之日止。

表 1-1　经认可之大陆确定判决的当事人

在台湾地区法院提出债务人异议之诉情况

台湾地区法院	裁定情况
1. 台湾南投地方法院	福建省厦门市中级人民法院于 2011 年 9 月 4 日（2000）厦房终字第 138 号民事判决经南投地方法院民事裁定 2013 年陆许字第 1 号裁定认可。 台湾南投地方法院民事裁定 2014 年投简声字第 8 号 声请人提供担保后，强制执行程序于债务人异议之诉事件判决确定、和解或撤回起诉前应暂予停止。 台湾南投地方法院民事简易判决 2014 年投简字第 98 号 本院 2013 年度司执字第 27541 号给付装修费强制执行事件，对原告所为之强制执行程序，应予撤销。被告不得持本院 2013 年度陆许字第 1 号民事裁定对原告强制执行。 期间：2013.6.18—2014.7.14

---

① 台湾地区"最高法院 2007 年台上字第 2531 号、2008 年台上字第 2376 号"判决意旨参照。

台湾地区法院	裁定情况
2. 台湾新竹地方法院	台湾新竹地方法院民事判决 2009 年重诉字第 101 号 确认两造间就本院 2007 年度声字第 878 号民事裁定认可之浙江省宁波市中级人民法院（2005）甬民二初字第 144 号判决、中华人民共和国浙江省高级人民法院（2006）浙民三终字第 170 号判决所示被告对原告人民币叁佰贰拾陆万贰仟肆佰肆拾陆点叁肆元之债权不存在。本院 2009 年司执字第 10406 号强制执行程序应撤销。诉讼费用由被告负担。 台湾高等法院民事判决 2009 年重上字第 720 号 上诉驳回。 期间：2007.10.31—2010.3.2
3. 台湾桃园地方法院	台湾桃园地方法院民事判决 2012 年重诉字第 279 号 确认两造间就本院 2011 年声字第 332 号民事裁定认可之上海市浦东新区人民法院（2010）普民二（商）初字第 2223 号民事判决以及大陆上海市第一中级人民法院（2011）沪一中民四（商）终字第 945 号民事判决所示被告对原告之债权不存在。被告不可持本院 2011 年声字第 332 号民事裁定对原告强制执行，本院 2012 年司执字第 51561 号强制执行程序应撤销。 台湾高等法院民事判决 2013 年重上字第 585 号 原判决废弃。 被上诉人在第一审之诉驳回。 "最高法院民事裁定 2014 年台上字第 1207 号" 上诉驳回。 期间：2011.12.30—2014.6.19

台湾地区法院	裁定情况
4. 台湾士林地方法院	湖南省高级人民法院（2008）湘高法民三终字第 21 号民事判决：原告及亚太体足公司应给付被告 275 万元。确认系争股权协议不成立。经士林地方法院以 2008 年声字第 1622 号裁定认可。 台湾士林地方法院民事判决 2010 年重诉字第 255 号 本院 2010 年司执字第 00625 号之强制执行程序应予撤销。确认被告对原告 2006 年 1 月 4 日协议书所载人民币贰佰柒拾伍万元之债权不存在。确认被告对湖南省长沙市亚太体足养生有限公司有出资额人民币贰佰柒拾伍万元之股东权利存在。 台湾高等法院民事判决 2011 年重上字第 459 号 原判决关于确认上诉人对长沙亚太体足养生有限公司有出资额人民币贰佰柒拾伍万元之股东权利存在部分，及诉讼费用之裁判废弃。 "最高法院民事判决 2015 年台上字第 546 号" 上诉驳回。 期间：2008.12.10—2015.4.1
5. 台湾台北地方法院	浙江省绍兴市柯桥区人民法院（2014）绍科商外初字第 2 号民事判决书经台湾桃园地方法院 2015 年陆许字第 1 号裁定许可。 台湾台北地方法院民事裁定 2015 年声字第 1385 号 当事人间债务人异议之诉事件（本院 2015 年诉字第 3127），声请人声请停止执行，本院裁定声请人提供担保后，强制执行程序于债务人异议之诉事件终结确定前应暂予停止。 台湾台北地方法院民事裁定 2015 年诉字第 3127 号 原告之诉驳回。原因是：原告起诉未具缴纳裁判费。 期间：2015.5.21—2015.9.9
6. 台湾台北地方法院	台湾台北地方法院民事裁定 2012 年声字第 230 号 声请人供担保后，债务人异议之诉事件判决确定前应暂予停止。 台湾台北地方法院民事判决 2012 年重诉字第 353 号 本院 2012 年度司执字第 18791 号清偿债务强制执行事件之强制执行程序应予撤销。原告就系争大陆确定判决所认定之债务已经于债务发生地依大陆方面法律将上开款项汇入法院账户后而全数清偿，被告所持系争大陆同一确定判决所为台湾裁定认可执行名义，其请求已经消灭无讹。 期间：2012.1.31—2012.12.28

台湾地区法院	裁定情况
	台湾台北地方法院民事判决 2010 年重诉字第 1361 号 被告不可持本院 2007 年声字第 2748 号民事裁定对原告强制执行。本院 2010 年司执字第 111884 号清偿债务强制执行事件对原告之强制执行程序应予撤销。确认两造间就本院 2007 年声字第 2748 号民事裁定认可之江苏省南京市中级人民法院（2005）宁民五初字第 52 号民事判决所示被告对原告之货款美金柒拾伍万元，与受理费人民币肆万参仟壹佰肆拾玖元债权不存在。诉讼费用由被告负担。 台湾高等法院民事判决 2011 年重上字第 485 号 原判决所命超逾：（一）上诉人不得持台湾台北地方法院 2007 年度声字第 2748 号民事裁定关于江苏省南京市中级人民法院（2005）宁民五初字第 52 号民事确定判决命被上诉人给付美金柒拾伍万元部分，对被上诉人强制执行。台湾台北地方法院 2010 年司执字第 111884 号清偿债务强制执行事件关于被上诉人美金柒拾伍万元部分之强制执行程序应予撤销。（二）确认上诉人就台湾台北地方法院 2007 年声字第 2748 号民事裁定认可之江苏省南京市中级人民法院（2005）宁民五初字第 52 号判决所示对被上诉人美金柒拾伍万元之债权不存在部分，及诉讼费用之裁判均废弃。 "最高法院民事判决 2015 年台上字第 1468 号" 原判决（除确定部分外）所命超过：（一）上诉人不得持台湾台北地方法院 2007 年度声字第 2748 号民事裁定关于江苏省南京市中级人民法院（2005）宁民五初字第五二号民事确定判决命被上诉人给付美金柒拾伍万元部分，对被上诉人强制执行。（二）台湾台北地方法院 2010 年司执字第 111884 号清偿债务强制执行事件关于被上诉人美金伍拾柒万捌仟陆佰陆拾点捌壹元部分之强制执行程序应予撤销。（三）确认上诉人就台湾台北地方法院 2007 年声字第 2748 号民事裁定认可之江苏省南京市中级人民法院（2005）宁民五初字第五二号判决所示对被上诉人美金柒拾伍万元之债权不存在部分，及诉讼费用（除确定部分外）之裁判均废弃。

续表

台湾地区法院	裁定情况
7. 台湾台北地方法院	台湾高等法院民事判决 2015 年重上更 (一) 字第 106 号 原判决（除确定部分外）所命超过：（一）上诉人不得持台湾台北地方法院 2007 年声字第 2748 号民事裁定关于江苏省南京市中级人民法院（2005）宁民五初字第五二号民事确定判决命被上诉人给付美金柒拾伍万元部分，对被上诉人强制执行。(二) 台湾台北地方法院 2010 年度司执字第 111884 号清偿债务强制执行事件关于被上诉人美金伍拾柒万捌仟陆佰陆拾陆点捌壹元部分之强制执行程序应予撤销。（三）确认上诉人就台湾台北地方法院 2007 年度声字第 2748 号民事裁定认可之江苏省南京市中级人民法院（2005）宁民五初字第五二号判决所示对被上诉人美金柒拾伍万元之债权不存在部分，及诉讼费用（除确定部分外）之裁判均废弃。上开废弃部分，被上诉人在第一审之诉驳回。其余上诉驳回。 "最高法院民事判决 2017 年台上字第 1732 号" 上诉驳回。 期间：2007.12.17—2017.10.31
8. 台湾嘉义地方法院	江苏省苏州市中级人民法院（2013）苏中商外初字第 57 号民事判决经嘉义地方法院民事裁定 2015 年陆许第 1 号裁定认可。 台湾嘉义地方法院民事判决 2016 年诉字第 259 号 原告之诉驳回。 期间：2015.12.17—2016.12.15
9. 台湾台中地方法院	河南省郑州市中级人民法院（1997）郑经初字第 80 号民事判决经台中地方法院民事裁定 2014 年陆许第 2 号裁定认可。 台湾台中地方法院民事判决 2015 年诉字第 2045 号 本院 2015 年度司执字第 64508 号清偿债务强制执行事件所为之强制执行程序应予撤销。 台湾台中地方法院民事裁定 2015 年诉字第 2045 号 上诉驳回。 期间：2015.2.26—2016.11.11

续表

台湾地区法院	裁定情况
10. 台湾新北地方法院	天津市第一中级人民法院（2000）一中经初字第 228 号民事确定判决经新北地方法院 2001 年家声字第 35 号裁定认可，因原告不服该裁定提起抗告，再经台湾高等法院于 2002 年 4 月 10 日以 2001 年家抗字第 362 号裁定抗告驳回确定在案。 台湾新北地方法院民事判决 106 年度诉字第 3888 号 本院 2017 年司执字第 127977 号清偿债务强制执行事件所为之强制执行程序，应予撤销。 期间：2002.4.10—2018.2.22

从裁判程序来看，10 例案件中，有 5 例案件经历上诉审，其中诉至台湾地区"最高法院"的案例有 3 例，不同审级的法院对同一诉讼事件持不同见解者较多，显示出案件的争议性较大，诉讼的复杂度较高。从裁判结果来看，10 个案件中，有 8 个案件全部或部分否定了大陆法院之确定裁判，整体而言，大陆确定判决在经过债务人异议之诉后，被否定的概率很高。

大陆裁决经认可后本应获得既判力，但再经过债务人异议之诉后，同一争议案件经台湾地区法院审理之后才在台湾地区获得既判力。经统计：从台湾地区法院作出民事裁定认可大陆民事确定裁判之日起，至债务人异议之诉结束获得确定判决之日止，延宕期间最长者为第 10 个案例。这个案件与众不同的特殊之处在于，被告在 2002 年 4 月 10 日获得认可大陆判决的裁定书之后竟然迟至 2017 年 11 月 2 日方对原告声请强制执行。时效已超过 15 年之期间[①]，且该期间内被告并无任何中断时效之事由存在，因此原告主张系争债务请求权因罹于时效而消灭。其次是第 7 个案例，达近 10 年之久尚未定案。再次为第 4 个案例，将近 7 年。经实质审理的债务人异议之诉，最短的时间也有 1 年。第 5 个案例，当事人有意提起债务人异议之诉，停止原强制执行程序，但又不缴纳诉讼费，所拖延耗费的时间也

---

① 台湾地区"民法"第 125 条规定："请求权，因十五年间不行使而消灭。但法律所定期间较短者，依其规定。"

达近 4 个月。由此可见，债务人异议之诉，时间耗费旷日持久，当事人争议在台湾地区难以最终确定，权利义务始终处于不确定状态，诉讼成本不可谓不高昂。

第三节　管辖权冲突之协调

一、先诉法院原则

"先诉法院原则"是解决涉外民事管辖权冲突的原则之一，指的是存在两个以上未裁决的诉讼时，受诉时间在先的法院优先享有诉讼案件的管辖权，先受诉法院之外的其他法院应主动放弃管辖权。该原则和不方便法院原则在解决诉讼管辖权冲突时的方法上存在根本性的差异。前者是依据时间先后的客观标准来确定的，后者则更多的是考虑程序正义因素。

为解决涉外诉讼竞合，台湾地区"民事诉讼法"在 2003 年进行修订时增订第 182 条之 2 有规定："当事人就已系属于外国法院之事件更行起诉，如有相当理由足认该事件之外国法院判决在台湾有认可其效力之可能，并于被告在外国应诉无重大不便者，法院得在外国法院判决确定前，以裁定停止诉讼程序。但两造合意愿由台湾法院裁判者，不在此限。法院为前项裁定前，应使当事人有陈述意见之机会。"[①]

从规定内容来看，发生管辖权竞合后，法官对于是否依据本条停止在

---

① 其立法理由为："唯当事人就已在外国法院起诉之事件，于诉讼系属中更行起诉，如有相当理由足认该事件之外国法院判决不致有第四百零二条各款所列情形，在台湾有承认其效力之可能，且被告于外国法院应诉亦无重大不便，则于该外国诉讼进行中，应无同时进行国内诉讼之必要。为求诉讼经济，防止判决抵触，并维护当事人之公平，避免同时奔波两地应诉，爰于第一项规定，此种情形，法院得在外国法院判决确定前，以裁定停止诉讼程序。惟两造如合意愿由台湾法院裁判者，自无停止必要，爰增订但书明定之。至于当事人在台湾法院起诉后，复于外国法院起诉之情形，台湾法院之诉讼原则上不受影响，惟仍应由法院就个案具体情形，审酌台湾之诉讼有无诉讼利益等事项处理之。"

台湾地区的重复起诉，享有相当大的自由裁量权。依先诉原则停止诉讼应符合以下要件方可为之：1. 诉讼已为境外法院所系属，该争议在法院处于受审理的状态；2. 境外法院的判决在台湾地区有认可其效力之可能；3. 先后受诉之诉讼事件为同一事件；4. 被告在境外法院应诉无重大不便；5. 双方当事人合意选择台湾地区法院审理的除外。基于上述条件，法官"得"斟酌具体情况后作出停止台湾地区民事诉讼程序之裁定。

该条订立后，台湾地区的涉外民事诉讼实务中，鲜有法官应用，所以目前仍未建立判断如何运用先诉原则的系统化的客观标准。就涉陆民事案件而言，其中的诉讼程序问题，法庭惯常是"类推适用""民事诉讼法"的相关规定，所以理论上在发生涉陆重复诉讼时，本条亦有可能得以运用。典型案例如下：

案例一：大联诚（上海）房地产开发有限公司诉中国运通有限公司等损害赔偿案 [①]

本案系围绕买卖位于上海市之不动产合同而生之争议。原告根据系争合同请求被告给付不动产买卖价金。原告与被告邱某所定系争合同第 19 条约定，有关履行合同所生争议，合意由物业所在地即大陆上海市杨浦区人民法院为第一审管辖法院，原告已据此向约定大陆法院起诉被告。就同一争议，原告复又向台北地方法院起诉被告。法庭在裁判文书中，除强调因不动产之物权涉讼者专属不动产所在地之法院管辖以及双方当事人合意选择大陆法院管辖外，还写道："原告就同一诉讼标的，已向大陆上海市徐汇区人民法院提起民事诉讼，有其起诉书及法院受理案件通知书在卷可稽，依'民事诉讼法'第 253 条之规定，亦不得重复起诉，并此叙明。"法庭最终裁定原告之诉驳回。

评论：本案所援引的台湾地区"民事诉讼法"第 253 条规定："当事人

[①] 台湾台北地方法院民事裁定 2014 年重诉字第 85 号。

不得就已起诉之事件，于诉讼系属中，更行起诉。"此立法目的在于避免法院就同一争议重复审理而可能发生前后判决不一致之矛盾，并保护被告免受重复被诉之讼累。此为内国民事诉讼法上之"一事不再理"原则的体现。问题是该条是否可类推适用于涉外民事诉讼情境下呢？实务中台湾地区"最高法院"相关判例要旨①对此持否定意见："民事诉讼法"第253条所谓已起诉之事件，系指已向台湾地区法院起诉之诉讼事件而言，如已在"外国"法院起诉，则无该条之适用。本案援引"民事诉讼法"第253条，驳回原告之诉，尽管初衷在于避免重复诉讼，消弭判决不一致的现象发生，但毕竟该条适用于纯台湾法域内之案件，直接用于涉陆案件中似有不妥，更何况在"民事诉讼法"第182条已经订立的情况下，援引第182条用于解决涉外重复诉讼问题应更为贴切和恰当。

案例二：陈庆霖诉陈锦荣确认债权不存在之上诉案②

本案系台湾高等法院受理的上诉案件。被上诉人（原审原告）陈庆霖于2007年7月9日向原审法院台湾士林地方法院提起本诉之前，上诉人（原审被告）陈锦荣曾于2006年5月24日向东莞市中级人民法院提起返还借款诉讼，并经该法院于公元2007年8月1日以（2006）东中法民四初字第82号判决上诉人胜诉，嗣经被上诉人陈庆霖提起上诉，广东省高级人民法院裁定撤销判决，发回重审。双方当事人不争执上诉人向大陆法院提起之诉讼与台湾地区法院受理的诉讼系属同一笔债务。

就本件诉讼是否有"民事诉讼法"第182条之2第1项裁定停止诉讼程序之适用，被上诉人主张：本件并无上述规定之适用，不应停止诉讼程序，应由法院继续审理。上诉人则辩以：系争借款，于被上诉人向原审法院士林地方法院提起本件诉讼以前，已经上诉人向东莞市中级人民法院提起返还借款诉讼，并经该法院于2007年8月1日判决上诉人胜诉在案，

---

① 台湾"最高法院1978年台再字第49号"。
② 台湾高等法院民事判决2008年重上字第267号。

目前因被上诉人提起上诉而未确定，依"民事诉讼法"第182条之2第1项及"两岸人民关系条例"第74条第1、2项规定，应裁定停止本件诉讼。法院论述道："两岸人民关系条例"第74条第1、2项规定："在大陆地区作成之民事确定裁判、民事仲裁判断，不违背台湾地区公共秩序或善良风俗者，得声请法院裁定认可。前项经法院裁定认可之裁判或判断，以给付为内容者，得为执行名义。"上开规定仅系规范经法院裁定认可之大陆民事确定裁判，以给付为内容者，得为执行名义，并未明定在大陆作成之民事确定裁判，与确定判决有同一之效力，该执行名义核属"强制执行法"第4条第1项第6款规定其他依法律之规定得为强制执行名义，而非同条项第1款所称确定之终局判决。……经台湾法院裁定认可之大陆民事确定裁判，应只具有执行力，而无与台湾法院确定判决同一效力之既判力（"最高法院2007年台上字第2531号判决"意旨参照）。……准此，台湾法院自无承认大陆民事裁判具有与确定判决同一效力之可能，是上诉人依"民事诉讼法"第182条之2第1项及"两岸人民关系条例"第74条第1、2项规定，声请停止本件诉讼，核与前开规定要件不符，应予驳回。

评论：如前文所述，依"民事诉讼法"第182条之2先诉原则停止诉讼应符合五项要件，其中一项是境外法院的判决在台湾地区有承认其效力之可能。学说上将此要件称为"判决承认预测说"。[①]如果程序上可合理预测境外法院判决有可能受台湾地区法院所认可，则台湾地区法院停止诉讼应不会在程序上造成当事人的权利无法得到维护。实务中不少法院都接受"最高法院2007年度台上字第2531号"判决意旨观念，认为既然台湾地区法院不承认大陆民事裁判具有和台湾地区法院裁判同等的"既判力"效力，即不符合"民事诉讼法"第182条之2第1项停止诉讼的要件。

总而言之，台湾地区"民事诉讼法"已有第253条规定禁止台湾境内

---

① 赖淳良：《外国法院诉讼系属在内国之效力》，《民事诉讼法（中）》，台湾三民书局2004年版，第241页。

发生之重复诉讼，考虑到涉外民事诉讼案件的特殊性以及涉外管辖权原则于各法域间的独立性，该条在适用中不宜延伸类推之涉外诉讼。

"民事诉讼法"已专门增订第 182 条第 2 项用于规范涉外之重复诉讼问题。该条在立法体例上采用了大陆法系的"先诉法院"原则，在境外法院可能作出得到认可的判决时，台湾地区法院法官可依据其自由裁量权，停止后诉的台湾诉讼。由于两岸间缺乏协议性的承诺，故是否停止诉讼，法院有较大的自由裁量权。理论上，类推适用台湾地区"民事诉讼法"的相关精神并遵循相同法理，在发生两岸重复未决之诉时，台湾地区法院若为后诉法院，自可类推第 182 条第 2 项用于处理两岸管辖权积极冲突问题。问题是，台湾地区实务观点若认为大陆法院裁判即便经认可仍无认可其"既判力"之可能，则当事人自然可以在台湾地区再次提出诉讼，而不受第 182 条第 2 项之拘束。显而易见，这种认识及做法无益于两岸重复诉讼之协调规范以及判决一致性的价值追求，客观上将纵容当事人在两岸挑起对抗诉讼，浪费司法资源，也让两岸司法管辖权冲突变得越来越复杂，越来越不稳定。

二、不方便法院原则

学说上一般认为一国法院行使一般管辖权之合理基础，应指的是该案件中之一定事实与法院地国有某种关联关系的存在，例如当事人之国籍、住所、居所、法律行为地、事实发生地、财产所在地等联系因素与法院地国存在一定的关联，从而使法院审理该案件具有合理性且不违反公平正义原则。为了在原告之法院选择权与被告之诉讼权保护以及法庭审判之方便间取得平衡，法院除应审酌个案所涉及之涉外民事诉讼利益与特定法域的关联性外，还应考虑当事人间之实质公平、审判之公正、程序之迅速经济等程序保障概念，考量原告选择法庭地法院之理由、被告应诉是否方便、准据法之选择、对当事人送达之可能性、证据取得之方便性、判决之可执行性及是否有充分可替代之法院等因素，并于原告之法院选择权与被告之保障、法庭之方便间，以当事人间之利益衡量及合理性原则综合判断管辖权之基础。故而，受诉法院即使对某一案件有适当的属人或属地的涉外管辖权，但若自认为是一"不方便之法院"，若继续行使管辖加以裁判，势将对被告造成不当之负担，且案件由其他有管辖权之法域管辖，更符合当事人及公众之利益，则该受诉法院可拒绝管辖。此即学说上所称之"不方便法院说（Doctrine of Forum Non Convenience）"，台湾地区亦习惯称之为"不便利法庭原则"。该说起源于苏格兰，主要在美国、英国、加拿大等普通法系国家所接受并在这些国家得到实践发展。大部分民法法系国家还是拒绝给予他们的法院拒绝管辖的一般自由裁量权。[①]

传统上大陆法系国家是以法院地与当事人或讼争事件间之属人关系或属地关系为管辖基础，并无"不方便法院"之概念或法制。承自大陆法系传统，台湾地区之"民事诉讼法"或其他相关规定，亦未明确允许台湾地区受诉法院可在个案审酌"不方便法院原则"的基础上驳回原告之诉或停止诉讼程序。台湾地区"最高法院"亦未形成明确之判例要旨。故很难说台湾地区法院在实践中已接受英美法系国家的"不方便法院说"。

不过，有趣的是，尽管缺乏明文规定或"最高法院"裁判意旨，实证研究发现，在限定研究条件内，共有 26 个案例样本运用了"不方便法院原则"判断管辖权，兹将所涉案例样本择其关键内容，录为表 1-2：

---

① J Fawcett(ed)，Declining Jurisdiction in Private International Law(Oxford, Clarendon Press,1995), at 8.

表 1-2　台湾地区法院依"不方便法院原则"判断涉陆案件管辖权情况

序号	提出者	裁判结果	观点内容
1	被告抗辩 法院裁判	确认行使 管辖权	**被告辩称**：依"不便利法庭原则"，应由大陆法院管辖。 **法庭裁判**：台湾高雄地方法院民事判决 2010 年诉字第 1773 号 系争货物之发要约通知地为高雄。又被告公司之法定代理人为台湾地区之自然人黄小珲，其设籍地址与吉弘公司之所在地同址，亦即同在高雄，其至本院应诉，并无不便。另参酌本件两造争执之相关文书，其上既已记载明确，亦无须至大陆调查之必要，则原告向本院起诉，并无不当。 台湾高等法院高雄分院民事判决 2011 年上字第 166 号与上述裁判书意见相同。
2	法院裁判	拒绝管辖 驳回起诉	**法庭裁判**：台湾台北地方法院民事裁定 2009 年审诉字第 5607 号 不仅两造均系大陆人民，依起诉状所载，原告又系请求履行浙江省人民法院调解书所示杭州市土地使用权、摊位、大楼所有权及股权等义务，足明本件私法纷争之原因事实均非发生于台湾地区境内，于台湾地区法院进行本件诉讼，对于证据之调查、当事人之攻击防御而言甚为不便，自难期进行有效、经济之诉讼程序，依前开不便利法庭之原则，本院对本件诉讼显无一般管辖权。

序号	提出者	裁判结果	观点内容
3	被告抗辩 法院裁判	确认行使 管辖权	**被告抗辩**：本诉讼事件台湾地区法院并无涉外裁判管辖权。 **法庭裁判**：台湾高雄地方法院民事裁定 2013 年海商字第 3 号 台湾地区虽就被告陈文南部分具有涉外民事裁判管辖，唯审酌本件原告主张之原因事实，及船舶碰撞侵权行为之法律关系，关系船舶之船籍并非台湾地区，碰撞发生地为公海，加害船舶并未于碰撞事故后到达台湾地区，亦未经台湾地区法院扣押，台湾地区也不是受损害船舶于碰撞事故后之最初到达地；且两造迄未合意由台湾地区法院管辖，……两造迄未提出第一时间之调查报告、相关人员之讯问纪录、惠发轮之船舶基本资料、船舶航行相关纪录、日志、证书等，亦无法提出系争事故当班人员即被告邓伟、TO MINH XUNG 之年籍资料，或提出其等第一时间制作之讯问笔录或报告，均未尽协力义务，致本件船舶碰撞事故之事实真相、相关操船人员之见闻及因应措施为何、有无善尽注意义务或采取适当之避碰作为、惠川轮是否同有过失等要件事实均有不明，相关证据调查陷于胶着，显见由台湾地区受理本件涉外船舶碰撞事故之审判，极度戕害程序迅速经济、适正审判及当事人间实质公平之程序保障，且参酌本件如单就具有普通审判籍之被告陈文南部分强为审判而与其他被告割裂处理，将导致判决歧异之可能性等特别情事，自应否定台湾地区法院对于本件有涉外民事裁判管辖。综上所述，依台湾地区之规定，本件性质应属船舶碰撞，参照台湾地区"海商法"关于船舶碰撞之特别规定、"民事诉讼法"共同管辖之但书规定，及涉外民事裁判管辖之相关法理，应认本件除被告陈文南之住所地在台湾地区外，对于其他被告并无管辖权，依共同管辖之法理，须具备共同管辖因素之法院方有管辖权；且本件由台湾地区法院进行审理，将致调查取证困难、诉讼利益甚微、诉讼程序不经济、对非台湾地区籍之被告程序保障严重不足，复为避免致生裁判歧异之危险，亦不应单独就具有普通审判籍之被告陈文南进行审理，应认台湾地区法院对本件诉讼之被告并无涉外裁判管辖权。……台湾地区法院应拒绝本件之管辖。

序号	提出者	裁判结果	观点内容
3	被告抗辩法院裁判	确认行使管辖权	**台湾高等法院高雄分院民事裁定 2014 年重抗字第 42 号** 本件由台湾地区法院管辖，对相对人并不致造成不当之负担，并依权利保障迅速及诉讼经济原则，均符合当事人及公众之利益，且不违反公平正义原则，则台湾地区就本件诉讼自非不便利法庭，是本件既无明显违背当事人间之实质公平及程序之迅速经济等特别情事，揆诸前开说明意旨，即应认台湾地区法院有管辖权。 **"最高法院民事裁定 2015 年台抗字第 589 号"** 台湾地区有关涉外管辖权之规定，就本件诉争事项欠缺明文。法院于认定有无涉外民事裁判管辖权时，除应斟酌个案原因事实及诉讼标的之法律关系外，尚应就该个案所涉及涉外民事诉讼利益与关联性等为综合考虑，并参酌台湾地区民事诉讼管辖规定及涉外民事裁判管辖规则之法理，基于当事人间之实质公平、程序之迅速经济等概念，为判断之依据。查陈文南与再抗告人之法定代理人陈立仁之住所地均在高雄市。惠川轮之船体险及船东第三人责任险、惠发轮之船东第三人责任险数据并均送往上开地址。系争碰撞事故相对人给付 SGF 公司之理赔金系由陈立仁之母陈罗绢美代为领取，其填载地址亦为上址。系争碰撞事故发生后之理赔既于台湾地区办理，加害船舶第一到达港虽为斐济，唯再抗告人与 SGF 公司均已作成报备书，相对人指定之公证公司亦作成公证报告，陈文南及惠川轮船长郑国明均住于高雄，陈文南亦同意于台湾地区法院进行诉讼，故本件由台湾地区法院管辖，并无难以进行证据调查情事。况惠发轮属权宜船，乃为逃避财税、船舶、营运管理等限制或国际渔业管理、捕捞限额等因素，而选择与自己并无联系因素之地为船舶登记，但该地与其营业毫不相关，……应认由台湾地区法院管辖，并非不便利法庭，且无违当事人间之实质公平与程序之迅速经济。

序号	提出者	裁判结果	观点内容
4	法院裁判	拒绝管辖驳回起诉	**法庭裁判：台湾台北地方法院民事裁定 2013 年诉字第 702 号** 被告事务所设在上海市嘉定区，有原告提出之企业法人营业执照在卷可查，则类推适用"民事诉讼法"第 2 条第 2 项规定："对于私法人或其他得为诉讼当事人之团体之诉讼，由其主事务所或主营业所所在地之法院管辖。"难认台湾地区法院就本件诉讼有管辖权。又依原告状载，两造事务所均在大陆，自契约约定以观，交货地在上海市嘉定区，足见本件诉讼发生之原因事实均非于台湾地区境内。是当事人之国籍、住所、居所、法律行为地、事实发生地、财产所在地等联系因素以观，本件诉讼与台湾地区之关联性甚为薄弱，如于台湾地区法院进行，对于证据之调查、当事人之攻击防御而言甚为不便，自难期进行有效、经济之诉讼程序，依前开不便利法庭之原则，本院对本件诉讼显无一般管辖权。
5	被告抗辩法院裁判	未说明理由行使管辖权	**台湾台北地方法院民事判决 2012 年诉字第 4473 号** **原告主张**：本件被告虽为一设址于广东省之公司，……本件被告法定代理人之住居所位于台湾地区，以及本件得证明被告违反系争合约之第三人设址于台湾地区等情，本件应无不便利法庭原则之适用， **被告抗辩**：本件有不便利法庭原则之情形。 **法庭裁断**：未说明理由。
6	法院裁判	拒绝管辖驳回起诉	**法庭裁断：台湾台北地方法院民事裁定 2015 年诉字第 2435 号** 盖诉讼权虽属人民为"宪法"所保障之权利，唯诉讼资源有限，对于与台湾地区欠缺实质关联性之涉外民事纷争进行审理，或其裁判管辖权将无法受到被告财产所在地法院之认可，或被告本身于台湾地区无财产而无从执行该裁判，均仅造成徒然浪费司法资源之结果而已。是以，倘若受诉法院对某案件虽有涉外管辖权，但若自认为是一极不便利之法院，案件由其他有管辖权之法域管辖，最符合当事人及公众之利益，且受诉法院若继续行使管辖加以裁判，势将对被告造成不当之负担时，该国法院即得拒绝管辖，此即学说上所称之"不便利法庭之原则"。

续表

序号	提出者	裁判结果	观点内容
6	法院裁判	拒绝管辖 驳回起诉	本件原告为台湾地区人民，被告则系大陆人民，两造就本件返还借款之诉之管辖争议，依上开"两岸人民关系条例"第41条第1项所定，即应适用台湾地区"民事诉讼法"中关于管辖权之规定。次查，本件依原告起诉主张事实，被告为大陆籍人士，在台湾地区未设籍，亦无住居所，且本件之借款行为地及借款交付地亦位于大陆即天津市河西区，足明本件私法纷争之原因事实均非发生于台湾地区，如于台湾地区法院进行本件诉讼，对于证据之调查、当事人之攻击防御而言甚为不便，自难期进行有效、经济之诉讼程序，依前开不便利法庭之原则，本院对本件诉讼显无一般管辖权。
7	被告抗辩 法院裁判	确认行使 管辖权	**被告抗辩**：本件调查证据以被告上海某公司在中国大陆境内之收汇情况最为关键，而原告在香港注册，主事务所设在香港，至上海起诉显然较无阻碍，应考虑被告利益及公益，适用不便利法庭地原则拒绝本件管辖。 **法庭裁断：台湾台北地方法院民事判决2014年诉更一字第22号** 本件原告诉请确认债权而保管代收货款所在之系争OBU账户，既在本院管辖区域内，若将来台湾法院就本件判决原告胜诉，对原告而言最能有效执行，且被告陈淳建住所设于台湾境内，并为被告上海某公司及被告英属某公司之代表人，应诉并无不便，亦符合"被告应受较大之保护"原则，足见被告所辩本件应适用不便利法庭原则拒绝管辖云云，并不可采。

续表

序号	提出者	裁判结果	观点内容
8	法院裁判	拒绝管辖 驳回起诉	**法庭裁断：台湾士林地方法院内湖简易庭民事裁定2014 年湖简字第 337 号** 本件原告主张两造结婚前均在大陆工作，被告在大陆向原告开口借钱，依当时规定无法由台湾地区直接汇款至大陆，被告乃提供其在台友人林娟慧在上海商业银行新庄分行之账户，叫原告将款汇到林娟慧之账户内，再由林娟慧设法将钱带至大陆交付被告，今两造已离婚，爰向被告请求清偿借款等语。原告诉讼代理人虽主张两造在台湾地区有办理结婚登记，多次以探亲名义来台并居住过，然查据原告之姐白慧珍称，被告来台湾地区仅是拜访客户，且观诸被告之入出境纪录，被告每次停留在台湾地区之日数，少则一日，最多十日，且原告亦无法提出任何证据，足资证明被告来台究竟系固定以何处、何旅馆、饭店为其居所。本件为避免对被告造成不当之负担，兼顾对被告之权益之保障及应诉之方便，若由台湾地区法院管辖乃属极不便利之法院，案件应由管辖权之大陆法院管辖，最符合当事人利益。
9	法院裁判	确认行使 管辖权	**法庭裁断：台湾板桥地方法院民事判决 2010 年诉字第226 号** 原告起诉主张其为依据大陆法律设立之法人，未经台湾地区认许，亦未在台湾地区设有事务所或营业所，依据"民法"第 227 条之规定，请求被告给付不完全给付之损害赔偿责任，被告为依据台湾地区规定设立之法人，营业所设于新北市三重区，相关证据应于台湾地区调查，并无不便利或应诉不便利之情形，由此观之，本院就本件诉讼有管辖权，合先叙明。
10	被告抗辩 法院裁判	确认行使 管辖权	**被告抗辩：**本件侵权行为地系在大陆，并非适用台湾地区"法律"，且亦有"不便利法庭之原则"之情事，不应由台湾地区法院管辖。 **法庭裁断：台湾桃园地方法院民事判决 2010 年诉字第321 号** 本件依原告主张之事实，尚无须于大陆调查证据之必要，故无不便利法庭原则之适用。

序号	提出者	裁判结果	观点内容
11	被告抗辩 法院裁判	确认行使 管辖权	**原告主张**：两造间之主要争点在于被告之出资金额，而被告出资汇钱之行为系在台湾地区，相关证据均留在台湾地区。且被告一年中居住台湾地区之天数较多，对被告并无不便，无不便利法庭原则之适用。 **被告抗辩**：原告为依大陆方面法律设立之公司法人，倘由台湾地区法院调查，无异增加当事人及法庭诉讼之负担，应于大陆进行诉讼为妥，台湾地区法院与案件之牵连与利害关系均非常低落，由台湾地区法院管辖，无论于调查证据或诉讼程序之进行，均无端耗费台湾地区法院之劳力、时间与费用，依上开考虑，应以"不便利法庭原则"，驳回原告之诉。 **法庭裁断**：台湾高雄地方法院民事裁定 2013 年诉字第 1520 号 本件原告为依大陆方面法律设立之公司，被告为澳大利亚籍人士，具有涉外因素，……被告有住所于台湾地区，台湾地区法院院对于本件诉讼自有涉外审判权。是被告抗辩台湾地区法院对本件诉讼并无审判权云云，尚非可采。本院审酌本件之相关证据，……足见此等证据在台湾地区较易取得，而本件相关证人均为台湾地区人民且居住于台湾地区境内，其传唤调查亦难谓不便，被告虽为澳大利亚籍人士，然长年居住于台湾地区，并于本件亲自应诉，对其并无任何程序上之不利益可言，且本件亦无调查证据及程序进行困难之处，故于台湾地区进行诉讼，应合于被告之利益，且于被告个人与公众利益并无不当，台湾地区之法院应非不便利法院。

序号	提出者	裁判结果	观点内容
12	被告抗辩 法院裁判	确认行使 管辖权	**被告抗辩**：被告于台湾地区并未设有任何营业所，亦未有任何财产，相关交易事实、履约地，亦均在大陆，所需调查之相关事实、证人，亦均在大陆。纵令将来原告取得胜诉判决，亦需再透过大陆之法院许可执行后，方得为之。基此，依据"不便利法庭原则"，法院就本件诉讼并无一般管辖权。 **法庭裁断**：台湾桃园地方法院民事判决 2014 年重诉字第 29 号 被告已有委任律师为诉讼代理人代为应诉，对其并无任何程序上之不利益可言，且本件诉讼亦查无调查证据及程序进行困难之处，并适用前开"民事诉讼法"合意管辖之规定，足见本件诉讼由本院管辖，对被告尚无何不便利情形。
13	法院裁判	驳回起诉 抗告驳回	**法庭裁断**：台湾台北地方法院民事裁定 2015 年诉字第 2435 号 本件依原告起诉主张事实，被告为大陆籍人士，在台湾地区未设籍，亦无住居所，且本件之借贷行为地及借款交付地亦位于大陆即天津市河西区，足明本件私法纷争之原因事实均非发生于台湾地区境内，如于台湾地区法院进行本件诉讼，对于证据之调查、当事人之攻击防御而言甚为不便，自难期进行有效、经济之诉讼程序，依前开不便利法庭之原则，本院对本件诉讼显无一般管辖权。除此，"两岸人民关系条例"又乏移送于大陆法院之规定，本件起诉即难谓合法，自应予驳回。 **法庭裁断**：台湾高等法院民事裁定 2016 年抗字第 103 号 依"两岸人民关系条例"第 41 条第 1 项规定，适用"民事诉讼法"第 1 条定本件管辖结果，原法院既非有管辖权之法院，与涉外裁判管辖上所谓"不便利法庭原则"之适用须以该法院就该涉外事件有管辖权，惟其管辖对当事人系不利益或违反公众利益之情形迥然不同，本件自无涉外裁判管辖上所谓"不便利法庭原则"适用之余地。

序号	提出者	裁判结果	观点内容
14	相对人抗辩 法院裁判	原裁定废弃，确认行使管辖权	**法庭裁断：台湾台北地方法院民事裁定 2016 年重诉字第 296 号** 本院就本件诉讼并无管辖权。 **台湾高等法院民事裁定 2017 年抗字第 853 号** **相对人抗辩：**就同一事件已于厦门市海沧区人民法院起诉，并获胜诉判决，本件争议既经前开法院认定有管辖权、开庭实质审理且为判决，为免裁判矛盾，甚或无法于大陆申请认可后执行，而应裁定驳回抗告人之诉；且相对人在台湾地区境内无财产、相对人及其声请之证人来台应诉严重不便等，本件应有"不便利法庭原则"之适用。 **法院裁断：**本件买卖纠纷事实尚非全然与台湾地区无涉，自不得仅因相对人为大陆成立之法人，在台无事务所、营业所或在台除前述托收文件（内含载货证券）外恐无财产可供执行，或其可能传讯之证人居住大陆，即可认本件倘由台湾地区法院审理将对相对人构成不当之负担，故其抗辩依"不便利法庭原则"，本件不应由台湾地区法院受理云云，并无可采。 **"最高法院民事裁定 2018 年台抗字第 210 号"** 再抗告驳回。
15	法院裁判	确认行使管辖权	**法庭裁断：智慧财产法院民事裁定 2016 年民著诉字第 14 号** 本件原告为台湾地区人民，被告系大陆人民，两造间之侵害著作权事件之管辖争议，依"两岸人民关系条例"第 41 条第 1 项所定，即应适用台湾地区"民事诉讼法"中关于管辖权之规定。本件依原告起诉主张事实，被告为大陆籍人士，在台湾地区未设籍，亦无住居所，且本件侵害系争论文之行为地在英国伦敦市，被告住所位于大陆，足见本件私法纷争之原因事实均非发生于台湾地区境内，如于台湾地区法院进行本件诉讼，对于证据之调查、当事人之攻击防御、被告所在地法院是否认可本院判决、被告本身于台湾地区无财产而无从执行等甚为不便，自难期进行有效、经济之诉讼程序，依不便利法庭之原则，本院对本件诉讼并无一般管辖权。

序号	提出者	裁判结果	观点内容
15	法院裁判	确认行使管辖权	**法庭裁断：智慧财产法院民事裁定 2016 年民抗再字第 2 号** 纵损害赔偿之数额证明不易，台湾地区"著作权法"第 88 条第 3 项亦规定有金额可供法院酌定，故本件应无调查证据困难之不便利情形。且虽再审相对人系大陆人民，但两岸交通并无障碍，且民事诉讼亦未强制当事人必须到庭始能进行审理，况依据最高人民法院所公布并于 2015 年 7 月 1 日施行之《关于认可和执行台湾地区民事判决的决定》，两岸人民间之民事事件于判决后亦可为有效执行。故本院 2016 年民再抗字第 1 号民事裁定认本院 2016 年民著抗字第 1 号民事裁定对本件两岸人民侵害著作权事件无管辖权，纵有管辖权，亦以"不便利法庭原则"拒绝管辖，显有消极不适用法规及适用法规不当之显有错误情形。
16	被告抗辩法院裁判	确认行使管辖权	**法庭裁断：智慧财产法院民事判决 2015 年民商诉字第 29 号** 被告虽辩称基于不便利法庭原则之法理，本院应拒绝管辖，始符合公平合理原则，避免涉外管辖权冲突之发生。然本件原告主张之事实系以台湾地区人被告抢注大陆及澳洲商标后所生之公示效果，是否已影响台湾地区市场交易秩序而显失公平、构成违背善良风俗之侵权行为等情，原告主张之行为地在台湾地区，且两造均未声请于外国为相关证据之调查，本件当无被告所称不便利法庭原则之适用，被告所辩不可采。
17	法院裁判	拒绝管辖驳回起诉	**法庭裁断：台湾士林地方法院 2014 年湖简字第 000337 号** 被告在台湾地区并无住所及居所，亦无最后之住所（即曾经在台湾地区设籍），为避免对被告造成不当之负担，兼顾对被告权益之保障及应诉之方便，由台湾地区法院管辖乃属极不便利之法院。

序号	提出者	裁判结果	观点内容
18	法院裁判	原裁定废弃，确认行使管辖权	**法庭裁断：台湾澎湖地方法院民事裁定 2017 年婚字第 27 号** 原被告在台湾地区并无共同设定之住所；又夫妻二人之经常共同居所地及诉之原因事实发生之夫或妻居所地均在中国大陆，若径认由原告之本法院管辖，无异增加当事人及本法庭诉讼之负担，对被告诉讼权之保护，亦非周延，且两造婚后同住于大陆，亦需考量日后可能有夫妻财产分配之争讼，若由本法院管辖，无论于调查证据或诉讼程序之进行，将无端耗费法院之劳力、时间与费用，对法庭地纳税人之负担，亦不公平。……应认我院对本件诉讼并无审判管辖权。 **台湾高等法院高雄分院民事裁定 2018 年家抗字第 13 号** 本件起诉所主张之构成离婚之原因事实有部分系发生于抗告人所居住之澎湖。……现今台湾地区与大陆之交通往来便利，相对人非无适当之交通方式可至澎湖地院开庭应诉，又相对人虽任公职，然相对人曾携其子来台湾地区及澎湖旅游探亲一个月。且台湾地区现行民事诉讼实施集中审理制，两造可先交换书状充分表达意见后再集中调查证据，使开庭次数减少，应不致使相对人需要多次出庭应诉。又相对人纵有无法亲自出庭应诉之情形，亦可委任律师代理诉讼，并不影响相对人之权益。……本件离婚诉讼，澎湖地方法院有管辖权。
19	法院裁判	原裁定废弃，确认行使管辖权起诉	**法庭裁断：台湾桃园地方法院民事裁定 2017 年诉字第 1947 号** 原告与被告海宝公司并未于台湾地区登记，且两造公司之业务往来亦位于广东省东莞地区，故本件私法纷争之原因事实均非发生于台湾地区。再查，华宝公司设立于萨摩亚，而被告海宝公司为华宝公司之子公司，因此华宝公司改派法人董事代表人的行为不仅必须在萨摩亚办理，更何况被告海宝公司设立在大陆，此项改派行为须于大陆办理登记，因之本案所有私法行为皆不在台湾地区完成甚明。本案如于我院进行本件诉讼，对于证据之调查、当事人之攻击防御而言甚为不便，自难期进行有效、经济之诉讼程序，仅造成徒然浪费司法资源结果，依前开不便利法庭之原则，本院对本件诉讼显无一般管辖权。

序号	提出者	裁判结果	观点内容
19	法院裁判	原裁定废弃，确认行使管辖权起诉	**台湾高等法院民事裁定 2018 年抗字第 1088 号** 伍某经原法院通知开庭后，即委任诉讼代理人，且其住所地为原法院所管辖，可见其未有应诉不便之情事。至于台湾地区与大陆间民事判决是否相互承认，非有无管辖权所应审认事项。原裁定以无管辖权，且无得裁定移送之法院，径以抗告人起诉不合法为由驳回本件起诉，即有违误。
20	被告抗辩法院裁判	确认行使管辖权	**原告主张**：原、被告皆为台湾地区居民、住所地亦位于台北市，在台湾地区境内均能接受诉讼通知之送达，且在台湾地区应诉最为便利，并非不便利法庭。 **被告抗辩**：原告主张之系争协议书及系争补充合约书之履行地均为昆山，则被告有无依系争协议书及系争补充合约书履行及依契约应负之责任等相关人证、物证均存在大陆，如倘由本院行使一般管辖权而为审理，势须依法传讯当地经办人员到庭，并向当地行政机关、法人调取书证，始足断明本件。 **法庭裁断：台湾台北地方法院民事判决 2017 年重诉字第 1409 号** 部分证人虽住居大陆，然均已到院为证，且两岸虽因政治因素而相互阻隔，但交通方面，尚无阻碍，两造所提书证并无须向大陆官方机关调取资料，应无不便利法庭原则适用。
21	被告抗辩法院裁判	确认行使管辖权	**被告抗辩**：被告等主要营业所均设于香港地区，且原告起诉之请求系依大陆方面法律所为之恢复负责人（大陆公司董事长）登记事项，为维护被告权益、诉讼资源运用及当事人之便利性，应由大陆法院取得本案管辖权。 **法庭裁断：台湾台北地方法院民事裁定 2017 年诉字第 3855 号** 本件恢复登记纠纷事件尚非全然与台湾地区无涉，……台湾地区为两造缔结系争合作协议及补充协议之订约地；再两造分派盈余及减资返还股款之履行地即托收之第一银行，亦在台湾地区并属本院之管辖范围，……就本件恢复登记之履约争议，应有管辖权。

序号	提出者	裁判结果	观点内容
22	被告抗辩 法院裁判	确认行使 管辖权	**被告抗辩**：被告为大陆成立之法人，在台无事务所、营业所，在台除托收文件（内含载货证券）外恐无财产可供执行，可能传讯之证人居住大陆。 **法庭裁断：台湾台北地方法院民事判决 2018 年重诉更一字第 7 号** 本件买卖纠纷的缔结行为跨连台湾地区与大陆，且两造约定原告应付货款之履行地即托收之华南银行，亦在台湾地区，属本院之管辖范围，本院就本件买卖瑕疵损害之履约争议，应有管辖权。
23	法院裁判	拒绝管辖 驳回起诉	**法庭裁断：台湾苗栗地方法院民事裁定 2018 年诉字第 73 号** 原被告双方原为夫妻，被告为大陆人士，于美国新泽西州相识、结婚，并成立借名登记契约，约定由被告取得位于美国新泽西州之房地产（下称系争房地）应有部分二分之一，原告现请求被告返还系争房地应有部分二分之一。法院认为：本件借名登记契约（下称系争契约）成立地、债务履行地及标的物所在地均在美国新泽西州，又原告所提出之两造签立移转系争房地产应有部分之契约、购买证明、汇款单据皆在美国新泽西州由当地律师及专业人士以英文作成，……本件纷争之原因事实，均非发生于台湾地区境内，被告现亦未于台湾地区居住、活动，对于证据之调查、当事人之攻击防御而言均甚为不便，难期进行有效、经济之诉讼程序，且对于自 2012 年 2 月离境，长期居住在台湾地区境外之被告而言，应诉需耗费大量时间、金钱，诚属极不便利，显有违于"以原就被"之管辖原则，势将使被告遭受明显之程序上不利益，且将增加当事人及本法庭诉讼之负担，无论调查证据或诉讼程序之进行，将无端耗费本法院之人力、时间与费用，对法庭地纳税人之负担，并不公平，故自公平、经济考量、管辖原因集中、利益衡量等观点，依上述"不便利法庭原则"，亦应认为我院得拒绝对本件诉讼为管辖，而应驳回原告之诉。

序号	提出者	裁判结果	观点内容
23	法院裁判	拒绝管辖 驳回起诉	**台湾高等法院台中分院民事裁定 2018 年抗字第 225 号** 本件抗告人为台湾地区人民，相对人为大陆人民，因涉讼之不动产位于美国新泽西州，虽属涉外事件，然因两造为两岸人民，依"两岸人民关系条例"第 41 条第 1 项规定，适用"民事诉讼法"第 1 条定本件管辖法院结果，原法院并非有管辖权之法院。本件自无所谓"不便利法庭原则"适用之余地。原法院以"不便利法庭原则"为由，认其无管辖权而裁定驳回抗告人之诉，理由虽有不同，唯结论并无二致，仍应予维持。
24	法院裁判	确认行使 管辖权	**法庭裁断：台湾台东地方法院民事裁定 2018 年诉字第 136 号** 本件原告起诉请求确认其就海南互助水产品加工有限公司（下称海南公司）有百分之二十之股东权存在等语，显系对于公司股东之资格有所请求之诉讼。……海南公司之主事务所系位于海南省陵水县新村港边长生海滩，本件应由海南公司主事务所所在地即大陆法院管辖，唯本院无从为移转管辖之裁定，……应予驳回。 **台湾高等法院花莲分院民事裁定 2018 年度抗字第 62 号** 本件抗告人起诉涉及大陆之诉讼事件，原审法院究有无管辖权之判断，可参酌涉外管辖权关于考量被告能否在程序上获得实质公平保护之法理。本件相对人一林某住居所均在台东县，且现行动不便，需赖外籍看护照顾；相对人二林某某之住所在台北市，且经常生活地点可认为台北市；依抗告人起诉主张之原因事实，本件诉讼之主要事实发生地点亦在台东县，……倘因两造出资经营之海南公司主要事务所设于海南省，而认原审法院无管辖权，反而忽视两造生活重心均在台湾地区、相对人一林某难以至大陆出庭及证人可能均须远至大陆出庭不便利，无论是对抗告人或相对人而言，均增加程序上之耗费甚不经济，是以原审法院认对本件诉讼无管辖权，尚非允当。……本件由台湾地区法院管辖，对相对人尚不致造成不便，依权利保障迅速及诉讼经济原则，符合当事人及公众之利益，亦不违反公平正义原则，且台湾地区就本件诉讼并非不便利法庭，……应认原审法院有管辖权。

序号	提出者	裁判结果	观点内容
25	法院裁判	确认行使管辖权	**法庭裁断：台湾花莲地方法院民事判决 2018 年全字第 74 号** 本件因系以不动产为标的物之债权契约涉讼，原告主张借名登记法律关系之债务履行地及系争不动产皆位于中国江苏省无锡市，不在台湾地区法院管辖范围，……由大陆法院管辖较符合裁判之迅速性、便利性，故应认台湾地区法院就本事件无管辖权。纵认本院就本件私法纷争具有裁判管辖权，依原告所主张私法纷争之事实及性质观之，本件纷争之标的物非位于台湾地区境内，对于证据之调查、当事人之攻击防御而言均甚为不便，难期进行有效、经济之诉讼程序，应诉需耗费大量时间、金钱，诚属极不便利，且将增加当事人及台湾地区法庭诉讼之负担，无论调查证据或诉讼程序之进行，将无端耗费台湾地区法院之人力、时间与费用，对法庭地纳税人之负担，并不公平，故自公平、经济考量、管辖原因集中、利益衡量等观点，依不便利法庭原则，亦应认为台湾地区法院得拒绝对本件诉讼为管辖，而应驳回原告之声请。 **台湾高等法院花莲分院民事裁定 2019 年抗字第 3 号** 本件抗告人系以借名登记之法律关系，请求相对人将坐落江苏省无锡市之不动产所有权转登记予抗告人，以系争不动产所在地之法院管辖，即由大陆地区法院为其管辖法院；再本件亦得定性为契约履行事件，由契约履行地之法院即大陆地区法院取得管辖权。唯两造均系于台湾地区设有住所之居民，依"以原就被"原则，由被告蔡某所在地之台湾地区法院管辖。至于"不便利法庭原则"，……本件系争不动产纵然位于大陆，倘要求两造前赴大陆法院应诉则使当事人旷日费时且耗费甚巨，不符当事人之利益、徒增讼累，基此，原法院以不便利法庭原则，而裁定驳回抗告人之声请，自有未洽。

序号	提出者	裁判结果	观点内容
26	被告抗辩法院裁判	确认行使管辖权	**被告抗辩**：两造在大陆订约、履行地在大陆，本院为不便利法庭。 **法庭裁断**：台湾台北地方法院民事判决 2018 年诉字第 4455 号 本院就本件民事争议仍得透过两造攻防及所提证据以确定事实上及法律上之心证，本件尚无不便利法庭之适用，本院自得审理本件诉讼。

观察上述案例，可总结以下几点发现：

1. 以管辖权中"不方便法院原则"为主要争点的涉陆民事事件在近几年呈上升趋势。在过去管辖之判断主要是以司法属地管辖为依据，但在交通发达、信息技术先进的今天，管辖权之"便利"与否判断，应赋予时代的新意。在互联网时代的法庭，许多证据之取得可通过电子方式而为之。再加上现在两岸交通便利、航班频繁，在近几年判断是否为"不方便法院"时，考虑到这一点，法庭普遍不认为有明显不便利的情形。

2. "不方便法院原则"的考量，既可由当事人提出管辖权抗辩后，法庭针对性地给出明确的法律裁断，又可由法院主动依职权判定是否依"不方便法院原则"拒绝管辖。法院在受理涉陆民商事事件审核有无民事裁判管辖时，除考虑原告本案请求之原因事实为基础外，并不完全凭恃原告诉讼上主张之本案原因事实以为判断，而是要求原告就管辖之原因事实负有一定程度之举证责任。至于是确认行使管辖权或是依"不方便法院原则"驳回当事人起诉，仍应由法院依职权决定之，非仅凭原告之主张，以免造成滥诉，加重被告跨国应诉之程序上耗费及负担。

2. 法庭据以判断"不方便"的考虑因素主要有证据调查方便以及被告之权益之保障及应诉之方便，并以减少台湾地区之法院之劳力、时间与费用耗费，且无违当事人间之实质公平与程序之迅速经济为衡量标准。

3. 台湾地区法院在判断涉陆民事案件中是否行使管辖权时，能较好地参酌当事人诉讼权之保障，并不因为原告系台湾地区人民，为保护法院地居民之利益，方便原告起诉，而置大陆人民利益于不顾，忽略大陆人民诉讼权之保障。

尽管台湾地区并无明确立法允许法院得依"不方便法院原则"行使自由裁量权拒绝管辖，但实务中，法院还是可借由法理或原则，精细区辨案件基础事实的差异，在实务中逐步填补空白并细致化法律的解释与操作，保持法律见解之灵活发展。通过援引"不方便法院原则"以"放弃"行使司法管辖的方式，实现司法权力的自我克制，客观上也有助于减少原告"挑选法院"，并在两岸间形成合作、经济与和谐的双边法治关系。

本章小结

区际民事裁判管辖权的法律制度是与台湾地区法域内民事诉讼管辖权不同的法律制度，解决的是不同层面的管辖权确定的问题。从台湾地区的相关制度来看，无论是"两岸人民关系条例"还是"民事诉讼法""家事事件法"等规定中均未对涉陆民事诉讼管辖问题作出特殊规定。涉陆民事案件管辖权问题还主要是在台湾地区"民事诉讼法"的框架内进行，没有独立的法律规则。涉陆民事案件管辖权确定与台湾地区内部一般民事案件相比，至少在法律适用上并无实质性区别。

就涉陆民事诉讼管辖权确定依据来看，主要包括三种依据确定方法：一是类推适用说，即类推适用台湾地区"民事诉讼法"规定；二是逆推知说，直接由台湾地区"民事诉讼法"管辖规定，逆推有无涉外管辖权；三是修正之类推适用说，又称管辖权分配说，在类推适用台湾地区"民事诉讼法"管辖规则的同时，为调和涉外管辖权冲突，在考虑利益、公正等因素后，适当限缩管辖权范围。实证研究表明：台湾地区法院在涉陆民事诉讼管辖权确定实务中，基本是往返徘徊于类推适用说或逆推适用说与修正之类推适用说之间，其表面分歧在于对内法域管辖权和涉外管辖权的区别认识不足，但更关键的问题在于对区际管辖权协调之意义，没有一致且适当的共识。仅有少数个案采修正之类推适用说，以内法域民事诉讼管辖权规则为基础，平等考量两岸法院在管辖权可能竞合的情况下，何者具有诉讼便利且对当事人公平，对涉陆民事案件中的当事人的权利义务以及其他案件事实联系因素，进行综合考量决定有无管辖权。这些考量均为不成文的法理，由于其注重区际因素的特殊性而形成了独立于台湾地区境内民事诉讼管辖权规定的特殊的实务规则。

台湾地区法院确定涉陆民商事案件管辖权之法律依据是以其"民事诉讼法"中管辖权规则为基础，类型上主要包括普通管辖、特别管辖、应诉管辖、专属管辖和合意管辖。实证研究表明：1.普通管辖是依"被告住所地"作为确定普通管辖的基本依据，对法人而言则是由其主事务所或主营业所所在地之法院管辖。2.特别管辖是以案件与法院地的特定联系因素为根据来确定管辖权。这种特定联系因素包括行为的因素，物的因素以及属人法因素。涉陆民事司法中就契约、侵权、财产权、财产管理、不动产、票据、公司清算、载货证券、婚姻、亲子、继承、收养、其他家事非讼事件分别确立了相应的特别管辖规则。3.专属管辖在台湾地区制度中出现者众多，但真正在涉陆民事诉讼领域中具备专属含义之管辖，从实务来看仅包括不动产所在地法院专属管辖权及支付命令之专属管辖权。4.合意管辖。在涉陆民事争议中类推明示合意管辖，其合法有效应满足至少以下几项条件：当事人合意而定；协议必须采取书面形式；法院选择限定在由一定法律关系而生之诉讼，非诉讼案件不得进行管辖权选择。默示推定合意管辖应满足的两个条件是：被告不抗辩法院无管辖权；且被告为本案之言词辩论。进一步实证研究表明：台湾地区没有对当事人有权协议选择法院的争议类型作出任何限制；双方当事人合意管辖约定仅需做"法域"的约定即可，无须指定具体的特定法院；在涉及台湾司法体制内部管辖权设置时，当事人的约定仍有一定的自主选择空间；应诉管辖权效力优于合意管辖权；当事人合意选择管辖法院的方式既包括明确约定将争议交由大陆法院或台湾地区法院行使管辖权，又包括约定将争议交由特定连结点所指向的法院行使管辖权；在效力的认定上，首先，经当事人合意选定台湾地区法院为争议管辖法院，台湾地区法院自得因当事人的择定而有管辖权。但如果两个大陆人民间发生之争议，且该争议在实际事实因素上与台湾无涉，当事人却选择台湾地区法院审理时，台湾地区法院拒绝管辖。其次，如果当事人合意选定大陆法院为争议管辖法院时，其效力认定在实践中存在分歧。有的法院将之作为"并存之合意管辖"，除当事人所选定的大陆法院可取得管辖权外，台湾地区法院依一般法定管辖规则仍具有管辖权限，当事人的约定不得排除之，台湾地区法院仍可对该争议行使管辖权。也有的法院持相反观点，将当事人管辖合意作为"排他之合意管辖"，大陆法院经当事人选定取得专属管辖权，台湾地区法院即丧失管辖权限，又因两岸间不存在"移送管辖"规定或约定，台湾地区应驳回当事人之诉。最后，在对当事人合意管辖条款之约定进行解释时，应以具体个案中当事人所欲使该意思表示发生之法律效果而为真意之探求。

平行诉讼是在两岸民事诉讼领域中经常遇到的问题，从表现形式来看包括重复诉讼和对抗诉讼。实证研究表明：1. 在台湾地区法院审理的涉陆民事案件中，重复诉讼发生概率最高的是离婚案件，数量之巨不可忽视。台湾地区法院在受理重复的离婚诉讼时，对涉及的以下问题的普遍做法是：无论当事人是否已在大陆起诉离婚，台湾地区法院对涉陆离婚案件均可依法行使管辖权；未经认可的大陆判决不具有既判力及执行力，台湾地区法院仍有为实体判决之法益；已经台湾地区法院认可之大陆法院离婚判决，即可认为在台湾地区婚姻关系已经消灭，若一方当事人再次在台湾地区法院起诉离婚，则可认为离婚诉讼标的之婚姻法律关系已不复存在，当事人诉讼请求应予驳回。离婚案件之重复诉讼，若两地法院作出不同的判决，判决在对方法域的认可与执行亦无法进行，当事人在两地的婚姻状况将处于矛盾的不稳定状态。比如：台湾地区法院驳回离婚之诉请，而大陆法院判决离婚，或者台湾地区法院判决婚姻不成立或婚姻无效，而大陆法院判决离婚。2. 对抗诉讼一般发生在三个阶段：大陆法院受理争讼案件后，被告当事人至台湾地区法院提起对抗诉讼；大陆法院对争讼案件作出判决但尚未得到台湾地区法院认可，另一方当事人就同一讼争在台湾地区法院提起对抗诉讼；大陆对争讼案件作出的判决已经得到台湾地区法院裁定认可，另一方当事人就同一讼争在台湾地区法院提起对抗诉讼。最后一种对抗诉讼是一种比较有争议的情形，一般而言，经认可之境外法院民事确定判决，原则上与内国（法域）法院之确定判决具有同一效力，意味着同一诉讼事件即生"一事不二诉"之效果，当事人不得重复起诉。然而，台湾地区"最高法院 2007 年度台上字第 2531 号判决"以及"2008 年台上字第 2376 号判决"之见解却认为经台湾地区法院裁定认可之大陆民事确定给付判决，仅有执行力，并无既判力。故在大陆法院受到不利裁判的台湾地区当事人，就有可能在台湾地区"反击"成功，最为常见的对抗诉讼就是债务人异议之诉。实证研究表明：已经台湾地区法院裁定认可之大陆确定判决的当事人在台湾地区法院提出债务人异议之诉，不同审级的法院对同一诉讼事件持不同见解者较多，显示出案件的争议性较大，诉讼的复杂度较高。从裁判结果来看，大陆确定判决被否定的概率较高。从时间上来看，债务人异议之诉，时间耗费旷日持久，当事人争议在台湾地区难以最终确定，权利义务始终处于不确定状态，诉讼成本不可谓不高昂。

针对管辖权冲突之协调，首先有先诉法院原则，为解决涉外诉讼竞合，台湾地区"民事诉讼法"在 2003 年进行修订时增订第 182 条之 2 规定用于规范涉外之重复诉讼问题。但台湾地区的涉外民事诉讼实务中，鲜有法官应用，所以迄今为止还尚未建立判断如何运用先诉原则的系统化的客观标准。就涉陆民事案件而言，其中的诉讼程序问题，法庭惯常是"类推适用""民事诉讼法"的相关规定，所以理论上在发生涉陆重复诉讼时，本条亦有可能得以运用。在本研究设定条件范围内，仅发现两例涉陆民事案件涉及先诉原则的运用。依该条款规定，以先诉原则停止诉讼应符合五项要件，其中一项是境外法院的判决在台湾地区有认可其效力之可能。若法庭认为既然台湾法院不认可大陆民事裁判具有和台湾地区法院裁判同等的"既判力"效力，即不符合"民事诉讼法"第182条之2第1项停止诉讼的要件。其次是不方便法院原则。尽管缺乏法律明文或"最高法院"裁判意旨，在对台湾地区涉陆民事司法案件进行实证研究过程中，仍发现在限定研究条件内，共有26个案例样本运用了"不方便法院原则"判断管辖权。实证研究表明："不方便法院原则"的考量，既可由当事人提出管辖权抗辩后，法庭针对性地给出明确的法律裁断，又可由法院主动依职权判定是否依"不方便法院原则"拒绝管辖；法庭据以判断"不方便"的考虑因素主要有证据调查方便以及被告之权益之保障及应诉之方便，故能较好地参酌当事人诉讼权之保障。该方法以司法权力的自我克制方式，客观上也有助于减少原告"挑选法院"，并在两岸形成合作、经济与和谐的法治关系。

第二章　法律适用一般问题

　　"两岸人民关系条例"（以下简称"条例"）是台湾地区当局为调整两岸人民间贸易、投资、文化等往来关系而制定的综合性规范，迄今仍为台湾地区处理涉陆事务的重要依据，也是台湾地区涉陆民事法律适用规范的渊源，影响甚为深远。"条例"对两岸间民事事件，适度纳入区际法律冲突之理论，以解决实际问题，对大陆人民在大陆所产生之民事上权利、义务，亦基于事实需要，也予以有条件之承认[①]；对大陆人民，原则上与台湾地区人民平等对待，但却基于台湾地区利益为本位，设有若干不平等之限制。又因大陆政策需视主客观情势之演变而定，故草案特别于部分条文中，采用委任"立法"方式，授权行政机关审时度势，订定相关法规，进行补充。[②]

　　"条例"第三章民事部分，涉及两岸民事法律适用的规定有 22 条。随着两岸关系的发展变化，"条例"虽曾历经多次修订，但这部分内容，始

---

　　① "立法院"第一届第八十六会期第三十二次会议议案关系文书，总第一五五四号。在实务中，法院亦能遵从"条例"制定原意，将国际私法与区际私法进行区分："按民事事件涉及外国者，为涉外民事事件，应依涉外民事法律适用法定其应适用本国或外国之法律。所称涉外，系指构成民事事件事实，包括当事人、法律行为地、事实发生地等连系因素，与外国具有牵连关系者而言。此学理上所称之国际私法，在性质上与区际私法，并不相同，故两岸人民间之民事事件，应依两岸人民关系条例定其应适用之法律。"见台湾地区"最高法院民事裁定 2018 年台抗字第 706 号"。

　　② "立法院"第一届第八十六会期第三十二次会议议案关系文书，总第一五五四号。

终未有大的调整和变化。① 从推出背景来看，该"条例"制定于 1992 年，距台湾地区解除戒严② 仅有五年之久。在特殊的两岸分离的历史环境下，出于浓厚的政治意识形态偏好，"条例"在涉及大陆民事法律关系的选法条款设计上体现出较强的单边主义和本位主义。然而，"书本中的法律"未必会等于"行动中的法律"。"条例"的颁行不但不应该是问题的终结，反而应该是一系列法律政策评估和实证调查研究的开始。遗憾的是，当前，我们对这部分规范的了解，某种程度上仍然停留在纸面的立法例，相关的研究也大多从理想主义色彩浓厚的"应然"出发，将研究认识和学术评价建立在一些先行的自然价值判断和法条规范分析的基础上。这种评价表面上看来清晰有力，但却恐将陷入另一种意识形态的泥潭，由此得出的研究结论也将因缺乏足够的实证考察而欠缺扎实的根基。

　　本章将在考察"两岸人民关系条例"及其他成文的法源适用情况基础上，对台湾地区涉陆民事法律冲突规范适用进行基础数据统计，并重点讨论身份认定及属人法连结因素、大陆方面法律的查明、公共秩序保留、法律规避与强制性法律适用问题，发现、证实、解释"条例"中两岸区际冲突规范的应然与实然状态，最后综合定量及定性研究的结果得出结论和建议。

---

　　① 相比较而言，为因应新的社会环境和法制理念的更新，台湾地区在 2011 年 5 月对"涉外民事法律适用法"进行了全面翻新，完成了该领域规范的现代化。

　　② 1987 年 7 月 14 日，台湾地区领导人蒋经国发布命令，宣告台湾地区，包括台湾本岛和澎湖地区，自次日零时起解除戒严，并同时声明宣布废止戒严期间依据"戒严法"制定的 30 项法令。

第一节 "两岸人民关系条例"及其他成文规范之适用

一、"两岸人民关系条例"的适用范围

"两岸人民关系条例"的调整对象是台湾地区与大陆人民间之民事事件。再辅之以"设籍地"识别台湾地区人民或大陆人民之身份，即可确定"条例"自身适用之范围，并以此区别于台湾地区其他调整涉外及涉港澳民事关系之间关系的法律。"条例"第41条第1款及第2款规定："台湾地区人民与大陆地区人民间之民事事件，除本条例另有规定外，适用台湾地区之法律。大陆地区人民相互间及其与外国人间之民事事件，除本条例另有规定外，适用大陆地区之规定"，本条还指明处理两岸人民间之法律冲突，除"条例"外，台湾地区之法律为唯一备位性之法源。

实证研究发现，该条在民事案件裁判中被频繁援引，不过规则却在与现实的碰撞中衍生出许多复杂的问题，而司法处理方式及适用结果又呈现出个案变异的多元化样态。立法、理论和实践出现了某种程度上的"分离式思考"，其焦点主要集中两岸民事事件的界定及其与涉外、涉港澳民事关系的区别。

（一）两岸民事事件的界定

台湾地区现行有关冲突法的规范主要有：调整台湾地区涉外民事关系，确定其准据法的"涉外民事法律适用法"；调整台湾地区与大陆人民往来之民事冲突的"两岸人民关系条例"第三章民事中之冲突规范；以及调整台湾地区与香港、澳门地区的民事法律关系之"香港澳门关系条例"。这里涉及两个常见的实践问题：第一，台湾地区人民间之法律事件若与大陆有实质关联，可以选择大陆法吗？第二，若一案件综合了大陆、台湾地

区、港澳地区、外国之间的属人或属地因素，则应适用"两岸人民关系条例""港澳关系条例"还是"涉外民事法律适用法"中的冲突规范来选法？

关于第一个问题，从"条例"第41条的规定来看，其对两岸民事事件的界定，是以当事人的身份作为唯一标准，故学者认为，只要某民事法律关系当事人一方为大陆人民者，该民事法律关系即为涉陆民事法律关系而须依"两岸条例"冲突法则择定准据法，纵当事人双方皆为台湾地区人民或大陆人民但行为地或物之所在地在大陆者，亦不构成涉陆民事法律关系。① 与此相反，有的学者不同意该严格遵从规则字面意义之观点，认为"台湾地区人民间，尤其债的订约地和履行地在大陆地区，或当事人合意以大陆地区之规定为准据法，或标的物为不动产，且在大陆地区者，或依国际私法'场所支配行为论'，或依'当事人意思自主原则'之法理，应分别适用行为地法、物之所在地法或合意之准据法。是以此时若不类推适用大陆地区之规定，则显与法理不合。"②

理论的分歧投射在实践层面亦出现了一副极其相似的图景：

首先，多数案例严格按照法律文义解释的方法仅以属人法连接点户籍地识别涉陆案件，对台湾人民间之法律事件，即便订约地、履约地、不动产所在地或其他因素在大陆，亦只认为仅能视为台湾地区之"内部"法律

---

① 吴光平：《涉陆民事法律关系之准据法——"两岸人民关系条例"第三章之研究》，台湾《德明学报》2003年12月总第22期，第158页。

② 徐慧怡：《两岸贸易法律冲突之研究——由"台湾地区与大陆地区关系条例"之规定观之》，《WTO法与中国论坛》文集——中国法学会世界贸易组织法研究会年会论文集（六），2007年5月，第148页。持有相同观点的亦有学者李后政，《"两岸民事关系条例"与审判实务》，台湾永然文化出版股份有限公司1994年版，第121-122页。

事件，无须援引冲突规则，适用台湾地区"法律"。①

例如：在台湾高等法院审理的一起雇佣关系上诉案中，上诉人受雇于被上诉人长期派驻大陆工作，上诉人主张本件应适用大陆方面劳动法，而法庭则认为双方均为台湾地区人，其等所成立之雇佣契约法律关系仍应适用台湾地区法，尚无适用大陆方面劳动法规制余地。②

又如：台湾台中地方法院民事判决2014年诉字第820号事件中，原被告均为台湾地区人士，所涉争议标的为位于沈阳市之房屋，侵权之行为也发生在沈阳市。法庭认为："'两岸人民关系条例'第41条第1项即开宗明义表明该条例所规范之事务及所适用之人，乃关于台湾地区人民与大陆人民间之法律事件，如均为台湾地区人民，渠等在大陆发生民事讼争事件，因与上开规范之要件不合，自无该条例之适用。原告主张被告之侵权行为地虽在大陆，唯两造均系在台湾地区设有户籍之台湾地区人民，自无两岸人民关系条例之适用。……民事事件两造均为台湾地区人民之情形，纵使原因事实发生地在大陆，亦应适用台湾民事法律相关规定，实务上就两造均为台湾地区人民，而债权发生地在大陆之民事事件，亦有适用台湾地区法律之先例（参'最高法院2014年台上字第1231号判决''2014年台上

---

① 样本案例中，持有类似观点并作相同处理的案例还包括：台湾台中地方法院民事判决2012年诉字第2499号、台湾台中地方法院民事判决2013年诉字第1733号、台湾高雄地方法院民事判决2015年诉字第1206号、台湾新北地方法院民事判决2016年诉字第1010号、台湾台中地方法院民事判决2015年诉字第2140号、台湾新竹地方法院民事判决2016年重诉字第219号等、台湾高等法院民事判决2015年上字第42号、台湾高等法院民事判决2017年重上字第362号、台湾高等法院台中分院民事判决2018年上易字第319号、台湾台北地方法院民事判决2017年重诉字第1299号、台湾台北地方法院民事判决2017年诉字第4895号、台湾台北地方法院民事判决2017年简上字第540号、台湾台中地方法院民事判决2017年诉字第2591号、台湾高雄地方法院民事判决2017年诉字第1096号、台湾桃园地方法院民事判决2017年诉字第1607号、台湾高等法院民事判决2016年重上更（一）字第33号、台湾新北地方法院民事判决2018年诉字第1922号、台湾台北地方法院民事判决2018年诉字第4025号、台湾高等法院民事判决2018年上字第1251号、台湾高等法院花莲分院民事裁定2018年抗字第62号。

② 台湾高等法院民事判决2012年重劳上字第10号，类似坚持属人法判断依据的案例还有台湾台南地方法院民事判决2009年重诉字第207号。

字第 2210 号判决'），故本件应以台湾法律为准据法。"

其次，与上述做法不同的是，个别法庭对某些虽属于台湾地区人民间之法律事件，但因契约履行地或侵权行为地位于大陆或跨连两岸，故援引"两岸人民关系条例"中冲突规范对该法律关系应适用的法律作出选法分析。

例如：台湾台北地方法院民事判决 2012 年诉字第 1756 号事件中，原被告双方均不争执双方皆系台湾地区人民，原告主张与被告有共同出资合伙之协议，并计划于成都市成立公司经营零售通路事业。法庭在分析本案法律适用时，首先认为本件系属涉外（法域）民事事件，并援引"两岸人民关系条例"第 41 条第 1 项、第 48 条第 1 项前段、第 50 条前段关于契约及侵权法律适用规则，认定本案应适用台湾地区之法律为本件侵权行为之准据法。①

另有两案例② 原被告双方均为台湾地区法人，但原告主张之运送契约关系履行地兼跨台湾地区及大陆，虽然法庭错误援引"涉外民事法律适用法"之冲突规范，但毕竟在案件事实及行为跨连两岸时，运用了选法规则对案件法律适用进行了公平的考虑，在冲突法方法论上是值得肯定的。类似的案例还包括台湾高等法院审理的请求移转使用权案③，在该案中，因系争权议书及位于大陆的系争房屋发生讼争，法院认为"条例"系限于台湾地区人民与大陆人民往来所生之法律事件，而该案双方当事人均为台湾地

---

① 类似的在台湾地区人民间涉大陆之争议，类推适用"条例"选法规则的还有台湾新北地方法院民事判决 2016 年诉字第 1010 号、台湾台北地方法院民事判决 2018 年重诉字第 485 号、台湾高等法院民事判决 2018 年劳上字第 19 号。

② 台湾台北地方法院民事判决 2013 年海商字第 13 号、台湾台北地方法院民事判决 2012 年海商字第 24 号。

③ 台湾高等法院民事判决 2017 年上易字第 281 号。类似的参考"涉外民事法律适用法"冲突规范的案例还包括台湾新竹地方法院民事判决 2016 年简上字第 28 号、台湾台北地方法院民事简易判决 2016 年北简字第 12466 号、台湾高雄地方法院民事判决 2017 年诉字第 1096 号。

区自然人,自与"条例"所欲规范之对象及立法目的不符,应无该"条例"之适用。因此,法院认为在该案具有涉外因素的情况下,双方当事人又未约定应适用之法律,而由系争权议书以简体字制作,内容约定待满期后到大陆村委正式移转权证予被上诉人,上诉人应配合办理使用权转移之各项手续等因素而言,可堪认定大陆方面法律应为关系最切之法律,故依"涉外民事法律适用法"第 20 条第 1 项、第 2 项规定,酌定该案准据法即应依关系最切之大陆方面法律。

最后,个别案件审理法庭并未刻板的因袭规则的限制,当然的指定台湾地区人民间事件只能适用台湾法,而是倚重司法经验和冲突法法理,基于对诉讼中的某些争点或者因标的物的专门属性的特殊考虑而在大陆法和台湾地区"法律"之间进行公平的选法,最终适用大陆实体法。例如:在台湾地区智慧财产法院所审理的专利权纠纷中,原被告双方均为台湾地区人,但法院认为,专利为准物权,应以系争专利核准与成立地之规定为准据法,因此系争大陆专利应适用中华人民共和国之法律。① 又如:在台湾地区高等法院审理的债务人异议之诉中,原被告双方均为台湾地区人,法庭在确立准据法时认为该案应适用台湾地区"法律",但关于双方合伙在大陆设立公司之公司设立登记事项,应依大陆方面法律规定。② 又如:在士林地方法院审理的债务人异议之诉案件中,原被告双方均为台湾地区人民,唯系争本票系由大陆人民转让给被告,是其中仍具有与大陆人民有关之联系因素,因此系争本票所生之民事事件,应属台湾地区人民与大陆人

---

① 台湾地区智慧财产法院民事判决 2012 年民专诉字第 37 号,类似的案例还有台湾地区智慧财产法院民事判决 2015 年民著诉字第 2 号,该案中原被告双方均为台湾地区法人,但原告主张其为大陆计算机软件著作权之专属被授权人,该案因事涉大陆有关著作权之民事法律关系,故法庭认为应适用"两岸人民关系条例"定该案之管辖及准据法。

② 台湾高等法院民事判决 2011 年重上字第 459 号。

民间之民事事件，而应适用"两岸人民关系条例"。① 又如：在台湾高等法院审理的给付资遣费之诉中，原被告双方为台湾地区人民和法人，法庭认为雇主与劳工约定之工作如系长期派驻台湾地区境外，因各地之劳动条件、生活水平大多不同，故有关工作时间、休息及休假等事项，除契约有特别约定外，自应适用派驻地之法律规定，法庭认为双方在合同中有约定适用大陆有关工作时间、休息及休假之规定的合意，故本案适用大陆方面法律。② 再如：在台中地方法院审理的清偿债务之诉中，原被告双方均为台湾地区自然人，被告二人为主债务之连带保证人，而主债务当事人之一为上海某公司，就该主债务是否存在，法院援引"条例"进行该争点之准据法选择。③

在这些案例中，法庭并未仅仅因为双方当事人皆为台湾地区人民，而罔顾案件事实与大陆方面相关法律之实质关联，在个案中合理的建立了实体法选择正义之法秩序，是值得肯定的。

就涉陆区际法律事件的判断依据，虽然司法实务意见极不一致，但2014年台湾地区"最高法院"作成之"2014年台上字第1415民事判决"中，明确认为在涉港澳事件的判断上，只要判决主体、行为地等联系因素与港澳具有牵连关系者均属涉港澳区际事件，判决书写道："民事事件中，涉及香港或澳门者，类推适用涉外民事法律适用法。涉外民事法律适用法未规定者，适用与民事法律关系最重要牵连关系地法律，香港澳门关系条例第三十八条定有明文。所称涉及香港或澳门，系指构成民事事件事实，包括当事人、法律行为地、事实发生地等联系因素，与香港或澳门具有牵连关系者而言。"从保持司法见解一致，涉陆区际私法法律适用亦应同此见解。

---

① 台湾士林地方法院民事判决2016年重诉字第217号。与本案采类似观点的案件还有：台湾高等法院台中分院民事判决2017年上字第323号、台湾苗栗地方法院民事简易判决2018年苗简字第692号、台湾桃园地方法院民事判决2018年简上字第242号。

② 台湾高等法院民事判决2018年劳上易字第1号。

③ 台湾台中地方法院民事判决2015年诉字第2005号。

（二）与涉外、涉港澳民事关系的区别

"两岸人民关系条例"第 41 条第 1 款及第 2 款规定："台湾地区人民与大陆地区人民间之民事事件，除本条例另有规定外，适用台湾地区之法律。大陆地区人民相互间及其与外国人间之民事事件，除本条例另有规定外，适用大陆地区之规定"。但若一民事事件同时涉及台湾地区、大陆、港澳地区及外国者，那么，应适用"涉外民事法律适用法""香港澳门关系条例"或"两岸人民关系条例"第 41 条第 1 款还是第 2 款，则不无疑义。类似之问题曾被提请台湾地区"法务部大陆法规研究委员会"讨论，但未能定案，仍被保留。①

法律规则边缘结构的不确定性和模糊性需要法官在社会的变化和规则的守成中进行整体性的权衡和考虑。对此，我们仅能以形式法律在司法中的动态适用过程为观察对象，注重法院在实务中所形成的法律观。从实证结果来看，围绕上述问题，出现过以下几种处理情况：

1. 在涉及大陆人民与台湾地区人民、外国人间之法律关系时，若将之视为大陆人民与外国人间之法律关系，自应指向第 41 条第 2 款，适用大陆之规定，若将之视为大陆人民与台湾地区人民间之法律关系时，则应指向"两岸人民关系条例"，适用其中的冲突规范指定准据法。以伟晟运动器材五金（中山）有限公司诉模里西斯②双湖有限公司及吉弘国际股份有限公司给付货款案③为例。该案中原告伟晟公司为大陆设立登记之大陆法人，被告吉弘公司为台湾地区法人，被告双湖公司是在模里西斯设立登记之公司，为外国法人，这里即出现了第 41 条第 1 款和第 2 款之间的优先顺位问题。法官认为："虽双湖公司系在模里西斯设立登记之公司，为外国

---

① 台湾地区"法务部"编印"法务部大陆法规研究委员会资料汇编（二）"（1995 年 6 月），第 25—26 页。

② 大陆译作"毛里求斯"。

③ 台湾高雄地方法院民事判决 2010 年诉字第 1773 号。

法人，然吉弘公司为台湾地区法人，故本件并非纯系大陆人民与外国人间之民事事件，自应排除台湾地区与大陆地区人民关系条例第 41 条第 2 项之适用，而应适用同条第 1 项之规定，即应以台湾地区法律为本件应适用之准据法。"

2. 经台湾地区认可之外国公司台湾分公司视同台湾地区法人，其与大陆人民间之民事事件，适用"条例"之规定。以英属维京群岛商众上股份有限公司台湾分公司诉南京紫金立德电子有限公司损害赔偿案① 为例。该案原告为经台湾地区认可之外国公司台湾分公司，根据台湾地区"公司法"第 375 条规定，外国公司经认许后，其法律上权利义务及主管机关之管辖，除法律另有规定外，与台湾地区公司同。所以，有关原告与被告大陆法人间之权利义务问题应适用"条例"的规定。最终该案根据"条例"第 41 条第 1 项以及第 48 条第 1 项关于契约之法律适用法确定本案准据法为台湾地区"法律"。

3. 法律关系同时涉及外国、台湾地区、大陆及港澳地区，则逐一适用"涉外民事法律适用法""两岸人民关系条例""香港澳门关系条例"之法律适用规则。②

以辉纮有限公司诉万泰国际物流有限公司损害赔偿案③ 为例。本案被告为台湾地区法人，原告为贝里斯共和国之外国法人，原告委托案外人与被告签订货物运送合同，该批货物由运输公司领受后停放在香港某停车场，欲于翌日以货柜车方式运送至东莞寮步前失窃，致原告受到损害。故本案

---

① 台湾士林地方法院民事判决 2011 年重诉字第 249 号。

② 采此观点的案例除下文列举外，还有台湾台南地方法院民事判决 2009 年重诉字第 207 号、台湾新竹地方法院民事判决 2017 年诉字第 716 号、台湾桃园地方法院民事判决 2016 年诉字第 1944 号、台湾台北地方法院民事判决 2018 年重诉字第 788 号、台湾台北地方法院民事判决 2015 年重诉字第 1238 号、台湾新北地方法院民事裁定 2018 年家调裁字第 70 号、台湾高等法院民事判决 2018 年重上字第 287 号、台湾台北地方法院民事判决 2019 年重诉字第 950 号、台湾台北地方法院民事判决 2017 年重诉字第 1462 号。

③ 台湾高雄地方法院民事判决 2010 年重诉更（一）字第 1 号。

为一含有涉及贝里斯、香港、大陆、台湾地区之人、地、事、物等涉外成分之物品运送契约关系涉讼之争议。在确定本案之准据法的分析中，法庭逐一分析"涉外民事法律适用法""两岸人民关系条例"及"香港澳门关系条例"中准据法的确定规则，在谈到"香港澳门关系条例"第 38 条的规定时，特别指出此规定为"两岸人民关系条例"之"特别法"，应优先"两岸人民关系条例"而为适用，因此倘若涉及香港或澳门之民事事件，无论为台湾地区与香港或澳门人民间之民事事件，甚或包括大陆人民与香港或澳门人民间之民事实践，即应准用"涉外民事法律适用法"，如"涉外民事法律适用法"未规定者，再适用与民事法律关系最重大牵连关系地之法律。法庭认为，该案为承揽运送契约法律关系，从案件事实来看，别无其他证明资料证明双方契约当事人有合意定其应适用之法律，故从陆运提单制作事实来看，为被告在高雄制作，且在提单上注明在高雄收受运费，法庭遂认定该陆运提单所证明物品运送契约之订定地为高雄，因此依"两岸人民关系条例"第 48 条第 1 项、"香港澳门关系条例"第 38 条及修正前"涉外民事法律适用法"第 6 条第 2 项规定，本件涉外物品运送契约法律关系之准据法为台湾地区"法律"。

　　再以安泰商业银行股份有限公司诉被告丙某、甲某、乙某、庚某清偿借款一案[1]为例。该案原告安泰银行为台湾地区法人，被告丙某、甲某、乙某乃未经认许且各依澳门法、香港法、大陆法所成立之法人，被告庚为台湾地区人。故本案系争授信契约为台湾地区法人与澳门地区法人、香港地区法人、大陆法人及台湾地区自然人间之法律关系。根据本案所涉授信契约约定之内容，本案当事人有以台湾地区法为准据法之意思，故法庭认为，依"两岸人民关系条例"第 48 条第 1 项之规定，或类推适用"涉外民事法律适用法"第 6 条第 1 项规定，均应适用台湾地区之"法律"。

---

① 台湾台北地方法院民事判决 2010 年重诉字第 295 号。

二、其他成文规范的适用

(一)"两岸人民关系条例"第 41 条关于补充性法源规定

"条例"中涉陆案件法律适用规范条文较少,且用语概括简练,多为单边规则,在应对纷繁复杂的两岸民事法律关系时往往捉襟见肘,要么完全找不到可资适用的条文,要么涉陆法律关系的事实与该条文所规定的要件不完全吻合,因此不能直接适用该条文。针对此种区际私法条文之欠缺,"条例"民事章首条,即第 41 条,开宗明义地规定了两岸区际民事关系的法源问题,以资补全:"台湾地区人民与大陆地区人民间之民事事件,除本条例另有规定外,适用台湾地区之法律。"对于何为"台湾地区之法律",理论上多数学者理解为台湾地区除法律适用规范之外的法律,认为涉陆民事法律关系之处理,只能适用"条例"及台湾地区法。① 其规定意在狭隘地扩大台湾地区"法律"的适用范围,② 这"对于两岸人民间民事实践的适用,既不公允,也与解决法律冲突的一般适法原则相悖"。③

从实证研究来看,法庭尽管未在裁判文中具体阐明"台湾地区之法律"的内涵和法理,但从法条的援引和推理过程来看,多数法院认为"台湾地区之法律"指的是台湾地区除法律适用规范之外的法律,例如在涉及管辖权、诉讼救助、票据行为及效力、债务人异议之诉、大陆人民受遗赠、被继承人为台湾地区人民者之两岸继承事件、台湾地区人民与大陆人民在台

---

① 吴光平:《涉陆民事关系之准据法——"两岸人民关系条例"第三章之研究》,台湾《德明学报》2003 年 12 月,第 32 期。

② 朱学山:《评台湾当局的一份区际私法》,《安徽大学学报》(哲学社会科学版)1991 年第 3 期,第 5 页。持类似的观点还有许俊强、吴海燕:《海峡两岸民事法律适用问题研究》,《大连海事大学学报》(社会科学版)2003 年第 3 期,第 23 页。

③ 徐平:《台湾当局有关两岸民事关系法律适用规定之评析》,《台湾研究集刊》1994 年第 3 期,第 31 页。

湾地区结婚之夫妻财产制[①]、大陆法人之代表人及代表权[②]、撤销婚姻关系[③]、社员资格权[④]等问题上，"条例"并无明确的法律选择和适用规定，法庭于是引用第41条，最终适用台湾地区之法律。不过，也有的案件是依据"条例"第1条的规定，即"本条例未规定者，适用其它有关法令之规定"，以确定实体法的适用。试举几例：

（1）"为确保台湾地区安全与民众福祉，规范台湾地区与大陆地区人民之往来，并处理衍生之法律事件，特制定本条例。本条例未规定者，适用其它有关法令之规定，台湾地区与大陆地区人民关系条例第1条定有明文。惟两岸条例中就台湾地区人民与大陆人民往来而涉讼应如何定管辖，并未有所规定，故就具体事件受诉法院是否有管辖权，当类推适用台湾地区民事诉讼法予以判断。"[⑤]

（2）"声请人系大陆人民，其声请诉讼救助，台湾地区与大陆地区人民关系条例未特别规定，则参诸前揭说明，本件自应适用台湾地区之法律。"[⑥]

（3）"条例第47条第3款规定：'就行使或保全票据上权利之法律行为，其方式依行为地之规定'，文义上仅规范行使或保全票据上权利之法，不包括票据法律行为之成立与效力；比较涉外民事法律适用法第21条之立法形式，规定：'法律行为发生票据上权利者，其成立及效力，依当事

[①]　台湾高等法院民事判决2017年家上字第280号。

[②]　台湾高等法院民事判决2017年重上字第84号、台湾高等法院民事判决2017年上字第649号。

[③]　台湾高等法院台中分院民事判决2017年家上字第113号。

[④]　台湾高等法院民事判决2018年上字第100号。

[⑤]　台湾高雄地方法院民事判决2011年雄简字第2699号。类似的判决还有台湾士林地方法院民事裁定2011年监字第103号，台湾高等法院花莲分院民事裁定2011年家抗字第2号、智慧财产法院民事裁定2019年司民全字第11号、台湾高等法院民事裁定2019年抗字第161号、台湾高等法院民事裁定2019年抗字第280号等。

[⑥]　台湾嘉义地方法院民事裁定2009年家救字第107号。类似的裁定还有该法院作出的2012年家救字第49号、2012年家救字第72号等。

人意思定其应适用之法律。当事人无明示之意思或其明示之意思依所定应适用之法律无效时，依行为地法；行为地不明者，依付款地法行使或保全票据上权利之法律行为，其方式依行为地法'，亦可得出相同之结论。原告与被告系争执附表二之本票效力问题，与两岸人民关系条例第 47 条第 3 项之规定无关，故应适用同条例第 41 条第 1 项之规定：'台湾地区人民与大陆地区人民间之民事事件，除本条例另有规定外，适用台湾地区之法律'。"①

（4）"按台湾地区人民与大陆地区人民间之民事事件，除本条例另有规定外，适用台湾地区之法律，台湾地区与大陆地区人民关系条例第 41 条第 1 项定有明文。……两岸人民关系条例未就债务异议之诉法律关系适用之法律有特别规定，揆诸首开规定，自应依台湾地区之规定，则本件诉讼，应以台湾地区之法律为准据法，合先叙明。"②

理论上，台湾地区学者陈荣传教授认为，"台湾地区之法律"在"立法"本意上应指实体规范，但这样的"立法"是有不足的。"从便于法院适用的角度而言，以台湾地区的法律作为备位的准据法，固然有其优点，但区际私法的重点应在为区际性的民事法律关系，妥当地决定其应适用之法律，而不在急于指定法庭地法为裁判依据，故此一以适用法庭地法为原则，其它地区之法律仅于例外情形始有适用余地的规定，当有再检讨的必要。"③他进而提出相应的修法建议："两岸条例未规定者，如其它法规（包括两岸之间所订之有效协定）有相关之规定，亦得为区际私法的法源，对于在现行法律并无明文规定的法律关系……则应规定依区际私法之法理解决之。"④不过，也有观点认为，尽管"两岸条例施行细则"第 56 条进行了

---

① 台湾台中地方法院民事判决 2012 年中简字第 2920 号。

② 台湾高雄地方法院民事判决 2011 年诉字第 919 号。

③ 陈荣传：《两岸法律冲突的现况与实务》，台湾学林出版社 2003 年版，第 23 页。

④ 陈荣传：《两岸法律冲突的现况与实务》，台湾学林出版社 2003 年版，第 24 页。

补充说明，但其实仍未明确"台湾地区之法律"仅指台湾地区实体法，该条本身就意味着，除"条例"外，海峡两岸人民间的民事事件也可准用台湾地区"涉外民事法律适用法"。[①] 这在实务当中亦能找到支持的案例。

例如，有个别案件在"条例"无可资援引的冲突规范时，依照冲突法法理，运用类推或反推的法律方法，推出与已有冲突法条文类似之选法规则予以适用：

（1）运用类推方法者："按关于以权利为标的之物权，依权利成立地之规定，两岸人民关系条例第 51 条第 2 项定有明文。专利权为准物权，应可类推适用上开规定，以系争专利核准与成立地之规定为准据法。是系争台湾专利应依台湾地区之法律，而系争大陆专利应适用大陆之法律。"[②]

（2）运用反推方法者："上诉人主张被上诉人史丹佛企业管理顾问股份有限公司，应负不当得利返还义务，依同条例第 49 条：'关于在大陆地区由无因管理、不当得利或其它法律事实而生之债，依大陆地区之规定'之反面推论，本件不当得利之行为发生在台湾地区，此部分亦应适用台湾地区之法律"。[③]

又如，有个别案例在"条例"冲突规范付诸阙如时，援引台湾地区冲突规范进行准据法的选择。在台湾高雄地方法院民事判决 2011 年度海商字第 16 号裁判书中，法庭推理道：原告为依台湾地区"法律"设立之私法人，被告凯荣公司为依大陆方面法律设立之私法人，"条例"并无就载货证券法律关系应适用之法律作出规定，故该诉关于凯荣公司部分自应适用台湾地区"法律"。按台湾地区"海商法"第 77 条规定：载货证券所载之装载港或卸货港为台湾地区港口者，其载货证券所生之法律关系依台湾地区"涉外民事法律适用法"所定应适用之法律；但依台湾地区"海商法"

---

① 于飞：《也论解决海峡两岸民商事法律冲突的模式》，《台湾研究集刊》2006 年第 1 期，第 10 页。

② 台湾智慧财产法院民事判决 2012 年民专诉字第 37 号。

③ 台湾高等法院民事判决 2010 年上易字第 768 号。

台湾地区受货人或托运人保护较优者，应适用"海商法"之规定。原告据以对凯荣公司请求之系争载货证券所载卸货港为高雄港，故系争载货证券所生法律关系根据台湾地区"海商法"第77条规定即应依台湾地区"涉外民事法律适用法"定应适用之法律。故根据台湾地区"涉外民事法律适用法"第6条第1款、第2款规定，原告与凯荣公司间并无约定应适用之法律，其两者分属台湾地区与大陆私法人，故应适用行为地即系争载货证券签发地之法律；又系争载货证券系在韩国马山港签发，所以原告与凯荣公司间就系争载货证券所生法律关系应以韩国法为其准据法。

研究发现，理论和实务对"台湾地区之法律"是仅指台湾地区实体法，还是包括冲突规范，出现了理解上的分歧，更重要的是，这种分歧还可能将类似的案件引向完全不同的方向。

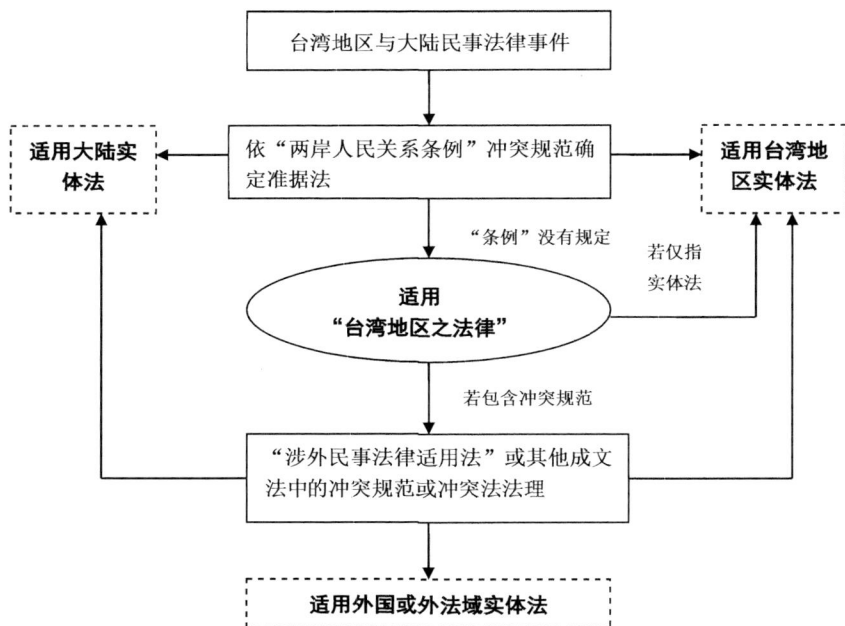

图表来源：作者自制

图2-1　法律适用路径图

如图 2-1 所示，在"条例"没有对两岸民事事件冲突规范作出明确规定的情况下，依法可知"台湾地区之法律"为备位之法源。若认为"台湾地区之法律"为台湾地区实体法，在案件中即可直接适用台湾地区实体权利义务规则。相反，若支持两岸民事事件之冲突法正义，主张"台湾地区之法律"为包含其他冲突规范或冲突法法理，则应依选法规则在法律之间进行合理的抉择。

遗憾的是，实证研究发现，无论是学者抑或法官，均无法对"台湾地区之法律"这一模糊法概念进行精确的定义。于是，对此概念之内涵与外延的不同理解遂演变成为一个不同理念的选择集合，在类似的个案中竟可导致大相径庭的案件走向。

（二）其他事项上重要成文法之援引

如前文所述，涉陆民事关系法律适用问题主要援引"两岸人民关系条例"这一成文规范，有的法庭基于"条例"第 41 条关于补充性法源规定中"台湾地区之法律"的不同理解，还会指向适用"涉外民事法律适用法"中冲突规范或冲突法法理进行法律选择[1]。理由是：台湾地区因与大陆之特殊关系，于"涉外民事法律适用法"外，另增订"两岸人民关系条例"，可知此二部法律均系为处理台湾地区人民与非台湾地区人民之法律纠纷所制定，则于任一部法律有阙漏或有疑义时，自得以他部法律为比较、参考之对象。在士林地方法院审理的债务人异议之诉[2]中，涉及大陆签发之本票的法律适用问题，法庭进一步论述道：考虑"涉外民事法律适用法"及

---

[1]　台湾高雄地方法院民事判决 2014 年诉字第 2311 号、台湾士林地方法院民事判决 2016 年重诉字第 217 号、台湾桃园地方法院民事判决 2016 年建字第 27 号、台湾高等法院民事判决 2016 年上字第 188 号、台湾高等法院民事判决 2017 年上字第 649 号、台湾高等法院民事判决 2017 年重上字第 84 号、台湾高等法院台南分院民事裁定 2019 年抗字第 106 号、台湾苗栗地方法院民事简易判决 2018 年简上字第 242 号、台湾桃园地方法院民事判决 2018 年简上字第 242 号等。

[2]　台湾士林地方法院民事判决 2016 年重诉字第 217 号。

"两岸人民关系条例"，就不同之民事法律关系如契约、侵权行为、不当得利、无因管理等均有特别之规定，唯前者于第 21 条针对票据法律关系有特别规定，后者则未就票据关系为相对应之规范，经比较上述二部"法律"之目的、规范对象及规范体系，并无从得知何以"两岸人民关系条例"有何无须特别规范票据法律关系而迳行适用台湾地区"法律"之理由，而认此疏漏系"立法者"有意之沉默。因此，"两岸人民关系条例"就票据法律关系未为特别之规定，属"立法"之疏漏而为法律漏洞，其填补之方法，应类推适用"涉外民事法律适用法"第 21 条第 2 项之规定，应适用行为地即大陆之票据法。

就程序问题而言，在确定涉陆民事案件审理管辖权、文书送达、审理程序等程序性事项时，法庭主要援引的是"民事诉讼法""非讼事件法""家事事件法"及"智慧财产案件审理法""海商法"等，具体问题分析见第二章管辖权之内容，在此不再重复赘述。就大陆判决认可与执行，规定于"两岸人民关系条例"第 74 条，法庭在裁定大陆民事确定判决认可及执行声请时，也以该条为主要法律依据，但亦会援引其他规定作为对第 74 条含义之扩充，或直接援引"民事诉讼法"中相关规定作出裁定。具体问题分析见于第五章判决认可与执行之内容，在此亦不重复赘述。

第二节 "两岸人民关系条例"法律适用条款援用实证研究

一、实证统计结果

条款	指向适用大陆方面法律	指向适用台湾地区"法律"	同时适用大陆方面法律及台湾地区"法律"	合计
台湾地区人民与大陆地区人民间之民事事件，除本"条例"另有规定外，适用台湾地区之"法律"（第41条第1款）。	0[①]	2067	0	2067[②]
大陆地区人民相互间及其与外国人间之民事事件，除本"条例"另有规定外，适用大陆地区之规定（第41条第2款）。	8	0[③]	0	8[④]

———————

① 本条统计中有案例同时援引第41条第1款及"条例"中其他冲突规范，法律选择结果最终指向适用大陆方面法律，但其本意在于援引本条指向"条例"中其他规范，仍得认为援引该条指向台湾地区"法律"。如：台湾台北地方法院民事判决2012年诉字第4008号、台湾新北地方法院民事判决2013年诉字第351号、台湾桃园地方法院民事判决2012年重诉字第279号、台湾高等法院民事判决2013年重上字第585号、台湾高等法院民事判决2015年重上字第226号、台湾高等法院民事判决2016年上字第730号、台湾高等法院台中分院民事判决2017年上字第93号、台湾台北地方法院民事判决2015年重诉字第377号、台湾台北地方法院民事判决2013年建字第200号、台湾台中地方法院民事判决2015年诉字第2005号、台湾高雄地方法院民事判决2015年诉字第2517号、台湾高雄地方法院民事判决2015年建字第139号、台湾高等法院台中分院民事判决2018年上字第352号、金门地方法院民事判决2019年重诉字第23号、台湾苗栗地方法院民事判决2019年诉字第43号等。

② 本条统计排除如下无效样本：上诉审裁判文书援引原审判决文书中对本条的表述，非自援引本条作出选法论断；上诉审裁判文书援引本条后，指出下级法院未依冲突规范选法之错误，但并未作出选法论断；裁判文书援引本条后，指出该案并不适用本条，转引其他法律或法理进行法律选择。

③ 在金门地方法院民事判决2016年重诉字第24号案件中，原被告双方虽然都是大陆法人，但该案却援引了"条例"第49条、第50条的规定决定该案准据法。

④ 本条统计显示有27个案例，排除19个无效案例。这19个排除案例中，有的是对第41条进行整体援引，但其仅适用第1款，与本款无涉；有的是当事人在诉辩理由中援引本款，但法院在裁判理由中并不涉及。

条款	指向适用大陆方面法律	指向适用台湾地区"法律"	同时适用大陆方面法律及台湾地区"法律"	合计
本章所称行为地、订约地、发生地、履行地、所在地、诉讼地或仲裁地,指在台湾地区或大陆地区(第41条第3款)。	6	10	0	16
依本"条例"规定应适用大陆地区之规定时,如该地区内各地方有不同规定者,依当事人户籍地之规定(第42条)。	0	0	0	0
依本"条例"规定应适用大陆地区之规定时,如大陆地区就该法律关系无明文规定或依其规定应适用台湾地区之法律者,适用台湾地区之法律(第43条)。	0	27	0	27
依本"条例"规定应适用大陆地区之规定时,如其规定有背于台湾地区之公共秩序或善良风俗者,适用台湾地区之法律(第44条)。	0	1	0	1
民事法律关系之行为地或事实发生地跨连台湾地区与大陆地区者,以台湾地区为行为地或事实发生地(第45条)。	0	44	0	44
大陆地区人民之行为能力,依该地区之规定。但未成年人已结婚者,就其在台湾地区之法律行为,视为有行为能力(第46条第1款)。	1	0	0	1
大陆地区之法人、团体或其他机构,其权利能力及行为能力,依该地区之规定(第46条第2款)。	49	0	0	49
法律行为之方式,依该行为所应适用之规定。但依行为地之规定所定之方式者,亦为有效(第47条第1款)。	3	3	0	6
物权之法律行为,其方式依物之所在地之规定(第47条第2款)。	0	0	0	0

续表

条款	指向适用大陆方面法律	指向适用台湾地区"法律"	同时适用大陆方面法律及台湾地区"法律"	合计
行使或保全票据上权利之法律行为，其方式依行为地之规定（第 47 条第 3 款）。	3	0	0	3
债之契约依订约地之规定。但当事人另有约定者，从其约定。前项订约地不明而当事人又无约定者，依履行地之规定，履行地不明者，依诉讼地或仲裁地之规定（第 48 条）。	45	203	0	248
关于在大陆地区由无因管理、不当得利或其他法律事实而生之债，依大陆地区之规定（第 49 条）。	12	4①	0	16
侵权行为依损害发生地之规定。但台湾地区之法律不认其为侵权行为者，不适用之（第 50 条）。	26	92	0	118
物权依物之所在地之规定（第 51 条第 1 款）。	1	7	0	8
关于以权利为标的之物权，依权利成立地之规定（第 51 条第 2 款）。	0	0	3②	3
物之所在地如有变更，其物权之得丧，依其原因事实完成时之所在地之规定（第 51 条第 3 款）。	0	0	0	0
船舶之物权，依船籍登记地之规定；航空器之物权，依航空器登记地之规定（第 51 条第 4 款）。	0	0	0	0

---

①　台北地方法院民事裁定 2016 年家亲声抗字第 30 号以及台湾高等法院民事判决 2010 年上易字第 768 号案例是反面类推本条，认为发生在台湾之不当得利应适用台湾地区之法律。台湾新北地方法院民事判决 2013 年劳诉字第 130 号以及台湾高雄地方法院民事判决 2017 年重诉字第 216 号案例认为本条对非在大陆发生之不当得利之债未作规定，故应适用台湾地区之法律。

②　智慧财产法院民事判决 2012 年民专诉字第 37 号，智慧财产法院民事判决 2013 年民专上字第 20 号。智慧财产法院民事判决 2014 年民专上更（一）字第 7 号。

续表

条款	指向适用大陆方面法律	指向适用台湾地区"法律"	同时适用大陆方面法律及台湾地区"法律"	合计
结婚或两愿离婚之方式及其他要件，依行为地之规定（第52条第1款）。	361	240	0	601
判决离婚之事由，依台湾地区之法律（第52条第2款）。	0	9151	0	9151①
夫妻之一方为台湾地区人民，一方为大陆地区人民者，其结婚或离婚之效力，依台湾地区之法律（第53条）。	0	4690	0	4690
台湾地区人民与大陆地区人民在大陆地区结婚，其夫妻财产制，依该地区之规定。但在台湾地区之财产，适用台湾地区之法律（第54条）。	1	3	0	4
非婚生子女认领之成立要件，依各该认领人被认领人认领时设籍地区之规定。认领之效力，依认领人设籍地区之规定（第55条）。	0	13	0	13
收养之成立及终止，依各该收养者被收养者设籍地区之规定（第56条第1款）。	16	76	122	214
收养之效力，依收养者设籍地区之规定（第56条第2款）。	0	0	0	0
父母之一方为台湾地区人民，一方为大陆地区人民者，其与子女间之法律关系，依子女设籍地区之规定（第57条）。	1	142	0	143
受监护人为大陆地区人民者，关于监护，依该地区之规定。但受监护人在台湾地区有居所者，依台湾地区之法律（第58条）。	0	6	0	6
扶养之义务，依扶养义务人设籍地区之规定（第59条）。	2	5	0	7

① 本条统计排除的两类无效样本案例分别是:诉因为履行同居义务及确认婚姻关系不成立的案例,需要先行决定婚姻是否已经合法成立，故对52条进行完整引述，但其实与其中的第2款"判决离婚之事由"无涉。

续表

条款	指向适用大陆方面法律	指向适用台湾地区"法律"	同时适用大陆方面法律及台湾地区"法律"	合计
被继承人为大陆地区人民者，关于继承，依该地区之规定。但在台湾地区之遗产，适用台湾地区之法律 (第 60 条)。	0	11	0	11①
大陆地区人民之遗嘱，其成立或撤回之要件及效力，依该地区之规定。但以遗嘱就其在台湾地区之财产为赠与者，适用台湾地区之法律 (第 61 条)。	0	0	0	0
大陆地区人民之捐助行为，其成立或撤回之要件及效力，依该地区之规定。但捐助财产在台湾地区者，适用台湾地区之法律 (第 62 条)。	0	0	0	0
合计	535	16795	125	17455
百分比	3.1%	96.2%	0.7%	100%

二、初步分析

通过以上统计，可以对近九年来台湾地区法院审结的涉陆民商事案件的情况得出以下五点初步结论：

第一，从涉陆民商事案件的法律适用结果来看，适用了大陆方面法律的有 535 例，占 3.1%；适用了台湾地区"法律"的有 16795 件，占 96.2%；同时适用了大陆方面法律和台湾地区"法律"的有 125 件，占 0.7%。初步证明台湾地区法院在审理涉陆民事案件中适用台湾地区"法律"居多，适用大陆方面法律的情况较少。从适用结果数据来看，适用大陆方面法律的比例仅为 3.1%，即使把同时适用大陆方面法律和台湾地区"法

---

① 第 60 条项下，援引案例有 119 个。如第四章第五节继承法律适用部分所述，有 108 个案例属于错误援引，予以排除。

律"的案件比例予以相加，适用大陆方面法律的比例也仅占 3.8%。这也初步印证了理论上的判断，即"条例"以台湾地区"法律"为优先的冲突规范设计，实质上造成两岸民事法律在适用上的失衡现象。

第二，"条例"中冲突规范的援引频率有显著差异。在样本案例中，适用最多的条款为第 52 条和第 53 条关于两岸婚姻关系之准据法，占到总和的 82.7%。其次为第 41 条第 1 款，适用了 2067 例，概因为本条在实践中近似于民事篇法律适用之基本原则，在实践中多与其他冲突规范合并适用指向台湾地区"法律"，同时该条还被视为是法无明文规定时补漏之备位条款。再次是涉及第 48 条关于债之契约之准据法、第 56 条第 1 款关于收养成立之准据法、第 57 条关于父母子女关系之准据法、第 50 条关于侵权之准据法、第 46 条第 2 款关于法人行为能力判断之法律适用规范和第 45 条关于行为跨连两地以台湾地区为行为地或事实发生地之条款。实际上，两岸关于继承之民事纠纷并不在少数，但因为第 60 条继承冲突条款的片面性以及"条例"中相关实体限制性规范的直接适用，导致继承冲突规则的适用非常有限。最后，"条例"中一次都未曾引用的条款有 8 处，分别是：第 42 条关于大陆各地方有不同规定时之准据法确定；第 43 条关于适用台湾地区法之反致情形（即"依其规定应适用台湾地区之法律"）；第 47 条第 2 款关于物权之法律行为方式之准据法；第 51 条第 3 款关于动产物权之准据法；第 51 条第 4 款关于船舶航空器之准据法；第 56 条第 2 款关于收养效力之准据法；第 61 条关于遗嘱继承之准据法；第 62 条关于捐助之准据法。

第三，关于反致制度。"条例"第 43 条后段是有关反致的规定。学者认为，在区际冲突法中接受反致，会导致扩大本法域法律的适用范围而损害其他法域法律的平等地位[①]，故"条例"采用反致的目的无非是为扩大台

---

① 余先予、杨亮：《评海峡两岸"人民关系条例"中的民事法律冲突规范》，《宁波大学学报》(人文科学版) 1993 年第 2 期，第 100 页。

湾地区"法律"的适用。① 在此暂且不论反致在国际私法理论中之其他价值。仅就反致扩大台湾地区"法律"适用之目的论断而言，该推测在实践中并不能得到印证。为说明本问题，笔者特将研究时间范围扩大，即不局限于 2009 年至 2019 年的样本案例范围内，而是在案例全数据库中进行验证，结果发现并无任何反致适用台湾地区"法律"的案例。

　　出现这种情况，可能有两种原因：一是认为大陆并无涉台区际冲突规范，故不存在反致台湾地区"法律"的前提。台湾地区学者徐慧怡即持此观点，认为："因目前大陆法院处理两岸之诉讼，并未采取法律冲突之原则，且其立法上亦尚未有反致之制度，是以适用上并无反致之问题，应属于超前立法之规定"。② 二是理论上认为查明大陆的法律的范围亦包括大陆区际法律冲突规则。③ 若大陆冲突规范亦是域外法查明的对象，则应由当事人负举证责任。如果当事人出于诉讼经济或其他动机而放弃举证，而法庭又怠于启动职权调查，大陆冲突规范将因无法查明而无从反致台湾地区"法律"。这两点原因何为更重要之因素，由于目前并无案例佐证，故仍有待于未来进一步的研究核实。

　　第四，关于物权法律适用。台湾地区"民法"采"物权法定主义"，其"民法"第 757 条规定："物权除依法律或习惯外，不得创设。"台湾地区现行民法物权编依物权法定主义的精神，共规定所有权、地上权、农育权、不动产役权、抵押权、质权、典权及留置权等 8 种物权。若以标的物的种类为标准，物权可分为动产物权、不动产物权与权利物权。④ "两岸人民关系条例"第 51 条依据标的物的不同，分为一般物权、权利物权、船

---

①　冯霞：《涉港澳台区际私法》，中国政法大学出版社 2012 年版，第 139 页。

②　徐慧怡：《两岸贸易法律冲突之研究》，《WTO 法与中国论坛》文集——中国法学会世界贸易组织法研究会年会论文集（六），2007 年 5 月，第 153 页。

③　刘铁铮、陈荣传：《国际私法论》，台湾三民书局股份有限公司 2011 年 8 月版，第 743 页。

④　詹森林、冯震宇、林诚二、陈荣传、林秀雄：《"民法"概要》，台湾五南图书出版公司 2012 年第九版，第 468 页。

舶物权及航空器物权，并分项规定其区际冲突规则。

实证研究发现：1. 一般物权法律冲突，规定于"两岸人民关系条例"第 51 条第 1 项："物权依物之所在地之规定。"在体例上未区分动产或不动产分别规定准据法，乃采统一主义。样本案例中，共有 8 例[①] 援引"物权依物之所在地之规定"，均是以物之所在地之客观事实认定物权关系之法律适用。2. 无船舶物权及航空器物权之法律适用案例。3. 援引"权利物权"条款定其准据法之案件均是将知识产权（台湾地区称之为"智慧财产权"）视为权利物权[②]，类推适用第 51 条第 2 款。

第五，针对大陆所特别设定之法律适用规则。

如前文所述，学者普遍认为"条例"中的冲突规范特别体现了对大陆人民的限制性待遇。例如：认为"条例"在有些民事关系中，单边规定适用台湾地区的法律，完全排除大陆方面法律的适用[③]，或者明显有违"法域平等原则"，将跨连两地之民事法律关系纳入台湾地区"法律"适用范围[④]。这不仅不符合现代冲突法立法的潮流和趋势，同时也违背了法域之间平等互利的应有原则，既有悖法理，也不合情理。[⑤]

诚然，仅从"条例"本身来看，其文本内容，似乎确如学者批评的那样，呈现出对大陆方面法律适用进行限制的立法基调。然而，事实上，"条

---

① 台湾高等法院台中分院民事判决 2014 年上字第 510 号、台湾台北地方法院民事判决 2012 年诉字第 4872 号、台湾台中地方法院民事判决 2013 年重诉字第 529 号、台湾台北地方法院民事判决 2014 年诉字第 1765 号、台湾士林地方法院民事判决 2015 年诉字第 188 号、台湾高等法院民事判决 2015 年重上字第 365 号、台湾高等法院花莲分院民事判决 2017 年上易字第 18 号、台湾士林地方法院民事判决 2014 年诉字第 646 号。

② 台湾地区"涉外民事法律适用法"第 42 条关于智慧财产权之法律适用亦是置于第五章物权项下。

③ 余先予、杨亮：《评海峡两岸"人民关系条例"中的民事法律冲突规范》，《宁波大学学报》（人文科学版）1993 年第 2 期，第 100 页。

④ 汪萍、许石慧、王淳：《试论海峡两岸民事法律冲突的合理解决》，《江苏社会科学》1999 年第 5 期，第 61 页。

⑤ 冯霞：《涉港澳台区际私法》，中国政法大学出版社 2012 年版，第 123-124 页。

例"中之冲突规范大抵由 1953 年"涉外民事法律适用法"之相关规定移植而来。在此法规移植过程中,"条例"22 条冲突规范中有 5 条与 1953 年"涉外民事法律适用法"基本一致,另有其他或是将原冲突法则作了适度的调整与更张,或是对法条未澄清之处加以明确①,并非全然为了扩大台湾地区实体法的适用。客观而言,从台湾地区规范体系的融贯性、规范内容的整体一致性出发,"条例"很大程度上保留了"涉外民事法律适用法"中的基本选法规则。"条例"文本之所以呈现当下之风貌,很大部分是囿于那个时代的冲突法立法理念及技术的局限性,并不完全如论者所述是出于对大陆方面法律的限制性需要。为了更好地说明这一问题,笔者对两部法条进行了对比,并将比对结果具体分为三类:基本一致、适度调整变更、特别限制,在此基础上略作简要说明。

(一)基本一致

表 2-1　表述基本一致法条一览表

"两岸人民关系条例"	1953 年"涉外民事法律适用法"
"第四十七条 法律行为之方式,依该行为所应适用之规定。但依行为地之规定所定之方式者,亦为有效。物权之法律行为,其方式依物之所在地之规定。行使或保全票据上权利之法律行为,其方式依行为地之规定。"	"第五条　法律行为之方式,依该行为所应适用之法律,但依行为地法所定之方式者,亦为有效。物权之法律行为,其方式依物之所在地法。行使或保全票据上权利之法律行为,其方式依行为地法。"
"第五十一条 物权依物之所在地之规定。关于以权利为标的之物权,依权利成立地之规定。物之所在地如有变更,其物权之得丧,依其原因事实完成时之所在地之规定。船舶之物权,依船籍登记地之规定;航空器之物权,依航空器登记地之规定。"	"第十条　关于物权依物之所在地法。关于以权利为标的之物权,依权利之成立地法。物之所在地如有变更,其物权之得丧,依其原因事实完成时物之所在地法。关于船舶之物权依船籍国法,航空器之物权,依登记国法。"

---

① 王志文:《海峡两岸法律冲突规范之发展与比较》,《法学家》,1993 年第 5/6 期,第 102 页。

"两岸人民关系条例"	1953 年"涉外民事法律适用法"
"第五十五条 非婚生子女认领之成立要件，依各该认领人被认领人认领时设籍地区之规定。认领之效力，依认领人设籍地区之规定。"	"第十七条　非婚生子女认领之成立要件，依各该认领人被认领人认领时之本国法。认领之效力，依认领人之本国法。"
"第五十六条 收养之成立及终止，依各该收养者被收养者设籍地区之规定。收养之效力，依收养者设籍地区之规定。"	"第十八条　收养之成立及终止，依各该收养者被收养者之本国法。收养之效力，依收养者之本国法。"
"第五十九条 扶养之义务，依扶养义务人设籍地之规定。"	"第二十一条　扶养之义务，依扶养义务人之本国法。"

(二) 适度调整变更

表 2-2　表述适度调整变更法条一览表

"两岸人民关系条例"	1953 年"涉外民事法律适用法"	比较说明：有无扩大台湾实体法的适用
"第四十二条 依本条例规定应适用大陆地区之规定时，如该地区内各地方有不同规定者，依当事人户籍地之规定。"	"第二十八条　依本法适用当事人本国法时，如其国内各地方法律不同者，依其国内住所地法，国内住所不明者，依其首都所在地法。"	无（连结点变更）
"第四十三条 依本条例规定应适用大陆地区之规定时，如大陆地区就该法律关系无明文规定或依其规定应适用台湾地区之法律者，适用台湾地区之法律。"	"第二十九条　依本法适用当事人本国法时，如依其本国法就该法律关系须依其他法律而定者，应适用该其他法律，依该其他法律更应适用其他法律者亦同。但依该其他法律应适用台湾法律者，适用台湾法律。"	无（将反致限定在直接反致，法无明文转而适用台湾地区"法律"符合一般冲突法法理）
"第四十四条 依本条例规定应适用大陆地区之规定时，如其规定有背于台湾地区之公共秩序或善良风俗者，适用台湾地区之法律。"	"第二十五条　依本法适用外国法时，如其规定有背于台湾公共秩序或善良风俗者，不适用之。"	无（补充说明准据法被排除后法律的适用，符合一般冲突法法理）

续表

"两岸人民关系条例"	1953 年"涉外民事法律适用法"	比较说明：有无扩大台湾实体法的适用
"第四十六条第一款 大陆地区人民之行为能力，依该地区之规定。但未成年人已结婚者，就其在台湾地区之法律行为，视为有行为能力。"	"第一条 人之行为能力依其本国法。外国人依其本国法无行为能力或仅有限制行为能力，而依台湾法律有行为能力者，就其在台湾之法律行为，视为有行为能力。"	无（基本一致，但书实为衔接台湾地区"民法"之规定，但在大陆方面婚姻法法定婚龄规定前提下，该但书无适用可能。）
"第四十六条第二款 大陆地区之法人、团体或其他机构，其权利能力及行为能力，依该地区之规定。"	"第二条 外国法人，经台湾认许成立者，以其住所地法为其本国法。"	无（基本一致）
"第四十八条 债之契约依订约地之规定。但当事人另有约定者，从其约定。前项订约地不明而当事人又无约定者，依履行地之规定，履行地不明者，依诉讼地或仲裁地之规定。"	"第六条 法律行为发生债之关系者，其成立要件及效力，依当事人意思定其应适用之法律。当事人意思不明时，同国籍者依其本国法，国籍不同者依行为地法，行为地不同者以发要约通知地为行为地，如相对人于承诺时不知其发要约通知地者，以要约人之住所地视为行为地。前项行为地，如兼跨二国以上或不属于任何国家时，依履行地法。"	无（基本一致）
"第四十九条 关于在大陆地区由无因管理、不当得利或其他法律事实而生之债，依大陆地区之规定。"	"第八条 关于由无因管理，不当得利或其他法律事实而生之债，依事实发生地法。"	无（基本一致，但由双面法则变为单面法则，实不周延）
"第五十条 侵权行为依损害发生地之规定。但台湾地区之法律不认其为侵权行为者，不适用之。"	"第九条 关于由侵权行为而生之债，依侵权行为地法。但台湾法律不认为侵权行为者，不适用之。"	无（基本一致，进一步明确侵权行为地为损害发生地）

"两岸人民关系条例"	1953年"涉外民事法律适用法"	比较说明：有无扩大台湾实体法的适用
"第五十二条第一款 结婚或两愿离婚之方式及其他要件，依行为地之规定。"	"第十一条 婚姻成立之要件，依各该当事人之本国法。但结婚之方式依当事人一方之本国法，或依举行地法者，亦为有效。结婚之方式，当事人之一方为台湾国民，并在台湾举行者，依台湾法律。"	无（连结点由属人连结点变为行为地，仍采双面法则）
"第五十二条第二款 判决离婚之事由，依台湾地区之法律。"	"第十四条 离婚依起诉时夫之本国法及台湾法律，均认其事实为离婚之原因者，得宣告之。但配偶之一方为台湾人者，依台湾法律。"	无（配偶之一方为台湾地区人民的，皆为适用台湾地区之"法律"。）
"第五十三条 夫妻之一方为台湾地区人民，一方为大陆地区人民者，其结婚或离婚之效力，依台湾地区之法律。"	"第十二条 婚姻之效力依夫之本国法，但为外国人妻未丧失台湾籍，并在台湾有住所或居所，或外国人为台湾居民之赘夫者，其效力依台湾法律。 第十五条 离婚之效力，依夫之本国法。为外国人妻未丧失台湾籍或外国人为台湾居民之赘夫者，其离婚之效力依台湾法律。"	无（配偶之一方为台湾地区人民的，皆为适用台湾地区之"法律"。）
"第五十七条 父母之一方为台湾地区人民，一方为大陆地区人民者，其与子女间之法律关系，依子女设籍地区之规定。"	"第十九条 父母与子女间之法律关系，依父之本国法，无父或父为赘夫者，依母之本国法。但父丧失台湾籍而母及子女仍为台湾居民者，依台湾法律。"	无（变更连接点，更符合冲突法立法趋势，事实上，"涉外民事法律适用法"2010年修订时亦变更为："父母与子女间之法律关系，依子女之本国法。"

续表

"两岸人民关系条例"	1953 年 "涉外民事法律适用法"	比较说明：有无扩大台湾实体法的适用
"第五十八条 受监护人为大陆地区人民者，关于监护，依该地区之规定。但受监护人在台湾地区有居所者，依台湾地区之法律。"	"第二十条　监护，依受监护人之本国法。但在台湾有住所或居所之外国人有左列情形之一者，其监护依台湾法律： 一、依受监护人之本国法，有应置监护人之原因而无人行使监护之职务者。 二、受监护人在台湾受禁治产之宣告者。"	无（基本一致）

（三）特别限制

表 2-3　对大陆进行特别限制的法条一览表

"两岸人民关系条例"	"涉外民事法律适用法"	比较说明：有无扩大台湾实体法的适用
"第四十一条 台湾地区人民与大陆地区人民间之民事事件，除本条例另有规定外，适用台湾地区之法律。大陆地区人民相互间及其与外国人间之民事事件，除本条例另有规定外，适用大陆地区之规定。本章所称行为地、订约地、发生地、履行地、所在地、诉讼地或仲裁地，指在台湾地区或大陆地区。"	"第三十条　涉外民事，本法未规定者，适用其他法律之规定，其他法律无规定者，依法理。"	有（若将第一款"台湾地区之法律"理解为包含冲突法，则并未扩大，若理解为仅指实体法，则有扩大台湾实体法的适用，实务多持后解，亦有持前解者之个案。第二款及第三款为界定"条例"自身的适用范围之规定。）
"第四十五条 民事法律关系之行为地或事实发生地跨连台湾地区与大陆地区者，以台湾地区为行为地或事实发生地。"	无	有（强制且不合理的单方指定跨连两岸行为之行为地为台湾地区）

续表

"两岸人民关系条例"	"涉外民事法律适用法"	比较说明：有无扩大台湾实体法的适用
"第五十四条 台湾地区人民与大陆地区人民在大陆地区结婚，其夫妻财产制，依该地区之规定。但在台湾地区之财产，适用台湾地区之法律。"	"第十三条 夫妻财产制依结婚时夫所属国之法。但依台湾法律订立财产制者，亦为有效。外国人为台湾居民之赘夫者，其夫妻财产制依台湾法律。前二项之规定，关于夫妻之不动产，如依其所在地法，应从特别规定者，不适用之。"	有（增设财产所在地为连结因素扩大台湾地区"法律"适用。）
"第六十条 被继承人为大陆地区人民者，关于继承，依该地区之规定。但在台湾地区之遗产，适用台湾地区之法律。"	"第二十二条 继承，依被继承人死亡时之本国法。但依台湾法律台湾居民应为继承人者，得就其在台湾之遗产继承之。"	有（基本一致，但增设遗产所在地为连结点扩大台湾地区"法律"适用，且将双面法则变为单面法则，就被继承人为台湾地区人之情形另设实体规定）
"第六十一条 大陆地区人民之遗嘱，其成立或撤回之要件及效力，依该地区之规定。但以遗嘱就其在台湾地区之财产为赠与者，适用台湾地区之法律。"	"第二十四条 遗嘱之成立要件及效力，依成立时遗嘱人之本国法。遗嘱之撤销依撤销时遗嘱人之本国法。"	有（基本一致，但增设遗产所在地为连结点扩大台湾地区"法律"适用，且将双面法则变为单面法则，就被继承人为台湾地区人之情形另设实体规定）
"第六十二条 大陆地区人民之捐助行为，其成立或撤回之要件及效力，依该地区之规定。但捐助财产在台湾地区者，适用台湾地区之法律。"	无	

　　从表2-1、表2-2、表2-3对"涉外民事法律适用法"与"两岸人民关系条例"相关冲突规范的对比来看，基本一致的条款有5条，后者对前者进行适度调整变更的条款有13条，且根据分析可知，这种调整变更并

非为扩大台湾地区"法律"适用之目的。最后，真正为限制大陆方面法律，扩大台湾地区"法律"适用而设置之特别条款仅有 6 条，在这 6 条中，第 61 条和第 62 条在实务中从未被援引。经直接援引而指向台湾地区"法律"适用的第 54 条有 3 例，第 60 条有 11 例，两相合计共占前文统计表格中 16795 例适用台湾地区"法律"情形中的 0.08%。与其他冲突规范共同指向台湾地区"法律"的第 45 条有 44 例，第 41 条有 2075 例，两相合计共占前文统计表格中 16795 例适用台湾地区"法律"情形中的 12.6%。笔者认为，这种情况下，尚不能将准据法的确定完全归咎于第 41 条和第 45 条的对大陆方面法律之限制性效果。

所以，尽管从微观法律语言细节来看，"条例"冲突规范中频繁出现"适用台湾地区之法律""依台湾地区之法律"等核心语句，表明"条例"所使用的语言"不只是一种用以表达法律精神和原则的透明中介，其自身更是歧视、偏见、歪曲和权力关系的核心。"[①] 但当我们通过详细比对"条例"以及其制定蓝本 1953 年"涉外民事法律适用法"后，我们发现，真正因为两岸因素，而特别限制大陆方面法律适用，相应扩大台湾地区"法律"适用的的条款仅有 6 条。实证研究结果还进一步表明，这 6 条所发挥的作用远没有我们所设想的那样显著。

第三节　身份认定及属人法连结因素

国际私法关系中与案件主体有关之连结因素，系以"人"为中心，在关涉个人身份认定、与身份相关事项及亲属关系、继承问题上，"应专受与其人有永久关系之国家之法律管辖，而不受其人偶然所在之国家之法律

---

① ［美］威廉·M.欧巴尔、［美］约翰·M.康利：《法律、语言与权力》，程朝阳译，法律出版社 2007 年第二版，第 2 页。

支配。此一与其人永保关系之国家之法律，即为其人之属人法。"①个人之属人法以国籍、住所及惯常居所为主要的连结因素。由于在"一国两法域"之认知前提下，"两岸人民关系条例"将台湾地区人民与大陆地区人民间民事关系视为"区际私法"关系，故"国籍"显然不适合作为两岸人民身份认定及属人法连结因素。因此，在涉陆区际私法关系中，台湾地区涉陆"立法"及"司法"实践中所主要采用的连结因素为住所、居所、户籍设立地等。

一、住所及居所地

在涉陆民事事件一般程序性事项中，住所地及居所地具有较重要之作用：一是在涉陆区际管辖权判断时，以被告住所地为基本管辖原则。在判断婚姻事件区际管辖时，以住所地、居所地、原因事实法律地为主要衡量因素，依"民事诉讼法"第586条第1项："离婚之诉，专属夫妻之住所地之法院管辖，但诉之原因事实发生于夫或妻之居所地者，得由各该居所地之法院管辖"；二是在涉陆民事诉讼文书送达上，适用"民事诉讼法"第136条之规定，即送达于应受送达人之住居所、事务所或营业所行之。"台湾地区与大陆地区人民关系条例施行细则"第59条亦规定，大陆人民继承台湾地区人民之遗产者，应于继承开始起三年内，向继承开始时被继承人住所地之法院为继承之表示，在声请书中，应载明声请人之住、居所，其在台湾地区有送达代收人者，其姓名及住、居所。

在涉陆民事事件实体权利义务事项中，"住所"及"居所"分别出现在不同条款要求中。（1）"两岸人民关系条例"两处条款中出现"住所"之内容：一是"两岸人民关系条例"第66条规定：大陆人民继承台湾地区人民之遗产，应于继承开始起三年内以书面向被继承人住所地之法院为

---

① 刘铁铮，陈荣传：《国际私法论》（修订五版），台湾三民书局2011年版，第75页。

继承之表示；二是大陆人民、法人等在台湾地区投资，依"公司法"规定设立公司的，"公司法"上所要求的公司监察人中至少须有一人在台湾地区设有住所的条款于此情形下不适用。[①]（2）"两岸人民关系条例"第58条规定中出现"居所"为法律适用连结因素之一："受监护人为大陆地区人民者，关于监护，依该地区之规定。但受监护人在台湾地区有居所者，依台湾地区之法律。"

所谓"住所地"及"居所"之含义，应依台湾地区"民法"解释之：（1）"住所"定义。按"民法"第20条规定，依一定事实，足认以久住之意思，住于一定之地域者，即为设定其住所于该地；亦即应可认住所之认定，应以有无久住之主观意思，及客观上是否居住于该处所之事实两者均拥有时，始足认定。[②]依一定事实，足认以废止之意思离去其住所者，即为废止其住所，"民法"第24条固有明文。唯虽离去其住所，如出境留学、出外就业、在营服役、在监服刑、离家避债、逃匿等，但有归返之意思者，尚不得遽认废止其住所。[③]"住所地"并不一定与"户籍所在地"一致，但在无相反意思表示及事实证明的情况下，户籍登记之处所可推定为"住所"。"住所之认定，兼采主观主义及客观主义之精神，如当事人主观上有久住一定地域之意思，客观上亦有住于一定地域之事实，该一定之地域即为其住所。而住所虽不以户籍登记为要件，惟倘无客观之事证足认当事人已久无居住该原登记户籍之地域，并已变更意思以其它地域为住所者，户籍登记之处所，仍非不得资为推定其住所之依据。"[④]（2）"关于居所，"民

---

① "两岸人民关系条例"第73条规定："大陆地区人民、法人、团体、其它机构或其于第三地区投资之公司，非经主管机关许可，不得在台湾地区从事投资行为。依前项规定投资之事业依公司法设立公司者，投资人不受同法第二百十六条第一项关于国内住所之限制。""公司法"第216条要求："公司监察人，由股东会选任之，监察人中至少须有一人在国内有住所。"

② "最高法院2012年台抗字第882号民事裁定"。

③ "最高法院2013年台抗字第201号民事裁定"。

④ "最高法院2011年台上字第1373号民事判决"。

法"虽未设定义性之规定，解释上系指无久住之意思表示而事实上居住之处所而言。"① 当事人之居所，其与当事人之关联密切程度，仅次于住所。根据"民法"第 22 条规定：遇有住所无可考者或在台湾无住所者，其居所视为住所。

二、户籍设立地

除上述个别条款，"两岸人民关系条例"中，设籍地是两岸民事法律关系中一个重要的身份因素，它不仅是"两岸人民关系条例"及台湾地区"法律"体系中所有相关规定中认定"台湾地区人民""大陆人民"身份的识别因素，而且也是涉陆民事关系中据以确定准据法的重要属人法连结点。

（一）原则上以"户籍设立地"认定"台湾地区人民"及"大陆人民"之身份，但并非唯一绝对标准。

两岸人民身份之认定，"两岸人民关系条例"于第 2 条第 3 款、第 4 款订有明文，凡在台湾地区设有户籍的人民就是台湾地区人民，在大陆设有户籍的人民就是大陆人民。依照"两岸人民关系条例"之规定，台湾地区人民以及大陆人民身份的认定完全且唯一以户籍之设定为准。但综合"条例"及其他规定来看，仍有可能在自然人无台湾地区户籍的情况下，认定其为台湾地区人民。

1. "施行细则"第 4 条进一步细化规定"台湾地区人民"包括下列人民：

（1）曾在台湾地区设有户籍，2001 年 2 月 19 日以前转换身份为大陆

---

① 台湾高等法院台南分院民事裁定 2011 年家抗字第 4 号。

人民，又依法回复台湾地区人民身份者。①

（2）在台湾地区出生，其父母均为台湾地区人民，或一方为台湾地区人民，一方为大陆人民者。

（3）在大陆出生，其父母均为台湾地区人民，未在大陆设有户籍或领用大陆护照者。

（4）丧失台湾地区人民身份，后经"内政部"许可回复台湾地区人民身份者。

台湾地区人民不得在大陆设有户籍或领用大陆护照。违反前项规定者，除经有关机关认有特殊考虑必要外，丧失其台湾地区人民身份，并由户政机关注销其台湾地区之户籍登记。② 但若嗣后注销大陆户籍或放弃持用大陆护照，得向"内政部"申请许可回复台湾地区人民身份，并返回台湾地区定居。③ 为此，台湾地区特制定"在台原有户籍大陆地区人民申请回复台湾地区人民身份许可办法"予以规范。值得注意的是，本项身份转化回复台湾地区人民身份的情形仅指在台湾地区原设有户籍人民于大陆设有户籍或领用大陆护照，致丧失台湾地区人民身份者。不包括大陆人民取得台湾地区人民身份后，再次转换为大陆人民者。

---

① 依"施行细则"第6条规定："1987年11月2日起至2001年2月19日间前往大陆地区继续居住逾四年致转换身份为大陆地区人民，其在台湾地区原设有户籍，且未在大陆地区设有户籍或领用大陆地区护照者，得申请回复台湾地区人民身份，并返台定居。"在2001年2月19日之前，"条例"原规定为"大陆地区人民：指在大陆地区设有户籍或台湾地区人民前往大陆地区继续居住逾四年之人。"后"条例"对该条进行修正，修正后删除居住逾4年转换成为大陆人民之规定，改成完全以户籍之登记为准，因此只要在台湾地区有户籍登记者，就成为台湾地区人民，而在大陆设有户籍登记者即成为大陆人民。为配合"条例"第2条之修正，"施行细则"在2002年12月30日再度修正，其中对于台湾地区人民以及大陆人民身份认定之要件，除了删除旧法所规定4年居留之要件外，还对1987年11月2日至2001年2月19日身份之转换作出更为详细的规定，并进一步颁布："在大陆地区继续居住逾四年致转换身份者回复台湾地区人民身份并返台定居申请程序及审查基准"予以规范。在该文件中，特别强调："原设有户籍大陆地区人民，不包括在台湾地区原未设户籍之大陆地区人民取得台湾地区人民身份后，再次转换身份为大陆地区人民者。"

② "两岸人民关系条例"第9-1条规定。

③ "两岸人民关系条例"第9-2条规定。

在台湾高等法院花莲分院民事判决 2013 年家上字第 10 号事件中，上诉人王某原系大陆人民，于 2009 年 9 月 23 日初设户籍登记，嗣后因为上诉人未缴附丧失原籍登记，经"内政部入出国及移民署"于 2011 年 8 月 5 日废止定居许可并注销定居证，花莲县吉安乡户政事务所随即废止户籍登记。然"内政部入出国及移民署"再度于 2011 年 12 月 27 日允许上诉人定居台湾，并即办理户籍登记，法庭认为：上诉人虽曾一度因为未缴附丧失原籍证明，但随即再度取得定居台湾地区之许可，核与前述"两岸人民关系条例施行细则"第 4 条第 1 项第 4 款之情形，并无本质上之不同，则依照"施行细则"之规定，自应认为上诉人取得台湾地区人民身份。

台湾地区人民在大陆设有户籍，若经有关机关认有特殊考虑必要外，则不丧失其台湾地区人民身份。在台湾高等法院民事判决 2014 年家上字第 330 号事件中，被上诉人为 1947 年 2 月 14 日生，同年 9 月 8 日随同其父设籍于台北县，1948 年随父迁出辽宁省锦州市，故被上诉人及其父张文政均原为台湾地区人民。被上诉人与其父均经主管机关认定符合"两岸人民条例"第 9 条之 1 第 2 项所称之特殊考虑必要。故法庭认为：被上诉人及其父既经主管机关认定符合"两岸人民条例"第 9 条之 1 第 2 项所称之特殊考虑必要，依该条规定，堪认被上诉人及其父并未丧失台湾地区人民身份。即使被上诉人在大陆设有户籍，依规定亦未丧失台湾地区，其得以台湾地区人民身份申办其祖母所遗在台不动产之继承登记。且其纵未于同条文第 3 项规定之期限内向主管机关办理注销大陆户籍或放弃领用大陆护照，亦不因此而丧失台湾地区人民身份。

（5）大陆人民经许可进入台湾地区定居，并设有户籍者，为台湾地区人民。

综合"施行细则"上述五项规定来看，关于身份之认定，法律原则上以户籍为区别台湾地区人民与大陆人民之标准，但也同时加入以父母身份为认定之标准以及兼采出生地且继续居住之认定，亦即如果父母亲均为台湾地区人民，则无论在台湾地区出生或是在大陆出生，只要还没有在大陆设有户籍，哪怕在台湾地区也尚未设立户籍，但仍具有台湾地区人民的身份。

参照台湾地区"入出国及移民法"之"国民"定义，台湾地区人民指居住在台湾地区设有户籍人民或台湾地区无户籍人民。"居住台湾地区设有户籍国民"指在台湾地区设有户籍，现在或原在台湾地区居住之"国民"，且未依"两岸人民关系条例"丧失台湾地区人民身份。"台湾地区无户籍国民"指未曾在台湾地区设有户籍之"侨居国外国民"及取得、恢复台湾地区"国籍"尚未在台湾地区设有户籍"国民"。根据该"法律""立法"说明，这一区分乃参照"司法院释字第 558 号解释"之意旨，保障迁徙自由，遂将台湾地区人民重新定义区分为居住台湾地区设有户籍之人民及台湾地区无户籍人民，仅台湾地区无户籍人民入境台湾须申请许可。①

所以，尽管"两岸人民关系条例"第 2 条第 3 项规定："台湾地区人民：指在台湾地区设有户籍之人民。"但参酌"条例施行细则"及台湾地区其他立法规定，广义的来说，"台湾地区人民"既包括"居住台湾地区设有户籍人民"又包括"台湾地区无户籍人民"，并不唯一以户籍设立为依据。

2."施行细则"第 5 条进一步细化规定"大陆地区人民"包括下列人民：

（1）在大陆出生并继续居住之人民，其父母双方或一方为大陆人民者。

（2）在台湾地区出生，其父母均为大陆人民者。

（3）在台湾地区设有户籍，2001 年 2 月 19 日以前转换身份为大陆人民，未依规定恢复台湾地区人民身份者。

（4）在大陆设有户籍或领用大陆护照，而丧失台湾地区人民身份者。

3."条例"关于大陆人民之规定，于大陆人民旅居国外者，亦适用之。②

根据"施行细则"第 7 条规定，所谓"大陆地区人民旅居国外者"，包括在国外出生，领用大陆护照者。但不含旅居国外四年以上且取得当地

---

① "立法院"第 6 届第 2 会期第 18 次会议案关系文书，委 90。

② "两岸人民关系条例"第 3 条规定。

国籍者或取得当地永久居留权并领有台湾有效旅行证件者。

(二) 以"设籍地区"作为属人法连结因素

"两岸人民关系条例"中以"设籍地区"为准据法指引依据的条款主要是涉及父母子女间认领、收养、父母子女关系以及亲属身份关系之监护及扶养的法律适用条款。具体包括:(1)第55条:非婚生子女认领之成立要件,依各该认领人被认领人认领时设籍地区之规定。认领之效力,依认领人设籍地区之规定。(2)第56条:收养之成立及终止,依各该收养者被收养者设籍地区之规定。收养之效力,依收养者设籍地区之规定。(3)第57条:父母之一方为台湾地区人民,一方为大陆人民者,其与子女间之法律关系,依子女设籍地区之规定。(4)第58条:受监护人为大陆人民者,关于监护,依该地区之规定。但受监护人在台湾地区有居所者,依台湾地区之法律。(5)第59条:扶养之义务,依扶养义务人设籍地区之规定。

因两岸当事人存在身份转换的可能性,当事人可能先后分别在台湾地区或大陆设籍,故上述规定所定"设籍地区",显属动态连结点,在冲突规范中使用,即有可能产生准据法无法确定的可能。

以第57条为例,"父母之一方为台湾地区人民,一方为大陆地区人民者,其与子女间之法律关系,依子女设籍地区之规定。"现若有台湾地区民众申请其大陆未成年子女定居台湾许可,在取用姓氏时产生疑义,应依台湾地区"法律"还是依大陆方面法律来决定呢? 中国传统文化认知中,姓氏具有高度的社会人格可辨识性,除与身份安定及交易安全有关外,随父姓或随母姓尚具家族源流表征,属于父母子女关系问题,故首先应适用"条例"第57条予以选法。问题是,此处"子女设籍地区之规定"指的是子女"初次设籍地"大陆还是"现在设籍地"台湾地区,似宜首先厘清。如果上述规定之立法意旨,系规定父母与子女间之法律关系,应依子女"初次设籍地"法律规定办理时,则一切父母子女法律关系(包含台湾地区所有法律上之婚生子女称姓、非婚生子女称姓、子女之住所、婚生子女之认定、受胎期间之计算、准正、认领及收养等），均应依子女初次设籍地法律规定，反之，如"两岸人民关系条例"上述规定之立法意旨，系规定父母与子女间之法律关系，包括依子女"现在设籍地"法律规定办理时，则台湾地区父母依据台湾地区"户籍法"规定，于台湾地区申请办理其大陆子女之"初次设籍登记"时，其未成年子女之称姓，自应适用台湾地区"民法"规定。① 在实务中，有的法院倾向于认定为关系人"现在设籍地"之法律。②

（三）与"户籍"相关之司法实务难题

在两岸司法实务中，仍有可能出现户籍地的不确定问题，包括户籍的积极冲突、消极冲突以及户籍地变化问题。

1. 双重户籍的问题。目前，台湾地区"法律"原则上禁止人民同时拥有两岸双重户籍③，大陆方面也是不承认双重户籍的，《公安部关于大陆居民往来台湾地区管理工作有关问题的通知》中规定："大陆居民在台湾期间自行取得台湾居民身份证件的，可自愿选择保留大陆居民身份，或者保留台湾居民身份，但不得具有双重身份。选择继续保留大陆居民身份的，应

---

① 台湾地区"法务部"曾就"内政部"所提该问题作出说明，但由于事涉"条例"法条之解释，故最终仍未能明确其含义，而是认为事属"分涉行政院大陆委员会、内政部主管法规解释事项，应由行政院大陆委员会、内政部先予究明并本于权责审认之。""法务部法律字第 10203506570 号"，发布日期：2013 年 6 月 20 日。

② 台湾桃园地方法院民事裁定 2018 年家亲声字第 305 号。

③ "条例"第9-1条规定:"台湾地区人民不得在大陆地区设有户籍或领用大陆地区护照。违反前项规定在大陆地区设有户籍或领用大陆地区护照者，除经有关机关认有特殊考虑必要外，丧失台湾地区人民身份及其在台湾地区选举、罢免、创制、复决、担任军职、公职及其它以在台湾地区设有户籍所衍生相关权利，并由户政机关注销其台湾地区之户籍登记; 但其因台湾地区人民身份所负之责任及义务，不因而丧失或免除。本条例修正施行前，台湾地区人民已在大陆地区设籍或领用大陆地区护照者，其在本条例修正施行之日起六个月内，注销大陆地区户籍或放弃领用大陆地区护照并向内政部提出相关证明者，不丧失台湾地区人民身份。"

向公安机关出入境管理部门上交所持的台湾居民来往大陆通行证、台湾居民身份证和台湾出入境证件等，公安机关出入境管理部门收缴后出具证件收缴证明；选择保留台湾居民身份的，应办理大陆常住户口注销手续，并交回大陆居民身份证，公安机关出入境管理部门凭户籍管理部门出具的注销户口证明办理相关的出入境手续。"

为避免产生台湾地区人民在大陆设籍或领用护照形成双重身份，造成权利义务重叠或冲突，台湾地区当局增订"条例"第九条之一以明定台湾地区人民不得在大陆设籍或领用护照，除经有关机关认有特殊考量必要外，违反者丧失台湾地区人民身份及相关权利。依此期望能明确界定自然人之身份，并避免台湾地区人民藉取得大陆人民身份，作为规避其在台义务及责任之原因。

在作此修订的同时，该法还规定了一个过渡期限。同条第三项规定"本条例修正施行前，台湾地区人民已在大陆地区设籍或领用大陆地区护照者，其在本条例修正施行之日起六个月内，注销大陆地区户籍或放弃领用大陆地区护照并向内政部提出相关证明者，不丧失台湾地区人民身份。"其立法理由是"为使民众于本条增订后能有一段期间因应，使其得因注销大陆地区户籍或放弃领用大陆地区护照，而不丧失台湾地区人民身份，爰于第三项订定过渡条款……"，提供在大陆设籍或领用护照之台湾地区人民，得以选择是否放弃领用护照，以维持台湾地区人民单一身份之机会。

尽管如此，实证研究发现，现实中，当事人同时拥有台湾地区和大陆户籍证件的可能性确实存在。在台湾屏东地方法院民事判决 2018 年家继诉字第 26 号案件中，被告周某自 1991 年 11 月 16 日经许可在台定居并初设户籍登记，其后在 2008 年间取得大陆居民身份证及大陆居民往来台湾通行证，该身份证有效期间为 2008 年 7 月 3 日至 2028 年 7 月 3 日。在被继承人周明某死亡后，台湾地区户政机关方才发现周某双重户籍情况，故于 2017 年 2 月 20 日废止其在台湾地区之户籍。被告周某辩称其户籍是在被继承人死亡后才遭废止，在继承开始时其仍为台湾地区人民。所以，关于继承之限制应以户政机构完成废止户籍登记之时为准。但法庭认为：原为台湾地区人民，后于大陆设籍之情形下，自取得大陆户籍之事实发生日起，即丧失台湾地区人民身份，无须等待台湾地区之户政机关发现并废止其户籍登记后，才发生丧失之效果，以避免人民取得双重身份之情形。所以，本案中，虽然迟至 2017 年 2 月 20 日经台湾地区户政机构查获后方才废止户籍登记，仍不影响其自 2008 年 7 月 3 日取得大陆地区居民身份时，即已丧失台湾人民身份之结果。

在该条修订内容中，保留了一个拥有双重户籍的例外，即"经有关机关认有特殊考量必要外"。如何理解该例外？台湾地区于 2005 年 2 月 5 日订立之"国家情报工作法"第十二条规定"情报人员及情报协助人员经其隶属之情报机关核定执行情报工作，不适用台湾地区与大陆地区人民关系条例第九条第三项、第四项、第九条之一及第七十二条之规定"，系因考量情报人员及情报协助人员从事情报工作隐秘性之需求，及其个人生命安全之保障，若须经"条例"第九条第三项、第四项之许可及审查，或依同"条例"第九条之一不准其于大陆设籍或领用护照，难免暴露身份及行踪之虞，而排除"条例"第九条第三项、第四项、第九条之一及第七十二条规定之适用。由此可知，"条例"第九条之一所谓"认有特殊考量必要"之立法目的，系指台湾地区人民必须在大陆设籍或领用护照，且无法注销大陆户籍或放弃领用护照，而须有台湾地区人民与大陆人民双重身份之情形者而言。

在台湾士林地方法院民事判决 2013 年重家诉字第 15 号案件中，原告于 1947 年在台湾地区出生，随父张某设籍于台北士林。其父张某于 1948 年随军往大陆担任医护员，原告作为眷属随同至当时东北战区集中居住。其父张某所遗台北有土地等遗产，被"安全局"以无人继承为由，声请台湾士林地方法院指定"财政部国有财产署"为遗产管理人。原告多方奔走，终获相关主管部门"内政部""国防部"等认定原告及其父张某属"条例"第九条之一第二项所称之"特殊考量必要"。故士林地方法院因此认定，自始未丧失台湾地区人民身份，从而享有台湾地区人民继承之合法权利。但此案上诉至"最高法院"后，却有不同之观点。"最高法院"于"2017 年台上字第 228 号民事判决"中认为：原审判决并未说明被上诉人有何无法注销大陆户籍或放弃领用护照，而须有台湾地区人民与大陆人民双重身份之情形。原审判决径行认定被上诉人（原告）属特殊考量必要，是否符合"两岸人民关系条例"第九条之一第二项规定之立法本意，殊非无疑，自有进一步探究之必要。该案经台湾高等法院民事判决 2017 年家上更 (一) 字第 5 号更审，认为被上诉人张某对于有何无法注销大陆户籍及放弃领用护照等"特殊考量必要"情事，并未举证以实其说，因此认定"被上诉人已丧失台湾地区人民身份，仅有大陆地区人民身份"。

2. 在两岸均没有设立户籍时，以现在居住地作为准据法确定之连结点。在台湾士林地方法院审理的王某声请酌定未成年人监护人事件[①] 中，声请人即孩子的母亲为大陆人民，相对人是孩子的父亲为台湾地区人，双方所生未成年子女陈某则持美国护照，且尚未在台湾地区设籍，就声请酌定陈某之监护人事件，根据"条例"第 57 条的规定，"父母之一方为台湾地区人民，一方为大陆地区人民者，其与子女间之法律关系，依子女设籍地区之规定。"然而本案中双方所生未成年子女陈某并未在台湾或大陆设籍。依学者的观点，这种连接点在两岸落空的情形，应无适用"两岸人民关系条例"的机会，反而因其具涉外成分而应适用"涉外民事法律适用法"决定准据法[②]。然而，实务中士林地方法院似乎并不认可该观点，而是在连结点事实落空的情况下，采用补充性连接点方式认定法律的适用，在该案例中，法院最后认定，因孩子现随母即声请人住居在台湾地区，则本件有关

---

① 台湾士林地方法院民事裁定 2011 年监字第 333 号。

② 王泰铨、陈月端：《两岸关系法律》，台湾大中国图书股份有限公司 2000 年版，第 50～51 页。

未成年子女权利、义务之行使或负担事宜，应依台湾地区之规定。

3. 因户籍变动而引发身份变化，是否有必要根据"条例"对在大陆已成立之收养关系以台湾地区人民身份重新声请认可？

在台湾桃园地方法院审理的张某声请认可被收养人徐某一案[①]中，张某原为大陆人民，在大陆时曾拾获一名弃婴即被收养人徐某，2000 年双方即依《中华人民共和国收养法》规定办理了收养登记，成立收养关系，后收养人张某因与台湾地区配偶徐某结婚，进而取得台湾地区身份证，并于2009 年在台初设户籍登记。此时，收养人张某与被收养人徐某之间，是否因收养人身份的变化，而需根据"条例"的规定再次向台湾地区法院声请认可收养呢？法庭认为，声请人张某与徐某在大陆成立收养关系时，皆具大陆人民身份，其间收养关系应可认自 2000 年 3 月 22 日在广州市民政局依法登记之日起即已合法成立，并不因嗣后收养人张某改具有台湾地区人民之身份，即需再另行依"两岸人民关系条例"第 56 条第 1 项规定，办理收养程序。

4. 因户籍变动而引发身份变化，继承开始时为大陆人民，但继承开始三年内取得台湾地区人民身份，则就继承被继承人之遗产，是否仍应向法院为继承之表示？

"两岸人民关系条例"第 66 条第 1 项规定："大陆人民继承台湾地区人民之遗产，应于继承开始起三年内以书面向被继承人住所地之法院为继承之表示；逾期视为抛弃其继承权。"在台湾高等法院花莲分院民事判决2012 年上字第 10 号事件中，上诉人原住大陆，其夫陈金学于 2005 年 4 月30 日死亡，上诉人乃于 2005 年 9 月 2 日在台湾地区初设户籍登记，法庭认为："上诉人于陈金学死亡继承开始时起 3 年内既已取得台湾地区人民之身份，即不待向法院为继承表示当然得继承陈金学之遗产。"

---

① 台湾桃园地方法院家事裁定 2012 年司养声字第 60 号。

对此问题，台湾地区财政部门发布行政函释①，其主旨为："继承发生后始取得台湾地区户籍之人民无两岸人民关系条例之适用。"台湾陆委会函复②表示："继承表示期间届满前，取得在台户籍成为台湾地区人民，自得以此身份依法继承遗产，而不适用两岸条例第六十六条至六十九条，对以大陆地区人民身份继承在台遗产之限制规定。"

5. 继承开始于"两岸人民关系条例"颁布实施前，在"条例"颁布之时，继承人身份为大陆人民，后取得台湾地区人民身份，则在此之后达成遗产分割协议取得不动产权利不受"两岸人民关系条例"之规定限制。③

6. 原为大陆人民，后取得台湾地区人民身份，但却被台湾行政机关撤销户籍登记，则其之前以台湾地区人民身份所为行为效力如何认定，撤销是否有溯及力？若撤销台湾户籍登记时，其大陆户籍亦已经被注销，则其身份又该如何认定？

在台湾高等法院台中分院民事判决 2013 年重家上字第 7 号事件中，被继承人 2002 年 7 月 5 日与当时为大陆人民之继承人甲结婚。被继承人于 2008 年 2 月 1 日死亡，继承人于 2008 年 8 月 28 日取得台湾地区人民身份。但却在 2011 年 5 月 9 日遭撤销户籍登记。继承人甲就其于被继承人死亡起 3 年内并未向法院声明继承之事实固不争执，但辩称：其于 2008 年取得台湾地区人民身份后，已以台湾地区人民身份向台湾地区"财政部"申报遗产税而表示继承，并与其他继承人共同为遗产继承登记。故自 2008 年 8 月 28 日初设户籍登记后，至 2011 年 5 月 9 日注销该登记前，依其当时身份所为之意思表示、法律行为，并不因初设户籍登记遭撤销而溯及失效，仍得以台湾地区人民之身份继承遗产。其定居许可及初设户籍登记之

---

① "财政部"台财税字第 0890036052 号。

② （89）陆法字第 8906099 号。

③ 台湾宜兰地方法院民事判决 2014 年诉字第 171 号。类似因身份转化而产生之继承纠纷案还包括：台湾高等法院民事判决 2015 年上字第 364 号。

行政处分虽经撤销，但应有信赖保护原则之适用。

但法庭认定：（1）"两岸人民关系条例"并非仅单纯立足于私权之上，依"行政程序法"第118条之规定，大陆人民申请定居许可及初设户籍登记经撤销后，应溯及失效。（2）依"行政程序法"第120条第1项之规定，授予利益之违法行政处分经撤销后，即使有信赖保护原则适用之情形，亦仅系由撤销行政处分之机关就其财产上损失予以补偿之问题，而非例外地使其向后失效。亦非应由其他人民承受行政处分遭撤销后之不利益，自不得因甲信赖定居许可及初设户籍登记之行政处分而应准由甲继承，进而损害其他继承人之权利。（3）甲在大陆之户籍固已注销，然而甲之定居许可及初设户籍登记经撤销确定后，应自始失其效力，已如上述。亦即甲自始未取得台湾地区人民身份，而为大陆人民之身份，并不因甲在大陆之户籍已注销而受影响。故甲之继承主张自应适用"两岸人民关系条例"之相关规定。①

三、户籍之特殊问题

"两岸人民关系条例"中存在诸多针对大陆人民的限制性条款，在民事权利的内容、实现方式、实现条件等方面，与台湾地区人民、港澳地区人民以及外国人相比，大陆人民均处于弱势的不平等地位。在司法实务中，若存在身份之疑，当事人出于趋利避害本能，当然会尽可能的主张自己为港澳地区人民或外国人，而非大陆人民，以避免适用"两岸人民关系条例"而遭受权利制约。该问题即涉及：当事人在可能拥有双重国籍（户籍）的情况下，台湾地区法院应如何认定其身份，是识别为港澳地区居民、外国

---

① 在台湾台北地方法院民事简易判决2019年北简字第2214号案件中，被告冒用他人身份获得台湾地区居民身份，后经查获后被注销。该案法庭亦持类似本案观点，户籍注销应溯及失效。被告与原告之间小额信用贷款案（案件事实发生于其为台湾地区居民期间），应被认为是大陆居民与台湾地区居民之间的民事案件。

人还是大陆人民身份？

例如：甲乙双方当事人均为被继承人之兄弟，均为其法定继承人。甲主张拥有缅甸国籍，并基于缅甸人身份，对被继承人之遗产具有二分之一继承权，乙却以甲为大陆人民且未在三年期内声明继承为由，拒绝承认甲之继承权。双方当事人对事实并无争执，唯争执重点在于：被继承人于2010年1月7日死亡时，甲基于缅甸人身份对被继承人遗产具有二分之一继承权，或甲系大陆人民且未依法声明继承，故并无继承权？①

上诉法庭认定：

首先，继承，因被继承人死亡而开始，故继承人应否适用"两岸人民关系条例"之特别规定，应以继承人于被继承人死亡时，是否具备大陆人民之身份为准。

其次，被继承人于2010年1月7日死亡之前，甲先后多次以其为大陆人民之身份，申请出入境台湾地区，堪认甲于被继承人亡故时，为具有大陆人民身份之人。

复次，甲主张其为缅甸国籍之人，固提出经台湾地区"驻泰国台北经济文化办事处"认证之缅甸公民权公证书、缅甸公民身份证等为证，然法院在审认上述文件之形式真正性及其证据力为何，自应审慎评断，未可遽然采信。经审查，甲就自己关于缅甸国籍身份取得方式之陈述，竟有先后不一之情，是甲之陈述可否采信，已堪质疑。甲于法庭言词辩论终结前，无法提出任何事证以实其说，益证甲所持名义为缅甸国核发之公文书为虚伪。

最后，法庭援引台湾地区立法，即"两岸人民关系条例"及其"施行细则"关于"身份"之认定规则自行认定是否有该条例之适用。法庭援引"施行细则"第7条第1项："本条例第三条所定大陆地区人民旅居国外者，

---

① 台湾台北地方法院民事判决2011年家诉字第422号、台湾高等法院民事判决2012年重家上字第38号。

包括在国外出生，领用大陆地区护照者。但不含旅居国外四年以上之下列人民在内：一、取得当地国籍者……"第 1 项："前项所称旅居国外四年之计算，指自抵达国外翌日起，四年间返回大陆地区之期间，每次未逾三十日而言；其有逾三十日者，当年不列入四年之计算。但返回大陆地区有下列情形之一者，不在此限：一、怀胎七月以上或生产、流产，且自事由发生之日起未逾二个月。二、罹患疾病而离开大陆地区有生命危险之虞，且自事由发生之日起未逾二个月。三、大陆地区之二亲等内之血亲、继父母、配偶之父母、配偶或子女之配偶在大陆地区死亡，且自事由发生之日起未逾二个月。四、遇天灾或其他不可避免之事变，且自事由发生之日起未逾一个月。"又当事人主张有利于己之事实者，就其事实有举证之责任。然而，甲并未提出其他积极事证供法庭审认其确有符合条例"施行细则"第 7 条除外规定之情，故其空言主张，自无足采。

综上所述，法庭认定甲为大陆人民，其关于继承台湾地区人民之财产之继承方式及应继分范围，均应适用"两岸人民关系条例"。

从上述案例来看，虽然根据《中华人民共和国国籍法》第 9 条规定："定居外国的中国公民，自愿加入或取得外国国籍的，即自动丧失中国国籍。"但当事人是否因取得外国国籍之同时，因《中华人民共和国国籍法》规定而丧失中国国籍，此乃关于当事人是否具有一国国籍，及该国国籍是否因双重国籍而丧失等公法行政事项，仅大陆方面享有唯一解释、认定之权限，台湾地区法院应无擅以《中华人民共和国国籍法》规定为据，解释当事人取得或丧失该中国国籍或外国国籍身份之余地。故台湾地区法庭始终未在这一问题上作出擅断。而是对当事人提出的缅甸国籍证明文书从证据角度审核其真实性及可信度，决定是否采纳，而不对其缅甸国籍进行直接的否定。同时，谨以台湾地区司法机关之身份，适用台湾地区立法关于"大陆人民"的定义对当事人身份进行认定，亦为合理。

在无法确认户籍的情况下，法院又应采何种原则处理？在台湾桃园地方法院 2012 年家诉字第 52 号民事判决中，法院认为：被告方某于 1993 年 5 月 7 日已取得香港永久性居民身份，并取得永久之香港居留权，依《中国公民因私事往来香港地区或澳门地区的暂行管理办法》第 12 条规定，被告方孟超既已取得香港居民身份，理应已遭所在公安派出所注销户口，故非属"两岸人民关系条例"第 2 条所规定之大陆人民，纵被告方孟超之户籍未遭注销，而同时拥有大陆人民及香港居民身份，基于权利保障原则，应作有利于被告方孟超之解释。从该案可知，该法院认为在当事人户籍存疑的情况下，应从权利保障角度，采取有利于当事人权利实现的原则，来认定其身份，并进一步援引应适用的法律，是值得肯定的。

第四节　大陆方面法律的查明

有关大陆方面法律查明之相关事宜，"两岸人民关系条例"并未规定。然而法律查明问题本身却是涉陆民商事案件审判过程中十分重要的环节，是法律选择得以最终落到实处的关键一步。理论通说认为域外法的查明涉及查明的责任、查明的方法、无法查明的解决方法、错误适用的救济以及域外法的解释等诸多环节①，其不仅涉及国际私法理论，还涉及台湾地区民事诉讼制度，其中的一些具体问题还有待深入细致的实证研究。

一、关于大陆方面法律的定位

"条例"在措辞上，当提到应以台湾地区的法律为准据法时，规定应"适用台湾地区之法律"，而在以大陆方面法律为准据法的情况下，一律写为应"适用大陆地区之规定"，刻意回避"法律"二字。大陆学者认为：这种歧视性的语言表明台湾当局根本没有把大陆的法律与自己的法律平等

---

① 黄进主编：《国际私法》，法律出版社 2005 年版，第 204—209 页。

对待,在行动上违反自己所声称遵循的国际私法的一般准则①。是对大陆方面法律的不尊重,也体现出台湾当局相当程度的政治顾虑。② 台湾学者亦认为此举毫无必要:"立法者虽着眼于大陆地区的法源形式,与台湾地区的法源形式不同的事实,但两岸条例的规范功能,既仅在决定应适用何一地区之法律规范而已,各该地区之法律规范究竟以何种形式存在,已属于准据法适用阶段的问题,实际上并无特别予以考虑之必要。"③

尽管在措辞上,"条例"将大陆方面法律刻意表述为"大陆之规定",但在现实中,并不影响大陆方面法律在台湾地区具有域外法效力的现实。在司法机关审理涉陆民事案件以及行政部门处理涉陆民事事务中,无不将大陆规范性文件作"法律"之表述。在援用大陆立法规定时,并不避讳"法律"字眼,也无须加上引号,在法律适用过程中均是直接予以援用。可见,在立法当时的历史语境中,"条例"有意回避"法律"二字,规定应"适用大陆之规定",乃是基于两岸相互对立,互不承认对方法律效力的前提而为。本质上是一种不完善的立法选择,仅是在对立的政治领域中反映保守意识形态语境里所需的一种语言而已。这种基于意识形态化的说辞,在长期的司法实践来看,未必经得起严肃、严格的推敲。在司法实务中,对台湾地区法院之大陆方面法律查明、援引和适用实际并无特别的影响。对于大陆方面法律查明程序规则的设计,其实与其他域外法查明程序并无二致。其着眼点并不在于理论上拟制的域外法的抽象性质,而应仅从实务上之要求与诉讼经济之目的观察之。④ 这种包含意识形态旨趣而刻意为之的做法,在司法实践中被进行了必要的阻隔。

---

① 余先予:《正确解决台湾与内地及港澳的法律冲突问题》,《中国国际私法与比较法年刊》1999 年第二卷,法律出版社,第 261 页。

② 王志文:《海峡两岸法律冲突规范之发展与比较》,《法学家》,1993 年第 5/6 期,第 102 页;冯霞:《涉港澳台区际私法》,中国政法大学出版社 2012 年版,第 123 页。

③ 陈荣传:《两岸法律冲突的现况与实务》,台湾学林文化事业有限公司 2003 年版,第 21 页。

④ 刘铁铮、陈荣传:《国际私法论》(修订五版),台湾三民书局 2010 年版,第 200 页。

二、关于大陆方面法律的性质

理论上认为有两种传统模式，即"事实说"与"法律说"。理论上看，台湾地区多数学者认为从民诉相关立法及法院裁判的形成逻辑来看域外法性质为法律①，大陆学者也认为，"台湾地区对域外法的性质，理论与实践中的观点是一致的，即域外法为法律。"②

其实，域外法查明问题的本质仅仅是为了实现冲突规范的适用，若从功能主义的角度来看，这种理论上的抽象对法院查明域外法并无太大的意义。③因为域外法的查明无非就是法庭通过各种途径和渠道得到域外法的相关材料后，对该材料之可信度、证明力、关联性等进行判断，若能推论出该域外法的内容是足够清楚、明确及可靠，则可在案件审理中援用为依据作出裁判，至于域外法是"事实"还是"法律"并不影响其作为裁判依据这一功能的实现。

如果要对理论中的"事实说"和"法律说"作一辨明的话，实证研究表明，台湾地区法院在解释和适用域外法时将之看成"法律"，但从台湾地区域外法查明的程序规则设计及实践来看，更倾向于将域外法作为"事实"来对待。

1. 将域外法作为法律进行解释和适用。台湾"最高法院"曾在裁判书④中提出见解，认为："按涉及外国人及大陆人民之民事事件，依内国法规定应适用外国法或大陆法律时，内国法院应适用当时有效之外国法或大

---

① 马汉宝:《国际私法总论各论》,台湾翰庐图书出版有限公司 2010 年版,第 223 页;刘铁铮、陈荣传:《国际私法论》,台湾三民书局 2011 年版，第 202 页。

② 于飞:《台湾地区域外法查明实践之考察》,《南京大学法律评论》2012 年春季卷，第 317 页。

③ 蔡华凯:《外国法的主张、适用与证明——兼论国际私法选法强行性之缓和》,台湾《东海大学法学研究》第 24 期，第 175-240 页。

④ "最高法院民事裁定 2005 年度台抗字第 81 号"。

陆法律之全部，除制定法、习惯法外，其判例亦应包括在内。且该外国法或大陆法律仍不失其原有本质，并非将其视为内国法之一部。故内国法院对于该法律之解释，应以该外国或大陆之法院所为解释为依据，并应考虑其判例、习惯等不成文法，不得以内国法院解释内国法之原则对之为解释。"

2. 在程序规则中将域外法查明作为"事实"来对待。

首先，当事人承担主要的法律查明的责任。关于域外法查明的责任，虽然"条例"没有规定，但依台湾地区 2013 年 5 月 8 日修正的"民事诉讼法"第 283 条规定："习惯、地方制定之法规及外国法为法院所不知者，当事人有举证之责任。但法院得依职权调查之。"就理论上而言，大陆方面法律之查明，是否可当然类推"民事诉讼法"第 283 条规定，容有讨论之空间，理论上有学者赞同现阶段大陆方面法律的查明仍应类推适用本条①。根据该规定，当事人在"法官所不知"的情况下承担域外法的举证责任，而法官虽"得"依职权调查，而非"应"依职权调查②，似可认为法官只在必须的时候可以"介入"外国法的查明，但不承担查明外国法的责任。从实证研究结果来看，法院裁判书中明确援引"民事诉讼法"第 283 条，责令当事人承担举证之责任者，仅有 4 例。③其余案件虽有大陆方面法律的适用，但关于大陆方面法律查明责任是由谁承担，原告、被告抑或法院，在裁判书中并未说明。从台湾地区之实践来看，当事人的举证大多是较为

---

① 伍伟华：《大陆地区法律之证明及适用》，台湾《法学新论》2009 年第 12 期，第 97 页。

② 伍伟华：《大陆地区法律之证明及适用》，台湾《法学新论》2009 年第 12 期，第 98 页。

③ 台湾桃园地方法院民事判决 2016 年建字第 27 号，虽也援引了"民事诉讼法"第 283 条，但其意在强调：法院除斟酌两造所提出之法律规定外，另亦自行依职权调查之。因该案并未强调当事人举证责任，故此处不列入案例统计中。三例指的是：高等法院台中分院民事判决 2010 年家再字第 1 号，桃园地方法院民事判决 2012 年重诉字第 279 号，台湾高等法院民事判决 2017 年再易字第 101 号、台湾高等法院民事判决 2018 年劳上易字第 1 号。

重要的路径。①

　　其次，当事人若未能成功举证域外法之内容，应承担举证不能之后果。当事人在诉讼中不仅应具体说明请求权的基础，而且应说明适用的法律为何，若未能举证成功，则将被驳回起诉。下列裁定书即对此予以明确："本件原告起诉请求被告返还款项事件，原告虽主张被告违反侵权行为之法律规定侵占原告所有之款项，然据原告所陈本件之损害结果系发生于大陆，依前揭两岸人民关系条例第 50 条前段之规定应适用大陆之相关规定处理，惟原告未具体说明其请求权基础及适用之法律规定为何，于诉状所表明之原因事实亦不明确。是原告起诉未提出如主文所示之各该诉讼要件事项，其起诉程序尚有欠缺。爰依首揭规定，定期命原告补正如主文所示事项，逾期未补，即驳回其诉。"②

　　最后，域外法为证据之客体，受证据规则的支配。例如，台湾高等法院曾明确表述："应由当事人就大陆之法律负举证之责，再审原告于本件据以提起再审之诉之国务院《通知》属大陆法规命令，亦属证物性质。"③ 台湾高等法院台中分院在裁定再审之诉时，鉴于原告在第二审言词辩论终结后才发现有利的大陆之法规，考虑到再审原告可受较有利之裁判，于是，依照台湾地区"民事诉讼法"第 496 条第 1 项第 13 款的规定："有下列各款情形之一者，得以再审之诉对于确定终局判决声明不服。但当事人已依上诉主张其事由或知其事由而不为主张者，不在此限……一三、当事人发现未经斟酌之证物或得使用该证物者。但以如经斟酌可受较有利益之裁判者为限。"然后，进一步裁定认为："以台湾地区现行法令为法院职务上所已知者，属于职权适用之范围，非属证据之客体，然习惯、地方制定之法

---

①　就这一问题，笔者在台湾地区访学期间，曾与多位法官及学者进行探讨，均指出当事人的举证是实务中主要的法律查明的方法。

②　台湾台北地方法院民事裁定 2012 年诉字第 979 号、台湾高等法院民事判决 2018 年劳上易字第 1 号。

③　台湾高等法院民事判决 2017 年再易字第 101 号。

规及外国法非法院职务尚应知悉之范围，仍得为证据之客体。据此，如于前诉讼程序事实审之言词辩论终结前已存在之外国法规，因当事人不知有此，致未经斟酌，现始知之者，自得以之为再审事由。"④

三、关于大陆方面法律查明的途径

由上文可知，在台湾地区，域外法查明的主要途径为当事人提供，即由当事人证明该法的内容及其效力。这通常借助于律师提供法律的专业服务完成。在此阶段以律师函等形式所举证的域外法的证据法院并不应当然采纳⑤，法官有权进行甄别、质证等程序推理解释适用。⑥

大陆方面法律的查明还可通过区际私法协助来完成。理论上区际私法协助即包括文书送达、调查取证、查明法律等。⑦但实证研究证明，在实务中，极少用到这一途径。在涉陆案件中，由台湾地区法院嘱托台湾海基会调查，由台湾海基会转请海协会帮助查明大陆方面相关法律的情况只有2例⑧，其中1例台北地方法院在审理时还曾认为：复函未载明大陆之法律依据何在，故不可采。所以，考虑到工作负荷、办案期限和最后获得信息的结果上来看，该途径未必理想。台湾地区法官"对于前述嘱托查询之途径，在审判心理学上，一般态度似较为消极。"⑨

实务中，还有一种变通的证明某法律关系符合大陆方面法律的方法，

---

④　台湾高等法院台中分院民事判决 2010 年家再字第 1 号。

⑤　"最高法院民事判决 1999 年度台上字第 3073 号"。

⑥　台湾桃园地方法院民事判决 2012 年重诉字第 279 号。

⑦　韩德培主编：《国际私法问题专论》，武汉大学出版社 2004 年版，第 123 页。

⑧　"最高法院民事判决 1998 年度台上字第 1901 号"中记载台北地方法院嘱海基会查询股东间之出资是否可自由互相转让及如何办理股份变更手续等事项，台湾海基会出具 1995 年 11 月 6 日海仁（法）字第 09080 号函回复。另一例是"司法院"网站之"数位图书馆"下"外国法令查复一览表"中关于大陆方面法律仅有一项，即系台湾海基会 2001 年 6 月 11 日海惠法字第 05739 号函复台湾高等法院嘱托协查之大陆方面收养法规。

⑨　伍伟华：《大陆地区法律之证明及适用》，台湾《法学新论》2009 年第 12 期，第 102 页。

即通过审查认可证据，推定相关法律关系符合大陆方面法律之规定。此类公文书证据通常为经过台湾海基会核准认证的，大陆开具的登记核准证明，或大陆核发的相关证书，包括法人工商登记证明、收养登记证、结婚证等。这类文书由大陆制作核发，通常有较强的证明力，能够初步证明该法律关系符合大陆方面相关法律，法庭通常认可其合法性之推定效力。典型表述如："按大陆之法人、团体或其它机构，其权利能力及行为能力，依该地区之规定，两岸人民关系条例第 46 条第 2 项定有明文。查上诉人为在大陆注册有案之企业法人，此有上诉人于大陆之登记资料、核准变更登记通知书等在卷可稽，是上诉人依我国民事诉讼法第 40 条第 1 项之规定，即有当事人能力，其提起本件诉讼，于法并无不合。"[1] 又如，"核收养人与被收养人间，确已合意成立收养关系，业经收养人及被收养人法定代理人到院陈明，并有上开证据在卷可稽，依声请人提出大陆收养登记证记载：'……经审查，以上收养符合中华人民共和国收养法的规定，准予登记，收养关系自登记之日起成立。'字样，足认本件收养符合大陆之收养法规。"[2] 不过，也有法院对收养证推定合法效力并不完全认同，认为"收养登记证之效力仅在于证明收养人确有为此行为之事实，至于该收养行为是否合法有效，法院应依职权调查，是本院仍应依据大陆收养法审酌本件收养是否适法，不受该收养登记证之拘束。"[3]

四、大陆方面法律查明的对象及范围

对法律查明的对象及范围，台湾地区"最高法院"曾在实务中作出过解释："按涉及外国人及大陆人民之民事事件，依内国法规定应适用外国法

---

[1]　台湾高等法院民事判决 2011 年上易字第 832 号。

[2]　台湾桃园地方法院民事裁定 2009 年养声字第 157 号，类似的判决书还有台湾台北地方法院民事裁定 2011 年养声字第 116 号，台湾台北地方法院民事裁定 2010 年养声字第 149 号等。

[3]　台湾台北地方法院民事裁定 2011 年养声字第 398 号。

或大陆法律时，内国法院应适用当时有效之外国法或大陆法律之全部，除制定法、习惯法外，其判例亦应包括在内。且该外国法或大陆法律仍不失其原有本质，并非将其视为内国法之一部。故内国法院对于该法律之解释，应以该外国或大陆之法院所为解释为依据，并应考虑其判例、习惯等不成文法，不得以内国法院解释内国法之原则对之为解释。"① 从解释大陆方面法律之方法论上，该见解得到学者们之肯定。② "适用大陆地区法律或外国法时，不宜以法庭地学说见解套用于大陆地区法律或外国法之解释或适用，大陆地区法律适用之问题，台湾地区法院应与大陆地区法院采取相同之法律见解，不应将之视为事实问题，而自行认定其规范之内容，'最高法院' 2005 年度台抗字第 81 号裁定之见解，符合法律冲突之基本原则，在区际私法发展上具有重要意义。"③

该见解对可援引之大陆方面法律在对象上并未予以拘束，肯定得适用之大陆法律包括"当时有效之大陆法律之全部"。从实证研究来看，台湾地区法院援引的大陆方面规范性文件不仅包括法律，还包括最高人民法院发布之司法解释 ④、行政法规等。值得注意的两个问题是：

1. 可适用之大陆方面法律不仅包括大陆实体法，还包括在特殊案件中援用大陆程序规则。

通常认为，台湾地区法院审理涉陆民事案件，根据冲突规范援引所指向的准据法，仅指大陆之实体法规定，程序问题应遵循法院地法。这一点，在实务中，法庭亦是同持此实务见解。例如：当事人援引《中华人民共和国民事诉讼法》进行抗辩，但法庭在认定时，认为："本件系在台湾地区进

---

① "最高法院民事裁定 2005 年度台抗字第 81 号"。

② 伍伟华：《大陆地区法律之证明及适用》，台湾《法学新论》2009 年第 12 期，第 89 页。

③ 陈荣传：《涉外与涉陆收养准据法之研究》，台湾《台北大学法学论丛》2008 年总第 66 期，第 171－172 页。

④ 例如："最高法院民事判决 2011 年台上字第 2186 号""最高法院民事判决 2009 年台上字第 1974 号""最高法院民事判决 2015 年台上字第 33 号"。

行诉讼，其诉讼程序本应适用台湾地区"法律"相关规定，不受大陆规定之拘束，与前开所述"准据法"（实体法）应适用大陆规定，诚属二事。"①

至于某项规则究竟属实体事项规则还是程序事项规则，是否应在准据法指引适用范畴，台湾地区法院在审理时，并不拘泥于该规则是否出现在《中华人民共和国民事诉讼法》中，法庭会主动对规则性质之定性自行作出判断。例如，在涉陆侵权案件中，关于侵权赔偿之迟延利息问题，法庭认为："本件诉讼应定性为因侵权行为而涉讼，依上诉人之主张，损害发生地在大陆，依照上开法律规定，应依大陆即中华人民共和国之实体法律为准据法，而为裁判。……本件侵权行为发生时，中华人民共和国……民事诉讼法第 229 条（现移置于同法第 253 条）前段则有'被执行人未按判决、裁定或其它法律文书指定的期间履行给付金钱义务的，应当加倍支付迟延履行期间的债务利息'之规定，此条文虽置于诉讼法中，但观其内容则属实体法上之规定，本件自应加以适用。"②

在特殊案件中，法庭亦有援用大陆程序法之可能。例如：在对大陆法院所作民事调解书之声请认可案件审理时，援用《中华人民共和国民事诉讼法》第 89 条、第 90 条、第 182 条规定，肯定其具有确定判决效力。③又如在债务人异议之诉中，援用《中华人民共和国民事诉讼法》关于案件诉讼受理费应由败诉之人负担之规定，确认债权人债权之构成。④

2. 大陆判例的查明

"从官方层面以及大部分学术讨论讲，人们习惯于认为当下中国并不存在先例制度。"⑤但中国并不乏先例相关之实践的经验。最高人民法院不仅通过"公报"等方式实际上就确立了一系列具有极大现实拘束力的判

---

①　台湾高等法院民事判决 2013 年重上字第 585 号。

②　台湾高等法院民事判决 2013 年上字第 921 号。

③　台湾高雄少年及家事法院民事裁定 2014 年家陆许字第 23 号。

④　台湾高等法院民事判决 2011 年重上字第 485 号。

⑤　周赟：《司法决策的过程——现实主义进路的解说》，清华大学出版社 2015 年版，第 197 页。

决，而且还于 2010 年明确以规定的形式建立最高人民法院案例指导制度。在《最高人民法院关于案例指导工作的规定》第 7 条措辞中，还明确指出，案例指导制度下发布的典型案例"应当参照"，从而明确建立起案例在事实上的拘束力。

不过，实证研究案例中，并没有发现台湾地区法院援引大陆人民法院判决先例作为案件审理依据的案例。

个别案件中，法庭援用了最高人民法院的批复，不过这种援用仅是将批复中的意见部分作为抽象规范予以援引，而不是将之作为"先例"来看待。例如台湾高等法院民事判决 2013 年上字第 921 号事件中在援引最高人民法院于 2009 年发布之《关于在执行工作中如何计算迟延履行期间的债务利息等问题的批复》时，还特别在后面用括号标注"其位阶等同于大陆法律"。实务中还有其他案件也根据案件审理需要，援引不同的最高人民法院所作批复，基本都是将之作为抽象性法律规范来看待。

仅在个别案件中，为证明大陆对台湾地区法院裁判予以认可之"互惠"事实，援引大陆法院认可执行台湾地区法院裁定之民事裁定书。但此处更多是作为"证据"形式来援引，而不是"先例"的角度。台湾台中地方法院 2015 年陆许字第 1 号民事裁定文书中，法院查证过程及结果曾做出说明："经本院函请'法务部'协助向大陆主管机关请求提供'在台湾地区作成之民事仲裁判断'声请大陆法院裁定认可或为执行名义已经获准确定之最新实例两件。嗣由大陆最高人民法院协助完成调查取证回复，提供:(一)福建省厦门市中级人民法院（2004）厦民认字第 20 号民事裁定书，其裁定'对台湾地区中华仲裁协会 2003 年 11 月 4 日的 2002 仲声仁字第 135 号仲裁裁决的效力予以认可';(二)江苏省苏州市中级人民法院（2014）苏中商外初字第 38 号民事裁定书，其裁定'对台湾士林地方法院 2013 年重诉字第 315 号民事判决予以认可'，此有'法务部'2015 年 9 月 21 日法外决字第 *** 号函检送之海峡两岸共同打击犯罪及司法互助协议（2015）

法助台请（调）复字第 71 号调查取证回复书及所附之上开民事裁定书复印件附卷可稽。足见'在台湾地区作成之民事仲裁判断'声请大陆法院裁定认可或为执行名义已经获准确定之实例恐不多，但并非全无。准此，本于互惠原则，在大陆作成之民事仲裁判断，如不违背台湾地区公共秩序或善良风俗者，自得声请法院裁定认可。"

五、大陆法无明文规定

对于法不能查明的后果及处理方法，"条例"无明确规定。如前文所述，仅在个别案件中，当事人若未能成功举证域外法之内容，应承担举证不能之后果。

"条例"对查明"大陆就该法律关系无明文规定的"的情形，规定应"适用台湾地区之法律"。在实务中所遇到的大陆方面法律没有明文规定的情形包括：如何以外国通用货币定给付额，《中华人民共和国合同法》无规定[1]；就否认子女诉讼之法律关系无明文规定[2]，《中华人民共和国婚姻法》中无关于婚生子女之定义，婚生推定等规定[3]，《中华人民共和国收养法》中无养父母死亡后终止收养之规定[4]，无确认亲子关系存在诉讼之法律关系[5]，无否认推定生父诉讼之法律关系[6]。在上述个案中，无一例外最终均以

---

[1]　台湾高等法院台中分院民事判决 2011 年重上字第 114 号。

[2]　台湾嘉义地方法院民事判决 2017 年亲字第 1 号，台湾彰化地方法院民事判决 2016 年亲字第 18 号，台湾士林地方法院民事判决 2011 年亲字第 17 号，台湾桃园地方法院民事判决 2013 年亲字第 12 号，台湾新竹地方法院民事判决 2011 年亲字第 50 号，台湾高雄少年及家事法院民事判决 2012 年亲字第 67 号等。

[3]　台湾台中地方法院家事判决 2013 年亲字第 50 号。

[4]　台湾高雄少年及家事法院民事裁定 2014 年司养声字第 302 号。

[5]　台湾台南地方法院民事判决 2017 年亲字第 33 号，台湾高雄少年及家事法院家事判决 2016 年亲字第 2 号，台湾士林地方法院民事判决 2016 年亲字第 3 号。

[6]　台湾桃园地方法院民事判决 2017 年亲字第 88 号，台湾高雄少年及家事法院民事裁定 2016 年家调裁字第 57 号。

台湾法为准据法。

实务中，关于亲子关系中否认子女、婚生推定、认领、准正等制度，大多数法庭认定为大陆对该问题无明文规定，但在台湾基隆地方法院民事判决 2014 年亲字第 12 号亲子关系确认事件中，法庭持不同观点，认为：《中华人民共和国婚姻法》第 25 条规定"非婚生子女享有与婚生子女同等之权利，任何人不得加以危害和歧视"，亦即承认非婚生子女与婚生子女享有相同之法律权利，故不论系婚生子或非婚生子，凡亲生子女即与父母产生亲子关系，自无须再设婚生推定、准正、认领等规定，非如台湾地区"法律"，因不承认非婚生子女与婚生子女在法律上享有相同之权利，故需设婚生推定、准正、认领等制度，使非婚生子女透过上述制度而推定或视为婚生子而取得与婚生子同等之法律权利，因此不能因大陆无婚生推定、准正、认领等相关规定，即认大陆无认定亲子关系之规定，故本件认定亲子关系之准据法仍应适用大陆之法律，亦即以亲子血缘关系用以认定亲子关系之存否。"

大陆方面法律内容的确定，按照"法官知法"或"司法认知"，其认定权理当归裁判者。台湾地区"最高法院"关于方面大陆法律内容的确定和解释裁判意旨要求台湾地区法院"应以该外国或大陆之法院所为解释为依据，并应考虑其判例、习惯等不成文法，不得以内国法院解释内国法之原则对之为解释。"由于两岸实体法制度的差异，在个别法律问题上，台湾地区所独有的制度，在大陆方面法律体系中是无法找到直接相对应的规定的，此时对"法无明文规定"的理解，即不应仅局限特定的字面来理解，而是应该围绕法律问题，寻找相对应地对该法律问题的处理规范。形象而言，不应从具体法条规定"点对点"的比较寻找，而是应该从具有相同功能的制度角度"面对面"的比较确认。从这个角度来看，上述法庭之法律适用及解释方法论是值得肯定的。

第五节　公共秩序保留、法律规避及强制性规范制度

一、公共秩序保留

公共秩序保留制度体现在"条例"第 44 条的规定："依本条例规定应适用大陆之规定时，如其规定有背于台湾地区之公共秩序或善良风俗者，适用台湾地区之法律。"仅仅从文本"如其规定有背于"的措辞来看，台湾在区际公共秩序保留制度中采用的是内容违背标准或主观说，只要大陆方面法律本身与台湾地区的公共秩序相背即被排除，至于台湾地区的公序良俗是否真正受到损害则在所不问。尽管台湾学者大多主张区际冲突法中公序良俗条款乃一项应谨慎认定的例外规定，除非该法律之规定适用之结果，确实与公序良俗抵触外，不宜动辄认定与台湾地区之法律规定不同者，为违反公序良俗①。但"条例"的规定仍然引起了大陆学者的普遍担忧，认为在解决大陆与台湾的区际法律冲突时，"与解决其它区际法律冲突比较起来，公共秩序保留原则的运用可能更为重要，其频率也会高些。"②"'条例'所规定的公共秩序保留制度如果被台湾当局滥用则会对发展两岸的正常关系产生非常不利的影响。"③"大陆与台湾在社会制度、意识形态上有很大的不同，台湾当局如利用这一条款任意解释，则可能在很大程度上排除大陆法律的适用。"④甚至认为："在对抗持续而又缺乏统一限制的时期内，公共秩序保留制度必将经常被适用、且常不被善用，以致成为中国区际冲

---

① 刘铁铮、陈荣传：《国际私法论》，台湾三民书局 2011 年版，第 744 页。

② 汪萍、许石慧、王淳：《试论海峡两岸民事法律冲突的合理解决》，《江苏社会科学》1999 年第 5 期，第 61 页。

③ 余先予主编：《台湾民商法与冲突法》，东南大学出版社 2001 年版，第 617 页。

④ 徐平：《台湾当局有关两岸民事关系法律适用规定之评析》，《台湾研究集刊》1994 年第 3 期，第 33 页。

突调整中的较大障碍。"①

上述学术观点至今仍占据着主流的位置，但其中对趋势的"经验性"论断自始至终并无令人信服的证据。本次实证研究结果表明，在台湾地区的司法实践中，并未呈现上述理论猜想中公共秩序保留滥用的图景。

在 2009 年至 2019 年内一万多个案件中，有且仅有一个案例②对公共秩序保留之主观还是客观应用作出过司法选择，而且其结果还是拒绝运用公序良俗条款排除大陆法的适用。该案中，原被告双方之争点在于：依"两岸人民关系条例"或类推适用"涉外民事法律适用法"，本案均应适用大陆方面法律。但关于保证人责任，两岸规定不一致时，是否就可认为大陆关于保证责任时效之规定，违反台湾地区公序良俗？法庭首先考察了"涉外民事法律适用法"第 25 条关于公共秩序保留规定之立法理由，称"所谓公共秩序，不外为立国精神及基本国策之具体表现，而善良风俗乃发源于民间之伦理观念，皆国家民族所赖以存立之因素，法文之规定，语虽简而义极赅，俾可由执法者体察情势，作个别之审断。"法庭接下来援引了台湾地区"最高法院 1994 年台上字第 130 号"裁判意旨③，并在分析本案的案情后认为："原告二人在大陆投资之金额高达 100 万美元，乃为数不小之投资，原告均为完全行为能力人，亦曾从事商业经营之行为，原告甲某亦不否认在上海智琳公司任部分财务之审核工作，则原告对于投资地即大陆之法律，即难推诿不知；且各国时效之设计差异，仅为法律上设计之差异，恒属常见，尚非一有差异，即认该法违背公序良俗；审酌大陆担

---

① 　沈涓：《中国区际冲突法研究》，中国政法大学出版社 1999 年版，第 99 页。

② 　台湾台北地方法院民事判决 2008 年重诉字第 851 号。

③ 　"最高法院 1994 年台上字第 130 号"裁判意旨："涉外民事法律适用法第 25 条规定，依本法适用外国法时，如其规定有背于台湾地区公共秩序或善良风俗者，不适用之。系指适用外国法之结果，与'我国'公序良俗有所违背而言，并非以外国法本身之规定作为评价对象。上诉人为阅历丰富，有充分辨识能力之完全行为能力人，既明知游乐性赌博行为为美国内华达州法律所允许之行为，在该地游乐赌博，为尊重行为地之秩序，自应受该地法律规范。"

保法之规定，仍以当事人约定为主，如当事人未约定时，方适用6个月之短期时效，如原告协议时担心适用6个月的短期时效，并非没有约定较长时效之机会与可能，从而，原告主张大陆关于保证人之前开规定违反公序良俗，难认可采。"

尽管"条例"中公共秩序保留制度的立法内容表现出了强烈的主观性，但司法实践中却鲜有应用，且从台湾地区"最高法院1994年台上字第130号"裁判及本案分析可知，台湾地区司法实务中并不特别强调境外法律本身的差异和不妥，而更加注重个案是否违反法院地的公共秩序，展现出科学且合理的实践理性。这一状况不仅与立法文意在适用过程中发生了偏离，也与我们的学术"前见"存在着鲜明的反差。这种立法上的扩张与司法实践中的限缩并存的现象进一步的说明，在区际冲突法中承认公共秩序保留制度有其必要性，但在两岸当前的司法实践中并不是，理论上也不应是主要的调整政策冲突的工具。

二、法律规避

（一）规避法律行为之认定

尽管"两岸人民关系条例"对于法律规避问题并无明文规定，但在两岸区际法律适用之司法实务中，台湾地区法院却发展出与"涉外民事法律适用法"立法[①]精神基本一致之法律规避实践规则。

在台湾地区"最高法院2005年台上字第145号民事判决"事件中，因2003年10月29日修正前"两岸人民关系条例"第36条规定："台湾地区金融保险机构及其在台湾地区以外之国家或地区设立之分支机构，非经主管机关之许可，不得与大陆之法人、团体、其它机构，有业务上之直

---

① "涉外民事法律适用法"第7条中规定：涉外民事之当事人规避台湾法律之强制或禁止规定者，仍适用该强制或禁止规定。

接往来。"台湾地区某保险公司为回避上述法律规定，形式上与香港太平公司共同承保，由该保险公司出名与大陆华阳公司签订保险契约，然实际承保人仍为该台湾地区保险公司。"最高法院"认定该承保行为认定无效，理由是："当事人为回避强行法规之适用，以迂回方法达成该强行法规所禁止之相同效果之行为，乃学说上所称之脱法行为。倘其所回避之强行法规，系禁止当事人企图实现一定事实上之效果者，而其行为实质上已达成该效果时，即系违反该强行法律规定之意旨，自非法之所许，应属无效。"

上述台湾地区"最高法院"裁判之事实背景为两岸间区际保险关系，故其意旨关于"脱法行为"之界定可被认为是两岸区际法律适用背景下之实务先例。与"涉外民事法律适用法"中规定基本一致，无论当事人是否利用冲突规范，无论是否制造或改变连结点事实，也无论准据法指向结果为何，只要当事人"以迂回方法"达成法规所禁止之相同效果之行为，即属于"脱法行为"。

类似的，在台湾高等法院民事判决 2018 年劳上字第 19 号案件中，法庭认为：被上诉人为台湾地区法人，其控制 CU 公司及富港电子天津公司，将上诉人陈某安排在富港电子天津公司上班，却选择以维京群岛商 CU 公司与上诉人签订聘雇合约书，因此不负为上诉人陈某投保劳保及提拨劳退金之义务，乃藉公司型态逃避法令规范等滥用公司法人格之不正行为。

在涉大陆继承案件方面，亦有此类案件。台湾高等法院民事判决 2009 年上字第 49 号事件中，被继承人陈某为台湾地区居民，身前为退除役官兵，陈某在台湾地区并无继承人，其继承人均在大陆，依"两岸人民关系条例"第 67 条之 1 第 1 项及第 68 条第 1 项规定，系争房地本应归属"国库"。然而，陈某在病故前，就将其所有房地以买卖原因卖给同乡好友袁某，袁某在将房屋卖给诉外人后将买卖价金交付给陈某之大陆继承人。法庭认定，系争房地所有权之移转系通谋虚伪意思表示，陈某之目的系避免死亡后系争房地归属"国库"，其系脱法行为，系争房地买卖关系不存在，系争买卖房屋应归属"国库"。同样，该案例亦以当事人"以迂回方法"达成法规所禁止之相同效果之行为属于"脱法行为"为由，否定其行为的效力，仍适用台湾地区相应之强制或禁止规定。在台湾高雄少年及家事法院民事判决 2019 年家继简字第 10 号案件中，被继承人所遗系争房地系台湾地区继承人即原告赖以居住之不动产，依"条例"第 67 条第 4 项但书规定，大陆继承人不得继承之，于定大陆继承人应得部分时，其价额不计入遗产总额。被继承人生前以自书遗嘱形式嘱咐遗嘱执行人将房产出售所得款项汇与其大陆的家人。法庭认为，该行为乃以遗嘱方式架空"条例"规定，回避强行法规适用，将台湾地区继承人赖以居住之不动产变价，而使大陆人民获得其变价后之款项，其行为实质达成之效果，已违反"条例"规定之意旨，应属无效。

实证研究表明：台湾地区所采之法律规避制度与大陆方面法律规避制度在构成要件上显有不同。大陆方面法律规避制度规定见于《最高人民法院关于适用〈中华人民共和国涉外民事关系法律适用法〉若干问题的解释（一）》第 11 条："一方当事人故意制造涉外民事关系的连结点，规避中华人民共和国法律、行政法规的强制性规定的，人民法院应认定为不发生适用外国法律的效力。"和台湾地区立法一样，大陆方面法律规避制度构成要件也应具备两个基本要素，即当事人规避法律的主观意图以及被规避的是法律法规的强制性规定。不同的是，大陆在法律规避制度的构成上还设置了下列要素：一是当事人故意制造涉外民事关系的连结点，二是所指向的是适用外国法律。因此，法律规避之否定行为效果为："不发生适用外国法律的效力"。相比较而言，台湾地区实务上所采之法律规避规则，当事人之规避行为并不以改变连结点为限，行为方式上也不以利用冲突法规则为限，当事人法律规避之结果也未必必须指向外法域之法律。也就是说，无论当事人用何种方式，在涉陆民事关系中，当事人之行为只要是产生规避强行法的效果皆可认定为逃法或脱法行为。

（二）法律规避行为之效力

法律规避行为之法律效力如何？若参考"涉外民事法律适用法"规定来看，法律规避行为被否定后，"仍适用该强制或禁止规定"。再观之台湾地区"民法"第71条规定："法律行为，违反强制或禁止之规定者，无效。但其规定并不以之为无效者，不在此限。"

实务中，"最高法院"曾认为：为维持社会秩序、增进公共利益、确保人民福祉及贯彻政府政策，在不违反"宪法"第23条之比例原则下所制定之行政法规，其规范内容若禁止当事人（包括政府机关及人民）为一定行为，即属于"民法"第71条前段所称之"禁止规定"。倘权衡该规定之立法精神、规范目的及法规之实效性，并斟酌其规范伦理性质之强弱、法益冲突之情形、缔约相对人之期待、信赖保护之利益与交易之安全，暨当事人间之诚信及公平，足认该规定仅在于禁遏当事人为一定行为，而非否认该行为之私法效力者，性质上应仅属取缔规定而非效力规定，当事人间本于自由意思所成立之法律行为，纵违反该项禁止规定，亦仍应赋予私法上之法律效果，以合理兼顾行政管制之目的及契约自由之保护。[①]

在台湾台南地方法院民事判决2015年简上字第133号、台湾台南地方法院民事判决2014年简上字第209号事件中，双方当事人间签订《中医三年研习课程契约书》，约定甲方受诉外人香港诺汉丁皇家教育集团委托为乙方报考、就读广州中医药大学在职制硕士课程提供除招生及介绍行为外之一切行政资源，及参加甲办理之中医研习课程三年，乙方则应给付甲方报考、就读广州中医药大学在职制硕士课程之入学辅导费、在学期间辅导费及中医三年研习课程费用。

法庭认定甲方行为从内容及本质上看应属于"为大陆教育机构在台湾

---

① "最高法院2014年台上字第976号"判决意旨参照。

地区从事居间介绍之行为"，违反"两岸人民关系条例"第 23 条之规定[①]，系规避法律禁止性规定之行为。就其法律效果如何，法庭认为：现行法令仍全面禁止为大陆之教育机构在台湾地区办理招生事宜或从事居间介绍之行为，并设有刑责处罚规定，上述规范应属效力规定。系争《合约书》记载上诉人提供之服务为"招生或介绍行为外等之一切行政支持服务"，实为规避上述禁止规定之脱法行为。甲方未经许可，为大陆教育机构在台从事居间介绍行为者，自属违反"民法"第 71 条前段禁止效力规定而无效。

在确认脱法行为无效时，还应特别区分无效脱法行为和与善意第三人所为合法契约行为之间的不同。在台湾花莲地方法院审理的许某诉廖某确认买卖契约无效案[②]中，大陆陆岛公司负责人吴某利用所雇金门籍女子许某（即原告）为交易人头，于 2015 年 2 月 26 日向花莲县民廖尧宇（即被告）购得系争土地，作为在花莲县发展农牧观光投资之用，陆岛公司与许某为确保前述交易土地所有权之权利义务关系，双方签有"确认书"1 份。大陆陆岛公司前述在花莲县之投资计划未向主管机关申请，即先以台湾人为人头执行投资行为，显已违反"两岸人民条例"第 69 条、违反"大陆地区人民来台投资许可办法"相关规定以及"大陆地区人民在台湾地区取得设定或移转不动产物权许可办法"第 7 条规定。原告虽以双方所签订之系争土地买卖契约，因违反"条例"第 69 条之禁止规范，应属无效，但法院认为：纵认"两岸人民关系条例"第 69 条系属禁止规定，而陆岛公司固与原告签订前述"确认书"，其内容为陆岛公司以原告为名义买受系争土地，并将系争土地所有权登记在原告名下，纵然系规避"两岸人民关

---

① "两岸人民关系条例"第 23 条第 1 项规定："台湾地区、大陆地区及其它地区人民、法人、团体或其它机构，经许可得为大陆之教育机构在台湾地区办理招生事宜或从事居间介绍之行为。"第 82 条规定："违反第 23 条规定从事招生或居间介绍者，处 1 年以下有期徒刑、拘役或科或并科新台币 100 万元以下罚金。"

② 台湾花莲地方法院民事判决 2016 年重诉字第 6 号，该案经上诉审，另有台湾高等法院花莲分院民事判决 2016 年重上字第 26 号。

系条例"第 69 条规定之脱法行为，亦系该"确认书"违反前开规定部分无效，而非系争土地买卖契约无效。

可见，实务中对违反强制或禁止规定之行为效力认定，应依该强制或禁止之规定内容区分而定。脱法行为违反效力规定者，才产生自始无效之法律效果，法律行为违反取缔规定者，则该行为仍然有效。①

三、强制性规范

在冲突法领域，还有另一种实施强制性规范的规则，被称为"直接适用的法"，指的是当法院地的某些法律因其体现重大利益、法律和道德的基本原则而具有普遍的强制效力时，法院可以不援引冲突规范的规定，而直接适用这些法律。其适用通常是出于政策性、社会公安、国家财经安全等目的，且多见于劳工法、未成年人保护、消费者权益保护等领域。在"两岸人民关系条例"中，虽然并无明文规定"直接适用的法"之规则，但由于其目的在于保护法院地之公共秩序，体现公法性实体政策之考虑，在两岸的司法实践中是否有所体现，又应如何评价？

实证研究表明，在涉及劳工权益保障、禁止未经许可之货币汇兑、禁止野生动物及制品交易问题上，强制性规范和禁止性规范有个案适用。

以胡亚凤、胡飞飞诉春发水产股份有限公司损害赔偿案②为例。本案原告以诉外人即其被继承人大陆人郑信章受雇于被告台湾地区法人春发水产股份有限公司，在系争渔船上服劳务期间，于境外公海上落海死亡为由，依台湾地区劳动基准法的规定，请求被告给付职业灾害补偿金。被告辩称其在国外基地雇佣大陆人在台湾境外水域工作，属于境外雇佣，不适用劳动基准法的规定。法院裁判认为：劳动基准法乃台湾地区课予雇主基于劳

---

① "最高法院 2002 年度台上字第 841 号、2010 年台上字第 1173 号"判决意旨参照。

② 台湾高雄地方法院民事判决 2012 年劳诉字第 67 号。

动契约关系所生，应作为或不作为义务之行政法规，具公法上性质，因此就台湾地区事业单位而言，不问其营业地点位于台湾境内或境外分驻机构，均有劳基法之适用。而且，基于平等原则，台湾地区雇主仍负有对两岸船员提供相同之劳动条件保障之义务，被告的辩解并不可采。

又如，在台湾高等法院台中分院 2012 年重上字第 61 号民事判决案件中，上诉人甲于 2010 年 4 月 2 日，拟以 690 万元新台币向被上诉人乙兑换等值之人民币 150 万元，基于过去双方已曾有数度之新台币兑换人民币经验，乙随即依甲指示联络大陆方面人士汇款人民币 150 万元至甲指定之设于江苏昆山之银行账号。同日晚间，双方约定在台中市会面，甲将一只行李箱放入乙所驾驶之汽车后座，双方尚未进行所欲交付金额之钞票清点，乙的车辆即遭两部车夹击，并遭受车上下来之 3、4 名不明人士持棍棒攻击乙，乙受攻击后驾车离去现场。乙起诉甲，依互易准用买卖之法律关系，请求法院命甲给付给乙 690 万元新台币。就双方系争新台币与人民币兑换之约定有无违反强制进行规定而无效，双方互起争执。法庭认定：资金款项皆得为汇兑业务之客体，本无法定货币或外币等之限制，故以新台币兑换人民币之方式，为不特定之客户完成资金之移转，即具有将款项由甲地汇往乙地之功能，自属办理汇兑业务，该汇兑行为除法律另有规定者外，非银行业者从事该汇兑业务，即属违反台湾地区"银行法"关于非银行不得办理国内外汇兑业务之禁止规定。法庭判定被上诉人乙无论系基于互易或买卖之法律关系请求上诉人甲履行契约给付新台币 690 万元，均因该法律行为无效，其请求亦失所依据，不得准许。

再如，在台湾台北地方法院 2017 年诉字第 250 号民事判决案件中，原告大陆人赵某与被告台湾地区洪某于 2015 年 7 月间成立契约买卖鹦鹉蛋。事后，被告无法依约于在广州机场交付系争鹦鹉蛋。原告请求判令被告返还已受领之价金。法庭判决认为：契约之标的物即系争鹦鹉蛋为华盛顿公约列管禁止交易之物种，经台湾地区"野生动物保育法"第 4 条规定公告为濒临绝种野生动物产制品，于同法第 16 条规定非经许可禁止买卖输入输出，而被告并未向主管单位申请许可买卖，故系争契约因违反台湾地区"野生动物保育法"第 16 条禁止规定而无效。

在第一个案件中，法院视劳动基准法为具有强制性的"直接适用的法"，排除合同法律冲突之准据法选法规则，直接用于维护大陆劳工的请求权益，且对同一劳动市场中的大陆劳工给予平等保护，这一做法是值得嘉许的。这同时也印证了理论上"直接适用的法"的进步价值，其虽是以公法力量对私法之经济、社会领域加以干预，但相关法规多以保障女性、儿童、劳工、消费者等社会弱势群体并以维护和实现社会公益之实质正义为目的，反映某种自然法上的"普适价值"，对冲突法正义之盲点亦具有一定程度的补足作用。在第二个案件中，当事人并无规避禁止性规定的主观故意，故难成立所谓"法律规避"。其行为本身即是违反台湾地区金融管理之禁止性规定。在第三个案件中，双方签订之合同交易标的物为强行法上禁止交易之物品，故无须进行法律选择，即可依"直接适用的法"认定合同无效。

上述三个案例表明，在"公共秩序保留"及"法律规避"规定之外，"直接适用的法"的"配适性"存在的正当性和必要性自不必待言。

进一步而言，政府行政管理规范是否皆得识别为强制性和禁止性规范，在行为违反规定时，均具有否定私法行为有效性之效力呢？在台湾桃园地方法院审理的吴某诉黄某、陈某返还不当得利案① 中，被告二人为夫妻关系，于 2011 年邀集原告投资南京雅士阁顶级汽车酒店，原告乃汇款被告指定之账户参与投资。后酒店亏损严重，致原告产生损失。原告主张系争投资案未经主管机关核准或申报于大陆投资，且被告不遵守法令规定，私下分批投资，违反"两岸人民关系条例"第 35 条，有背于公序良俗及强

---

① 台湾桃园地方法院民事判决 2017 年重诉字第 243 号。

行规定而无效。法院认为：虽被告已自承本件投资未向"经济部"行文申请许可，但观诸"条例"第 86 条之规定，违反同"条例"第 35 条之法律效果系"限期命停止或改正、处以罚镕"等行政裁罚，且参照"中央银行"银行业辅导客户申报外汇收支或交易应注意事项，仅部分之巨额情况需经管制汇出款项，可见上述规定系为使台湾地区主管机关得以掌握至大陆为巨额投资之情形，并非逐一就台湾地区人民至大陆投资之每笔资金流动均进行实质审查或核准与否决定等高权行为，投资者仍享有一定程度之自我决定空间，故本件纵已违反上述规定，仅系遭主管机关行政裁罚而已，非得迳谓两造间之内部法律关系因违反前述规定而无效，故原告主张系争投资契约违反强行规定应属无效，不足采信。可见，实务中认为，对行政管理规范，应根据其内容和立法原意，具体区别其性质为一般管理性行为或实质审查或核准之高权行为，仅在违反后者时，得以违反强制性或禁止性规定为由否决行为之效力。

总而言之，在贯彻法院地的政策和利益时，"直接适用的法"与公共秩序保留一样，也应谨慎考证其必要性，且同样在冲突规范体系中仅应具例外、补充之功能。诚如学者所言"对区际案件而言，……'一国'的存在，要求祖国大陆与中国其他法域平等互信，互相尊重彼此法律制度，因此大陆法院应谦抑适用法院地强制性规范，在法律选择层面最大限度地鼓励区际民商事交往。"①

本章小结

"两岸人民关系条例"是在台湾同胞赴大陆探亲以来，两岸人民的接触以及经贸关系日趋密切，台湾岛内政治生态发生重要变化的现实背景和

---

① 肖永平、龙威狄:《论中国国际私法中的强制性规范》,《中国社会科学》2012 年第 10 期,第 114 页。

政治背景下，依据"宪法"增修条文及"一国两区"立法指导思想下制定的。

"两岸人民关系条例"及其他成文立法的适用主要受限于其第41条关于自适用范围及对其他法源的指引规定。实证研究表明：该条在民事案件裁判中被频繁援引，但司法处理方式及适用结果又呈现出个案变异的多元化样态，立法、理论和实践出现了某种程度上的"分离式思考"，其焦点主要集中两岸民事事件的界定及其与涉外、涉港澳民事关系的区别。关于两岸民事事件的界定，多数案例严格按照法律文义解释的方法仅以属人法连接点户籍地识别涉陆案件，而个别案件则是倚重司法经验和冲突法法理，基于对诉讼中的某些争点或者因标的物的专门属性的特殊考虑而适用"条例"，并在两岸进行公平选法。若一民事事件同时涉及台湾地区、大陆及外国者，应适用"涉外民事法律适用法""香港澳门关系条例"或"两岸人民关系条例"第41条第1款还是第2款，则不无疑义。实证结果来看，出现过三种处理方式：在涉及大陆人民与外国人、台湾地区人民间之法律关系时，若将之视为大陆人民于外国人间之法律关系，自应指向第41条第2款，适用大陆之规定，若将之视为大陆人民与台湾地区人民间之法律关系时，则应指向"两岸人民关系条例"，适用其中的冲突规范指定准据法；经台湾地区认可之外国公司台湾分公司视同台湾地区法人，其与大陆人民间之民事事件，适用"条例"之规定；法律关系同时涉及外国、台湾地区、大陆及港澳地区，则逐一适用"涉外民事法律适用法""两岸人民关系条例""香港澳门关系条例"之法律适用规则。关于其他成文立法的适用，"条例"民事章首条，即第41条，开宗明义地规定了两岸区际民事关系的法源问题，以资补全："台湾地区人民与大陆人民间之民事事件，除本条例另有规定外，适用台湾地区之法律。"对于何为"台湾地区之法律"，实证研究表明：理论和实务对"台湾地区之法律"是仅指台湾地区实体法，还是包括冲突规范，出现了理解上的分歧，更重要的是，这种分歧还可能将类似的案件引向完全不同的方向。裁判中，成立立法之援引包括冲突规范、程序问题及判决认可与执行问题领域中不同的成文立法。

"两岸人民关系条例"法律适用条款援用数据初步表明：1. 台湾地区法院在审理涉陆民事案件中适用台湾地区"法律"居多，适用大陆方面法律的情况较少。这也初步印证了理论上的判断，即"条例"以台湾地区"法律"为优先的冲突规范设计，实质上造成两岸民事法律在适用上的失衡现象。2. "条例"中冲突规范的援引频率有显著差异。3. 无任何反致适用台湾地区"法律"的案例。4. 针对大陆所特别设定之法律适用规则，就特别限制大陆方面法律适用，扩大台湾地区"法律"适用之目的而言，实证研究结果表明，其所发挥的作用远没有我们所设想的那样显著。

在涉陆区际私法关系中，台湾地区涉陆立法及司法实践中所主要采用的属人法连结因素为住所、居所、户籍设立地等。1. 在涉陆民事事件一般程序性事项中，住所地及居所地具有较重要之作用，体现在涉陆区际管辖权判断时，以被告住所地为基本管辖原则，在涉陆民事诉讼文书送达上，送达于应受送达人之住居所、事务所或营业所。在涉陆民事事件实体权利义务事项中，"住所"及"居所"分别出现"两岸人民关系条例"中关于大陆当事人声明继承及关于大陆当事人赴台投资条款中。"条例"还将"居所"作为监护法律适用连结因素之一。2. 设籍地是两岸民事法律关系中一个重要的身份因素，它不仅是"两岸人民关系条例"及台湾地区"法律"体系中所有相关法律法规中认定"台湾地区人民""大陆人民"身份的识别因素，而且也是涉陆民事关系中据以确定准据法的重要属人法连结点。尽管依照两岸关系条例之规定，台湾地区人民以及大陆人民身份的认定完全且唯一以户籍之设定为准，但实证研究表明以"户籍设立地"认定"台湾地区人民"及"大陆人民"之身份并非唯一绝对标准。在台湾地区居民的认定上还加入以父母身份为认定之标准以及兼采出生地且继续居住之认定标准。3. "两岸人民关系条例"中以"设籍地区"为准据法指引依据的条款主要是涉及父母子女间认领、收养、父母子女关系以及亲属身份关系之监护及抚养的法律适用条款。实证研究表明：在涉陆民事司法实务中，仍有可能出现户籍地的不确定问题，包括户籍的积极冲突、消极冲突以及户籍地变化问题，需要解决诸多司法实务难题。4.国籍问题极少出现。但在当事人拥有双重国籍可能的情况下，台湾地区法院应如何认定其身份，是为外国人还是大陆人民身份？实证研究表明：台湾地区法庭始终未在这一属于大陆公法问题上作出擅断。而是仅从证据角度审核其身份真实性及可信度，决定是否采纳，并不直接对当事人国籍进行否定。同时，在审查标准上，亦谨以台湾地区司法机关之身份，适用台湾地区立法关于"大陆人民"的定义对当事人身份进行认定，亦为合理。

有关大陆方面法律查明之相关事宜，"两岸人民关系条例"并未规定。实证研究表明：1.关于大陆之定位，尽管在措辞上，"条例"将大陆之法律刻意表述为"大陆之规定"，但在现实中，并不影响大陆方面法律在台湾地区具有域外法效力的现实。这种包含意识形态旨趣而刻意为之的做法，在司法实践中被进行了必要的阻隔。2.关于大陆方面法律的性质，台湾地区法院在解释和适用域外法时将之看成"法律"，但从台湾地区域外法查明的程序规则设计及实践来看，更倾向于将域外法作为"事实"来对待。3.关于大陆方面法律查明的途径，研究发现，域外法查明的主要途径为当事人提供，通常借助于律师提供法律的专业服务完成，但以律师函等形式所举证的域外法的证据法院并不应当然采纳。大陆方面法律的查明还可通过区际私法协助来完成，实务中，极少用到这一途径，最后有一种变通的证明某法律关系符合大陆方面法律的方法，即通过审查认可文书证据，推定相关法律关系符合大陆方面法律之规定。4.可援引之大陆方面法律在对象上并未予以拘束，肯定得适用之大陆法律包括"当时有效之大陆法律之全部"。从实证研究来看，台湾地区法院援引的大陆规范性文件不仅包括法律，还包括最高人民法院发布之司法解释、行政法规等。值得注意的两个问题是：可适用之大陆方面法律不仅包括大陆实体法，还包括在特殊案件中援用大陆程序规则；虽然没有发现台湾地区法院援引大陆人民法院判决先例作为案件审理依据的案例，但个别案件中，法庭援用了最高人民法院的个案批复，以及为证明大陆对台湾地区法院裁判予以认可之"互惠"事实，大陆法院认可执行台湾地区法院裁定之民事裁定书之事例。5. 大陆方面法律无法查明，仅在个别案件中，当事人若未能成功举证域外法之内容，应承担举证不能之后果。在实务中所遇到的大陆方面法律没有明文规定的情形包括五种情形，无一例外最终均以台湾法为准据法。对"法无明文规定"的理解，仅有个案，不局限特定的字面来理解，而是应该围绕法律问题，寻找大陆具有相同功能的制度，方法论上值得肯定。

公共秩序保留制度体现在"条例"第44条的规定。尽管"条例"中公共秩序保留制度的立法内容表现出了强烈的主观性，但司法实践中却鲜有应用，实证研究表明：台湾地区司法实务中并不特别强调外国法或大陆法之本身的差异和不妥，而更加注重个案是否违反法院地的公共秩序，展现出科学且合理的实践理性。尽管"两岸人民关系条例"对于法律规避问题并无明文规定。但在两岸区际法律适用之司法实务中，台湾地区法院却发展出与"涉外民事法律适用法"立法精神基本一致之法律规避实践规则。强制性规范，被称为"直接适用的法"。在"条例"中，虽然并无明文规定"直接适用的法"之规则，但由于其目的在于保护法院地之公共秩序，体现公法性实体政策之考虑，在两岸的司法实践中在涉及劳工保障及禁止未经许可之货币汇兑问题上，该规则有个案适用。

第三章　法律适用特殊问题

第一节　权利主体法律适用

两岸区际私法之权利主体，主要为自然人及法人。围绕权利主体之法律适用问题，"两岸人民关系条例"仅在第 46 条规定："大陆人民之行为能力，依该地区之规定。但未成年人已结婚者，就其在台湾地区之法律行为，视为有行为能力。大陆之法人、团体或其它机构，其权利能力及行为能力，依该地区之规定。"若仅从法律规定来看，该条款显然是片面且不全面的。对比台湾地区"涉外民事法律适用法"，该领域项下法律适用问题至少还应涵括自然人、法人之权利能力、自然人监护宣告、自然人死亡宣告、法人属人法等问题之法律适用。不过，在实证研究样本中，并无讨论自然人权利能力及行为能力及大陆居民之监护宣告之案例，因此这部分内容因缺乏案例实证支撑，不列入本节研究对象。本节项下之研究将主要集中在实务中出现过案例，且实务见解存在分歧之议题，分别是：大陆法人之当事人能力及自然人死亡宣告的法律适用。

一、大陆法人之当事人能力

所谓大陆法人之"当事人能力"指的是大陆法人得否以自己之名义请

求或参与台湾法院纷争解决程序而为原告或被告，以及以自己之名义为行使其他民事权利而向法院提出声请或成为相对人。① 当事人能力之有无，为诉讼成立要件之一，法院应依职权调查。如有欠缺，则诉为不合法，法庭可裁定驳回其诉。

"当事人能力"类似于在大陆民事诉讼程序中之当事人"诉讼行为能力"，其准据法究竟应采"属人法"或"法院地法"？若认为民事诉讼权利能力及行为能力就是民事权利能力及民事诉讼能力在诉讼法上的另一种存在形式的话，二者之法律适用规则就应保持一致，即适用权利主体之属人法规则。② 另一种观点则认为：因涉外民事诉讼实践中奉行"程序适用法院地法"（forum regit processum）原则，各国法院在进行涉外民事诉讼时，原则上仅适用法院地国程序规范，法律选择的对象不包括外国诉讼规范。若有关当事人诉讼能力的规定出现在其"民事诉讼法"中，这就被预先排除在法律选择的对象范围之外③，应直接适用"法院地法规则"决定。

实证研究发现，台湾地区法院在处理大陆法人当事人能力问题时之见解，有下列三种不同观点：

（1）见解一：未经许可之大陆法人、团体或其他机构，原则上固应认其无权利能力，但为保护其在台湾地区为法律行为之相对人，上述规定例外承认该大陆法人于此情形，具有当事人能力。④

---

① 关于当事人能力问题，可参见:陈计男:《民事诉讼法论（上）》，台湾三民书局，2001 年 9 月修订 2 版，第 88-96 页; 姚瑞光:《民事诉讼法论》，台湾大中国图书公司，2000 年 11 月修订版，第 81-109 页。

② 杜新丽:《国际民事诉讼与商事仲裁》，中国政法大学出版社 2009 年版，第 17 页。

③ 曾丽凌、陈明添:《涉台民商事关系法律适用:转型与发展》，《福建江夏学院学报》2012 年第 2 期，第 67 页。

④ "最高法院"民事判决 2000 年台上字第 461 号、台湾高等法院民事判决 2018 年重上字第 287 号、台湾彰化地方法院民事判决 2018 年司声字第 7 号、台湾新北地方法院民事判决 2014 年重诉字第 502 号、台湾高雄地方法院民事判决 2009 年重诉字第 210 号、台湾高等法院台中分院民事判决 2016 年重上字第 95 号。

"最高法院 2000 年台上字第 461 号民事判决"中认为：根据"两岸人民关系条例"第七十条"未经许可之大陆法人、团体或其它机构，不得在台湾地区为法律行为。"准此，未经许可之大陆法人、团体或其他机构，原则上固应认其无权利能力。但同"条例"第七十一条明定"未经许可之大陆法人、团体或其他机构，以其名义在台湾地区与他人为法律行为者，其行为人就该法律行为，应与该大陆法人、团体或其它机构，负连带责任。"故未经许可之大陆法人、团体或其他机构，以其名义在台湾地区与他人为法律行为时，为保护其在台湾地区为法律行为之相对人，上述规定例外承认该大陆法人于此情形，在台湾地区亦为法律上之人格者，自亦有权利能力，而具有当事人能力，就该法律行为，应与行为人负连带责任。

（2）见解二：参照台湾地区"最高法院"就"外国法人"在台之当事人能力的观点，类推适用于大陆法人之当事人能力认定，即未经认许之大陆法人可视为非法人团体而有当事人能力。①

例如：台湾高等法院民事判决 2013 年上字第 612 号事件中，法庭认定：参照"最高法院 1961 年台上字第 1898 号"判例，未经认许成立之外国法人，在台湾虽不能认其为法人，然仍不失为非法人之团体，苟该非法人团体设有代表人或管理人者，依"民事诉讼法"第 40 条第 3 项规定，自有

---

① 持此见解的判决书包括：台湾高等法院民事判决 2014 年上字第 1537 号、台湾高等法院民事判决 2012 年上字第 767 号、台湾高等法院民事判决 2012 年上易字第 507 号、台湾高等法院民事判决 2011 年上字第 895 号、台湾高等法院民事判决 2009 年上更（一）字第 103 号、台湾高等法院民事判决 2010 年重上更（一）字第 125 号、台湾高等法院民事判决 2010 年上字第 279 号、台湾高等法院民事判决 2008 年上更（一）字第 62 号、台湾高等法院台中分院民事判决 2013 年上字第 246 号、台湾高等法院台中分院民事判决 2013 年上字第 130 号、台湾高等法院台中分院民事判决 2011 年重上字第 114 号、台湾高等法院台中分院民事裁定 2009 年抗字第 57 号、台湾台北地方法院民事判决 2015 年诉字第 1072 号、台湾台北地方法院民事判决 2013 年国贸字第 2 号、台湾台北地方法院民事判决 2014 年诉字第 3890 号、台湾新北地方法院民事判决 2015 年诉字第 100 号、台湾新北地方法院民事判决 2014 年诉字第 1909 号、台湾基隆地方法院基隆简易庭民事判决 2015 年基海商简字第 2 号、台湾高雄地方法院民事判决 2015 年建字第 139 号、台湾桃园地方法院民事判决 2016 年建字第 27 号、智慧财产院 2019 年民商上字第 6 号，等等。

当事人能力，至其在台湾是否设有事务所或营业所则非所问。被上诉人为大陆设立之公司，设有代表人，资本额人民币9450万元，主事务所设在苏州市相城区，则被上诉人在台湾虽未设有事务所及营业所，依前揭说明，仍应认其为非法人团体，而有当事人能力。

（3）见解三："两岸人民关系条例"第46条第2项定有明文："大陆之法人、团体或其它机构，其权利能力及行为能力，依该地区之规定。"而有权利能力者，有当事人能力；能独立以法律行为负义务者，有诉讼能力，"民事诉讼法"第40条第1项、第45条亦有明定。故大陆公司是否有台湾地区民事诉讼法上之当事人能力、诉讼能力，应依大陆之规定。①

例如：台湾高等法院民事判决2012年重上更（二）字第88号事件中，被上诉人为依《中华人民共和国外资企业法》成立之外商独资公司，于2006年11月17日经北京市工商行政管理局以行政处罚决定书吊销营业执照，但尚未办理注销登记手续并缴销营业执照，就该被上诉人公司是否有台湾地区"民事诉讼法"上之当事人能力、诉讼能力，法庭认为应依大陆之规定。故法庭援用《民法通则》第36条规定、《公司登记管理条例》第45条规定、《外资企业法》第22条规定，及最高人民法院2000年1月29日法经24号函等，认定被上诉人公司自2006年5月经上诉人提起本件诉讼迄今，仅遭处吊销营业执照，尚未办理注销登记手续，依大陆之规定，仍有民事权利能力及民事行为能力，而有台湾地区"民事诉讼法"上之当事人能力、诉讼能力。

---

① 持此见解的判决书还包括：台湾高等法院民事判决2012年重上更（二）字第88号、台湾高等法院民事裁定2015年抗字第1796号、台湾高等法院民事判决2011年重上字第485号、台湾高等法院民事判决2011年上易字第832号、台湾高等法院民事判决2010年重上字第566号、台湾高等法院民事判决2010年重上字第442号、台湾高等法院台中分院民事判决2009年上易字第393号、台湾士林地方法院民事判决2015年重诉字第392、台湾士林地方法院民事判决2014年重诉字第238号、台湾彰化地方法院民事裁定2017年司声字第269号、台湾高等法院台中分院民事判决2015年重上字第102号、台湾高等法院台中分院民事判决2015年上字第495号、台湾高等法院民事判决2015年重上字第709号、台湾高等法院民事判决2015年上字第1390号，等等。

从前述判决理由来看，台湾地区法院关于大陆法人之当事人能力的主流看法是见解二及见解三，见解一在样本案例中仅有五个案例援用。① 就上述三种见解，本书认为有以下几点值得注意：

1. 见解一认为"未经许可不得为法律行为"，故未经许可之大陆法人即无权利能力。此处逻辑似有未洽。

首先，"条例"之"许可"得为法律行为，不宜理解为台湾地区"法律"中对外法人之"认许"制度。② 台湾地区关于外法人之认许一般认为是依据台湾民法总则施行法规定："外国法人，除依法律规定外，不认许其成立。""经认许之外国法人，于法令限制内，与同种类之我国法人有同一之权利能力。""未经认许其成立之外国法人，以其名义与他人为法律行为者，其行为人就该律行为应与该外国法人负连带责任。"③ 显然，台湾地区民法中之认许指的是对外法人在台湾地区之"人格"承认，经认许之外法人在台湾地区有权利能力。而"两岸人民关系条例"中之"许可"则更多的是指大陆法人在台湾地区经营业务之许可即从事商业或其它法律行为之许可，从"两岸人民关系条例"第 6 条规定可见："为处理台湾地区与大陆人民往来有关之事务，行政院得依对等原则，许可大陆之法人、团体或其它机构在台湾地区设立分支机构。前项设立许可事项，以法律定之。"从法条同一用语应具有相同含义之解释方法来看，"条例"之"许可"显然指的是对大陆日常经营活动之管理规范行为，而非对其人格之"认许"。

其次，该见解在将"许可"与"认许"错误等同之后，进一步认为"未经许可之大陆法人即无权利能力。"此处亦有逻辑错误。所谓权利能力，应指的是实体法上的享有权利之资格，而显然，所谓当事人能力，或成为

---

① 也有判决书中是当事人提出援用"最高法院"该裁判意旨，但法庭认为与案件无关而不适用。

② 大陆学者称之为外国法人的"认可"。见黄进：《区际冲突法》，台北永然文化出版股份有限公司，1996 年 10 月版，第 192-197 页。

③ 台湾《民法总则施行法》第 11 条、第 12 条及第 15 条。

诉讼行为能力，则指的是程序法上的能力，二者不可等而待之。

再次，延续其错误前提"未经认可之大陆法人即无权利能力"，若"未经许可制大陆公司本无享受权利负担义务之资格，又以为保障交易安全为由，例外令其负连带责任，不仅与其不具人格却负义务矛盾且有违反内外法域人平等原则之嫌。"①

总而言之，见解一之观念混淆"许可"与"认许"之差别，并进而以无权利能力否定大陆法人之当事人能力，又在违反权利义务对等之前提下，例外的要求大陆法人就其法律行为负连带责任，此见解无论逻辑还是义理都不具有正当合理性，故在实务中，也鲜见法院援用。

2. 见解二参照"外国法人"认许制度，类推适用于大陆法人之当事人能力认定，视未经认许之大陆法人为非法人团体而具有当事人能力。该观点在台湾地区实务中，援引的法院占多数。然而，本书认为，该观点也有值得商榷之处，首先，"两岸人民关系条例"中仅有关于"许可"大陆法人从事法律行为之规定，前文已述，此处"许可"非彼处民法之"认许"。其次，无论是"条例"还是台湾地区其他法律规定，均无关于大陆法人之"认许"之规定，难道不可反推对大陆法人之认许是采一般承认制度吗？对大陆法人为特别认许在法律上有何意义？为何一定要参照"外国法人"将大陆法人视为"非法人团体"而具有当事人能力呢？其实，无论直接承认大陆法人之当事人能力，还是将大陆法人视为非法人团体具有当事人能力，在案件审理角度来看，并无本质的区别，对当事人诉讼权益也不存在根本性的影响。

3. 见解三，相比较而言，是比较值得嘉许的。该见解能回归至区际私法思路，遵循"条例"之规定，就大陆法人的权利能力行为能力，依大陆之规定，即适用其属人法。再依"民事诉讼法"规定："有权利能力者，有

---

① 陆尚乾：《论大陆公司在台湾之当事人能力》，台湾《东吴法律学报》，2003 年第 15 卷第 1 期。

当事人能力。"肯定大陆法人无论是作为原告，还是作为被告，均具有当事人能力，而不是如见解一动辄以保障台湾人民利益或公序良俗为由，对大陆法人之当事人能力作出片面曲解。在一片紊乱难解的思路中，难得具有区际冲突法思维模式，公平审度大陆法人之当事人能力，无论是方法论，还是实质公平之追求，均是值得肯定的。

二、自然人死亡宣告

台湾地区"民法"设有死亡宣告制度 [①]。失踪人失踪后，其法律关系陷于不确定之状态，此种状态若长期继续，对于利害关系人及社会秩序均有相当之影响，故于一定时间经过后可由法院宣告该失踪人死亡，终结此种不确定状态。所谓失踪乃指失踪人离去其最后住所或居所，而陷于生死不明之状态。受死亡宣告之自然人，以判决内所确定死亡之时，推定其为死亡。

在两岸自然人流动频繁的今天，虽有现代信息通信发达及交通设施之便利，但仍有可能发生当事人去向不明，长期失踪而有死亡宣告之必要。所以在区际私法上仍有必要就法院应以何法律为依据，对失踪人进行死亡宣告之问题作出确定的选择。然而，"两岸人民关系条例"中并无关于死亡宣告之规定。理论上，可将"涉外民事法律适用法"之规定作为法理来帮助理解台湾地区法院如何处理涉陆死亡宣告案件。台湾地区立法中仅就外国人死亡宣告于台湾地区"涉外民事法律适用法"第11条规定：凡在台湾有住所或居所之外国人失踪时，就其在台湾之财产或应依台湾法律而定之法律关系，得依台湾法律为死亡之宣告。前项失踪之外国人，其配偶或直系血亲为台湾居民，而现在台湾有住所或居所者，得因其声请依台湾

---

① 台湾地区"民法"第8条："失踪人失踪满七年后，法院得因利害关系人或检察官之声请，为死亡之宣告。失踪人为八十岁以上者，得于失踪满三年后，为死亡之宣告。失踪人为遭遇特别灾难者，得于特别灾难终了满一年后，为死亡之宣告。"

法律为死亡之宣告，不受前项之限制。前二项死亡之宣告，其效力依台湾法律。该规定应可从三层含义理解：一是就管辖权而言，外国人死亡宣告，应满足两个条件，台湾地区方可为之，即在台湾有住所或居所，且在台湾地区存在财产关系或应依台湾法律而定之法律关系。第二种情形乃从便利台湾地区居民结束长期不确定状态之考虑，只要失踪之外国人之配偶或直系亲属为台湾地区居民，且在台湾地区有住所或居所，即可行使对该外国人死亡宣告之管辖权。二是对外国人死亡宣告适用台湾地区"法律"。三是台湾地区法院在台湾地区居民失踪时，无论其失踪地点在何处，亦无论其所涉及之法律关系为何或准据法为何国法律，均得依台湾地区"法律"为死亡宣告。①

实证研究发现：台湾地区法院受理之涉陆死亡宣告主要有两种情形：一是台湾地区居民于大陆失踪或可能于大陆死亡而下落不明；二是大陆人民在台湾地区下落不明而成为死亡宣告声请之相对人。

（一）台湾地区居民于大陆失踪或下落不明

如前文所述，台湾地区居民之死亡宣告，台湾地区法院自有管辖权，且依台湾地区"法律"为之。该情形之下，难以认定的是声请人是否是失踪人的利害关系人②以及当事人在大陆失踪之事实。为查明台湾地区居民于大陆是否陷于生死不明之失踪状态，台湾地区法院乃依职权委托"法务部"转请大陆的人民法院协助查明相对人之近况。③

若当事人自行提交事实证据，则此时应采"客观事实"还是"文书证据证明之事实"酌定案件，无不疑义。

以台湾彰化地方法院民事裁定 2014 年家声抗字第 6 号事件说明之。

---

① 刘铁铮、陈荣传：《国际私法论》修订五版，台湾三民书局 2011 年版，第 268 页。
② "最高法院民事裁定 2019 年台简抗字第 58 号"。
③ 台湾台东地方法院民事裁定 2015 年家声抗字第 2 号。

声请人为相对人洪某之子，洪某于 2000 年随亲人离开台湾至厦门地区，其后即与声请人及家人少有联络，直至 2007 年，声请人惊闻父亲病逝于厦门市，抗告人往厦门时，抗告人父亲遗体即已火化，而由声请人接回台湾地区安奉。只是声请人未取得当地政府所出具之正式死亡证明文件，甚至声请人及家人均未见及洪某遗容。待抗告人回台湾地区后，始发现无法在台湾地区户政单位办理洪某之除户登记，声请人遂于台湾地区法院提起死亡宣告声请。

法庭认为，相对人与亲人居住于厦门市，于 2007 年 3 月 22 日去世，同年月 24 日火化，同年月 26 日将台胞证缴回厦门公安局等情，并提出相符之"内政部"入出境及"移民署"入出境日期证明书、厦门市公安局出入境管理处证件收存收据、厦门市开元区万寿北小区居委会证明、福建省民政厅监制厦门市殡仪服务中心核给之火化证为证，自难凭认洪钦淮有所谓失踪之情事，非应适用"民法"死亡宣告制度之事件。声请人于办理洪钦淮死亡登记之申请不顺遂，转以未亲见遗容，疑属失踪，冀以利用死亡宣告之制度，法院难予采取。

该案抗告至台湾地区"最高法院"，该院于民事裁定 2015 年台简抗字第一八四号中认为："民法第八条规定所称失踪，系指失踪人离去其最后住所或居所，而陷于生死不明之状态。至'生死不明'并非绝对而系相对的状态，仅须声请人、利害关系人及法院不知其行踪，即为失踪。查再抗告人所提厦门市公安局出入境管理处证件收存收据、万寿北小区居委会证明、火化证均为复印件，复未依两岸人民关系条例第七条规定，经海基会验证，其真正与否已非无疑。倘依该等文件不能证明洪钦淮确已死亡，原法院复认定其于 2000 年 6 月 20 日即离境台湾，则再抗告人主张洪钦淮自斯时起未与家人联系而陷于生死不明之状态，是否全无可采，非无再予研求之余地。"

该案后经台湾彰化地方法院民事裁定 2016 年亡更（一）字 1 号、台湾彰化地方法院民事裁定 2016 年亡更（一）字第 1 号，开始死亡宣告程序。在办案过程中，法庭层嘱托台湾地区"法务部"向福建省厦门市中级人民法院调查取证，然而所取得文书证明，也难以确认亡者即为失踪人，因此，最后法庭从客观事实角度，以失踪人业已失踪满 3 年，为死亡宣告。

（二）大陆居民于台湾地区被声请宣告死亡

若参酌"涉外民事法律适用法"之法理，大陆居民之死亡宣告应由大陆的法院管辖。仅在大陆居民之配偶或直系亲属为台湾地区居民，且在台湾地区有住所或居所时，方可以大陆居民为相对人，声请进行死亡宣告，法院得行使管辖权。但在样本案例中，研究发现，台湾地区法院对大陆居民为相对人之死亡宣告并未进行管辖权之认定，而是径行受理并为裁决。

总体来看，就台湾地区法院受理之涉陆死亡宣告案件来看，最终的裁定结果亦多是建立在法庭依职权嘱托"法务部"转请大陆的法院调查取证之事实[1]或当事人提交之证据证明的事实的基础[2]上，并以此认定当事人之失踪状态及是否得为死亡宣告。不过，证据虽得证明相对人之失踪事实，但仍有可能因两岸讯息不通畅之故，在多年之后重获音讯，确认相对人之生死状态。故法律上仍得设立死亡宣告之撤销程序。例如林某在台湾地区曾被宣告死亡，之后，事实证据证明其在被宣告死亡之时仍在大陆存活，并无失踪情事，只是离去台湾被声请人所难查知而已。由于事实证明林某系于大陆自然死亡并非失踪，无从以判决对林某为宣告死亡，故而依法撤销该宣告死亡判决。[3]

遗憾的是，法庭在审理死亡宣告声请时，普遍缺乏冲突法援用意识，也许亦是因为缺乏冲突规范及管辖权条款可供援引，故法庭均未对死亡宣

---

[1] 台湾高雄少年及家事法院民事裁定 2014 年家声抗字第 11 号。

[2] 台湾基隆地方法院民事裁定 2019 年亡更一字第 1 号。

[3] 台湾桃园地方法院民事裁定 2017 年家声抗字第 56 号。

告案件之管辖权作出明确认定，均是依据台湾地区"法律"行使管辖权。仅有 1 个案件对死亡宣告应适用的法律作出选择，[①] 余者皆是未经选法，直接依台湾地区"民法""家事事件法"等进行认定。

第二节　债的法律适用

一、合同

"条例"关于涉陆契约之法律适用规定于第 48 条。[②] 该规定总体而言，可分为两个部分。第一部分是契约之主观准据法，采意思自治原则，在选法上尊重当事人契约自由，这一点与大陆立法是基本一致的。然而，该条关于当事人约定的规定总体看来显得比较粗陋，既不曾明确当事人约定的方式、时点、效力，也不曾对当事人之意思自治自由进行适当的约束或基于实体正义考虑进行调适，故而，需要通过台湾地区司法实务之具体观察来发现实践规则对本条的发展。第二部分是契约之客观准据法，在约定阙如的情况下，递进式的选择适用诸多硬性客观连结点确定准据法，依次为订约地、履行地、诉讼地或仲裁地。这种硬性的将契约"系属"于某一抽象性连结因素所指向的法律的立法规定，在现在看来，虽具确定性、易预见性、简便性等诸多优点，但仍因缺乏弹性及实体正义取向而显得较为"过时"。

为了解该法律适用条款在实务运用中的状况，本节研究将在样本案例范围内，对冲突规范任择性或强行性适用、当事人约定选法、客观连结点的运用情况，以及特殊契约的选法实践进行实证分析。

---

① 台湾桃园地方法院民事裁定 2017 年家声抗字第 56 号。

② "条例"第 48 条规定："债之契约依订约地之规定。但当事人另有约定者，从其约定。前项订约地不明而当事人又无约定者，依履行地之规定，履行地不明者，依诉讼地或仲裁地之规定。"

（一）冲突规范任择性或强行性适用

在湛江华丽金音影碟有限公司诉善存科技股份有限公司给付货款案中，原告系依大陆方面法律成立之法人，而被告善存科技股份有限公司营业处所设在桃园地方法院辖区内，故本件因买卖关系而涉讼之案件显然属于大陆的法院与台湾地区法人间契约关系争议。

法庭本应对本案进行管辖权及法律适用作出认定。然而一审过程中，台湾桃园地方法院对本案既未认定管辖权，也未讨论法律适用。① 该案经台湾地区当事人善存科技股份有限公司上诉至台湾高等法院，上诉人称原审法院并无管辖权。台湾高等法院遂依"两岸人民关系条例"第 41 条第 1 项规定 ②，认定台湾地区法院对于本件诉讼具有管辖权。③ 台湾高等法院作出第二审判决后，上诉人台湾地区法人善存科技股份有限公司复又向台湾"最高法院"提起上诉。"最高法院"以台湾高等法院于本案中未厘清准据法即行裁判为由，废弃原判决，发回台湾高等法院。④ 该判决显然表明"最高法院"坚持在涉陆案件中，"两岸人民关系条例"中冲突规则适用之强行性。虽然"最高法院"要在判决文书中并未特别论证此一问题，即冲突规则之强行性适用或任择性适用，而似当然认为，"两岸人民关系条例"作为台湾地区"法律"体系中正式之立法，自然应成为法官处理涉陆案件时选择法律之准绳，因此理应适用。若判决未适用之以说明准据法，则为"违背法令"，废弃该判决即非无理由。

---

① 台湾桃园地方法院民事判决 2010 年重诉字第 328 号。

② "条例"第 41 条第 1 项："台湾地区人民与大陆地区人民间之民事事件，除本条例另有规定外，适用台湾地区之法律。"

③ 台湾高等法院民事判决 2012 年上字第 260 号。

④ "最高法院民事判决2015年台上字第535号"。判决书中论道："原审就此攸关判断准据法之事项未先详予调查审究，并说明何为准据法及其认定依据，而遽为上诉人不利之判决，自有可议。上诉论旨，指摘原判决违背法令，求予废弃，非无理由。原判决废弃，发回台湾高等法院。"类似的案例还包括"最高法院民事判决 2017 年台简上字第 54 号"。

"最高法院"该观点，在"最高法院民事判决 1999 年台上字第 2692 号"中已有体现：法庭认为根据"条例"规定，台湾地区人民与大陆法人间之侵权行为，应适用损害发生地之规定，"上诉人为台湾地区人民，原审就其与大陆之大鸿公司间之侵权行为，未依上开规定确定其准据之规定，遽依台湾地区之法律为上诉人不利之判决，自有未合。"

对于冲突规则之强行性适用或任择性适用这一问题，两岸学者均有深入论述。① 在台湾地区以柯泽东教授之有条件"任择"理论及蔡华凯教授之"强行性适用缓和说"为代表，但其讨论之场域均以台湾地区涉外民事法律适用为基本设定，而对两岸人民关系中法律适用问题不曾涉及。在司法实务来看，台湾地区司法界仍相当坚持于"涉外民事法律适用法"适用之强行性。② 从本案来看，"两岸人民关系条例"中冲突规则适用亦是如此，即于两岸间民事法律适用中应予强行性适用。

（二）当事人约定选法

1. 书面契约订立准据法条款

---

① 台湾地区学者如柯泽东教授认为：冲突法则应区别实质权利"容许当事人自由安排"之法律关系的冲突法则以及权利"禁止由当事人自由安排"之法律关系的冲突法两类，前者应属任意性，而后者方属强制性。柯泽东：《国际私法》（第四版），台湾元照出版公司 2010 年版，第 99 页；柯泽东：《国际私法之发展与理想——迈向新境界》，台湾《月旦法学杂志》2003 年总第 100 期，第 144—155 页。又如蔡华凯教授采强行性缓和说，认为应适度维持冲突法则之强行性。见蔡华凯：《外国法的主张、适用与证明——兼论国际私法选法强行性质缓和》，台湾《东海大学法学研究》2006 年总第 24 期，第 175—240 页。大陆学者如肖永平教授认为："不同国家对这个问题的不同做法，主要取决于该国对冲突规范的目的和性质的认识、当事人意思自治原则的影响范围和方式、法院诉讼方式的特点和传统等多种因素。……可以肯定的是，最好的方法应该是根据不同领域冲突规范的性质决定其适用应该是任意性还是强制性的。"肖永平：《法理学视野下的冲突法》，高等教育出版社 2008 年版，第 36 页。徐鹏认为："在个人可以自由处分权利的法律关系领域，当事人有权在适用冲突规范及其指向的外国法可能带来的实体利益与遭受的程序不利益之间进行衡量，自行作出是否适用冲突规范的决定。"徐鹏：《论冲突规范的任意性适用—以民事诉讼程序为视角》，《现代法学》2008 年第 4 期，第 141 页。

② 许耀明：《涉外事件之认定与涉外民事法律适用法之强行性》，台湾《月旦裁判时报》创刊号，第 103 页。裁判案例见："最高法院民事判决 2009 年台上字第 2333 号""最高法院民事判决 2009 年台上字第 180 号"。

若契约中订立了书面准据法条款，法院即以该明示合意所选择之法律作为准据法。实证研究发现，在当事人书面契约约定选法的所有 47 件裁判文书中，仅有 6 件是约定适用大陆方面法律①，其余 41 件均是以台湾地区"法律"作为合意之准据法②，显示出台湾地区当事人具有较强的契约议价磋商能力。

虽然，样本案例中未发现对当事人所选择之法律以传统中公认的限制作出排除，包括：公共政策、强制性规则及善意选择。③ 但如前文所述，

---

① 台湾高雄地方法院民事判决 2015 年建字第 139 号、台湾桃园地方法院民事判决 2014 年重诉字第 29 号、台湾台北地方法院民事判决 2015 年重诉字第 377 号、台湾高等法院台中分院民事判决 2016 年重上字第 95 号、台湾苗栗地方法院民事判决 2017 年诉字第 674 号、金门地方法院民事判决 2019 年重诉字第 23 号。

② 台湾高等法院民事判决 2013 年建上字第 108 号、台湾高等法院民事裁定 2013 年破抗字第 23 号、台湾高等法院民事判决 2011 年上字第 895 号、台湾台北地方法院民事判决 2014 年重诉字第 61 号、台湾台北地方法院民事判决 2014 年重诉字第 988 号、台湾台北地方法院民事判决 2013 年诉字第 4681 号、台湾台北地方法院民事判决 2010 年国贸字第 12 号、台湾台北地方法院民事判决 2010 年重诉字第 295 号、台湾士林地方法院民事判决 2013 年诉字第 924 号、台湾士林地方法院民事判决 2011 年重诉字第 249 号、台湾新北地方法院民事判决 2013 年诉字第 384 号、台湾台中地方法院民事判决 2013 年重诉字第 627 号、台湾高雄地方法院民事判决 2015 年诉字第 2517 号、台湾台南地方法院民事判决 2015 年诉字第 1170 号、台湾台中地方法院民事判决 2015 年诉字第 2202 号、台湾桃园地方法院民事判决 2015 年诉字第 929 号、台湾士林地方法院民事判决 2013 年诉字第 90 号、台湾台北地方法院民事判决 2015 年诉字第 3399 号、台湾台北地方法院民事判决 2016 年重诉字第 4063 号、台湾台北地方法院民事判决 2016 年诉字第 3129 号、台湾台北地方法院民事判决 2016 年智字第 15 号、台湾台北地方法院民事判决 2013 年重诉字第 746 号、台湾高等法院台南分院民事判决 2017 年重上字第 16 号、台湾高等法院台中分院民事判决 2017 年上字第 27 号、台湾高等法院民事判决 2015 年重上字第 709 号、台湾台中地方法院民事判决 2016 年重诉字第 96 号、台湾台中地方法院民事判决 2017 年诉字第 2073 号、台湾台中地方法院民事判决 2017 年诉字第 1222 号、台湾新竹地方法院民事判决 2017 年诉字第 716 号、台湾士林地方法院民事判决 2014 年重诉字第 580 号、台湾台北地方法院小额民事判决 2018 年北小字第 2401 号、台湾台北地方法院民事判决 2018 年智字第 6 号、台湾台北地方法院民事判决 2017 年诉字第 3859 号、台湾台北地方法院民事判决 2017 年重诉字第 1339 号、台湾台北地方法院民事判决 2016 年重诉字第 395 号、台湾高等法院民事判决 2014 年上字第 1493 号、台湾台中地方法院民事判决 2018 年诉字第 1894 号、台湾台北地方法院民事判决 2017 年诉字第 3680 号、台湾台北地方法院民事判决 2018 年重诉字第 1339 号、台湾台北地方法院民事判决 2019 年重诉字第 1119 号、台湾高等法院民事判决 2018 年上易字第 587 号。

③ 肖永平：《法理学视野下的冲突法》，高等教育出版社 2008 年版，第 424—428 页。

"条例"规定了公序良俗原则作为两岸间法律适用的排除性规则，在实务中，台湾地区法院又发展出强制性规则及法律规避之实践做法，所以，当事人约定之法，理论上依然是受到公序良俗的制约，只是实践运用较为严格谨慎而已。

实证研究发现，台湾地区法庭并不要求当事人合意所选法律必须和合同具有实质性联系，也不限制当事人在合同成立后改变法律选择。事实上，在实践中，当事人契约中书面预先所选择的法律都得到了法庭的尊重。而且，当事人既然已经选择或接受在台湾地区法院解决纠纷，在法律适用上，就有可能出于方便的考虑，放弃之前约定的大陆方面法律，在诉讼中重新合意选择台湾地区"法律"，法庭对此同样予以尊重。①

2. 诉讼中确认合意

实证研究表明，系争案件若无书面契约，或者书面契约中无准据法条款，但于诉讼中向法庭表明并确认合意所选法律，亦为法庭认可为明示合意并予以适用。在样本案例中，此类案例共有 27 件。② 实证研究发现，诸

---

① 台湾台北地方法院民事判决 2010 年诉字第 700 号、台湾宜兰地方法院民事判决 2016 年重诉字第 20 号、台湾台北地方法院民事判决 2016 年诉字第 1981 号。

② 台湾高等法院民事判决 2014 年上字第 735 号、台湾高等法院民事判决 2011 年上字第 895 号、台湾高等法院民事判决 2014 年上字第 324 号、台湾高等法院民事判决 2014 年上易字第 135 号、台湾高等法院高雄分院民事判决 2012 年海商上易字第 1 号、台湾台北地方法院民事判决 2010 年重诉字第 893 号、台湾新北地方法院民事判决 2014 年劳诉字第 1 号、台湾基隆地方法院民事判决 2009 年海商字第 6 号、台湾基隆地方法院民事判决 2008 年海商字第 1 号、台湾桃园地方法院民事简易判决 2013 年桃简字第 468 号、台湾桃园地方法院民事判决 2012 年重诉字第 209 号、台湾高雄地方法院民事判决 2014 年诉字第 2311 号、台湾高雄地方法院民事判决 2012 年诉字第 280 号、台湾台中地方法院民事判决 2017 年诉字第 1654 号、台湾台北地方法院民事判决 2014 年重诉字第 936 号、台湾台北地方法院民事判决 2015 年海商字第 19 号、台湾台北地方法院民事判决 2016 年诉更一字第 6 号、台湾高等法院民事判决 2015 年上字第 1390 号、台湾高等法院民事判决 2015 年上更（一）字第 31 号、台湾高等法院民事判决 2014 年海商上易字第 3 号、台湾桃园地方法院民事判决 2016 年诉字第 1994 号、台湾士林地方法院民事判决 2016 年重诉字第 444 号、台湾高等法院民事判决 2018 年重上字第 287 号、台湾高等法院民事判决 2018 年上字第 498 号、台湾台中地方法院民事判决 2018 年诉字第 3165 号、台湾新竹地方法院民事判决 2016 年重诉字第 214 号、台湾台北地方法院民事判决 2016 年诉字第 638 号。

多样本并未说明当事人于何时，以何证据证明其合意，法庭仅含糊表述为双方确认合意以台湾地区"法律"为准据法。

3. 默示合意

台湾地区"民法"于契约成立之方式上规定："当事人互相表示意思一致者，无论其为明示或默示，契约即为成立。"[1] 在契约实体事项上并不排除默示契约之方式。至于准据法的选择，是否得以默示方式为之，台湾地区学者持有不同意见，有赞成者[2]，有认为应商榷者[3]。台湾地区司法实务中，涉外合同准据法之默示选择之效力，采肯定见解。[4] 然而，在 2010 年"涉外民事法律适用法"中，将准据法合意明订限定在明示合意，结束了当事人合意方法之学说争议及司法之不确定。[5]

"条例"并未明确当事人之约定是否包括默示合意。实证研究发现，台湾地区司法机关对涉陆案件中契约默示选法依然采一贯肯定见解。样本案例中，发现可作为判定默示选择之因素的，包括：合同主体为台湾地区法人、使用文字为台湾地区人民惯用之繁体字、订约时依系争合约记载之公司地址为台湾地区、合约以台湾地区法院为合意管辖之法院。[6] 也有案

---

① 台湾地区"民法"第 153 条。

② 马汉宝教授认为："契约如无明文规定，法官亦应就契约之文字、内容及性质等，以确定当事人默示的意思何在。且适用法第六条之'立法说明'，亦曾强调当事人意思自主原则为近代各国国际私法所公认。故亦唯作广义解释，似更能贯彻立法之原意。"见马汉宝：《国际私法：总论各论》，2004 年初版，第 329 页。柯泽东教授认为："当事人默示意思，如在契约中虽未约定民事准据法，但约定一管辖条款，当事人之默示意思即含在管辖条款上。"见柯泽东：《国际私法》，台湾元照出版社 2010 年四版，第 207 页。

③ 刘铁铮、陈荣传教授认为：台湾地区司法实务解释上似应认为包括明示及默示之意思表示……唯在台湾作如此解释，是否允当，仍有商榷之余地。见刘铁铮、陈荣传：《国际私法》，台湾三民书局 2011 年修订五版，第 305 页。

④ "最高法院民事判决 2009 年台上字第 2259 号、2000 年台上字第 1788 号"等。

⑤ "涉外民事法律适用法"第 20 条第 2 项："当事人无明示之意思或其明示之意思依所定应适用之法律无效时，依关系最切之法律。"

⑥ 台湾桃园地方法院民事判决 2014 年诉字第 1262 号、台湾新北地方法院民事判决 2015 年诉字第 1764 号、台湾高等法院民事判决 2014 年重上字第 1017 号。

例仅以当事人约定以台湾地区法院为第一审管辖法院，即径行推定以台湾地区"法律"为纠纷之准据法。[①] 这种情况与其说是以约定管辖作为约定准据法之推定依据，毋宁说是混淆了管辖约定和准据法约定之区别而作出的错误默示推定。

（三）客观连结点

在当事人没有约定契约应适用之法律，在诉讼中亦未曾达成合意的情况下，条例规定了多个连结因素用以判定两岸契约之准据法，分别依次是订约地；订约地不明，依履行地之规定；履行地不明，依诉讼地或仲裁地之规定。

就订约地之认定，法庭通常根据当事人提供之证据认定，当事人于何处签订契约，即以该地为订约地，在台湾地区签订，即以台湾地区"法律"为准据法[②]，

---

① 台湾台南地方法院民事判决 2009 年诉字第 431 号、台湾新北地方法院民事判决 2015 年诉字第 1764 号。

② 台湾高等法院民事判决 2012 年海商上易字第 1 号、台湾高等法院民事判决 2014 年上易字第 377 号、台湾高等法院民事判决 2012 年上字第 767 号、台湾高等法院民事判决 2009 年保险上字第 15 号、台湾高等法院民事判决 2011 年上易字第 156 号、台湾台北地方法院民事判决 2015 年诉字第 2878 号、台湾台北地方法院民事判决 2013 年诉字第 1784 号、台湾台北地方法院民事判决 2012 年诉字第 4107 号、台湾台北地方法院民事判决 2012 年海商字第 10 号、台湾士林地方法院民事判决 2015 年重诉字第 321 号、台湾士林地方法院民事判决 2012 年诉字第 588 号、台湾新北地方法院民事判决 2013 年劳诉字第 130 号、台湾板桥地方法院民事判决 2009 年诉字第 2550 号、台湾桃园地方法院小额民事判决 2010 年坜劳小字第 19 号、台湾苗栗地方法院民事判决 2011 年诉字第 344 号、台湾台中地方法院民事判决 2013 年重诉字第 446 号、台湾台中地方法院民事判决 2008 年诉字第 318 号、台湾彰化地方法院民事判决 2015 年诉字第 397 号、台湾彰化地方法院民事判决 2014 年诉字第 41 号、台湾高雄地方法院民事判决 2015 年简上字第 248 号、台湾高雄地方法院民事判决 2014 年雄简字第 2281 号、台湾高雄地方法院民事判决 2011 年雄简字第 2699 号、台湾高雄地方法院民事判决 2010 年重诉更（一）字第 1 号、台湾高雄地方法院民事判决 2010 年重诉字第 25 号、台湾高雄地方法院民事判决 2017 年诉字第 18 号、台湾基隆地方法院基隆简易庭小额民事判决 2017 年基保小字第 6 号、台湾台北地方法院民事判决 2016 年简上字第 501 号、台湾台北地方法院民事判决 2015 年海商字第 19 号、台湾台北地方法院民事判决 2016 年诉更一字第 5 号、台湾高等法院台中分院民事判决 2015 年重上字第 102 号、台湾高等法院民事判决 2016 年上字第 584 号、台湾高等法院民事判决 2016 年重上字第 968 号、台湾高等法院民事判决 2016 年上字第 1154 号、台湾高等法院民事判决 2016 年上易字第 1031 号、台湾高等法院民事判决 2016 年

在大陆签订，即以大陆方面法律为准据法。^①订约行为跨连两岸，则以台湾地区为订约地。^②若双方当事人以电话、传真或网络方式订定契约，于台湾地区为要约，在大陆为承诺，法庭即认订约地跨连台湾地区与大陆，以台湾地区为订约地，故而契约之准据法为台湾地区"法律"。^③

（接上页）上字第 277 号、台湾高等法院民事判决 2015 年重上字第 322 号、台湾台北地方法院民事判决 2017 年诉字第 250 号、台湾新北地方法院民事判决 2017 年诉字第 3523 号、台湾高等法院民事判决 2018 年重劳上字第 52 号、台湾高等法院民事判决 2014 年上字第 323 号、台湾高雄地方法院民事判决 2018 年重诉字第 11 号、台湾高等法院台中分院民事判决 2017 年重上字第 227 号、台湾台北地方法院民事判决 2019 年简上字第 232 号、台湾新北地方法院民事判决 2018 年诉更一字第 2 号、台湾桃园地方法院民事判决 2017 年重诉字第 414 号、台湾士林地方法院民事判决 2018 年重诉字第 442 号、台湾士林地方法院民事判决 2019 年诉字第 709 号、台湾台北地方法院民事判决 2018 年重诉字第 485 号、台湾台北地方法院民事简易判决 2019 年北简字第 2214 号。

①　台湾高等法院民事判决 2013 年上易字第 506 号、台湾高等法院民事判决 2011 年重上字第 485 号、台湾高等法院民事判决 2013 年重上字第 585 号、台湾高等法院民事判决 2009 年上更（一）字第 103 号、台湾高等法院民事判决 2010 年重上更（一）字第 125 号、台湾高等法院台中分院民事判决 2011 年重上字第 114 号、台湾台北地方法院民事判决 2013 年重诉字第 1249 号、台湾台北地方法院民事判决 2012 年诉字第 4872 号、台湾台北地方法院民事判决 2012 年重诉字第 353 号、台湾台北地方法院小额民事判决 2011 年北小字第 1656 号、台湾台北地方法院民事判决 2008 年重诉字第 851 号、台湾士林地方法院民事判决 2009 年诉字第 358 号、台湾新北地方法院民事判决 2013 年诉字第 351 号、台湾台中地方法院民事判决 2014 年诉字第 2657 号、台湾台中地方法院民事判决 2013 年重诉字第 544 号、台湾彰化地方法院 2016 年诉字第 1077 号、台湾台中地方法院民事判决 2015 年诉字第 2005 号、台湾新北地方法院民事判决 2016 年重诉字第 202 号、台湾台北地方法院民事判决 2013 年建字第 200 号、台湾高等法院台中分院民事判决 2017 年上字第 93 号、台湾高等法院台中分院民事判决 2017 年重上更（一）字第 20 号、台湾高等法院民事判决 2015 年重上字第 226 号、台湾高等法院民事判决 2016 年上字第 730 号、台湾彰化地方法院民事判决 2017 年诉字第 948 号、台湾台中地方法院民事判决 2017 年诉字第 3293 号（历审裁判：台湾高等法院台中分院民事判决 2018 年上字第 352 号）、台湾士林地方法院民事判决 2018 年诉字第 394 号、台湾苗栗地方法院民事简易判决 2018 年苗简字第 692 号、台湾苗栗地方法院民事判决 2019 年诉字第 43 号、台湾桃园地方法院民事判决 2016 年诉字第 951 号、台湾士林地方法院民事判决 2018 年重诉字第 549 号。

②　"条例"第 45 条规定："民事法律关系之行为地或事实发生地跨连台湾地区与大陆地区者，以台湾地区为行为地或事实发生地。"台湾宜兰地方法院民事判决 2016 年重诉字第 20 号、台湾高雄地方法院民事判决 2017 年劳诉字第 58 号、台湾高等法院民事判决 2015 年上字第 927 号、台湾新北地方法院民事判决 2017 年诉字 3031 号、台湾高等法院台中分院民事判决 2017 年上易字第 594 号、台湾士林地方法院民事判决 2016 年诉字第 1164 号。

③　台湾高等法院民事判决 2012 年重上更（一）字第 118 号、台湾高等法院民事判决 2013 年上字第 612 号、台湾高等法院民事判决 2011 年上易字第 832 号、台湾高等法院民事判决 2010 年重（接下页）

　　在订约地难以认定的情况下，法庭亦可进一步查明履行地后，以履行地法律为准据法[①]。认定履行地时，有的法庭同样援引"两岸人民关系条例"第45条，以履行地跨连台湾地区和大陆而认台湾地区为契约履行地。[②]

　　在考虑订约地及履行地之后，诉讼地已少有机会作为事实联结因素认定准据法。样本案例中，仅有少数个案，法庭以双方当事人均未陈明合意、

上字第566号、台湾台北地方法院民事判决2011年诉字第1037号、台湾台北地方法院民事判决2013年诉字第167号、台湾台北地方法院民事判决2009年诉字第1580号、台湾台北地方法院民事判决2009年审国贸字第20号、台湾士林地方法院民事判决2013年诉字第471号、台湾新北地方法院民事判决2014年诉字第1909号、台湾新竹地方法院民事判决2013年重诉更字第1号、台湾台中地方法院民事判决2013年诉字第1988号台湾高雄地方法院民事判决2014年诉字第409号、台湾高雄地方法院民事判决2008年劳诉字第18号、台湾新竹地方法院民事判决2015年诉字第949号、台湾桃园地方法院民事判决2016年诉字第919号、台湾士林地方法院民事判决2015年诉字第1100号、台湾台北地方法院民事判决2017年重诉字第603号、台湾台北地方法院民事判决2015年诉字第2875号、台湾新北地方法院民事判决2016年诉字第1878号、台湾高等法院民事判决2017年上字第649号、台湾高等法院民事判决2017年重上字第358号、台湾高等法院民事判决2017年上字第669号、台湾台北地方法院民事判决2017年诉字第4985号、台湾台北地方法院民事判决2019年重诉字第100号、台湾台中地方法院民事判决2018年诉字第3799号、台湾台中地方法院民事判决2016年诉字第318号。

　　① 台湾新北地方法院民事判决2012年诉字第2604号、台湾高雄地方法院民事判决2015年诉字第1046号、台湾高雄地方法院民事判决2009年雄简字第1406号、台湾台北地方法院民事判决2015年重诉字第916号、台湾台北地方法院民事判决2015年重诉字第856号、台湾台北地方法院民事判决2016年重诉字第170号、台湾高等法院民事判决2016年上易字第263号、台湾高等法院民事判决2015年上更（一）字第31号、台湾高雄地方法院民事判决2017年重诉字第216号、台湾士林地方法院民事判决2014年诉字第646号、台湾台北地方法院民事简易判决2017年北简字第6818号、台湾台北地方法院民事判决2017年海商字第1号、台湾新北地方法院民事判决2017年重诉字第384号、台湾高等法院台中分院民事判决2017年医上字第7号、台湾高等法院民事判决2017年重上字第84号、台湾高等法院民事判决2017年上字第669号、台湾台南地方法院民事判决2019年诉字第201号、台湾台中地方法院民事判决2018年诉字第3799号。

　　② 台湾台北地方法院民事判决2012年诉字第4432号、台湾台北地方法院民事判决2016年智字第16号。

订约地及履行地的情况^①或无具体证据可供认定的情况^②下，以诉讼地法律即台湾地区"法律"作为审理之准据法。

另有少数案例，法庭不曾说明理由，仅在援用法条后直接认定适用台湾地区"法律"。^③

（四）特殊契约选法

1. 载货证券

载货证券，即大陆所称"提单"。就载货证券法律关系应适用之准据法，"两岸人民关系条例"显无规定。个别案例直接根据"条例"第 41 条指向适用台湾地区"法律"。^④

也有的案件则根据台湾地区"海商法"第 77 条规定进行法律选择，即载货证券所载之装载港或卸货港为台湾地区港口者，其载货证券所生之法律关系依"涉外民事法律适用法"所定应适用之法律；但依本法台湾地区受货人或托运人保护较优者，应适用本法之规定。在台湾高雄地方法院民事判决 2011 年海商字第 16 号事件中，原告台湾产物保险股份有限公司为台湾地区法人，被告凯荣国际海运有限公司为大陆法人，法庭以"两岸人民关系条例"中未就载货证券法律关系应适用之法律另为规定，故本诉关于凯荣公司部分自应适用台湾地区"法律"。法庭接下援引台湾地区"海商法"第 77 条内容，认为：原告据以对凯荣公司请求之系争载货证券所

---

① 台湾士林地方法院民事裁定 2010 年破字第 7 号、2010 年破字第 8 号、2010 年破字第 11 号、台湾台中地方法院民事判决 2016 年诉字第 3649 号、台湾桃园地方法院民事判决 2016 年建字第 27 号、台湾桃园地方法院民事判决 2019 年重诉字第 47 号。

② 台湾高雄地方法院民事判决 2014 年诉字第 1037 号、台湾高雄地方法院民事判决 2010 年简上字第 91 号、台湾台北地方法院民事判决 2015 年重诉字第 1238 号。

③ 台湾台北地方法院民事简易判决 2010 年北简字第 8128 号、台湾花莲地方法院民事判决 2011 年诉字第 260 号、台湾士林地方法院民事判决 2014 年诉字第 1774 号、台湾新北地方法院民事判决 2017 年诉字第 1034 号、台湾云林地方法院民事判决 2019 年诉字第 386 号。

④ 台湾台北地方法院简易民事判决 2018 年北海商简字第 9 号。

载卸货港为高雄港，则系争载货证券所生法律关系即应依"涉外民事法律适用法"第6条关于法律行为发生债之关系之冲突规则定应适用之法律；又原告受让台船公司本于系争载货证券之权利，该债权让与对凯荣公司之效力，应同依系争载货证券所生法律关系应适用之法律为其准据法。而原告与凯荣公司间并无约定应用适用之法律，其两者分属台湾地区与大陆私法人，故应适用行为地即系争载货证券签发地之法律；又系争载货证券系在韩国马山港（MASAN, KOREA）签发，是原告与凯荣公司间就系争载货证券所生法律关系应以韩国法为其准据法。

此案审理时，新的台湾地区"涉外民事法律适用法"尚未颁行，故法院援引法律行为发生债之关系之冲突规则定应适用之法律。所以该案经过层层指引后，产生非常意外之结果，即在原被告分别为台湾地区法人和大陆法人间载货证券法律关系中根据"涉外民事法律适用法"确定准据法，而且确定以韩国法为准据法，其关联性和合理性不得不令人质疑。在新法颁行后，"涉外民事法律适用法"第43条第1项针对因载货证券而生之法律关系特别规定："依该载货证券所记载应适用之法律；载货证券未记载应适用之法律时，依关系最切地之法律。"新法采用载货证券文义记载法律为准据法，并辅之以"关系最切地"之弹性连结点，在认定方法上，更尊重当事人意思自主原则，并可保持方法上的灵活性，避免出现前案中之"突袭式"认定结果。

针对但书条款，若依台湾地区"海商法"，受货人或托运人保护较优者，应适用该法之规定。台湾地区司法见解如何评价《中华人民共和国海商法》和台湾地区"海商法"在收货人或托运人保护上，孰者为优？在台湾高雄地方法院民事判决2008年审海商字第13号事件中，载货证券在大陆签发，法庭认为：系争载货证券既在大陆签发，依据运送人签发载货证券之海运惯例，应认该运送契约之订约地为大陆，原则上应适用《中华人民共和国海商法》，但依据台湾地区"海商法"第77条但书规定，如台湾地区的规定对于台湾地区受货人保护较优者，则例外适用台湾地区之"法律"。经对照，法庭发现，除单位责任限制方面，台湾地区"海商法"对于受货人保护较优外，其余方面均以《中华人民共和国海商法》对于受货人之保护较优，而应以《中华人民共和国海商法》为准据法。不过本判决书被台湾高等法院高雄分院民事判决 2009 年海商上字第 2 号部分废弃，就法律适用部分，上诉法庭已重为认定。故就两岸保护受货人之较优比较，尚难认为得到上级法院的认可。样本案例中，亦再未曾发现就该问题做出比较论述之案例。

2. 劳务契约

在两岸投资贸易政策鼓励下，台湾地区自然人及法人前往大陆投资设立公司、工厂等情形不在少数，并带动台湾地区人民前往大陆就业，形成具有涉陆因素之劳务契约关系。

实证研究发现，涉陆劳务契约关系，在台湾地区法院涉讼常存在的争议包括：（1）台湾地区籍雇员在大陆之子公司工作，其劳务契约关系究竟存在于与大陆之子公司间，抑或存在于与台湾地区之母公司间，即劳务契约关系主体之争议;（2）台湾地区籍员工于大陆工作是否受到台湾地区"劳动基准法"的保护？涉陆地区劳务契约关系当事人之间准据法是否因弱者利益保护需要而进行调整？

就第一个问题而言，即劳务契约关系主体，法庭仅审查劳动合同之签订方，台湾地区法人和大陆法人即便存在母子公司关系，但在法律主体上仍认为是两个独立的人格体。若劳动合同之签订方为台湾地区法人，即便员工派往大陆子公司工作，事实上并未于台湾地区母公司服劳务，仍应认该员工与台湾地区母公司间存在雇佣劳动关系。① 又或者台湾地区法人与大陆关联企业共同签订雇佣契约，则劳动关系即共同存在于两法人与受雇佣员工之间。②

无论何种情况，法庭基本恪守形式上劳动契约的主体性，认为雇主应限于劳动契约上所明示之当事人。不过，随着经济发展，经营组织产生变迁，使得雇佣模式变得多元化，基于保障劳工基本劳动权，加强劳雇关系，促进社会与经济发展，防止雇主以法人、企业集团经营之法律上型态规避法律规范，在认定劳工之雇主时，有的法庭亦认为："宜适度采取扩张雇主之概念，抛弃仅以形式上劳动契约当事人作为权利主体，使非契约上之当事人负担雇主责任，将其等视为一体，俾保障弱势劳工之权利。而于判断雇主应否扩张时，应参酌该两法人或事业单位之间，有无实体同一性，亦即以实质管理权或实质实施者之控制从属关系而为定。诸如：即'原雇主'法人与另成立之他法人，纵在法律上之型态，名义上之主体形式未尽相同，但该他法人之财务管理、资金运用、营运方针、人事管理暨薪资给付等项，如为'原雇主'法人所操控，该他法人之人格已"形骸化"而无自主权，两法人间之构成关系显具有'实体同一性'……又按法人格独立原则及股东有限责任原则，固为现代公司法制发展之基石。唯公司股东倘滥用公司独立人格，利用公司型态回避法律上或契约上之义务，造成显不公平情形时，公司法人格独立及股东有限责任原则即有加以调整之必要。"在陈某诉正崴精密工业股份有限公司给付薪资一案中，被告于 2013 年将产品移转至另一间关系企业富港电子天津公司生产，原告同意被派到该天

---

① 台湾板桥地方法院宣示判决笔录 2012 年板劳简字第 25 号。类似的，在台湾桃园地方法院民事判决 2017 年重诉字第 414 号案件中，原告南京六和普什机械有限公司是台湾六和公司在南京设立之子公司。被告卓某在原告处任执行经理，但台湾六和公司仍保留员工最终任免及境内外调动权。因此，法庭认为被告并非另行起诉与大陆子公司成立新的契约关系，而系与台湾六和公司合意变更原有劳动条件至大陆原告处所给付劳务并领取薪资报酬而已。因此劳动契约关系仍应认为存在于被告卓某和台湾六和公司之间。

② 台湾高雄地方法院民事判决 2008 年劳诉字第 18 号。

津厂工作，直至 2016 年遭资遣。陈某（台湾地区居民）主张其与被告公司（台湾地区法人）间存有雇佣关系，被告则辩称陈某受雇于维京群岛富港工业有限公司（下称 CU 公司）。事实上，被告作为控制公司持有从属公司 100% 股份，被告完全控制 CU 公司，再经由 CU 公司、NEW START 公司完全控制富港电子天津公司。且原告陈某工作上之申请及奖惩等，均由被告决定，被告确实有过度控制 CU 公司、富港电子天津公司之人事、财务及业务经营，显然已超过系争准则等相关法规要求母公司监督子公司之立法目的，所以应例外地否认 CU 公司之法人格予以救济，而认雇佣关系存在于原告与被告之间，属"劳动基准法"所规范之雇佣关系，而有"劳动基准法"之适用。雇主为劳工办理劳工保险、提拨退休准备金是公法上义务，且为强制规定。被告控制 CU 公司及富港电子天津公司，将原告陈某安排在富港电子天津公司上班，却选择以维京群岛商 CU 公司与原告签订聘雇合约书，应认母公司即被告有滥用 CU 公司之公司型态作为工具，藉此逃避劳动法令规范等不正行为，而损害子公司即 CU 公司之劳工即原告请领失业给付、提拨退休金等权利之滥用公司法人格情事。①

　　就第二个问题，台湾地区司法实务中支持台湾地区籍员工于大陆工作同受到台湾地区"劳动基准法"的保护。即便依据"两岸人民关系条例"之准据法方法确定应适用的法律也许会指向境外法律，但因"劳动基准法"具有公法性质，因弱者利益保护故应适用于大陆籍员工。样本案例中，台湾台中地方法院民事判决 2013 年重劳诉字第 8 号事件，原告为被告同清公司之员工，被派至大陆工作期间，遭他人殴打致伤，故于台湾地区法院起诉被告同清公司，并依台湾地区"劳动基准法"等请求职业灾害补偿金。虽然被告主张本侵权事件应依"条例"规定适用侵权行为地，即大陆方面法律，但法庭仍在裁判部分依台湾地区"劳动基准法"之规定作出相应的

---

① 台湾高等法院民事判决 2018 年劳上字第 19 号。

法律认定。另一个案例，台湾高雄地方法院民事判决 2012 年劳诉字第 67 号事件中，大陆人民之被告受雇于原告渔船从事远洋渔业境外作业。原告主张应依"两岸人民关系条例"之规定，该劳务合约于境外签订，且于境外履行，故而不适用台湾地区之"劳动基准法"。但法庭认为，"劳动基准法"乃台湾地区课予雇主基于劳动契约关系所生，应作为或不作为义务之行政法规，具公法上性质，是就台湾事业单位而言，不问其营业地点系在台湾境内或境外分驻机构，均有劳基法之适用。基于平等原则，台湾雇主仍负有对两岸船员提供相同之劳动条件保障之义务。

二、侵权

"两岸人民关系条例"第 50 条规定："侵权行为依损害发生地之规定。但台湾地区之法律不认其为侵权行为者，不适用之。"该规定系以侵权行为地法为准据法，并受台湾地区"法律"关于侵权行为规定之限制，即采"双重可诉"原则。该规定与 1953 年"涉外民事法律适用法"对应条款[①]相比，具有高度相似性。不过，在 2010 年台湾地区新修订颁行之"涉外民事法律适用法"中，已改采最密切关系理论，修改为"关于由侵权行为而生之债，依侵权行为地法。但另有关系最切之法律者，依该法律。"同时，新法除了在本条规定一般侵权行为的准据法之外，对因特殊侵权行为而生之债，另于第 26 条至第 28 条规定专门的冲突规范，涉及商品责任、不公平竞争、出版等传播方式所为侵权之准据法确定。可以说，经更新后之"涉外民事法律适用法"侵权冲突规范已经比"两岸人民关系条例"中之侵权冲突规范相比，在立法理念、立法内容和立法技术都更加符合冲突法之最新发展趋势，更为先进和科学。

[①] 1953 年"涉外民事法律适用法"侵权冲突规范为：关于由侵权行为而生之债，依侵权行为地法。但台湾地区"法律"不认为侵权行为者，不适用之。侵权行为之损害赔偿及其他处分之请求，以台湾地区"法律"认许者为限。

（一）"损害发生地"之认定及运用

就当前"两岸人民关系条例"第 50 条侵权冲突规则来看，该法将侵权行为准据法限定在"损害发生地"。若采狭义理解，即排除"行为作成地"之连结因素。对比涉陆侵权之诉管辖权确定类推适用"民事诉讼法"第 15 条的特别管辖条款："因侵权行为涉讼者，得由行为地之法院管辖。"台湾地区"最高法院"认为："所谓侵权行为地，凡为一部实行行为或其一部行为结果发生之地皆属之。"① 如此一来，涉陆侵权案件准据法指引采"损害发生地"因素，而管辖权确定则采"侵权行为地"法院管辖，于同一案例中，平添司法认定之难度。

一般认为"从法律对于侵权行为的规范目的来看，如其重点系在于对行为人的不法行为的制裁，似宜以行为实施地法为准据法，如着重于被害人所受损害之填补，则宜以损害发生地法为其准据法。在各国侵权行为法的规定对于前二种规范功能，均采兼容并重的法律政策的情形下，一般很难从形式上判断应以何者为准。"② 通常理解侵权行为适用"侵权行为地"法，既包括"损害发生地"也包括"行为作成地"。但是，另有观点认为："侵权行为之成立，以有损害之发生为要件，必该一事实发生，行为人始对其行为负责。……侵权行为必须首先成立，始有侵权行为地在何地之问题，故两说实以损害造成地说为妥。"③ 似可为"两岸人民关系条例"在二者中仅采"损害发生地"作注解。

至于实务见解中，是否能清晰的区分涉陆侵权之"行为作出地"或"损害发生地"而为不同的认定呢？"损害发生地"又是具体如何判断的呢？实证研究发现：

---

① 台湾"最高法院 1967 年台抗字第 369 号"判例参照。

② 陈荣传：《侵权行为地法的适用》，台湾《月旦法学教室》2007 年总第 56 期，第 27 页。

③ 刘铁铮、陈荣传：《国际私法》，台湾三民书局 2011 年修订五版，第 342 页。台湾地区学者柯泽东亦采相同见解。见柯泽东：《国际私法》，台湾元照出版公司 2010 年第四版，第 226 页。

　　1.有的案件没有争议的，侵权行为与损害结果均在同时同地发生，则适用该地之法律。①

　　2.有的法院以"侵权行为实施地"，采行为要素分析方法，对涉陆侵权准据法作出选择。比如：台湾高等法院民事判决2014年上字第1537号事件中，法庭推理过程如下："尚璇公司主张被上诉人在该公司担任总经理，于2007年7月至2009年4月间多次前往大陆负责餐饮装潢、营运，被上诉人为自己不法利益，擅自挪用该公司款项，而将79万6,000元侵吞入己等情所称，则其主张侵权行为成立要件及效力，依前揭规定，应适用侵权行为地法，即大陆民法之规定。"法庭此处推理，并非以侵权行为受害人位于台湾地区而认损害发生地为台湾地区，而是从侵权行为要素"请领款项、付款及装修工程均在大陆"，根据"原因事实发生地""行为作出地"

---

　　①　台湾高等法院民事判决2014年上易字第1180号、台湾高等法院民事判决2013年上字第921号、台湾高等法院民事判决2009年保险上字第15号、台湾高等法院台中分院民事判决2014年重诉字第10号、台湾高等法院高雄分院民事判决2012年上字第180号、台湾高等法院高雄分院民事判决2007年上字第137号、台湾台北地方法院民事判决2013年婚字第260号、台湾台北地方法院民事判决2013年诉字第3363号、台湾台北地方法院民事判决2011年诉字第460号、台湾台北地方法院民事判决2011年诉字第1296号、台湾板桥地方法院民事判决2009年简上字第261号、台湾板桥地方法院民事判决2009年诉字第1380号、台湾基隆地方法院民事判决2008年诉字第390号、台湾桃园地方法院民事判决2010年诉字第1530号、台湾桃园地方法院小额民事判决2009年坜小字第419号、台湾南投地方法院民事判决2014年诉字第435号、台湾嘉义地方法院民事判决2013年重诉字第78号、台湾嘉义地方法院民事判决2015年嘉简字第92号、台湾台南地方法院台南简易庭民事判决2010年南简字第349号、台湾高雄地方法院民事判决2015年简上字第248号、台湾高雄地方法院民事判决2015年诉字第303号、台湾高雄地方法院民事判决2014年雄简字第2281号、台湾高雄地方法院民事判决2013年诉字第1843号、台湾嘉义地方法院民事判决2015年简上字第57号、台湾台中地方法院民事判决2016年医字第10号、金门地方法院民事判决2016年重诉字第24号、台湾高雄地方法院民事判决2017年重诉字第81号、台湾高雄地方法院民事判决2017年诉字第1544号、台湾台中地方法院民事判决2018年原诉字第7号、台湾台中地方法院民事判决2018年原重诉字第2号、台湾台中地方法院民事判决2016年重诉字第96号、台湾士林地方法院民事判决2014年诉字第646号、台湾台北地方法院民事判决2017年海商字第1号、台湾台北地方法院民事判决2017年消字第56号、台湾台北地方法院民事判决2017年重诉字第118号、台湾台北地方法院民事判决2018年诉字第1829号、台湾台北地方法院民事判决2017年诉字第4034号、台湾高等法院台中分院民事判决2017年医上字第7号、台湾高等法院民事判决2018年重劳上字第52号、台湾花莲地方法院民事判决2019年诉字第118号。

而认侵权行为地位于大陆，并依侵权行为地之大陆民法为准据法。①

3. 在侵权行为作出地和受害人所在地分处两地的情况下，有的法院以被告"受领利益所在地"作为损害发生地。② 例如：台湾台北地方法院民事判决 2012 年重诉字第 415 号事件中，原告系依大陆方面法律核准成立之公司，而被告为台湾地区人民，原告主张因被告共同诈欺而签署国际贷款委托协议书，并因而汇款支付费用及履约保证金至被告指定之在台银行账户，故法庭认为本件侵权行为损害发生地在台湾地区境内，应以台湾地区"法律"为准据法。

4. 在侵权行为作出地和受害人所在地分处两地的情况下，有的法院以受害人所在地为法益受侵害之地 ③，从而确定"损害发生地"。例如：台湾新竹地方法院民事判决 2014 年诉字第 597 号事件中，原告为台湾地区人民，被告海汛为大陆人民，原告主张因被告共同诈欺而自台湾地区之银行汇款至被告指定之大陆银行，致生财产损害，法庭认为本件侵权行为损害发生地在台湾地区境内，自应以损害发生地之法律即台湾地区法为准据

---

① 类似的案例还有：台湾高等法院民事判决 2010 年重上更（一）字第 125 号、台湾高等法院民事判决 2010 年上字第 279 号、台湾高等法院台中分院民事判决 2015 年重诉字第 15 号、台湾高等法院台中分院民事判决 2014 年重诉字第 2 号、台湾高等法院台中分院民事判决 2009 年重上字第 120 号、台湾台北地方法院民事判决 2010 年保险字第 80 号、台湾士林地方法院民事判决 2011 年诉字第 735 号、台湾台中地方法院民事判决 2014 年诉字第 1784 号、连江地方法院民事判决 2014 年诉字第 3 号、台湾高雄地方法院民事判决 2010 年重诉字第 25 号、台湾台南地方法院民事判决 2015 年重诉字第 7 号、智慧财产法院民事判决 2015 年民著诉字第 2 号。

② 台湾台北地方法院民事判决 2015 年诉字第 1072 号、台湾台北地方法院民事判决 2012 年重诉字第 415 号、台湾台北地方法院民事判决 2012 年诉字第 1756 号、台湾士林地方法院民事判决 2012 年重诉字第 157 号、台湾板桥地方法院民事判决 2012 年诉字第 188 号、台湾高雄地方法院民事判决 2014 年诉字第 409 号、台湾台北地方法院民事判决 2016 年智字第 16 号、台湾桥头地方法院民事判决 2019 年诉字第 361 号。

③ 台湾智慧财产法院民事判决 2017 年民著更（一）字第 1 号、台湾高雄地方法院民事判决 2019 年重诉字第 90 号、台湾士林地方法院民事判决 2016 年诉字第 1164 号。

法①。又如：台湾台南地方法院台南简易庭民事判决 2014 年南简字第 356 号事件中，原告主张被告与诉外人即原告前配偶在大陆相奸，破坏居住于台南市之原告基于配偶权应互相协力保持共同生活安全及幸福之身份法益，故依侵权行为损害赔偿之法律关系，请求被告负损害赔偿责任，法庭认为：依原告之主张，依损害发生地之法律即台湾地区"法律"为准据法。②

5. 根据"民事法律关系之行为地或事实发生地跨连台湾地区与大陆者，以台湾地区为行为地或事实发生地"，认定侵权"损害发生地"位于台湾地区。③ 例如：台湾台北地方法院民事判决 2012 年诉字第 4432 号事件中，原告主张其将物品委托被告飞晋运通公司承揽运送至台湾，由被告深圳飞晋公司于大陆代理收受之，另被告等未告知原告委托之货物因含有防水透气材质不得入境台湾地区，致原告受有损害，被告飞晋运通公司则否认与原告订立契约，法庭认为：本件民事法律关系之行为地或事实发生地跨连台湾地区与大陆，契约履行地及侵权行为损害发生地在台湾地区，双方又未约定应适用之准据法，故本件运送契约及侵权行为之民事事件，自应以台湾地区"法律"为准据法。

6. 案件涉及侵权关系、契约关系等，未具体说明理由，而以"双方不争执"或"约定"为由，以台湾地区"法律"为准据法。④ 例如：台湾高等法院高雄分院民事判决 2012 年海商上易字第 1 号事件中，法庭认为：

---

① 类似的案例包括：台湾屏东地方法院民事判决 2015 年诉字第 242 号、台湾台中地方法院民事判决 2016 年诉字第 3649 号、台湾台中地方法院民事判决 2016 年重诉字第 423 号、台湾台中地方法院民事判决 2016 年诉字第 1842 号、台湾屏东地方法院民事判决 2017 年诉字第 830 号、台湾台北地方法院民事判决 2016 年重诉字第 985 号。

② 类似的案例包括：台湾台南地方法院民事判决 2017 年诉字第 1934 号、台湾桃园地方法院民事简易判决 2017 年桃简字第 11 号、台湾新北地方法院民事判决 2017 年诉字第 2443 号。

③ 台湾台北地方法院民事判决 2014 年诉字第 1116 号、台湾台北地方法院民事判决 2016 年诉字第 1296 号。

④ 台湾基隆地方法院民事判决 2009 年海商字第 6 号、台湾台北地方法院民事判决 2017 年诉字第 3481 号。

本件货物系自台湾高雄港至浙江省宁波市之海上运送而发生毁损，涉及承揽运送契约、海上货物运送契约、载货证券、"民法总则施行法"第15条、侵权行为、保险代位、债权移转等法律关系所生争议，乃含有两岸之人、地、事、物涉讼，而两造对台湾地区法院有审判权及本件准据法适用台湾地区"法律"均不争执，堪认台湾地区法院有审判权，并适用台湾地区"法律"，合先叙明。

总的来看，"两岸人民关系条例"未采1953年"涉外民事法律适用法"中"侵权行为地"这一连结因素，而是在"行为作出地"及"损害发生地"均可认为是"侵权行为地"的情况下，明确采"损害发生地"为连结因素指引侵权之准据法。但是，实证研究发现，尽管立法者放弃灵活弹性标准，而试图尽可能设立具有明确含义之连结点，但在司法实务中，如何认定侵权关系准据法还是出现了诸多方法上的不确定性。比如：从法院角度讲，当时侵权行为地具有容易判明的特点，故而有的法院仍然采行为要素分析方法，以"行为作出地"认定侵权准据法。又如：侵权行为跨连两地时，"损害发生地"又应作何解释？有的法院解释为应以被告利益受领为损害发生，有的又以原告所在地为损害发生地。以汇款为例，有的案件以大陆原告汇款至台湾地区银行账户，而以台湾地区为损害发生地，而另有案件却以台湾地区原告汇款至大陆银行账户，而以台湾地区为损害发生地。看似完全矛盾的认定方法，却皆是以台湾地区"法律"适用作为结果方向。甚至有的法院也不再做精细辨别，而是直接将跨连两岸之行为和事实认作以台湾地区为行为地或事实发生地。少数个案，在发生契约和侵权关系共存的情况下，以当事人意思自治选择台湾地区"法律"为案件最终的准据法认定。对于这种情形，暂且无法判断法庭是采侵权领域意思自治之新方法，还是以台湾地区"法律"为适用结果之考虑。

（二）法庭地法之并用

"两岸人民关系条例"第 50 条但书部分规定：但台湾地区之法律不认其为侵权行为者，不适用之。依此表述，说明关于涉陆侵权行为之成立及其责任，虽有以侵权损害发生地法律为裁判依据，但若与法庭地法即台湾地区"法律"不一致，逾越台湾地区"法律"所认可之侵权行为成立要件或类型，则排除大陆方面法律的适用，侵权责任不成立。依法条逻辑应是以侵权行为地法为准据法，并"累积"适用台湾地区之法庭地法之意。如果适用大陆实体法即可认定该案当事人间不成立侵权关系的话，就不必再重叠适用台湾地区"法律"再次作出认定。

然而，实证研究发现，台湾地区法院于司法实务中，却事实上是"以台湾地区法律为准据，兼顾侵权损害发生地大陆法律之并用主义"。表现在根据冲突规范指引以大陆方面法律为准据法的情形下，法庭并不仔细深究大陆、台湾高雄地方法院民事判决 2019 年重诉字第 90 号、台湾土林地方法院民事判决 2016 年诉字第 1164 号法律是否将对案件争点视为侵权，而是径直以台湾地区"法律"进行分析，只要台湾地区"法律"不认为是侵权，即裁定侵权行为不成立。

例如：台湾高等法院民事判决 2009 年保险上字第 15 号事件中，系争货物因长沙集星公司之货柜场发生爆炸而毁损，因此系争货物损害发生地为长沙。上诉人请求中外运输公司负侵权行为之连带赔偿责任，依"两岸条例"第 50 条规定，应适用损害发生地即大陆之法律。若依大陆的法律，系争货物系根据当地法令之规定，进入长沙集星公司之货柜场寄仓，系争货物因该货柜场发生爆炸而毁损，并非因运送人之故意或过失，亦非因其代理人、受雇人之过失所致，依大陆的法律不会被认为是侵权，此案即可作出认定。但法庭根本未查明并适用大陆的法律，而是径直判断该案依台湾地区"民法"第 184 条、第 188 条规定，中外运输公司不具故意或过失，自毋庸负侵权行为损害赔偿责任。在台湾高等法院台南分院民事判决 2017 年重上字第 16 号文书中，法庭也采用同样的论理逻辑，认为：被上诉人陈某、王某所为，依台湾地区"法律"之规定，既不认为系侵权行为，即毋庸依大陆方面法律审查上诉人得否请求被上诉人 2 人赔偿其损害之必要[①]。

上述两种论理逻辑进路，虽然从诉讼结果上来看也许并没有什么不同，但从法律适用之理念来看，台湾地区法院之司法实务做法却有本末倒置，过于重视法庭地法而排斥本应适用之大陆的法律之嫌，徒增诉病。

（三）分割方法

在英美法系国家，特别是美国，"分割"是其侵权法律选择中的一个基本方法。[②] 近年，"欧洲国际私法的这种变化和发展证明，在涉外侵权法律适用的二元价值追求中，在'正义'的前提下，立法和司法越来越关注法律适用的"公平"结果。将行为的正当性判断与行为后果处理的公平性分配分割开来，分别确定法律适用，或者在已经定性为侵权的情况下，只规定对结果处理的法律适用，从而重视对行为后果公平处理的结果追求。"[③]

台湾地区"最高法院"司法实践中，早在民事判决 2007 年台上字第 1804 号事件中即开始将上述"分割"方法运用于涉外侵权诉讼中。"最高法院民事判决 2008 年台上字第 1838 号"事件中，就侵权损害赔偿，法院进一步认为："因系争事故受伤，得请求上诉人赔偿减少劳动能力损害部分，并非侵权行为（主要法律关系）不可分割之必然构成部分，当无一体适用单一之冲突法则决定其准据法之必要。……此部分之计算准据如被上诉人之本国（越南国）法律规定与台湾法律所规定者未尽相同，而其得请求之

---

① 类的案例还有台湾台南地方法院民事判决 2014 年重诉字第 304 号、台湾高等法院民事判决 2010 年上易字第 768 号。

② 谌建:《论冲突法上的侵权类型化与法律选择》，中国政法大学出版社 2014 年版，第 174 页。

③ 袁发强:《分割法：涉外侵权法律适用中的二元价值追求》,《法律科学（西北政法大学学报）》2013 年第 1 期，第 44 页。

年限实际上又分段跨越于两地之间，即应视其可得请求之期间……而分别适用台湾法或其本国法为计算损害赔偿范围之准据法，不宜一体适用台湾之法律，始符公平、适当原则。"

"最高法院"在上述两个案例中，明确昭示"侵权行为法之理想，在给予被害人迅速及合理之赔偿，务使其能获得通常在其住所地可得到之保障及赔偿。"这一实体法上咸认之主要价值，在台湾"涉外民事法律适用法"发展史上，实属空前创举，其用心殊值肯定。①

实证研究发现，涉陆侵权事件中，台湾地区地方法院亦有在个案中尝试在法律适用中引入分割方法，对侵权行为认定和侵权损害赔偿分别决定法律适用。例如：在台湾士林地方法院民事判决 2011 年诉字第 735 号事件中，原告为大陆具名，被告卢某为台湾地区居民，被告无照驾驶撞死陈某，原告为陈某之父，对其有请求扶养之权利，且就遭受之精神痛苦，一并请求被告卢某赔偿其所受损害。法庭首先认定本侵权事件应以侵权行为发生地之规定台湾地区"法律"为准据法。就原告所受扶养费之损失，法庭将之"分割"为独立问题，适用"两岸人民关系条例"第 59 条单独选法，指向适用台湾地区"法律"。就扶养费之厘定，考虑到双方之需求及经济能力，法庭参考大陆公布之平均期望寿命及福州市 2009 年人均消费支出之生活水准标准认定陈某对原告应负之扶养程度。又如：台湾嘉义地方法院民事判决 2013 年重诉字第 78 号事件及连江地方法院民事判决 2014 年诉字第 3 号事件中，法庭均是依据侵权案件事实及冲突规范认定本案应以台湾地区"法律"为准据法，但在涉及大陆原告所受侵权伤害得请求之损害赔偿计算时，法庭均采大陆相关统计数据，以原告在当地维持生活度所需金额为计算抚养费或损害之基准。

在涉陆侵权案件中，还有个案对侵权关系及时效抗辩是否应分割为两

---

① 林恩玮:《国际私法上"分割争点"方法之适用——以"最高法院"两则判决为中心》,台湾《政大法学评论》2011 年 2 月总第 119 期，第 176 页。

个冲突法上问题进行了选法探讨。例如：在台湾高等法院台中分院2017年医上字第7号案件中，上诉人虽依侵权行为之法律关系，请求被上诉人负损害赔偿责任，然上诉人于诉讼中为还作出了时效抗辩。那么，侵权行为之主法律关系，和时效抗辩次法律关系，两者究应适用其中单一或不同冲突法则（分割适用），法庭认为应根据是否符合具体妥当性而定。在该案中，双方当事人均认为侵权行为与时效抗辩应适用单一之冲突法则。最后法庭基于当事人对法规范之认知，及其法规范之整体适用，认为应一体适用相同之准据法，以符合个案具体妥当性之要求。

从上述判决来看，台湾地区一些地方法院已经能清楚地认识到涉陆民事关系所可能具有的复杂性，认识到采单一准据法的方式可能将造成案件的最终处理结果欠缺妥当性，故而在法律适用上就不同法律问题分割选法①，或者就损害赔偿之金额采"填补损失原则"，参酌大陆相关标准计算。就追求法律适用精细化及个案公正之价值来看，上述案例之意义殊值肯定。不过，在涉陆侵权事件中，采用分割方法之法院层级仅为地方法院、范围亦仅为个案，尚不能得出其为台湾地区法院司法惯常做法之普遍性结论。但"只要法院愿意就各项法律工具的运用采取较以往更为开放、多元的立场，愿意就个案实体正义的维护作更具体、更客观的评量，那么即使是今日谨慎的迈出一小步，也将会成为明日法学猛进一大步所不可或缺的动力。"②

三、无因管理及不当得利

"两岸人民关系条例"第49条规定："关于在大陆由无因管理、不当得利或其它法律事实而生之债，依大陆之规定。"该规定采单边立法方式，

① 台湾桃园地方法院民事判决2017年重诉字第414号。

② 林恩玮：《国际私法上"分割争点"方法之适用——以"最高法院"两则判决为中心》，台湾《政大法学评论》2011年2月总第119期，第182页。

仅就在大陆之无因管理及不当得利之债作出规定，对发生于台湾地区之无因管理及不当得利之债应适用的法律没有规定，也没有体现其选法之连结因素为何。唯参酌 1953 年订定之"涉外民事法律适用法"第 8 条规定"关于由无因管理不当得利或其它法律事实而生之债，依事实发生地法。"，并结合条例中字里行间之用词，推论本条亦是以"事实发生地"为标准。

实证研究发现，就本条法律适用规范，共有 16 例援用案例，其中 12 例为台湾地区法院按照"事实发生地"在大陆而援引本条认定应适用大陆之法律。另有 4 例，则是类推本条，以"事实发生地"位于台湾地区而适用台湾地区之法律：台湾高等法院民事判决 2010 年上易字第 768 号、台北地方法院民事裁定 2016 年家亲声抗字第 30 号案例是反面类推本条，认为发生在台湾之不当得利应适用台湾地区之法律。台湾新北地方法院民事判决 2013 年劳诉字第 130 号案例及台湾高雄地方法院民事判决 2017 年重诉字第 216 号案例认为本条对非在大陆发生之不当得利之债未作规定，故应适用台湾地区之法律。

特别值得注意的是，台湾高雄地方法院民事判决 2014 年诉字第 2311 号事件中，法庭参照 2011 年新修订之"涉外民事法律适用法"之相关条文，以意思自治原则作为涉陆不当得利争议之准据法选择法理。在该案中原告起诉以双方契约约定及不当得利之法律关系为诉讼请求，就契约关系之准据法适用台湾地区"法律"，双方当事人均不争执，就不当得利之法律适用，法庭虽援引"两岸人民关系条例"第 48 条第 1 项，但随后又论道："本院审酌新修正涉外民事法律适用法第 31 条已规定非因法律行为而生之债，当事人于起诉后得合意适用台湾地区"法律"，其立法意旨在于减轻准据法选择之困难，本件虽无新修正涉外民事法律适用法规定适用，其立法精神仍可参酌，且因法律行为而生之债之关系，各国均已采取当事人意思自主原则，又系争设备交货地及价金给付地均在台湾，原告为台湾法人等联系因素，认双方关于本件准据法均合意适用台湾法为准据法，应堪采认尊重。"

上述判决足认,"两岸人民关系条例"中关于不当得利及无因管理之单边冲突规范条款,因其范围之限定性,在实务中已不敷使用,无法处理发生于台湾地区之不当得利及无因管理争议,且在法律选择理念上亦有待向"涉外民事法律适用法"靠拢。

第三节　知识产权法律适用

随着两岸经济往来的日益频繁,尤其是两岸知识产权市场的逐步形成并壮大,跨法域知识产权纠纷不断增多。虽然两岸以《海峡两岸知识产权保护合作协议》为基础的知识产权跨域保护法律框架得以确立,但该协议仅以建立知识产权行政保护合作机制为主,不涉及两岸知识产权争端解决机制及司法合作[1],故而,两岸跨域知识产权保护问题还远远没有被彻底解决。事实上,在知识产权保护之执法模式上,两岸之间仍有一定的制度性落差。相较于大陆采用司法和行政双管齐下之保护模式,台湾则与欧美类似,主要以司法争讼为主[2]。在当前两岸经济与贸易蓬勃发展的今天,跨两岸知识产权争端已屡见不鲜,实务中,台湾地区法院是如何解决此类纠纷的?由于知识产权保护类型的多样化及诉讼过程的复杂专业性,本节不拟详细讨论两岸知识产权在成立要件、申请主体与保护方式与效力等实体法问题上的差异,而是将关注的焦点放在司法管辖权的确立以及法律适用等问题上。此等问题,一直是立法中未尽详尽之处,特别需要回到司法实践场域去寻找答案。毕竟,法律制度的协调,不仅应关注法律体系本身的差异,更应该关注两岸对知识产权法律事件的司法治理方式及基本共识,重

---

① 曾丽凌:《两岸知识产权争端解决机制评析与展望》,《海峡法学》2014 年第 4 期,第 25 页。

② 冯震宇:《两岸智慧权保护合作协议之落实》,https://www.yumpu.com/xx/document/view/38058657/-,最后访问日期:2020 年 2 月 9 日。

视在法律实践中的法律实务观是否能在不同的法律体系之间相互沟通并最终融贯协调。

实证研究发现，近年来，台湾地区法院的司法实践持较为严格之"属地主义"立场，同时对两岸知识产权纠纷中的管辖权及法律适用问题日益重视，形成了诸多值得研究的司法观点。下文研究即围绕着在立法空白中无法解答的法律适用难题，深入挖掘并总结研究在两岸知识产权司法实务中存在的诸多旨在提高判决准确性和适应性的具体方法和思路。

一、知识产权案件"涉陆"属性之定性

"涉陆"民事案件即包含有涉陆因素的民事案件，凡是民事关系的一方或者双方当事人是大陆人民；民事关系的标的物在大陆境内的；产生、变更或者消灭民事权利国际义务关系的法律事实发生在大陆境内的，均可认为"涉陆"民事案件。理论上认为，一旦案件被确定为"涉陆"民事案件，即应有别于纯境内案件，而产生管辖权确定及法律选择等问题。然而，"两岸人民关系条例"第41条对两岸民事事件的界定，是以当事人的身份作为唯一标准。也就意味着，在知识产权案件中，适用"两岸人民关系条例"应以诉讼中有一方当事人为大陆人民为前提条件。但是，事实上，知识产权案件大多为合同、侵权以及确权案件，"涉陆"因素呈现多样化的状态，或者有大陆一方当事人，或者标的为大陆之知识产权，或者当事人间与知识产权有关的法律关系的产生、变更、终止的法律事实发生在大陆。

如何确定其"涉陆"属性，是否需要援引"条例"？是直接适用台湾地区"法律"解决争讼，还是依照民事诉讼的特别规定解决案件中的程序问题和管辖权问题，并借助冲突规范的指引确定准据法？在实务中，法院有以下几种处理方式：

1.以当事人"涉陆"为"条例"适用之主要因素。在2009年至2019

年间，共有 14 例案件涉陆当事人。其中陆方当事人为原告的有 7 例，为被告的有 7 例。① 其中仅有部分援引了"条例"选法规则以进一步确定法律适用，其他案例或是援引了"涉外民事法律适用法"，或是未说明该案所适用之法律。

2. 双方当事人均非大陆自然人或法人，但案件所涉标的涉及大陆知识产权②。例如：在台湾绿墙开发股份有限公司（台）诉马某（台）请求专利权移转登记案③ 中，争讼标的涉及在大陆之专利权，故法庭认为应有"条例"之适用。

3. 双方当事人均非大陆自然人或法人，但其行为内容"涉陆"。这部分案件大多为侵犯在台知识产权的行为部分在大陆完成或者从大陆进口的商品侵犯在台商标权④，或者在大陆生产之产品侵犯在台之专利权⑤，或者从大陆授权之著作侵犯在台作品之著作权⑥，或者从大陆进口之产品相关技术资料侵犯在台之著作权⑦。在这类案件中，均未援引"条例"对案件的管辖权和法律选择问题进行分析裁断。有个别案件双方当事人均非大陆法人，但贩卖侵害系争知识产权的行为跨越台湾、大陆及外国⑧，或案件当事人中有一方为外国当事人，但于大陆制造侵害系争专利之产品⑨，或案件系争标

---

① 具体数据参见本章文后附录表格：台湾地区法院涉陆知识产权案件（2009 年—2019 年）一览表。

② 智慧财产法院民事判决 2015 年民著诉字第 2 号。

③ 智慧财产法院民事判决 2012 年民专诉字第 37 号，类似的案例还有智慧财产法院民事判决 2015 年民著诉字第 2 号。

④ 智慧财产法院民事判决 2012 年民商诉字第 23 号，智慧财产法院民事判决 2008 年民商上易字第 5 号

⑤ 台湾士林地方法院民事判决 2006 年智字第 33 号，智慧财产法院民事 2008 年民专诉字第 3 号，台湾高等法院高雄分院民事判决 2008 年智上易字第 2 号，智慧财产法院民事判决 2010 年民专上字第 21 号。

⑥ 智慧财产法院民事判决 2009 年民著上字第 10 号。

⑦ 智慧财产法院民事判决 2010 年民著上字第 9 号。

⑧ 智慧财产法院民事判决 2012 年民商诉字第 39 号，台北地方法院民事判决 2007 年智字第 4 号。

⑨ 智慧财产法院民事判决 2010 年民专上字第 21 号。

的为外国及大陆专利权①，法庭径认为涉外因素案件，虽未援引"条例"，但适用了台湾地区"涉外民事法律适用法"定其管辖权及准据法。

二、知识产权法律适用实践总体情况

过去，两岸知识产权纷争之处置，多因为属地主义原则而少有深入的讨论。人们普遍认为知识产权是一种通过国家授权而获得的垄断权利，这种权利的授予手段仅仅在授予该权利的国家境域范围内有效②。知识产权的地域性特征使得其权利效力限定在权利赋予国之权力领域内而不及域外，这就让建立于"法之域外效力"基础之上的传统国际私法的制度方法"失去了支点"。似乎两岸知识产权诉讼无须在法律选择及准据法适用问题上多费思量。这一观念反映在大陆的法院涉外知识产权审判实践中，就是大多数法院在审理涉外商标侵权及（或）不正当竞争案件时根本不考虑法律适用问题，对涉外专利纠纷案件的审理，亦是如此。③就涉台案件审理而言，有的法官即认为：目前的法律和司法解释中关于选择法律的规则中除了2010年12月29日最高人民法院公布的《关于审理涉台民商事案件法律适用问题的规定》外，"还没有其它法律、司法解释明确提出知识产权诉讼可适用中国台湾地区民事法律。在没有出台其它相关的法律和司法解释明确知识产权案件可适用中国台湾地区民事法律的情况下，面对两岸知识产权冲突，法官应当坚持司法的特性，在现有的法律框架中尽可能地寻找解决问题的路径。"④

---

① 智慧财产法院民事判决2016年民专上字第17号

② Eugen Ulmer, *Intellectual Property Rights and the Conflict of Laws*, Kluwer Law and Taxation Publishing Ltd.(1978), P9。

③ 王承志：《论涉外知识产权审判中的法律适用问题》,《法学评论》2012年第1期，第133页。

④ 谢爱芳、林永南：《涉台商标和企业名称纠纷案件中的法律适用》,《人民司法》2012年第16期,第34页。

表 3-1　台湾地区法院涉陆知识产权案件（2009—2019 年）一览表

序号	当事人	案由	案号	涉陆因素	管辖权依据	法律适用依据	法律适用结果
1	赵某（大陆）诉王某即新雨出版社	侵害著作权有关财产权争议	智慧财产法院民事判决2010 年民著诉字第 69 号	当事人	侵权行为地法院管辖	"条例"第 41 条第 1 项、第 50 条及 TRIPS 协议	台湾地区"法律"
2	三民书局股份有限公司诉李某（大陆）	损害赔偿	台北地方法院民事判决2011 年智字第 40 号	当事人	合意管辖	未说明	未说明
	李某（大陆）诉三民书局股份有限公司	著作权权利归属上诉案	智慧财产法院民事判决2013 年民著上字第 11 号	当事人	合意管辖	TRIPS 协议及"条例"第 41 条第 1 项	台湾地区"法律"
3	大箱子数位娱乐有限公司诉广州游爱网络技术有限公司（大陆）	侵害著作权有关财产权争议	智慧财产法院民事裁定2013 年民著诉字第 23 号	当事人	合意管辖（台湾地区法院无管辖权，驳回原告之诉）	未说明	未说明
4	圣扬仑企业有限公司诉蔡某（大陆）及叶某案	侵害著作权有关财产权争议	智慧财产法院民事判决2013 年民著诉字第 40 号	当事人	未说明	未说明	未说明

续表

序号	当事人	案由	案号	涉陆因素	管辖权依据	法律适用依据	法律适用结果
5	美商科林研发公司（Lam Research Corp.）诉新加坡商中微半导体设备股份有限公司及中微半导体设备（上海）有限公司（大陆）	排除侵害专利权	智慧财产法院民事判决2009年民专诉字第10号	当事人	侵权行为地法院管辖	"涉外民事法律适用法"第9条及"条例"第50条	台湾地区"法律"
	美商科林研发公司（Lam Research Corp.）诉新加坡商中微半导体设备股份有限公司及中微半导体设备（上海）有限公司（大陆）	排除侵害专利权上诉案	智慧财产法院民事判决2009年民专上字第58号	当事人	侵权行为地法院管辖	"涉外民事法律适用法"第9条及"条例"第50条	台湾地区"法律"
6	甲某诉上艺兴业有限公司及董某（大陆）	侵害专利权有关财产权争议	智慧财产法院民事判决2010年民专诉字第140号	当事人	侵权行为地法院管辖	未说明	未说明

序号	当事人	案由	案号	涉陆因素	管辖权依据	法律适用依据	法律适用结果
7	台湾绿墙开发股份有限公司（台）诉马某（台）	专利权移转登记	智慧财产法院民事判决2012年民专诉字第37号	标的（大陆之专利权）	被告住居所地法院管辖	"条例"第51条第2项	大陆方面法律
	台湾绿墙开发股份有限公司（台）诉马某（台）	请求专利权移转登记（确认专利权共有）	"最高法院民事判决2014年台上字第1479号"	标的（大陆之专利权）	未说明	未说明	台湾地区"法律"及大陆方面法律
	台湾绿墙开发股份有限公司（台）诉马某（台）	专利权移转登记	智慧财产法院民事判决2014年民专上更（一）字第7号	标的（大陆之专利权）	被告住居所地法院管辖	"条例"第51条第2项	台湾地区"法律"及大陆方面法律
8	捷安特电动车（昆山）有限公司（大陆）诉瑞利宝国际股份有限公司及林某	侵害专利权有关财产权争议	智慧财产法院民事判决2012年民专诉字117号	当事人	未说明	未说明	未说明
	瑞利宝国际股份有限公司及林某诉捷安特电动车（昆山）有限公司	侵害专利权有关财产权争议上诉案	智慧财产法院民事判决2013年民专上字第67号	当事人	未说明	未说明	未说明

续表

序号	当事人	案由	案号	涉陆因素	管辖权依据	法律适用依据	法律适用结果
9	台湾鸿悦国际有限公司诉仇某（大陆）及姚某（大陆）	商标权权利归属	智慧财产法院民事判决2011年民商诉字第45号	当事人	标的所在地法院管辖	未说明	未说明
	台湾鸿悦国际有限公司诉仇某（大陆）及姚某（大陆）	商标权权利归属上诉案	智慧财产法院民事判决2013年民商上字第9号	当事人	标的所在地法院管辖	未说明	未说明
10	圣扬伦企业有限公司(台湾)诉游某(台湾)	侵害商标权有关财产权争议	智慧财产法院民事判决2015年民商诉字第2号	大陆商标在大陆使用在先而受保护，台湾地区当事人以相同商标在台抢注，该商标有得撤销之事由，不得主张商标权利。	标的所在地法院管辖	未说明	未说明

续表

序号	当事人	案由	案号	涉陆因素	管辖权依据	法律适用依据	法律适用结果
11	浙江金陵机械有限公司及上海双手机电有限公司（大陆）诉谢某（台湾）	侵害著作权有关财产权争议等	智慧财产法院民事判决2014年民著诉字第84号	当事人	未说明	未说明	未说明
	谢某（台湾）诉浙江金陵机械有限公司及上海双手机电有限公司（大陆）	侵害著作权有关财产权争议等	智慧财产法院民事判决2015年民著上易字第11号	当事人	侵害著作权行为地	TRIPS协议及"条例"第41条第1项、第50条	台湾地区"法律"
12	元志科技有限公司诉杰比科技股份有限公司	侵害著作权有关财产权争议	智慧财产法院民事判决2015年民著诉字第2号	标的（大陆著作权）	侵害著作权行为地	TRIPS协议及"条例"第41条第1项、第50条、第46条第2项	台湾地区"法律"

续表

序号	当事人	案由	案号	涉陆因素	管辖权依据	法律适用依据	法律适用结果
13	中国砂轮企业股份有限公司诉宋某	专利权移转登记	智慧财产法院民事判决2014年民专诉字第96号	标的（大陆专利申请权和美国专利权）	债务履行地法院管辖	"涉外民事法律适用法"第20条第42条第2项	台湾地区"法律"
	上诉人宋某诉被上诉人中国砂轮企业股份有限公司	专利权移转登记	智慧财产法院民事判决2016年民专上字第17号	标的（大陆专利申请权和美国专利权）	被告住所地及债务履行地法院管辖	"涉外民事法律适用法"第20条、第42条	台湾地区"法律"、大陆方面法律和美国法
14	苏某诉余某及潘某	确认专利申请权共有之诉	台湾新北地方法院民事判决2015年智字第5号	标的（大陆实用新型专利）	未说明	未说明	台湾地区"法律"
	上诉人苏某诉被上诉人余某及潘某	专利权移转登记	智慧财产法院民事判决2016年民专上字第6号	标的（大陆实用新型专利）	未说明	未说明	台湾地区"法律"

序号	当事人	案由	案号	涉陆因素	管辖权依据	法律适用依据	法律适用结果
15	胡某诉王某	侵害著作权有关财产权	智慧财产法院民事裁定 2016 年民著诉字第 14 号、智慧财产法院民事裁定 2016 年民著抗字第 1 号（抗告驳回）、智慧财产法院民事裁定 2016 年民抗再字第 1 号（再审声请驳回）	当事人	无管辖权。纵使有管辖权，该院为不便利法庭，自得拒绝行使管辖权。予以驳回	未说明	未说明
	再审声请人胡某诉再审相对人王某	侵害著作权有关财产权	智慧财产法院民事裁定 2016 年民抗再字第 2 号	当事人	台湾地区应系本件被保护法益受侵害之地，即本件侵权行为之结果发生地，台湾地区法院应有管辖权。本件应无调查证据困难之不便利情形。应由该院第一审续行审理。	未说明	未说明

续表

序号	当事人	案由	案号	涉陆因素	管辖权依据	法律适用依据	法律适用结果
15	胡某诉王某	侵害著作权有关财产权	智慧财产法院民事判决2017年民著更（一）字第1号	当事人	原告主张其著作权受有侵权发生时，其系台湾地区人民，且居住于台湾地区，故台湾系本件法益受侵害之地，即本件侵权行为之结果发生地，故台湾地区法院应有管辖权。	未说明	台湾地区"法律"
16	谢某诉买丰国际有限公司	侵害专利权有关财产权争议	智慧财产法院民事判决2019年民专诉字第6号	当事人	未说明	"条例"第50条	台湾地区"法律"
17	南京卓尚国际贸易有限公司诉功信贸易有限公司	商标权授权契约事件	智慧财产法院民事判决2017年民商诉字第15号	当事人	被告为台湾地区法人，主事务所亦设于台湾地区。	未说明	台湾地区"法律"
	上诉人功信贸易有限公司诉被上诉人南京卓尚国际贸易有限公司	商标权授权契约事件	智慧财产法院民事判决2019年民商上字第6号	当事人	被告为台湾地区法人，主事务所亦设于台湾地区。	未说明	台湾地区"法律"

续表

序号	当事人	案由	案号	涉陆因素	管辖权依据	法律适用依据	法律适用结果
18	声请人甲诉被声请人乙①	侵害著作权有关财产权争议	智慧财产法院民事裁定2019年司民全字第11号	当事人	声请人主张相对人侵害著作权之行为地及损害发生地皆在台湾地区境内，应由台湾地区法院管辖。	"条例"第41条第1项，"条例施行细则"第2条第1项，"条例"第50条，TRIPS第3条	台湾地区"法律"

　　从统计表格来看，目前台湾地区法院在审理涉陆知识产权案件中，运用到"条例"中的法律选择条款的案件相对较少。笔者认为其原因有二：一是由于"条例"是以台湾地区人民与大陆人民之间争讼作为适用之前提，故逻辑上只有在案件当事人涉陆的情况下，方有"条例"中冲突规范的适用可能。因此，大量当事人不涉陆，但争讼原因事实涉陆的案件并未进行选法。二是根据诉讼经济原则，为避免当事人进行与诉讼结果无关之攻击及防御方法，台湾地区智慧财产法院在审理知识产权案件中，不会在将原告诉请及被告抗辩全部调查完毕后，才作出判决，而是对知识产权案件进行分阶段审理。若法庭发现对案件无管辖权或者原告主张缺乏有效证据支持等情况下，即无进行进一步法律适用审理的必要。

　　由于历史的局限性，"条例"无法预见，也未对两岸知识产权案件法律冲突应适用的法律选择规则作出规定。因此，受到立法框架的局限，仅就"法律选择"这一环节，相应的司法实践与时俱进之创新动力不足，也与当前台湾地区涉外民事法律适用的法理水平有一定的差距。总体来说，

---

　　① 公开判决文书中隐去姓名。

实证研究案例呈现以下几个特点：

1. 法律适用结果上，均有适用台湾地区"法律"。在进行了法律选择的案例中，均有适用台湾地区"法律"，个别案件同时适用了大陆方面法律和台湾地区"法律"。

2. 台湾地区法院直接援引 TRIPS 协议对大陆版权人在台湾地区的版权进行保护。

传统著作权法基于严格的地域性要求，通常只对本国作者的作品给予保护。在台湾地区以单独关税区名义加入世界贸易组织后，即应遵守并履行包括 TRIPS 协议在内的 WTO 相关系列条约项下的义务，给予外国版权人以保护。至于保护的方式，则涉及条约在台湾地区的适用方式问题。台湾地区"宪法"仅在其第 141 条中规定："……尊重条约及联合国宪章……"，对于 WTO 相关条约的"接受"方式以及是否能自动执行等问题并未作出明确的规定。从司法实践来看，台湾地区法院对 TRIPS 协议倾向于自动执行，在涉及著作权案件中，直接援引 TRIPS 协议内容作为判决的理由。例如，在台湾地区智慧财产法院在审理涉及大陆人民著作权争议的四个案件[①]中，即引用了 TRIPS 协议对大陆人民之著作给予台湾地区"著作权法"上之相关保护，并论述道：根据台湾地区"著作权法"第 4 条第 2 款规定，可以援引条约作为保护外国人著作的前提。台湾地区自 2002 年 1 月 1 日加入世界贸易组织，该组织 TRIPS 协议第 3 条约定，就智慧财产权保护而言，每一会员给予其他会员国民之待遇，不得低于其给予本国国民之待遇。中国台北与中国均为世界贸易组织成员，故大陆当事人之著作属受台湾地区"著作权法"保护之著作，在台湾地区应受"著作权法"之保护。

[①]　智慧财产法院民事判决 2013 年民著上字第 11 号，智慧财产法院民事判决 2010 年民著诉字第 69 号、智慧财产法院民事判决 2015 年民著诉字第 2 号、智慧财产法院民事判决 2015 年民著上易字第 11 号。

　　3. 突破"条例"以当事人涉陆作为法律选择前提的条件，以系争标的作为援引"条例"之冲突规范的依据。在台湾绿墙开发股份有限公司诉马某专利权移转登记案①中，法庭认为：原告声明请求被告应将系争大陆专利转让予原告，故本事件涉及在大陆之专利权标的，有"两岸人民关系条例"之适用。

　　4. 法律选择依据主要为"条例"第 41 条第 1 项、第 50 条及第 51 条。由于"条例"未对知识产权法律冲突规定选法规则，故有 4 个案例②援引到"条例"第 41 条第 1 项的规定③。在智慧财产权侵权之诉中，有 5 个案例④援引了"条例"中一般侵权选法规则，即第 50 条的规定：侵权行为依损害发生地之规定；但台湾地区之法律不认其为侵权行为者，不适用之。在智慧财产权确权之诉中，有 1 个案例⑤类推适用"条例"中物权选法规则，将专利权为准物权，类推适用"条例"第 51 条第 2 项，即以权利为标的之物权，依权利成立地之规定。在专利权确权之诉中，即以系争专利核准与成立地之规定为准据法，最终认定系争台湾地区专利应依台湾地区之法律，而系争大陆专利应适用大陆之法律。

---

　　①　智慧财产法院民事判决 2012 年民专诉字第 37、类似的案例还有台湾地区智慧财产法院民事判决 2015 年民著诉字第 2 号。

　　②　智慧财产法院民事判决 2010 年民著诉字第 69 号、智慧财产法院民事判决 2013 年民著上字第 11 号、智慧财产法院民事判决 2015 年民著上易字第 11 号、智慧财产法院民事判决 2015 年民著诉字第 2 号。

　　③　"条例"第 41 条第 1 项："台湾地区人民与大陆地区人民间之民事事件,除条例另有规定外,适用台湾地区之法律。"

　　④　智慧财产法院民事判决 2010 年民著诉字第 69 号、智慧财产法院民事判决 2009 年民专上字第 58 号、智慧财产法院民事判决 2010 年民专诉字第 140 号、智慧财产法院民事判决 2015 年民著上易字第 11 号、智慧财产法院民事判决 2015 年民著诉字第 2 号。

　　⑤　智慧财产法院民事判决 2012 年民专诉字第 37 号、智慧财产法院民事判决 2014 年民专上更（一）字第 7 号。

三、知识产权地域性的恪守与发展

值得注意的是，知识产权的地域性管辖原则，其创立是有历史局限性的，在当时的社会条件下，很难想象一项知识产权在多个法域同时遭到侵权。当前，随着科学技术的迅速发展以及两岸关系的日渐改善，两岸人员及知识的流动变得十分便捷且频繁，再加上两岸华人同文同种，在语言、文化及习俗上均不存在交流障碍，这就使得在短时间内跨两岸的知识产权侵权行为变为可能。虽然两岸目前已签署了《海峡两岸知识产权保护合作协议》，但其仅是从权利的基本原则和两岸执法保护的角度，规定两岸人民相互在对方境内享有某些最低限度的权利，本质上知识产权的地域性并没有突破。在实证研究的过程中，可以看到在大量的涉陆知识产权侵权案件中，由于知识产权的地域性特点，在一法域有效的知识产权在另一法域很可能是处于不受保护的状态，人人可以免费利用。即便是同时在两岸获得知识产权保护，因保护水平的高低，往往也会存在侵权的认定和赔偿标准上的差异。这就给跨境知识产权保护问题带来了诸多新的难题。台湾地区自加入 WTO 以来，对于知识产权的保护，一向持积极推进的态度。台湾民众对知识产权普遍也有比较高的法律保护意识。那么，在两岸知识产权侵权纠纷日益复杂化的今天，台湾地区法院是否已突破知识产权的地域性的限制，给予台湾地区知识产权人更强有力的保护呢？下文将重点研究若干案例，试图找到在社会历史条件深刻变化的两岸语境下，台湾地区法院对知识产权地域性属性的理解。

案例一：鸿海精密工业股份有限公司诉日商宽氏股份有限公司（QUASAR SYSTEM INC.）侵权行为损害赔偿案 ①

本案中，鸿海公司主张就本案系争专利依台湾地区"专利法"享有专

---

① 智慧财产法院民事判决 2010 年民专上字第 21 号。

利权，而宽氏公司自 2006 年起在台湾境内侵害其专利权。经庭审查明，宽氏公司系于大陆制造、贩卖含有系争专利之产品。宽氏确曾以"样品"名义向位于台湾地区境内的京华公司贩卖含有系争专利产品，就此在台湾地区境内贩卖系争产品之行为，自应列入损害赔偿之范畴。同时，宽氏还曾于大陆制造贩卖上述产品给仁宝信息技术（昆山）有限公司，该公司将所购得的系争产品组装于宏碁公司笔记本电脑中，再由宏碁公司进口至台湾地区境内销售。对此，鸿海公司主张宽氏所为该侵权行为及于台湾地区，其理由是位于大陆的仁宝信息技术（昆山）有限公司是位于台湾母公司仁宝集团之仁宝公司 100% 持股的全资孙公司，仁宝集团就系争产品之订购单，亦归入仁宝公司合并损益表之营业成本，同时宽氏公司等明知系争产品侵害系争专利，对于该产品安装于仁宝集团组装之笔记本电脑后将进口回台贩卖一事，至少预见其发生而其发生并不违背其本意。

然而，法庭对原告鸿海公司的该主张并不认同，认为位于台湾地区的仁宝公司并未向宽氏公司订购系争产品，购买产品的是位于昆山的仁宝信息技术有限公司，因此系争产品之制造贩卖事实上是在大陆发生。至于仁宝信息技术（昆山）有限公司于大陆向宽氏公司购得系争产品后，将之组装于宏碁公司之笔记本电脑中，再由宏碁公司进口至台湾地区贩售，此属仁宝信息技术（昆山）有限公司与宏碁公司间之另一法律关系，宽氏公司于系争产品贩卖予仁宝信息技术（昆山）有限公司后，该公司如何使用系争产品于笔记型电脑内，以及宏碁公司如何进口该内含系争产品之笔记本电脑至台湾地区境内贩卖，已非宽氏公司所能过问。故鸿海公司主张宽氏公司对于在台湾地区境内公开贩卖之笔记本电脑使用系争侵权产品此一侵权事实，具有间接故意，无疑是要求宽氏公司为第三人，即仁宝信息技术（昆山）有限公司、宏碁公司之行为负责，即属无据。

案例二：启翔股份有限公司诉伟镕缝机有限公司侵害专利权有关财产权争议案 [1]

本案中，启翔公司享有系争专利权，其主张伟镕公司于大陆所举办之鞋业博览会陈列展示系争产品，使业界就系争专利之技术是否为上诉人启翔公司所有一事产生质疑，原告启翔公司之业务上信誉亦因此受有减损，故请求伟镕公司予以赔偿。然而，法庭认为：专利权系采属地主义，故依台湾地区专利法所取得之专利权，其权利范围及效力仅限于台湾地区境内。行为人于台湾地区之制造、贩卖、为贩卖之要约或使用专利权之行为，方为台湾地区专利权效力之所及，至其于大陆之制造、贩卖、为贩卖之要约或使用行为，则非台湾地区专利权人所得行使专利权之范围。故伟镕公司纵系于大陆展示行销系争产品，亦非台湾地区专利权之效力所及，且展示照片等证据亦不足以证明启翔公司之业务上信誉受有何实际损害，故其损害赔偿主张即非有据。

案例三：海荣企业有限公司诉星菱缝机股份有限公司侵害专利权有关财产权争议案 [2]

原告拥有本案系争零组件之台湾地区专利权。原告于大陆购得系争专利产品，乃星菱缝纫机（宁波）有限公司于大陆所制造、销售并委由诉外人大陆厂商义乌市文力织带（拉链）机械有限公司经销。在这种情况下，原告得否对被告依台湾之专利法请求损害赔偿？法庭对此采严格属地主义原则予以否定。被告并未在台湾制造、贩卖系争产品，而被告于大陆制造、贩卖之系争机器或商品型录，纵侵害原告于台湾地区所申请并经准之专利权，但原告系争发明既未于大陆享有专利权之保护，则亦无侵害原告之权利可言。原告又主张被告之公司网站上刊载系争型号之工业用缝纫机图片，属"专利法"第56条规定为贩卖之要约，侵害原告系争专利权。但法庭

---

[1]　智慧财产法院民事判决2011年民专上更（一）字第6号。

[2]　智慧财产法院民事判决2009年民专诉字第85号。

认为原告所提网络上资料该等缝纫机图片，无论有无显示侵害原告系争专利之零件，其并无定价或建议售价，故既不能认为系货物之价目表，则亦不能认为已属贩卖之要约，故原告以此主张被告已为贩卖之要约，而侵害原告系争专利权，亦不成立。原告再又主张被告曾有进口一台系争型号之缝纫机至台湾，系属侵害原告专利权之行为。但法庭认为该机器系用于参加德国科隆所举办之国际制衣、纺织展，并无任何销售行为，且虽型号相同，但亦不能证明该参展机器上之零件侵害原告之专利权，原告之主张，仍不能成立。

案例四：毕卡索国际开发有限公司诉毕加索国际企业股份有限公司及诠胜国际股份有限公司侵害商标权有关财产权争议案①

本案中，原告毕卡索国际开发有限公司主张被告毕加索国际企业股份有限公司在其网站以"PICASSO"表彰其商品，网站之管理机构为财团法人台湾网路资讯中心（TWNIC），且网站上载明"台北世贸中心"有设置店铺，并有繁体版网页之联结，故侵害其在台注册商标权。被告毕加索公司抗辩称，其已在大陆已注册取得"PICASSO"、"毕加索PICASSO"商标权，并提出大陆核发之商标注册证为凭。网页是被告为向大陆推广被告在大陆而设，且服务器设于大陆。

对于被告的行为是否越过大陆之商标权法域，进而侵害原告在台之商标权，法庭对此采取了严格属地主义主张，认为从事实上来看该网页内容全部使用简体中文，所载联络地址、电话均为大陆之上海地址及电话，无法认定毕加索公司在台湾地区有使用"PICASSO"商标及行为。原告虽指称该网站之管理机构为财团法人台湾网路资讯中心（TWNIC），且网站上载明"台北世贸中心"有设置店铺，并有繁体版网页之连结等等，但网站之管理机构位于何处，与商标使用地域之认定无涉；原告又未能举证毕加

---

① "最高法院民事判决2013年台上字第974号"。

索公司在台北世贸中心之店铺有使用系争商标行为及繁体版网页内容；且该繁体版网页之连结不可视为毕加索公司在台湾地区有使用"PICASSO"商标之行为，否则将使商标审查与登记注册，因互联网世界之无国界性质，而丧失属地性。因此其主张毕加索公司侵害其商标权，请求排除侵害及损害赔偿，均属无据。

案例五：台湾形颖股份有限公司诉富儿企业股份有限公司损害赔偿案 [①]

在原告自第诉外第三人取得商标专属授权。原告曾被告代为生产使用系争商标之两款服饰。后双方之间达成不出货之解约合意。然而，被告未依据两方间瑕疵品应予剪标处理之业界惯例，将系争商标完全从系争服饰上除去。原告之后在大陆淘宝网网络购物平台上发现有网络店家以低价陈列贩售系争商品，经原告追查，确认淘宝网上所贩售之该批服饰，即系前开因有瑕疵而经双方同意解约不出货之系争服饰。故原告主张被告未将系争商标从系争服饰上剪标除去，即让该等未获原告同意使用其商标之服饰外流到市面贩售，显已侵害原告商标权，被告应依台湾地区"商标法"规定，对原告负损害赔偿之责。法庭认为商标权乃采属地主义，亦即商标权的保护范围，仅止于申请注册的法域。而本案使用系争商标之行为在大陆，即非系争商标权有效之地域范围内，故自无成立侵害商标权之余地。

案例六：南台湾钓具有限公司诉日商丸九股份有限公司商标权其他契约争议上诉案 [②]

本案中，日商丸九股份有限公司拥有在台注册商标权，南台湾钓具有限公司曾侵害其商标权经台湾地区桃园地方法院刑事判决判处徒刑。双方曾就此事签订和解书，和解书禁止南台湾钓具有限公司侵害系争商标之地区，包含台湾地区以外之区域。然而，南台湾钓具有限公司于签订系争和

---

① 台湾台北地方法院民事判决 2011 年智字第 33 号。

② 智慧财产法院民事判决 2011 年民商上字第 15 号。

解书后，除以厦门鱼夫钓具店为其大陆营业总部在大陆进行广告、宣传、展销附加近似图样之钓饵产品外，并在公司网站广告、宣传附加近似图样之钓饵产品之行为。职是，法庭认定南台湾钓具有限公司之行为违反系争和解书约定，其成立违约之行为，自应负违约责任。

从上述案件，我们可以总结出台湾地区法院对知识产权地域性的若干观点：

1.在判断一般侵权行为之管辖权以及认定是否为侵权行为以及损害赔偿范围问题上，台湾地区法院均将关注之重点放在跨境侵权行为之地域性问题上，不仅考查侵权行为在何处所为，而且分辨损害后果是否及于台湾地区境内。例如，在案例一中，宽氏确曾以"样品"名义向位于台湾地区境内的京华公司贩卖含有系争专利产品，就此在台湾地区境内贩卖系争产品之行为，自应列入损害赔偿之范畴。案例二中，伟镕公司纵系于大陆展示行销系争产品，亦非台湾地区专利权之效力所及，且展示照片等证据亦不足以证明启翔公司之业务上信誉受有何实际损害，故其损害赔偿主张即非有据。案例三中，当事人于大陆制造、贩卖之系争机器或商品型录，纵侵害原告于台湾地区所申请并经核准之专利权，但原告系争发明既未于大陆享有专利权之保护，则亦无侵害原告之权利可言，不成立侵权，无须赔偿。

2.在判断损害后果是否及于台湾地区境内，采取了较为严格的认定标准。

案例一中，系争侵权产品是由位于大陆的台湾地区法人之全资子公司贩卖，虽然其就系争产品之订购单，亦归入位于台湾地区之被告公司的合并损益表之营业成本，但法院并未认可这是一种"损及台湾地区境内的"后果。即便被告可预见侵害系争专利之产品未来将进口回台贩卖，但如果其仅具有间接故意，且贩卖行为链中加入了第三人之作为，则亦不能让台湾地区法人为第三人之行为负责，侵权主张亦属无据．案例三中被告虽然曾进口一台系争型号之缝纫机至台湾，但法庭认为该机器系用于参加德国科隆所举办之国际制衣、纺织展，并无任何销售行为，亦非损及台湾地区之后果。

3. 互联网环境下，依然严格解释适用侵权行为的地域性属性。

当前，随着互联网用户的迅速增长，电子商务在整个商务活动中的比重越来越大，知识产权的使用亦随之在虚拟空间中扩展开来。这样的交易模式轻易地打破了传统商业模式中地域性特点限制，例如在互联网主页上使用商标，即使该标志的使用者没有或暂时没有开展任何商业活动，也可能在商标注册地产生商业影响。所以，在判断互联网环境下，商标的使用活动是否发生跨界侵权，应重点看使用者从事商业活动的程度和性质如何。

例如，在案例三中，被告公司于网站上刊载系争型号之工业用缝纫机图片本身是否属"专利法"第 56 条规定为贩卖之要约，是否侵害原告系争专利权？可否认为图片使用者有与台湾地区境内的人士建立具有商业关系的动机？法庭认为其并无定价或建议售价，故既不能认为系货物之价目表，则亦不能认为已属贩卖之要约，故原告以此主张被告已为贩卖之要约，而侵害原告系争专利权，亦不成立。

又如案例五中，在台湾地区已经注册的商标在台湾地区受到法律的保护，自无异议。此时，若另一商标权利人在大陆依法申请商标而获得法律保护之后，该权利人自然有权在互联网上对该商标进行合法使用。这样原本在两岸各自法域范围之内相安无事的状况随之被打破。如何认定一方的商标权使用行为是否冲破了地域限制，而侵害到他人的商标权呢？在该案中，原告认为被告之网站管理机构为财团法人台湾网路资讯中心（TWNIC），且网站上载明"台北世贸中心"有设置店铺，并有繁体版网页之联结，其使用标志的行为侵害了原告在台注册商标权。那么，法庭是如何依据地域性原则，判断某一标志的使用是否在台湾地区境内产生商业影响并成立侵权行为的呢？法庭对此采取了严格属地主义主张，考查了被告就标志的使用，列明地址、电话号码或其他联系方式，以及被告在网页所使用的语言文字等，认为无法认定被告在台湾地区有使用系争商标之行为。而且进一步认定网站之管理机构位于何处，与商标使用地域之认定无涉，且该繁体版网页之连结不可视为毕加索公司在台湾地区有使用系争商标之行为。

4. 知识产权地域性保护不影响双方当事人以契约方式约定权利行使之权利义务，并就违反契约行为承担违约责任。

案例六南台湾钓具有限公司诉日商丸九股份有限公司商标权其他契约争议上诉案、崧佑工业有限公司诉畲文彬损害赔偿案[①] 说明，两岸知识产权保护体系并没有消除知识产权的地域性特征，反而在司法实践中进一步确认了两岸知识产权权利独立原则，实质上也通过法律裁判表明了尊重地域性原则的态度。

"地域性"固然与知识产权确实有着根深蒂固的联系。但实证研究中的诸多案例却展现了事实的另一面：新出现的发明创造，只要它能够带来利润，寻租者就会千方百计地去获取，并利用两岸知识产权法律规定的不同以及知识产权保护受地域限制的特点而寻找获利空间。以专利权为例，如果一种专利依据台湾地区智慧财产法律取得专利权之后，则任何人非经权利人许可同意，在台湾地区境内生产、销售该专利产品，均为侵权。但若当事人亲自或委托他人于大陆制造[②]，又有甚者在大陆设立关联子公司利用台湾地区专利技术在大陆制造贩卖相关产品获利[③]，当然，从属地性出发，若在台权利人未于大陆申请享有专利权之保护，则无侵害在陆权利一说。可是，如果没有地域性限制，在统一市场和自由贸易的前提下，权利就能够以其技术创新价值之本真而得到跨境保护。但现实是，两岸法域依然严格依照地域边界保护权利人之知识产权，权利人的索赔即可能碍于地域的

---

① 台湾士林地方法院民事判决 2012 年智字第 7 号。

② 台湾士林地方法院民事判决 2006 年智字第 33 号，智慧财产法院民事判决 2010 年民专上字第 21 号。

③ 智慧财产法院民事判决 2009 年民专诉字第 85 号。

差异以及法域的不同而徒增障碍。未来，随着两岸社会历史条件的变化，是否可能有一天，作为一种由法律确认的权利，知识产权会突破严格的地域性，取得类似物权平权般的效力，两岸相互承认依据对方法律产生的知识产权？或者通过协议，通过特定的方式协调两岸在知识产权问题上的利益冲突和政策差异？从当前的立法和实践来看，突破知识产权的地域性虽然是可能的，但是，要做到这一点并非容易。至少，从目前的台湾地区法院的司法实践来看，对严格地域性的突破还是非常有限的。

因此，作为两岸从业者而言，首先，应充分利用两岸知识产权法律保护好相关知识产品的价值，就须注册产生的权利而言，例如专利权和商标权，最佳的办法就是同时在两岸申请权利之保护，以杜绝他人之盗用侵权。在签订契约时，亦可将约定权利地域范围进行适当扩展。其次，应根据实际需要选择在对岸境内设立办事机构或开展商业活动。不要盲目地进入对岸市场，尤其是自己没有足够的知识产权储备，基本上处于低端模仿或抄袭对方技术的状况时，更应注意知识产权可能侵犯他人权利而承担的责任。虽然知识产权具有严格的地域性，似乎可以心安理得地使用那些不受境内保护的专利技术，但是如前文所述，台湾地区法院行使其管辖权，不仅考虑侵权行为地，而且包括损害发生地，如果产品被贩卖至专利受保护境内地域，生产者的行为同样会被指控为侵权行为，也就是在大陆完成的侵权行为最终仍有可能成为台湾地区权利人所在地法院审理的范畴。

第四节　亲属法律适用

亲属，于台湾地区"民法"可分为血亲（自然血亲与拟制血亲）及姻亲：姻亲指因婚姻关系而发生之亲属；自然血亲为具有血缘关系者，但非婚生子女尚未经生父认领前，在法律上尚非血亲，反之，被推定为婚生之子女，与推定生父虽无父子女之血缘关系，但于婚生否定之诉判决确定前，仍为法律上之血亲；拟制血亲为依法律规定而取得血亲身份之亲属，一般指养子女与养父母之血亲而言，被推定婚生之子女与推定生父之间虽非真实之父子女关系，但于婚生否认之起诉期间过后，则确定为法律上拟制父子女关系。[①] 根据"民法"对亲属之分类，"两岸人民关系条例"对涉陆亲属关系之诉，分别识别为婚姻、认领、收养、父母子女关系、监护、扶养，并规定了相应的法律适用规范。[②] 前文法律适用条款援用实证研究数据表明，在涉陆亲属之诉中，婚姻、收养法律适用条款得到较多的援引，本节研究即围绕涉陆婚姻、收养展开。

一、婚姻

"条例"中共有三条冲突规范处理两岸婚姻法律冲突问题，分别涉及结婚及离婚之要件、判决离婚之理由、结婚及离婚之效力及夫妻财产制，见于第 52 条"结婚或两愿离婚之方式及其它要件，依行为地之规定。判决离婚之事由，依台湾地区之法律。"第 53 条"夫妻之一方为台湾地区人民，一方为大陆地区人民者，其结婚或离婚之效力，依台湾地区之法律。"第 54 条"台湾地区人民与大陆地区人民在大陆地区结婚，其夫妻财产制，依该地区之规定。但在台湾地区之财产，适用台湾地区之法律。"

（一）在台湾的司法实务中，第 52 条和第 53 条常混用于判断涉陆假结婚争议，这是因为在假结婚的定性上，各地法院的认识有所不同。

有的法院将假结婚定性为因缺乏婚姻真实意思而致的婚姻不成立，因此援引第 52 条关于婚姻构成要件的冲突规则确定准据法；有的法院将假结婚定性为因以合法形式掩盖非法目的而致的婚姻无效，因此援引第 53

---

① 詹森林、冯震宇、林诚二、陈荣传、林秀雄：《民法概要》，台北五南图书出版股份有限公司 2012 年第九版，第 599 页。

② "两岸人民关系条例"第 52—59 条。

条关于婚姻效力的冲突规则确定准据法。此外，还有的判决认婚姻得撤销，或确认婚姻关系不存在。[①] 法院处断的莫衷一是，也让当事人在起诉时无所适从。有的当事人为了保险起见，干脆在起诉时一并提出两个声明，例如："原告无结婚之意思而与被告通谋虚伪结婚，两造间因欠缺结婚之实质要件而属无效或不成立。并先位声明：确认两造之婚姻无效；备位声明：两造之婚姻关系不成立。"[②]

对此问题，台湾地区 2013 年 1 月 11 日公布的"家事事件法"中有所回应，该法第 3 条将"确认婚姻无效、婚姻关系存在或不存在事件"定位为甲类事件，说明法律上将婚姻无效和婚姻关系存在或不存在是作为两个不同的法律问题来对待的，但考虑到司法实务将二者常混为一谈，所以在该条的条文对照表第 3 条立法理由第 2 点说明中特别强调："婚姻关系存在或不存在事件（含向来实务上诉请确认婚姻是否有效或是否成立之事件在内）"。也就是认为实务中很多诉请确认婚姻是否有效之事件准确来讲均应为婚姻关系存在或不存在事件。在台湾司法实务中，不少法官在判决书中，对这一问题的"识别"亦是持此观点，例如：台湾高等法院台中分院民事判决 2011 年家上字第 27 号判决中，对婚姻效力问题和婚姻成立与否问题进行了辨别，文中论述到：所谓确认婚姻不成立之诉，系主张无结婚之事实，而有婚姻之形式；至于婚姻无效之诉，则系主张有结婚之事实，而其行为无效而言（"最高法院 1997 年台上字第 483 号"判决意旨参照）。又当事人如未履行或未完全履行婚姻要件时，其婚姻既不成立，自不发生任何婚姻之法律上效力，无须法院之判决，任何人均得主张之，但发生争执时，有确受判决之法律上利益者，自得起诉请求确认婚姻不成立，即提起确认婚姻不成立之诉，而非提起确认婚姻无效之诉。然当事人如已达成婚

[①] 伍伟华：《涉陆婚姻事件之区际管辖与法律适用》，台湾《法律丛刊》2013 年第 4 期，第 111-115 页。

[②] 台湾台北地方法院家事判决 2012 年家诉字第 213 号。

姻要件，但如属法律上规定之禁婚亲或为重婚或为一人同时与二人以上结婚时，则为已成立之婚姻，依法应归于无效，以此为原因，请求法院为确认之判决，即应提起确认婚姻无效之诉。至于当事人举反证推翻推定之效力时，因所争执者为曾否履行婚姻之方式，即属婚姻有无成立之问题，应提起婚姻成立或不成立之诉，而非婚姻无效之诉"。又如，在台湾高等法院高雄分院民事判决 2012 年家上字第 45 号判决，当事人诉请"确认婚姻无效"，法官在文书中就如何选法，对"条例"第 52 条和第 53 条的具体应用作出了辨别，认为："其中第 53 条所称'结婚之效力'系指婚姻成立后夫妻间之权利义务关系而言，非指结婚（婚姻）本身有成立不成立或有效无效之问题，该问题应系"两岸人民关系条例"第 52 条第 1 项所规范。本件上诉人既主张其为台湾地区人民、被上诉人为大陆人民，两造于 2010 年 8 月 30 日在大陆公证结婚，唯未在台湾地区办理结婚登记，因此两造间婚姻关系无效等语，显系争执两造之婚姻是否因违反我国民法第 982 条、第 988 条第 1 款之规定而无效，并非争执婚姻成立后两造之权利义务关系。是以揆诸上开说明，本件准据法应依两岸人民关系条例第 52 条第 1 项择之，即以行为地即大陆之法律来判断两造婚姻关系是否无效。"

　　在台湾地区，涉陆婚姻的成立与否问题还有可能构成刑事判决或行政判决的先决问题，理论上应依冲突法规则确定其准据法。为了获得对这一问题的准确认识，笔者特将搜寻案例的范围扩大至刑事判决和行政处分文书，发现自 2009 年 1 月 1 日至 2019 年 12 月 31 日：（1）共有 33 件刑事判决在犯罪事实认定部分援引了第 52 条第 1 款，罪名涉及伪造文书[①]、妨

---

　　① 台湾高等法院高雄分院刑事判决2012年上诉字第1113号,台湾高雄地方法院刑事判决2011年审诉字第2891号、2011年审诉字第3587号、2012年审诉字第1695号、台湾新北地方法院刑事判决2013年易字第2202号。

害婚姻①、重婚②以及违反"两岸人民关系条例"③,其中违反"两岸人民关系条例"具体指的是第10条、第15条和第79条,涉及因"假结婚"非法入境台湾等犯罪事实。例如:在台湾基隆地方法院刑事判决2012年诉字第168号判决中论述到:"台湾地区人民某某与大陆人民某某在大陆办理结婚之目的,系为藉徒具合法外观之结婚事实,使大陆人某某得以规避入台管制,顺利进入台湾地区,而非为求一男一女之两性结合、组织家庭并共同生活,由此足见,被告某某与大陆人民某某并无互营婚姻生活之意思合致,而只不过是通谋而为虚伪之结婚意思表示,是就令渠等业已践行《中华人民共和国婚姻法》所规定之结婚方式及要件,齐备婚姻之形式要件(结婚之方式及其它要件,依行为地即大陆法律规定)而有结婚之事实,然渠等既系基于通谋虚伪而互为结婚之意思表示,按诸前开规定(结婚之效力,依台湾地区"法律"规定),渠等婚姻仍属无效,且为自始、当然、绝对无效。"(2)共有1件刑事裁定④援引了第52条第1款,用于认定声请人为被告之配偶,得向法院声请具保停止羁押。(3)共有11件行政法

---

① 台湾台北地方法院刑事判决2010年简上字第403号,台湾台北地方法院刑事简易判决2010年简字第3437号、台湾云林地方法院刑事判决2011年诉字第420号、台湾高等法院台中分院刑事判决2013年上诉字第1859号、台湾台中地方法院刑事判决2013年诉字第1388号、台湾高雄地方法院刑事简易判决2019年简字第1696号。

② 台湾高雄地方法院刑事简易判决2011年简字第2813号。

③ 台湾高等法院高雄分院刑事判决2012年上诉字第1114号、台湾台北地方法院刑事判决2010年诉字第1379号,台湾宜兰地方法院刑事判决2009年诉字第243号,台湾基隆地方法院刑事判决2012年诉字第168号、台湾基隆地方法院刑事判决2010年诉字第632号、台湾基隆地方法院刑事判决2010年诉字第447号、台湾基隆地方法院刑事判决2009年诉字第585号、台湾台中地方法院刑事判决2011年诉字第2275号,台湾桃园地方法院刑事判决2011年诉字第25号、台湾云林地方法院刑事判决2013年诉字第558号、台湾云林地方法院刑事简易判决2012年简字第12号、台湾云林地方法院刑事简易判决2010年简字第31号、台湾云林地方法院刑事简易判决2010年简字第8号、台湾云林地方法院刑事判决2009年诉字第641号、台湾云林地方法院刑事判决2012年诉字第706号,台湾高雄地方法院刑事判决2011年审诉字第2891号、2011年审诉字第3587号、2012年审诉字第1695号、台湾高雄地方法院刑事判决2015年诉字第720号、台湾台中地方法院刑事判决2015年诉字第813号、台湾高等法院高雄分院刑事判决2018年上诉字第588号。

④ 台湾新北地方法院刑事裁定2017年声字第4818号。

院判决① 在事实部分援引了第 52 条第 1 款。例如：在台北高等行政法院判决 2010 年诉字第 1635 号文书中论述到："本件依台湾地区与大陆地区人民关系条例第 52 条第 1 项规定，原告与某某在大陆结婚，形式上（姑且不论其婚姻之真实性）原告既为某某之夫，对于某某能否来台团聚，已影响渠等在法律上夫妻同居义务之履行及日常家务之代理权（民法第 1001 条、第 1003 条），属法律上之利害关系人，依诉愿法第 18 条规定，自得以利害关系人之身份提起诉愿，并得为适格之原告。"

（二）在司法实务中，判决离婚的理由以及离婚的效力均适用台湾地区

关于酌定协议离婚后未成年子女之监护权事项，多被认为是属于离婚之效力问题，适用台湾地区"法律"②，也有的案件将有关离婚后未成年子女权利义务之行使与负担事件与父母子女间之法律关系视为同一问题，合并适用"条例"第 57 条关于父母子女间之法律关系依子女设籍地区之规定③。

（三）关于夫妻财产制的法律适用规定，在继承案件以及婚姻关系存续中夫妻间财产分配中予以适用。

在婚姻关系存续中夫妻间财产争议案件④ 以及继承案件⑤ 中，在划定继承份额之前，配偶之间先行进行夫妻间财产分配，均适用"条例"中关于

---

① 台北高等行政法院判决 2014 年诉字第 1885 号、2014 年诉字第 1747 号、2014 年诉字第 1881 号、2010 年诉字第 2156 号、2010 年诉字第 1635 号、2010 年诉字第 200 号、2009 年诉字第 1923 号、2009 年诉字第 1055 号、2009 年诉字第 666 号、2008 年诉字第 850 号、台湾台中地方法院行政诉讼判决 2015 年简字第 35 号。

② 台湾高雄地方法院民事裁定 2012 年监字第 299 号、台湾高雄少年及家事法院民事裁定 2013 年家亲声字第 69 号等。

③ 台湾台中地方法院家事裁定 2012 年监字第 219 号、台湾台中地方法院民事裁定 2012 年监字第 48 号等。

④ 台湾高等法院民事判决 2016 年上字第 584 号。

⑤ 台湾台中地方法院民事判决 2011 年重家诉字第 1 号、台湾桃园地方法院民事判决 2017 年家诉字第 37 号、台湾士林地方法院民事判决 2016 年家诉字第 53 号。

夫妻财产制的法律适用规定，在大陆的财产适用大陆方面法律，在台湾地区的财产适用台湾地区"法律"。

二、收养

"条例"中关于两岸收养的冲突规则体现在第 56 条："收养之成立及终止，依各该收养者被收养者设籍地区之规定。收养之效力，依收养者设籍地区之规定。"除却冲突规范，"条例"针对台湾地区人民收养大陆人民为养子女还特别设置了实体限制规则，体现在第 65 条："台湾地区人民收养大陆地区人民为养子女，除依民法第一千零七十九条第五项规定[①] 外，有下列情形之一者，法院亦应不予认可：一、已有子女或养子女者。二、同时收养二人以上为养子女者。三、未经行政院设立或指定之机构或委托之民间团体验证收养之事实者。"

从收养冲突规范适用实务来看，关于收养效力之问题，无一例案例。实证研究表明，2009 年至 2019 年共 213 件案例中，所有案件均集中在收养之成立与终止问题。依受案量从大到小，依次可分为三种案件类型：申请法院认可收养，申请终止收养关系，继承权相关诉由（收养关系成立作为继承之先决条件），监护宣告相关诉由（收养关系作为监护宣告声请人资格之先决条件）。

---

① 已于 2007 年 5 月 23 日修正为第 1079 条第 2 款。

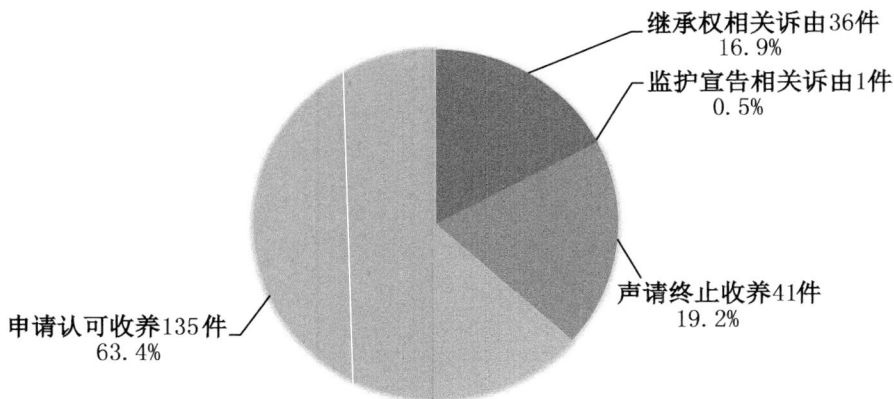

继承权相关诉由36件
16.9%

监护宣告相关诉由1件
0.5%

声请终止收养41件
19.2%

申请认可收养135件
63.4%

图表来源：作者自制

图 3-1 台湾地区收养相关案件类型统计

（一）申请认可收养

依"条例"的规定，涉陆收养之成立应依各该收养者被收养者设籍地区之规定，其原意本应是区别收养者被收养者之要件，分别适用台湾地区与大陆之法律，但在实践中，本条却被视为重叠适用型冲突规范，大多数法院就所有关于收养者和被收养者要件，全面依台湾地区"法律"和大陆方面法律予以审查，只要有任一不符合法律要件的情形，该收养申请即得不到认可。[①] 这种严格主义的结果就是，收养申请在台湾被驳回的几率是较高的，达到34%，如图 3-2 所示：

[①] 例如,台湾基隆地方法院民事裁定2011年家抗字第17号、台湾新竹地方法院民事裁定2012年司养声字第55号等裁判书，即明确表明了重叠适用大陆方面法律及台湾地区"法律"之意思。

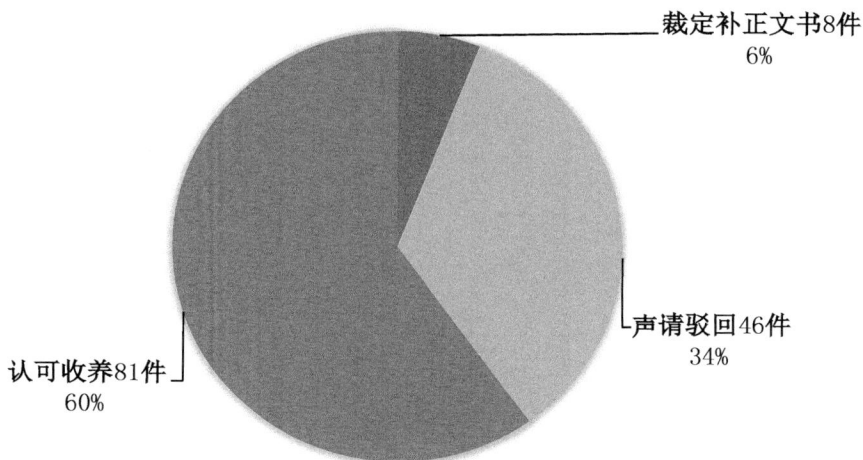

裁定补正文书8件
6%

声请驳回46件
34%

认可收养81件
60%

图表来源：作者自制

图 3-2　台湾地区收养申请裁定结果统计

其中，依据台湾地区"法律"驳回收养申请之依据又以"条例"第 65 条为援引之最。该条针对台湾地区人民收养大陆人民增设了三个限制性条件。尽管该规定以法院为其规范对象，但规范效力导致之结果，实际上增加了台湾地区人民收养大陆人民为养子女的消极要件。在 2019 年至 2019 年申请认可收养案中，共有 67 例案件适用了第 65 条，其中共有 30 例申请案因不符合第 65 条规定而被驳回，占申请驳回案件总量之 44.78% 之多，是影响台湾地区人民收养大陆人民之最主要障碍，不无质疑之余地。

该条制定当初所议之立法理由为："二、台湾地区人民收养大陆地区人民为养子女，原可依民法有关规定办理，惟为顾及台湾地区人口压力及社会安全、安定，自有加以限制之必要，爰规定已有子女或养子女者、同时收养二人以上为养子女者，法院亦应不予认可。三、大陆地区幅员广大，查证不易，收养事实若未经行政院设立或指定之机构或委托之民间团体调查并予验证，易滋流弊，爰为本条第三款之规定。"该限制仅针对收养大陆人民为养子女，不及于收养大陆以外任何地区之人民为养子女，这种差别待遇之限制，于手段和目的之间实际欠缺实质关联，非但不必要，而且违反比例原则及平等原则，对人格自由及家庭权利亦造成过度的侵害。在实务中，就有两起案例①对"条例"第 65 条第 1 款提出抨击和质疑。两案在抗告及再抗告都遭裁定驳回并确定后，分别申请解释，大法官因主张相同而并案审理。"司法院大法官"于 2013 年 10 月 4 日举行第 1409 次会议作成释字第 712 号解释，认为：台湾地区人民收养配偶的大陆子女，对婚姻幸福、家庭和谐及被收养人的身心发展与人格形塑都有帮助，如果"条例"第 65 条第 1 款规定并没有排除这种情形的适用，就与人民婚姻及家庭应受制度性保障，还有维护人性尊严及人格自由发展不符。也就是说，对人民收养其配偶的大陆子女自由加以限制所造成的效果，与想要保护的公共利益，明显失衡，这项限制已属过当，应自即日起失其效力。

（二）申请终止收养关系

依"条例"规定，涉陆收养之终止，也应是依各该收养者被收养者设籍地区之规定。其原意本也应是区别收养者被收养者之要件，分别适用台湾地区与大陆之法律。在实践中，本条适用的情况却不一而足，有的是重叠适用大陆方面法律及台湾地区"法律"，②有的是选择性适用大陆方面法律或台湾地区"法律"，即只要具备任一法律可终止收养之情形，该收养

---

①　案例一历经多次审理，分别为：台湾台北地方法院民事裁定 2007 年养声字第 300 号、台湾台北地方法院民事裁定 2008 年家抗字第 11 号、台湾高等法院民事裁定 2008 年非抗字第 70 号。案例二亦经多次审理：台湾板桥地方法院民事裁定 2011 年司养声字第 72 号、台湾板桥地方法院民事裁定 2012 年司养声字第 264 号、台湾高等法院民事裁定 2012 年非抗字第 31 号。

②　台湾士林地方法院民事判决 2009 年亲字第 5 号、台湾士林地方法院家事裁定 2012 年亲字第 30 号、台湾台北地方法院民事判决 2010 年亲字第 93 号、台湾桃园地方法院民事裁定 2012 年家亲声字第 238 号台湾桃园地方法院家事裁定 2012 年家亲声字第 290 号、台湾高雄地方法院民事判决 2008 年亲字第 75 号、台湾桃园地方法院民事裁定 2015 年家亲声字第 447 号、台湾台北地方法院民事裁定 2016 年家亲声抗字第 32 号等。

关系即告终止。虽有个别因依《中华人民共和国收养法》而终止的情形，[①]
但多数情况下，主要审查的是台湾地区之收养法。[②]

（三）继承权相关诉由

该法条项下所涉继承权相关诉由，包括声明继承、抛弃继承、确认继
承权存在以及选任遗产管理人。无一例外，均是将收养关系成立与否作为
继承之先决条件进行单独选法。从近十年的的 36 例案件来看，共 34 例案
件否定收养关系的成立，其中有 33 例案件其否定的理由为未在台湾地区
向法院申请认可收养，而无论其是否在大陆完成收养登记手续，仅有 1 例
案件[③]否定的理由是该收养关系存有法院不得予以认可之法定理由。仅有
2 个认可收养关系成立的案件：一是收养人与被收养人均为大陆人士，其
间收养关系的认定应依大陆收养法，不过 1992 年前大陆无收养法，因此
系争收养关系，即应适用台湾地区"法律"，依台湾地区"法律"，二者之
间收养关系成立[④]；二是系争收养关系已符合《中华人民共和国收养法》颁
布前之收养规定并已向大陆方面民政局办理收养登记，而且收养契约系于
"两岸人民关系条例"公布施行前成立，不违背当时台湾地区修正前"民
法"，不违反台湾地区公共秩序或善良风俗之情形，因此，即便该收养关

---

① 台湾台北地方法院民事裁定 2009 年司养声字第 129 号、台湾台南地方法院家事裁定 2011 年家诉
字第 413 号。

② 台湾台北地方法院民事判决 2009 年亲字第 170 号、台湾台北地方法院民事判决 2010 年亲字第 80
号、台湾基隆地方法院民事判决 2011 年亲字第 45 号、台湾台北地方法院民事判决 2009 年亲字第 77 号、
台湾台北地方法院民事判决 2009 年亲字第 4 号、台湾基隆地方法院民事判决 2011 年亲字第 45 号、台
湾高雄地方法院民事判决 2011 年亲字第 147 号、台湾台北地方法院民事裁定 2015 年家亲声字第 193
号等。

③ 台湾桃园地方法院民事裁定 2012 年司声继字第 29 号。

④ 台湾高等法院民事判决 2013 年家上字第 258 号，该案历审裁判：台湾台北地方法院 2011 年家诉
字 435 号裁定、台湾台北地方法院 2011 年家诉字 435 号裁定、台湾台北地方法院 2011 年家诉字 435
号判决、台湾高等法院 2013 年家上字 258 号裁定、"最高法院 2014 年台上字 1749 号"裁定、台湾台
北地方法院 2011 年家诉字 435 号裁定。

系未经台湾地区法院认可，但亦应承认该收养关系为合法有效。①

（四）监护宣告相关诉由

该法条项下所涉监护宣告相关诉由，是将收养关系成立与否作为监护宣告声请人资格厘定之先决条件进行单独选法。台湾地区"民法"对监护宣告之声请人，限定于"因本人、配偶、四亲等内之亲属、最近一年有同居事实之其他亲属、检察官、主管机关或社会福利机构之声请，为监护之宣告"。② 该案中，法院认定双方间收养关系未经法院认可，故声请人无资格进行监护宣告之声请。③

第五节　继承法律适用

一、大陆人民继承台湾地区人民遗产之特别程序

（一）法律规定及判解函释补充

"条例"第 66 条第 1 项规定："大陆地区人民继承台湾地区人民之遗产，应于继承开始起三年内以书面向被继承人住所地之法院为继承之表示；逾期视为抛弃其继承权。"依此规定，必须是大陆人民继承台湾地区人民之遗产，始有该条之适用。如系大陆人民继承大陆人民留在台湾之遗产，自无条例规定之适用。④ 同样的道理，台湾地区人民继承台湾地区人民留在

---

① 台湾台北地方法院民事裁定 2016 年家声抗更（一）字第 1 号，该案历审裁判：台湾台北地方法院 2015 年司声继字 16 号裁定、台湾台北地方法院 2015 年司声继字 16 号裁定、台湾台北地方法院 2015 年家声抗字 64 号裁定、台湾台北地方法院 2015 年家声抗字 64 号裁定、"最高法院 2016 年台简抗字 19 号"裁定。

② 台湾地区"民法"第 14 条第 1 项。

③ 台湾桃园地方法院民事裁定 2017 年监宣字第 185 号。

④ 台湾台北地方法院民事裁定 2009 年司声继字第 7 号。

大陆之遗产、台湾地区人民继承大陆人民留在大陆或台湾之遗产均无须向法院为继承之声明，而采台湾地区"民法"之"当然继承主义"。

就继承声明之程序性质而言，继承表示为确定行使继承权之程序，是对已发生之继承权为表示，而非以其表示取得继承权。[1]大陆继承人既已于继承开始即取得继承权，则其当然有权主动具状向有管辖权之法院表示抛弃继承。[2]基于同样的法理，台湾高等法院暨所属法院法律座谈会中就代位继承中继承声明的法律意义作出进一步阐述，法律问题为"被继承人甲在台湾地区无任何继承人，仅于大陆有一兄弟乙。甲于 2006 年 1 月 1 日死亡，乙于 2007 年 1 月相继死亡，遗有一子丙，丙于 2007 年 6 月以书面向甲住所地之地方法院声明继承，法院是否应予许可？"座谈会研讨后所采意见结论如下："大陆地区之继承人，于被继承人死亡时起当然取得继承权，仅因两岸相隔，通讯困难，为期法律关系早日确定，以保障两岸人民之权益，乃课大陆地区继承人于继承开始时起 3 年内为继承之表示，否则即视为抛弃继承，并非大陆地区之继承人于为继承表示时始取得继承之权利。故本件丙既为乙之继承人，其于乙死亡时，即再转取得对于甲之继承权，丙于继承开始时起 3 年内以书面向被继承人甲住所地之法院为继承甲之遗产之表示，其声明继承自属合法。"[3]问题是，代位继承人声明继承起算时点是以原继承人声明继承时点为准，还是以代位继承人之继承权开始时点（原继承人死亡时）为准计算 3 年声明继承期间呢？台湾地区高等法院认为："转继承人若欲承受原继承人所继承之台湾被继承人之遗产，自仍应依两岸人民关系条例第 66 条第 1 项规定，向台湾法院为继承之表示，

① 吴光平：《两岸继承事件法律适用之研究》，台湾《辅仁法学》2015 年 6 月第 49 期，第 236 页。实务观点可参照："最高法院民事判决 1994 年台上字第 355 号"。

② 台湾高等法院暨所属法院 2002 年法律座谈会民事类提案第 18 号，2002 年 11 月 6 日，载《台湾高等法院暨所属法院 2002 年法律座谈会汇编》（2003 年 7 月），第 78—82 页。

③ 台湾高等法院暨所属法院 2007 年法律座谈会民事类提案第 8 号，2007 年 11 月 28 日，载《台湾高等法院暨所属法院 2007 年法律座谈会汇编》（2008 年 1 月版），第 38—42 页。

且其继承表示之期间，亦不得逾原继承人于继承开始（即被继承人死亡）起 3 年之期限。"①

　　声明继承，在程序上采非讼程序，由大陆当事人就其享有继承权向法院为继承之表示，并非采当事人间对抗性程序以争辩继承权之有无及分配等。通常，该非讼事件亦是由司法事务官而非法官作出裁定。法院主要是对声请人提出之证明文件之形式上要件是否具备，予以形式书面审查即可，"就当事人继承之表示，是否符合大陆地区人民继承台湾地区人民之遗产之规定，而分别为准予备查或驳回之裁定，不得为实体事项之认定。"② 因此，"法院的裁定结果对于继承人继承权之存否等实体事实之认定，并无确定力，……仍留有以诉讼加以争执之余地。"③

　　（二）实证研究

　　为更充分地了解大陆人声明继承台湾地区人民遗产之实务运作，了解声明继承程序对大陆当事人继承权行使之影响，本书以实证研究方法对 2009 年 1 月 1 日至 2019 年 12 月 31 日，台湾地区法院对声明继承所作之裁定进行样本采集并根据样本采集结果进行进一步的归类分析。

　　现对样本采集方法及统计分类方法，简要说明如下：1. 搜索条件设定：裁判案由中以"声明继承"为关键词，对台湾地区"最高法院"、高等法院及其分院、23 个地方法院，于 2009 年 1 月 1 日至 2019 年 12 月 31 日

---

①　台湾高等法院花莲分院民事裁定 2010 年非抗字第 3 号。

②　"最高法院 2004 台抗字第 898 号"裁判意旨参照。

③　赖淳良:《大陆地区人民继承在台遗产事件处理之研究》，台湾花莲地方法院 1994 年研究报告，1994 年 6 月，第 244-245 页。台湾高等法院 2005 年家抗字第 97 号民事裁定亦持相同之法律见解："按大陆地区人民依台湾地区与大陆地区人民关系条例第 66 条规定，向法院为继承之表示，法院对该声明继承之表示为准否之裁定，系属非讼事件之裁定，仅依非讼事件程序，就声请人提出之证明文件之形式上要件是否具备，予以审查即为已足，并无进一步确定实体上法律关系存否之必要，则法院一旦就声请人提出之证明文件为形式上之审查，无法认为声请人符合继承人身份，即应为不准继承之裁定，声请人如有争执，应另行提起诉讼以资解决。"

期间所作裁定进行样本搜索。2. 因研究对象为台湾地区法庭对当事人声明继承所作准予或驳回之实质性裁定结果，故排除法庭所作的某些程序性事项之裁定，并剔除与研究主题无关样本，具体包括：（1）港澳台居民声请、声请人及被声请人均为大陆人民的情形下，声明继承于法律上并无必要，也非本研究主题相关；（2）因声明继承专属继承开始时被继承人住所地法院管辖，故无管辖权法院就当事人之声明所作移送管辖裁定予以排除；（3）要求当事人限期补正文书证明材料及补交费用之裁定；（4）当事人重复提出继承声明，或已为抛弃继承声明，后又声明继承①，因继承之声明系单方意思表示，于声明到达法院时即发生效力，且性质上不许撤回，重复声明或已抛弃后声明继承均属于欠缺程序上之权利保护要件。3. 声明继承裁定经当事人抗告，以原裁定和抗告裁定合并视为一件事件进行分类，并以抗告裁定结果进行分类。抗告若为"废弃原裁定，由原法院查明后更为适当之处理"，若原法院未作出新的处理，事件尚未定论，则抗告裁定及原裁定均不列入观察样本。4. 经筛选后所获得的样本，以三种主要结果进行分类，即准许或准予备查、撤销准予继承备查、声请驳回。对声请驳回的理由具体又区分为五种进行细化分类统计。经撤销之准予继承备查通知或裁定不在"准许或准予备查"类中列入。

　　经上述条件筛选后，共获得有效样本 339 件。根据上述分类方法说明，结果统计如图 3–3 及图 3–4：

---

① 大陆当事人先为抛弃声明，后又声明继承之事件样本包括：台湾新竹地方法院民事裁定 2011 年司声继字第 8 号、台湾彰化地方法院民事裁定 2010 年司声继字第 11 号、台湾台南地方法院民事裁定 2014 年司声继字第 24 号。

准许或准予备查47件
14%

撤销准予继承备
查文书15件
4%

声请驳回277件
82%

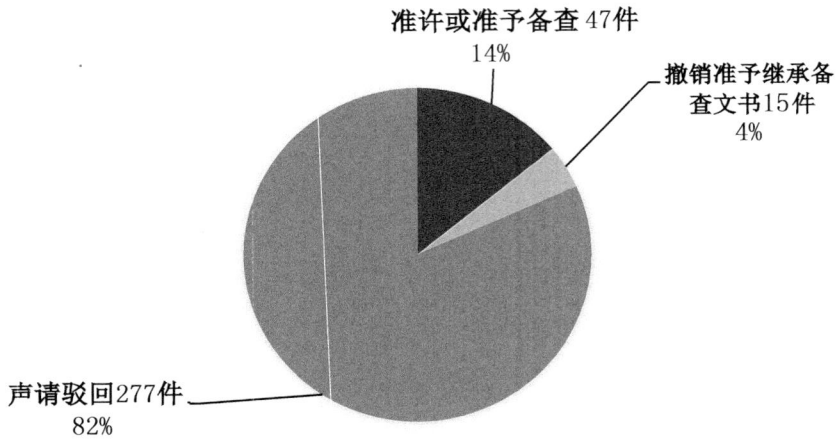

图3-3　台湾地区继承声请裁定结果统计

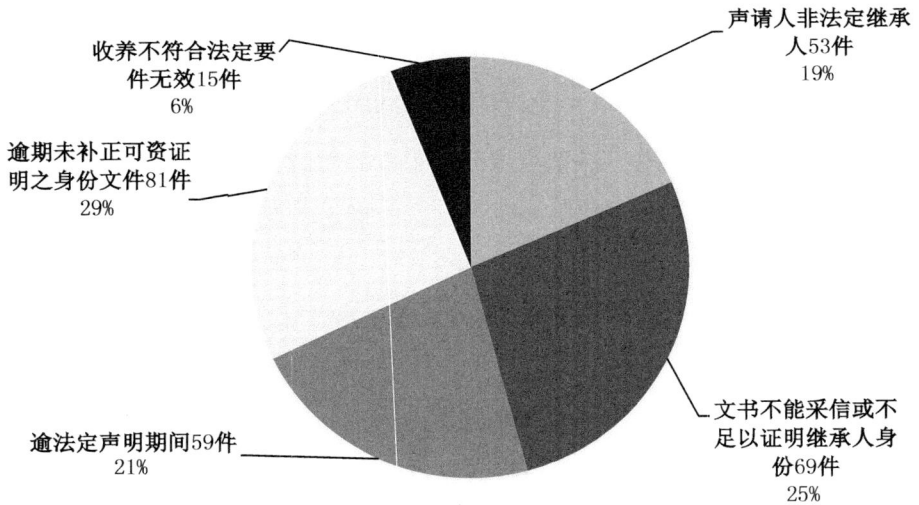

声请人非法定继承
人53件
19%

收养不符合法定要
件无效15件
6%

逾期未补正可资证
明之身份文件81件
29%

文书不能采信或不
足以证明继承人身
份69件
25%

逾法定声明期间59件
21%

图表来源：作者自制

图3-4　台湾地区继承声请驳回原因统计

从图3-3及图3-4数据可知，声请继承被驳回的件数最多，占到总数的 82%。准予备查文书被撤销，其结果是声请人之继承不能，占到总数的 4%。被准许或准予备查的件数并不多，仅占总数的 14%，其中声请人之声请经审查后直接准许的案例较少，仅 11 件[①]，多数声请都是被裁定驳回后，经当事人提起抗告，抗告法庭重新审查证据材料，若认为继承声请应予准许，方才废弃原裁定，准予备查，此类情形在样本案例中有 36 件。

撤销准予继承备查文书[②] 主要是因为：经台湾海基会验证之大陆公证书，其内容是否真实，法院通常还是会做实质上之调查，并不是直接予以采信，其性质仍属私文书之范畴，需举证证明其为真正。事后，若有新证据证明原有身份认误，或原有证明身份之公证书被撤销，声请人之继承人身份即不复可信，法庭在综合考虑其他证据证明力的基础上，可撤销已作出之准予继承备查文书。

声请驳回的理由，具体情况如下：

（1）声请人之陈述及所提证据资料，不能采信或尚不足以认定与被继

---

① 台湾台北地方法院民事裁定 2013 年声继字第 30 号、台湾新竹地方法院民事裁定 2009 年司声继字第 8 号、台湾彰化地方法院民事裁定 2009 年声继字第 11 号、台湾云林地方法院家事裁定 2013 年继字第 735 号、台湾云林地方法院家事裁定 2013 年继字第 717 号、台湾云林地方法院家事裁定 2013 年继字第 618 号、台湾云林地方法院家事裁定 2013 年继字第 595 号、台湾云林地方法院家事裁定 2013 年继字第 517 号、台湾云林地方法院家事裁定 2013 年继字第 253 号、台湾云林地方法院家事裁定 2013 年继字第 46 号、台湾云林地方法院家事裁定 2013 年继字第 130 号。

② 台湾台北地方法院民事裁定 2009 年声继字第 22 号、台湾台北地方法院民事裁定 2011 年家声字第 686 号、台湾台北地方法院民事裁定 2011 年声继字第 37 号、台湾台北地方法院民事裁定 2010 年家声字第 319 号、台湾台北地方法院民事裁定 2010 年家声字第 185 号、台湾台北地方法院民事裁定 2009 年家声字第 988 号、台湾台南地方法院家事裁定 2013 年司声继字第 21 号、台湾台南地方法院家事裁定 2013 年司声继字第 19 号、台湾屏东地方法院家事裁定 2012 年司声继字第 20 号、台湾新北地方法院民事裁定 2016 年司声继字第 48 号、台湾新北地方法院民事裁定 2016 年司声继字第 20 号等。

承人之亲属继承关系，声明继承不能准许①。根据"条例施行细则"第 59
条的要求，声请人应提交声请书、被继承人死亡时之除户户籍誊本及继承
系统表，以及符合继承人身份之证明文件。最后一项继承人身份之证明文
件，虽无明文要求，但通常要求当事人提供的文书资料包括经公证认证之
户籍文书、身份证明、往来书信、照片等一切能证明声请人与被继承人间
身份关系的文书。在综合考虑证据文书资料真伪、可信度、关联度之后，
由家事法庭司法事务官或法官作出认定。由于两岸长期音讯隔绝，亲属间
互无往来，再加上早年证据文书散佚难集，要完成举证实属不易，因此，
实务中因证据资料不足而被驳回的情形发生最多。不过，因声明继承程序
为非讼程序，故声请人对于继承权之有无，日后仍得提起确认继承权存在
之诉，请求法院为实质的调查审理后，以判决确认之。

（2）逾期未补正亲属关系身份证明文件或程序费用②指的是经民事裁
定命声请人于期限内补正，但声请人逾期仍未补正，故认其声请欠缺法定
要件，予以驳回。如上所述，因证明文书难以收集提交，故当事人在收到
补正裁定后，若无法补充提供要求补正的资料，同样不能被准予继承。

---

① 样本案例包括：台湾桃园地方法院民事裁定 2016 年家声抗字第 49 号、台湾高雄少年及家事法院
民事裁定 2015 年家声抗字第 144 号、台湾台北地方法院民事裁定 2011 年家抗字第 68、69 号、台湾台
北地方法院民事裁定 2011 年声继字第 56 号、台湾台北地方法院民事裁定 2011 年声继字第 58 号、台
湾台北地方法院民事裁定 2011 年声继字第 47 号、台湾台北地方法院民事裁定 2010 年声继字第 86 号、
台湾新竹地方法院民事裁定 2015 年司声继字第 9 号、台湾新竹地方法院民事裁定 2015 年司声继字第 5
号、台湾新竹地方法院民事裁定 2015 年司声继字第 1 号、台湾新竹地方法院民事裁定 2011 年司声继
字第 2 号、台湾新竹地方法院民事裁定 2009 年家抗字第 27 号、台湾新竹地方法院民事裁定 2009 年司
声继字第 1 号、台湾台中地方法院民事裁定 2015 年司声继字第 10 号等。

② 样本案例包括：台湾台中地方法院民事裁定 2015 年司声继字第 28 号、台湾台中地方法院民事裁
定 2017 年司声继字第 19 号、台湾云林地方法院民事裁定 2017 年家声抗字第 6 号、台湾台北地方法院
民事裁定 2015 年司声继字第 16 号、台湾台北地方法院民事裁定 2015 年司声继字第 1 号、台湾台北地
方法院民事裁定 2014 年司声继字第 11 号、台湾台北地方法院民事裁定 2014 年司声继字第 21 号、台
湾台北地方法院民事裁定 2014 年声继字第 2 号、台湾台北地方法院民事裁定 2018 年司声继字第 30 号、
台湾台北地方法院民事裁定 2018 年司声继字第 9 号、台湾基隆地方法院民事裁定 2018 年司声继字第 5
号、台湾新北地方法院民事裁定 2019 年司声继字第 5 号等。

（3）逾法定声明期间[①]：根据"条例"，大陆人民"应于继承开始起三年以书面向被继承人住所地之法院为继承之表示"，且在三年期间，未声明继承则产生抛弃继承权之效果，权利归于消灭，该期间性质为除斥期间，[②]无时效规定之适用。实务中，当事人有的因信息不通畅等客观原因，知晓被继承人死讯较迟，而三年期间又是以"被继承人死亡时"而非"继承人知晓时"为"继承开始时"，且该三年期间不存在任何因时效而中断重新起算之可能，故而实务中，当事人继承声明因逾三年法定期间而被驳回之情形不在少数，三年期间认定非常严格，例如个案中[③]，声明期间于2010年3月3日届满，而抗告人民事声请状于2010年3月4日到达法院，抗告人提出以邮寄日期2010年3月3日未逾期限，但法庭仍认为应以继承之表示到达法院时为准驳回当事人之声请。

---

① 样本案例包括：台湾屏东地方法院民事裁定2016年司声继字第10号、台湾士林地方法院民事裁定2016年司声继字第2号、台湾台北地方法院民事裁定2014年司声继字第55号、台湾台北地方法院民事裁定2013年声继字第40号、台湾台北地方法院民事裁定2013年声继字第32号、台湾台北地方法院民事裁定2012年声继字第50号、台湾台北地方法院民事裁定2012年声继字第50号、台湾台北地方法院民事裁定2012年声继字第46号、台湾台北地方法院民事裁定2011年声继字第76号、台湾台北地方法院民事裁定2011年声继字第68号、台湾台北地方法院民事裁定2011年声继字第1号、台湾台北地方法院民事裁定2010年声继字第21号、台湾台中地方法院民事裁定2017年司声继字第29号、台湾嘉义地方法院民事裁定2019年司声继字第1号等。

② 台湾地区"法务部"（82）法律字第27147号，1993年12月24日，载《"法务部"法规咨询意见（二）（上册）》第679—680页、《"台湾地区与大陆地区人民关系条例暨施行细则"解释汇编（2000年11月版）》第235页。内容部分摘录如下："两岸人民关系条例第六十六条系以确认大陆地区人民继承人身分及有无继承意思，俾免继承状态久悬不决，而影响台湾地区经济秩序之稳定及共同继承人权益为立法目的。其所定之二年期间为权利存续期间，期间经过未行使权利者，其权利归于消灭，法律关系即告确定，故为除斥期间。"

③ 台湾台北地方法院民事裁定2010年声继字第21号。

（4）声请人非法定继承人①：指的是法庭综合文书证据认定声请人非台湾地区"民法"第1138条所列之法定继承人，或有法定第一顺位继承人的情况下，声请人非第一顺位继承人而无继承权，其声明继承于法不合，应予驳回。

（5）收养不符合法定要件无效②，当事人无法定继承身份。大陆人民以养子女身份声明继承台湾地区人民之遗产，除应提出经大陆公证之收养证明外，还应提出经台湾地区法院认可收养之证明。若收养关系未曾经台湾地区法院认可，则收养关系在台湾地区尚不得成立，当事人之法定继承人身份即无法得到支持。

实证研究发现：（1）大陆人民声明继承得到准予的难度较大，从数量百分比来看，能够得到准予的案件仅占14%，约为七分之一。而且在得到准予的47个案件中，有36件是经过抗告后方得准予，占到77%，大陆当事人权利的实现殊为不易。（2）大陆人民声明继承中，难度最大的是有证明力的文书证据的收集和提交。大陆声请人继承声请被驳回的最重要原

---

① 台湾台中地方法院民事裁定2016年司声继字第4号、台湾屏东地方法院民事裁定2016年司声继字第5号、台湾台北地方法院民事裁定2015年司声继字第23号、台湾台北地方法院民事裁定2015年司声继字第22号、台湾台北地方法院民事裁定2013年声继字第38号、台湾台北地方法院民事裁定2010年声继字第79号、台湾台北地方法院民事裁定2009年声继字第22号、台湾台北地方法院民事裁定2009年司声继字第27号、台湾台北地方法院民事裁定2009年司声继字第36号、台湾台北地方法院民事裁定2009年司声继字第5号、台湾新北地方法院民事裁定2015年司声继字第23号、台湾宜兰地方法院民事裁定2014年司声继字第11号、台湾台南地方法院民事裁定2017年司声继字第18号等、台湾基隆地方法院民事裁定2019年司声继字第3号、台湾基隆地方法院民事裁定2019年司声继字第2号、台湾新北地方法院民事裁定2019年司声继字第2号。

② 台湾台北地方法院民事裁定2015年司声继字第16号、台湾台北地方法院民事裁定2011年声继字第51号、台湾宜兰地方法院民事裁定2012年司声继字第4号、台湾宜兰地方法院民事裁定2010年司声继字第3号、台湾新竹地方法院民事裁定2013年司声继字第23号、台湾台中地方法院民事裁定2015年司声继字第26号、台湾台中地方法院民事裁定2012年司声继字第33号、台湾台中地方法院民事裁定2012年司声继字第13号、台湾台中地方法院民事裁定2009年司声继字第8号、台湾彰化地方法院民事裁定2010年司声继字第6号、台湾台南地方法院民事裁定2015年司声继字第9号、台湾台南地方法院民事裁定2015年司声继字第10号、台湾台南地方法院民事裁定2014年司声继字第19号、台湾台南地方法院民事裁定2012年司声继字第1号等。

因是文书证据的不足，因文书不能采信、不足以认定或逾期不能补正的原因而被驳回声请的情形占到声请驳回总件数的 54%，显然，两岸特殊的政治历史原因，亲属连带关系薄弱，声请人难以顺利地通过文书证据建构出"继承法"所承认的亲属关系已是客观现实。（3）对大陆当事人的声请限定在三年期间内，已经在较大比例范围内实质地影响到当事人继承权利的实现，仅次于文书障碍，占到声请驳回总件数的 21%。相较于近来台湾地区常见之外籍配偶，大陆配偶、外籍配偶之法律上待遇在台湾地区实有天壤之别，若要说对大陆继承人之继承设定声明继承程序并以法定期间要求之，是出于避免权利义务长期悬而不决，影响当事人权益状态，难道外籍配偶之继承就不存在这个问题了吗？可外籍配偶不仅无须另行声明，且并不因逾期声明而被视为抛弃继承，而大陆配偶竟将因逾期声明继承而被视为抛弃继承，这种以外法域人民之身份而给予差别待遇，实属罕见。（4）声明继承虽然适用的是非讼程序，但是在审理过程中，关于法定继承权及继承顺位等具有实质争议事项也纳入非讼事件中审理，表现在援引台湾地区"民法"之法定继承人的规定，对当事人是否有继承权作出实质认定。考虑到非讼程序采取法院职权探知主义而非当事人辩论主义，当事人主张无法充分主张，且在家事非讼程序中，作出继承声明是否准予者并非家事法官，而是司法事务官等等，是否妥当，容有疑义。

上述观察发现，可呼应继承法上的比较法研究，即该规定"使台湾地区人民与大陆地区人民关于继承权行使实质上不平等"[①]"严重损害了继承人的合法权益，违背了当今法治社会公平效益的基本原则"。[②]实证研究表明，声明继承程序本身即给当事人带来程序上的不利，文书要求的难度、声明期间的限定、以非讼程序裁定实质事项等均给大陆当事人实现继承权带来不同程度的阻力。

---

①　吴光平:《两岸继承事件法律适用之研究》，台湾《辅仁法学》2015 年 6 月总第 49 期，第 275 页。

②　郭树理、郑德成:《我国区际继承的法律适用问题探讨》，《政法论丛》2001 年第 4 期，第 32-33 页。

二、法律适用规范

"条例"对两岸继承法律关系，规定了少量的冲突规则和多条特别实体规则。实体规则体现在第 66 条、第 67 条、第 67–1 条、第 68 条，分别涉及继承的表示、继承总额的限制、遗产的范围、遗产的管理等。冲突规则依法定继承和遗嘱继承分别规定了两条，体现在第 60 条和第 61 条。第 60 条规定："被继承人为大陆地区人民者，关于继承，依该地区之规定。但在台湾地区之遗产，适用台湾地区之法律。"第 61 条规定："大陆地区人民之遗嘱，其成立或撤回之要件及效力，依该地区之规定。但以遗嘱就其在台湾地区之财产为赠与者，适用台湾地区之法律。"

实证研究观察表明：（1）第 61 条关于大陆人民之遗嘱继承的冲突规则在样本案例中无一例适用案例。实务中，多是台湾地区人民，尤其是"荣民"[①]，以遗嘱方式安排大陆人民继承其遗产，因不符合第 61 条之适用前提，故均是不进行冲突法选法，而是直接适用台湾地区实体法审理。（2）所有继承样本案件均为法定继承，且均为援引第 60 条之但书规定指向适用台湾地区"法律"。在笔者统计的 2009 年至 2019 年援引第 60 条的所有 119 个案例中，真正因适用第 60 条指向适用台湾地区"法律"的案例极少，即被继承人为大陆人民遗留在台湾地区之遗产指向适用台湾地区"法律"的案例者仅有 11 件。大部分的案件中虽援引该冲突规范，但实际上案件的被继承人为台湾地区人民，应适用"条例"第 66 及 67 条之实体规

---

① "荣民"在法律上的正式称呼为"国军退除役官兵"。黄诗淳通过实证研究发现："观察进入法院的遗嘱后发现，以人口比例言，荣民遗嘱引发纷争而进入法院的数量较一般人多，尤其单身亡故荣民占了其中极高的比例。"见黄诗淳：《涉讼荣民遗嘱之特征与法律问题》，台湾《台大法学论丛》2014 年 9 月第 43 卷第 3 期，第 611 页。

则，而不是援引第 60 条，属于识别错误而导致的错误援引，[①] 这种情况最为普遍，共有 108 例。[②]

上述数据表明，"条例"第 60 条冲突规范或被大量误用或被实体规则淡化，总体运用效果不彰。出现上述情况的原因，从实务案例总结来看，应有两点：一是从规定的形式来看，依第 60 条的规定，涉陆继承适用大陆方面法律，仅可能发生在以大陆人为被继承人且遗产在大陆的情形，事实是这类案件在样本案例中尚未发现。而且该条只规定被继承人是大陆人民的继承应适用的法律，但现实中大多是被继承人为台湾地区的人民，如何适用法律，该条其实是无法回答的。该单面冲突法则"仅划定某一特定法域法律之适用范围，有其局限性，无法就该法律关系全面解决法律适用之问题，此即形成了法律漏洞，因而被认为是不科学之立法方式"。[③] 二是从法律调整方法来看，传统冲突规范是一种准用性规范，它并不具体规定当事人的权利、义务和责任。因此，在涉及某些社会利益的引导和整合时，冲突规范往往较为滞后和乏力，很难直接实现"条例"所隐含之利益诉求和政治主张。为了更直接明了地对两岸间某些特殊的民事法律关系进行干预，"条例"在冲突规范之外另立若干实体规范，使之可以绕过传统的法律选择规范而直接得以适用。特别是继承案件，"条例"在冲突规则外，

---

① 原台湾高等法院花莲分院法官赖淳良在和笔者探讨该问题时，亦认为直接援引第 60 条是错误的，他认为："两岸人民关系条例"中有关法定继承之选法规则仅该"条例"第 60 条，其余条文包含第 66 条以下均属台湾地区有关继承之实体或程序规定，并非选法规则。因此必须先有选法规则，指定台湾地区之法律为准据法后，才能适用第 66 条以下的规定。而"两岸人民关系条例"并未针对被继承人为台湾地区人民时制定选法规则，有必要将第 60 条之单边法则，转化成为双边法则，成为继承依被继承人设籍地之法律之选法规则。如果以上推论正确，则台湾地区法院处理大陆人民继承在台遗产时，应转化说明适用"两岸人民关系条例"第 60 条之理由，仅单纯引用两岸条例第 60 条，确有理由不足之憾。个别案件，如台湾台北地方法院民事判决 2017 年重award诉字第 62 号，被继承人为台湾地区居民，关于继承应适用之准据法，法庭乃依据"条例"第 60 条规定之反面解释，认为应适用台湾地区之"法律"。

② 台湾台中地方法院家事裁定 2013 年家声抗字第 2 号、台湾台东地方法院民事裁定 2011 年司声继字第 12 号、台湾屏东地方法院民事裁定 2012 年司声继字第 7 号等。

③ 吴光平：《两岸继承事件法律适用之研究》，台湾《辅仁法学》2015 年 6 月第 49 期，第 270 页。

特别规定了大量的实体规则，具体处理两岸继承法律关系中的权利义务及程序问题。大量的实体规则在具体的应用上都是优先于冲突规则的，冲突规则的作用由此而被淡化。实证研究也表明，即便是援引冲突规范，哪怕是片面错误援引，所指向的继承案件应适用的法律亦全部是台湾地区实体法，实务中并无大陆法律适用之余地，其结果导向思维不可谓不明显。

三、实体法之特别规定

经冲突规范指引，涉陆继承事件应适用台湾地区"法律"者，即应适用台湾地区民法关于继承的相关规定以及围绕"两岸人民关系条例"中关于涉陆继承的特殊规定所制定的一系列特殊法律规定或判解函释。而且，"基于特别法优于普通法之原则，两岸继承事件应适用台湾地区'法律'者，应优先适用'两岸人民关系条例'第66-68条之规定"。①

台湾地区"法律"体系中，关于大陆人民继承在台遗产的各类规定及判解函释，林林总总共有百余来项，以"条例"第67条为核心②，主要围

---

① 吴光平：《两岸继承事件法律适用之研究》，台湾《辅仁法学》2015年6月第49期，第230页。

② "两岸人民关系条例"第67条："被继承人在台湾地区之遗产，由大陆地区人民依法继承者，其所得财产总额，每人不得逾新台币二百万元。超过部分，归属台湾地区同为继承之人；台湾地区无同为继承之人者，归属台湾地区后顺序之继承人；台湾地区无继承人者，归属国库。前项遗产，在本条例施行前已依法归属国库者，不适用本条例之规定。其依法令以保管款专户暂为存储者，仍依本条例之规定办理。遗嘱人以其在台湾地区之财产遗赠大陆地区人民、法人、团体或其它机构者，其总额不得逾新台币二百万元。第一项遗产中，有以不动产为标的者，应将大陆地区继承人之继承权利折算为价额。但其为台湾地区继承人赖以居住之不动产者，大陆地区继承人不得继承之，于定大陆地区继承人应得部分时，其价额不计入遗产总额。大陆地区人民为台湾地区人民配偶，其继承在台湾地区之遗产或受遗赠者，依下列规定办理：一、不适用第一项及第三项总额不得逾新台币二百万元之限制规定。二、其经许可长期居留者，得继承以不动产为标的之遗产，不适用前项有关继承权利应折算为价额之规定。但不动产为台湾地区继承人赖以居住者，不得继承之，于定大陆地区继承人应得部分时，其价额不计入遗产总额。三、前款继承之不动产，如为土地法第十七条第一项各款所列土地，准用同条第二项但书规定办理。"

绕三个核心事项：一是关于继承财产总额以及遗赠总额限制特别规定[①]；二是关于大陆继承人取得不动产的限制[②]；三是关于大陆人民继承之具体管理规定。

唯对于条例之"赖以居住之不动产，大陆地区人民不得继承之"中何为"赖以居住之不动产"这一关键性概念不曾作出规定和解释，而是认为应交由司法机关个案认定。

本书对样本案例中，由法院对系争不动产是否是台湾地区人民"赖以居住之不动产"作出认定的案件进行实证研究，发现：法院对"赖以居住之不动产"之界定存在不同的理解，判断上分别采事实居住标准或经济依赖标准，详见表3–2：

表3-2 台湾地区法院对"赖以居住之不动产"的认定统计

序号	案号	采用标准	是否为"赖以居住"
1	台湾台北地方法院民事判决 2008 年家诉字第 202 号	事实居住	是
2	台湾台北地方法院民事判决 2008 年家诉字第 174 号	事实居住	是
3	台湾台北地方法院民事判决 2011 年家诉字第 401 号	事实居住	是
4	台湾台北地方法院民事判决 2011 年家诉字第 337 号（认定为"是"，被废弃）	事实居住	否
	台湾高等法院民事判决 2012 年家上易字第 59 号	经济依赖	
5	台湾士林地方法院民事判决 2015 年家诉字第 89 号	事实居住	是
6	台湾士林地方法院民事判决 2016 年家诉字第 66 号	事实居住	否

① 进一步规范继承总额的法律文件包括："大陆地区人民继承被继承人在台湾地区之遗产管理办法""退除役官兵死亡无人继承遗产管理作业程序""国防部各级军事法院及检察署办理刑事补偿金支付作业规定""行政院大陆委员会（84）陆法字第 8415987 号""国有财产局台财产局一字第 85005793 号""法务部法律字第 10203514290 号""法务部（90）法律决字第 028747 号"。

② 进一步规范大陆人民不动产取得的法律文件包括："大陆地区人民在台湾地区取得设定或移转不动产物权许可办法""行政院大陆委员会陆法字 0910022902 号""法务部法律字第 0910045924 号""行政院大陆委员会（86）陆法字第 8600788 号函""行政院大陆委员会（83）陆法字第 8300963 号""行政院大陆委员会（82）陆法字第 1927 号""行政院大陆委员会（85）陆法字第 8510515 号""法务部（87）法律字第 010151 号""法务部法律决字第 0970036777 号"。

续表

序号	案号	采用标准	是否为"赖以居住"
7	台湾士林地方法院民事判决 2013 年家诉字第 40 号	事实居住	是
8	台湾新北地方法院民事判决 2014 年家诉字第 9 号	经济依赖	否
9	台湾新北地方法院民事判决 2014 年家诉字第 93 号、2015 年家简字第 11 号	事实居住	是
10	台湾板桥地方法院民事判决 2011 年家简字第 206 号	事实居住	是
	台湾板桥地方法院民事判决 2012 年家简上字第 3 号	事实居住	
11	台湾宜兰地方法院民事判决 2013 年家诉字第 22 号	经济依赖	否
12	台湾基隆地方法院基隆简易庭民事判决 2009 年基简字第 1075 号	事实居住	否
13	台湾桃园地方法院民事判决 2015 年简上字第 74 号	事实居住 经济依赖	是
14	台湾桃园地方法院民事简易判决 2014 年坜简字第 1225 号	经济依赖	是
15	台湾桃园地方法院民事判决 2013 年家简上字第 5 号	经济依赖	是
16	台湾桃园地方法院家事判决 2013 年家简字第 10 号	经济依赖	是
17	台湾桃园地方法院民事判决 2008 年家诉字第 107 号	事实居住	是
18	台湾新竹地方法院民事判决 2012 年诉字第 195 号	事实居住	是
	台湾高等法院民事判决 2012 年上易字第 1214 号	事实居住	
19	台湾苗栗地方法院民事判决 2015 年家诉字第 24 号	事实居住 经济依赖	否
20	台湾台中地方法院民事判决 2014 年家诉字第 74 号	事实居住	是
21	台湾花莲地方法院民事判决 2012 年家诉字第 44 号、2012 年家诉字第 46 号	事实居住	是
22	台湾高雄少年及家事法院民事判决 2012 年家诉字第 213 号	事实居住	是
23	台湾高等法院高雄分院民事判决 2016 年家上字第 44 号	事实居住	是
24	台湾高等法院高雄分院民事判决 2018 年重家上字第 5 号	事实居住 经济依赖	是
25	台湾高雄少年及家事法院民事判决 2016 年家诉字第 114 号	事实居住 经济依赖	否
26	台湾高雄少年及家事法院民事判决 2019 年家继简字第 10 号	事实居住	是

续表

序号	案号	采用标准	是否为"赖以居住"
27	台湾新北地方法院民事判决 2017 年家诉字第 15 号	事实居住	是
28	台湾台北地方法院民事判决 2018 年家继诉字第 63 号	事实居住	否
29	台湾桃园地方法院民事判决 2018 年家继诉字第 111 号	事实居住	否
30	台湾桃园地方法院民事判决 2018 年家继诉字第 53 号	事实居住	否
31	台湾台中地方法院民事判决 2018 年家继诉字第 108 号	经济依赖	是
32	台湾台中地方法院民事判决 2017 年度家继诉字第 13 号	事实居住	是
33	台湾嘉义地方法院民事判决 2018 年度家继诉字第 40 号	事实居住	是
34	台湾屏东地方法院民事判决 2018 年家继诉字第 26 号	事实居住	是

图表来源：作者自制

1. 事实居住标准。多数法院都重点考查台湾地区当事人是否有在系争不动产居住之事实，即以"居住之现实状况"为依据判断"赖以居住"。比如水费、电费、房屋税等税费收据、法院送达证书记载、证人证言等。法庭通常还会查询台湾地区当事人户籍数据，以其户籍是否设籍于系争不动产作为判断"赖以居住"之认定依据之一。[1] 不过，户籍依据并不能单独据以判断，而是通常作为事实居住的认定因素之一。"户籍并非作为认定'赖以居住'之唯一证据，苟被继承人证明继承之不动产于继承发生时，继承人因事实上之需要，确实居住于继承之不动产而赖以生活，则纵其户籍未设于该不动产，亦不能遽以认该不动产非继承人赖以生活之不动产。"[2]

有的法院主张，被继承人死亡时，只要台湾地区当事人事实上在系争不动产居住即可判定为"赖以居住"，不能因大陆人民之原告声请继承，令台湾地区人民居住生活现状变动。"仅须该不动产事实上系台湾地区继

---

[1]　台湾花莲地方法院民事判决 2012 年家诉字第 44 号、2012 年家诉字第 46 号、台湾台中地方法院民事判决 2014 年家诉字第 74 号、台湾台北地方法院民事判决 2008 年家诉字第 174 号、台湾桃园地方法院民事判决 2015 年简上字第 74 号、台湾高等法院高雄分院民事判决 2016 年家上字第 44 号。

[2]　台湾高等法院民事判决 2011 年家上易字第 47 号、台湾高等法院民事判决 2012 年上易字第 1214 号。

承人赖以居住，即不得列为遗产，不以台湾地区继承人别无其它可供居住之不动产为限，以保障台湾地区继承人之居住生活，尊重其原有之生活方式；否则不啻强令台湾地区继承人于继承发生后，必须迁出现居住之不动产，将之变卖以偿付大陆继承人，或另出资购买现居住之不动产，自与法条之立法意旨相悖。"①

关于居住事实之时点，有的法院认为不宜限制必以"继承发生时"为唯一标准，仍须考虑继承发生后，在台继承人是否仍有居住使用该不动产之必要，方符"两岸人民关系条例"规定之立法意旨。②

2. 经济依赖标准。即以"经济上依赖"为唯一判断依据，而不以居住之事实为考量。认为，"法文并非单纯规定台湾地区人民'居住'之不动产，而系限于台湾地区人民'赖以居住'者，始得予以排除大陆配偶之继承权。所谓赖以居住者，文义上应系指仰赖、依赖以为居住之处所，自应考虑台湾地区人民之经济、居住状况，即对继承标的之不动产，有无经济上殷切需求之仰赖、依赖。"③例如，继承开始时，考量台湾地区当事人之年龄，于当时是否有资力购置供己居住所用之不动产④，名下有无其他财产等。

该标准不以事实居住为标准，不要求台湾地区人民常居住其内，只要经济上依赖，即台湾地区人民无其他住所，需倚赖被继承人遗留之不动产居住生活即可认定"赖以居住"。如桃园地方法院所述："判断系争不动产

---

① 台湾高等法院民事判决 2011 年家上易字第 47 号、台湾高等法院民事判决 2012 年上易字第 1214 号、台湾桃园地方法院民事判决 2008 年家诉字第 107 号、台湾士林地方法院民事判决 2013 年家诉字第 40 号。

② 台湾新竹地方法院民事判决 2012 年诉字第 195 号。

③ 台湾高等法院民事判决 2012 年家上易字第 59 号、台湾桃园地方法院民事判决 2013 年家简上字第 5 号。

④ 台湾桃园地方法院民事简易判决 2014 年坜简字第 1225 号、台湾桃园地方法院民事判决 2015 年简上字第 74 号。

是否被告赖以居住所用，应系指被告苟无其余不动产可供居住使用，即足当之，不以被告是否确曾在系争不动产居住过为其要件。"①

　　从上表统计结果观察可知：（1）法院采何种标准并非恒定，不同的法院采用的标准并不相同，甚至同一法院亦有可能前后采不同标准，比如台湾高等法院和桃园地方法院就分别采用过两种标准作出认定，总体来看，就该问题存在实践标准上的矛盾。（2）无论采"事实居住"或"经济依赖"标准，从结果来看，均有可能认定或否定"赖以居住"之主张。实务中，采"事实居住"者较多，但台湾高等法院倾向于采"经济依赖"标准。（3）仅少数案件（34件中，仅有11件，占比32%）系争不动产未被认定为台湾地区人民"赖以居住"之不动产，可纳入大陆人民之继承权利范畴，大多数系争不动产，大陆人民不得继承之。

本章小结

　　"两岸人民关系条例"中冲突规范之体例乃依循台湾地区民法对民事关系的基本分类而定。从大类来分，内容依次涵盖了权利主体、债、物权、亲属及继承五类。

　　就权利主体之法律适用，本项下之研究将主要集中在实务中出现过案例，且实务见解存在分歧之议题：大陆法人之当事人能力及自然人死亡宣告的法律适用。1. 关于大陆法人之当事人能力，实证研究表明：台湾地区法院在处理大陆法人当事人能力问题时之见解，有下列三种不同观点：见解一：未经许可之大陆法人、团体或其他机构，原则上固应认其无权利能力，但为保护其在台湾地区为法律行为之相对人，上述规定例外承认该大陆法人于此情形，具有当事人能力；见解二：参照台湾地区"最高法院"就"外国法人"在台之当事人能力的观点，类推适用于大陆法人之当事人

---

① 台湾桃园地方法院家事判决 2013 年家简字第 10 号。

能力认定，即未经认许之大陆法人可视为非法人团体而有当事人能力；见解三："两岸人民关系条例"第四十六条第二项定有明文："大陆地区之法人、团体或其它机构，其权利能力及行为能力，依该地区之规定。"而有权利能力者，有当事人能力；能独立以法律行为负义务者，有诉讼能力，"民事诉讼法"第四十条第一项、第四十五条亦有明定。故大陆公司是否有台湾地区民事诉讼法上之当事人能力、诉讼能力，应依大陆之规定。台湾地区法院关于大陆法人之当事人能力的主流看法是见解二及见解三，见解一在样本案例中仅有五个案例援用。见解一认为"未经许可不得为法律行为"，存在逻辑未恰之憾，见解二也有值得商榷之处，相比之下，本文认为见解三能回归至区际私法思路，是比较值得嘉许的。2."两岸人民关系条例"中并无关于自然人死亡宣告之规定。实证研究表明：台湾地区法院处理之涉陆死亡宣告主要有两种情形：一是台湾地区居民于大陆失踪或可能于大陆死亡而下落不明，二是大陆人民在台湾地区下落不明而成为死亡宣告声请之相对人。总体来看，就台湾地区法院受理之涉陆死亡宣告案件来看，最终的裁定结果亦多是建立在法庭依职权嘱托法务部转请大陆法院调查取证之事实或当事人提交之证据证明的事实的基础上，并以此认定当事人之失踪状态及是否得为死亡宣告。遗憾的是，法庭在审理死亡宣告声请时，普遍缺乏冲突法援用意识，也许亦是因为缺乏冲突规范及管辖权条款可供援引，故法庭均未对死亡宣告案件之管辖权作出明确认定，均是依据台湾地区"法律"行使管辖权。仅有 1 个案件对死亡宣告应适用的法律作出选择。

　　关于债的法律适用：1.合同法律适用，实证研究表明：台湾地区"最高法院"就"两岸人民关系条例"中冲突规则采强行性适用见解；当事人约定选法的形式包括书面契约订立准据法条款、诉讼中确认合意和默示合意三种，在当事人没有约定契约应适用之法律，在诉讼中亦未曾达成合意的情况下，分别依次是适用订约地；订约地不明，依履行地之规定；履行地不明，依诉讼地或仲裁地之规定。在客观连结点跨连两岸时，均以台湾地区"法律"为准据法。特殊契约之载货证券，在台湾地区"海商法"中存在特别选法规则，需特别援引台湾地区"涉外民事法律适用法"，并对海商法规进行适用结果上的比较后作出选择。特殊契约之劳务契约，关于契约主体及"劳动基准法"的适用易生争议。法庭多以劳动合同签订方认定主体，并支持台湾地区员工于大陆工作以及大陆员工受聘于台湾企业后于境外工作，均受到台湾地区"劳动基准法"的保护。2. 侵权法律适用。"两岸人民关系条例"未采 1953 年"涉外民事法律适用法"中"侵权行为地"这一连结因素，而是在考虑到"行为作出地"及"损害发生地"均可认为是"侵权行为地"的情况下，明确采"损害发生地"为连结因素指引侵权之准据法。但是，实证研究发现，尽管立法者放弃灵活弹性标准，而试图尽可能设立具有明确含义之连结点，但在司法实务中，如何认定侵权关系准据法还是出现了诸多方法上的不确定性。在侵权行为认定上，"条例"采"双重可诉原则"，"累积"适用台湾地区之法庭地法。实务中，个别法庭在运用中存在过于重视法庭地法而排斥本应适用之大陆法律之做法，有违立法逻辑。值得肯定的是，涉陆侵权事件中，台湾地区地方法院亦有在个案中尝试在法律适用中引入分割方法，对侵权行为认定和侵权损害赔偿分别决定法律适用，追求法律适用精细化及个案公正之价值。3. 无因管理及不当得利，"条例"所采单边立法方式，无法规范发生于台湾地区之不当得利及无因管理争议，法院只能在个案中类推或依本条反推适用或参考新"涉台民事法律适用法"中立法精神选法。

　　关于物权的法律适用，一般物权法律适用，均是以"物之所在地"之客观事实认定物权关系之法律适用。援引"权利物权"条款定其准据法之案件均是将"知识产权"（台湾地区称之为"智慧财产权"）视为权利物权。实证研究表明：目前台湾地区法院在审理涉陆地区知识产权案件中，运用到法律选择条款的案件相对较少。少数个案能突破"条例"以当事人涉陆作为法律选择前提的条件，以系争标的作为援引"条例"之冲突规范的依据法律。法律选择依据主要为"条例"第41条第1项及第50条。适用结果上，基本适用台湾地区"法律"。个案中，亦会直接援引TRIPS协议对大陆版权人在台湾地区的版权进行保护。在对知识产权地域性认识上，实证研究表明，两岸知识产权保护体系并没有消除知识产权的地域性特征，反而在司法实践中进一步确认了两岸知识产权权利独立原则，实质上也通过法律裁判表明了尊重地域性原则的态度。

关于亲属关系法律适用：1. 婚姻。（1）"条例"中有三条冲突规范处理两岸婚姻法律冲突问题，分别涉及结婚及离婚之要件、判决离婚之理由、结婚及离婚之效力及夫妻财产制。就实务涉及较多之"假结婚"现象，有的法院将假结婚定性为因缺乏婚姻真实意思而致的婚姻不成立，因此援引第52条关于婚姻构成要件的冲突规则确定准据法；有的法院将假结婚定性为因以合法形式掩盖非法目的而致的婚姻无效，因此援引第53条关于婚姻效力的冲突规则确定准据法。此外，还有的判决认婚姻得撤销，或确认婚姻关系不存在。对此问题，台湾地区2013年1月11日公布的"家事事件法"中有所回应，认为实务中很多诉请确认婚姻是否有效之事件准确来讲均应为婚姻关系存在或不存在事件。在台湾司法实务中，不少法官在判决书中，对这一问题的"识别"亦是持此观点。（2）涉陆婚姻的成立与否问题若构成刑事判决或行政判决的先决问题，台湾地区司法实务中亦是依冲突法规则确定其准据法后为判断。2. 收养。关于收养效力之问题，无一例案例。所有案件均集中在收养之成立与终止问题。依受案量从大到小，依次可分为三种案件类型：申请法院认可收养，申请终止收养关系，继承权相关诉由（收养关系成立作为继承之先决条件），监护宣告相关诉由（收养关系成立作为监护宣告声请人资格厘定之先决条件）。就申请认可收养，司法实务中将之视为重叠适用型冲突规范，大多数法院就所有关于收养者和被收养者要件，全面依台湾地区"法律"和大陆方面法律予以审查，只要有任一不符合法律要件的情形，该收养申请即得不到认可。这种严格主义的结果就是，收养申请在台湾被驳回的概率是较高的。就申请终止收养，实践中有的是重叠适用大陆方面法律及台湾地区"法律"，有的是选择性适用大陆方面法律或台湾地区"法律"，即只要具备任一法律可终止收养之情形，该收养关系即告终止。虽有个别因依《中华人民共和国收养法》而终止的情形，但多数情况下，主要审查的是台湾地区之收养规定。将收养关系成立与否作为继承之先决条件进行单独选法，最后裁断结果均是收养关系不成立。

关于继承法律适用，1."条例"对大陆人民继承权行使设置了特殊的声明继承之程序要求。实证研究表明，声明继承程序本身即给当事人带来程序上的不利，文书要求的难度、声明期间的限定、以非讼程序裁定实质事项等均给大陆当事人实现继承权带来不同程度的阻力。2.涉陆继承案件，以大陆人民继承台湾地区居民遗产为主，其次为大陆居民继承大陆居民位于台湾地区之遗产。无论何种情形，从准据法选择结果来看，均是以台湾地区实体法为判断当事人权利义务之法律规范。由于"条例"第60条关于冲突规范之规定采单面立法形式，适用范围片面限定于大陆人民为被继承人的情形，对于被继承人为台湾地区的人民，如何适用法律，该条其实是无法回答的。但大多数法院错误采用该条但书规定，以遗产位于台湾地区为据，选择适用台湾地区"法律"。实证数据显示，"条例"第60条冲突规范或被大量误用或被实体规则淡化，总体运用效果不彰。3."条例"在冲突规则外，特别规定了大量的实体规则，具体处理两岸继承法律关系中的权利义务。大量的实体规则在具体的应用上都是优先于冲突规则的。内容上包括：对大陆当事人得继承财产总额以及遗赠总额作出限制、对大陆继承人取得不动产作出限制，并对大陆人民继承作出了特殊的管理规定。台湾地区围绕上述三项内容，形成了大量的补充规定及判解函释，均以限制大陆继承人行使继承权为意。虽然"条例"曾对大陆当事人继承不动产问题作出修改，允许将不动产折入可继承之金额，并对取得长期居留资格的大陆配偶继承不动产不作限制。然而，上述修改虽稍有改善大陆地区继承人继承权之不平等地位，但该规定仍以台湾地区居民居住利益为优先，设定了台湾地区居民"赖以居住"之例外，并留由台湾地区法院在司法实务中作出具体认定。实证研究表明，从结果上来看，仅大约32%系争不动产未被认定为台湾地区人民"赖以居住"之不动产，可纳入大陆人民之继承权利范畴。

第四章　民事确定裁判及民事仲裁判断的
认可与执行

第一节　认可对象范围

大陆作成之民事确定判决、民事确定裁定和民事仲裁判断①在台湾地区均属于可被认可之文书对象范围②。民事确定裁判无论是属于民事、商事、海事或家事、身份之裁判均在认可范围，也不问是属于给付判决、确定判决或是形成判决，甚至是缺席判决，只要依法履行了送达程序要求，均在被认可的裁判客体范围之内。

实证研究发现，上述文书范围之外的书证均不在认可范围内。在样本案例中，曾有当事人提出大陆有关机构出具的文书，包括公证处之收养公证书③、收养登记证④、大陆之结婚登记证⑤、离婚证⑥、亲子鉴定意见书及公

---

① 大陆通常称为"民事仲裁裁决"。

② "两岸人民关系条例"第74条规定："在大陆地区作成之民事确定裁判、民事仲裁判断，不违背台湾地区公共秩序或善良风俗者，得声请法院裁定认可。"

③ 台湾桃园地方法院民事裁定 2010 年家声字第 354 号。

④ 台湾高雄地方法院民事裁定 2011 年家声字第 50 号。

⑤ 台湾基隆地方法院民事裁定 2011 年家声字第 116 号。

⑥ 台湾宜兰地方法院民事裁定 2016 年家陆许字第 5 号。

证书 ①、当事人双方协议书 ② 声请法庭认可，法庭均以"当事人得声请法院裁定认可者，应以在大陆作成之民事确定裁判或民事仲裁判断为限"裁定当事人声请驳回。

实务中，比较值得注意的判决是法院以民事关系为对象之行政确定判决，比较有争议的是：在大陆与判决具有同一效力的由法院作出的民事调解书，是否属于可被认可之文书。

一、以民事关系为对象之行政确定判决的认可问题

案例一：台湾台北地方法院民事裁定 2013 年家陆许字第 33 号

双方当事人于 2005 年结婚，一方为大陆人士。2012 年 6 月 20 日福建省莆田市城厢区人民法院以（2012）城行初字第 11 号行政判决书，判决该婚姻无效。一方当事人遂依"两岸人民关系条例"第 74 条规定声请裁定认可上述判决书。台北地方法院以该行政判决书，并非民事确定判决及裁定、民事仲裁判断，与规定法院得认可之标的不同为由，裁定本件声请于法无据，不应准许，应予驳回。

案例二：台湾台北地方法院民事裁定 2011 年家声字第 171 号

双方当事人于 2000 年 7 月 24 日于广东省梅州市办理结婚登记，唯其后遭广东省梅州市民政局认声请人隐瞒其另有婚姻事实，骗取结婚登记机关办理结婚登记，而撤销双方婚姻登记，宣布双方结婚登记无效，但台湾地区尚承认双方婚姻，且相对人于 2001 年 2 月 13 日已遭梅州市梅州区人民法院行政裁定书注销双方婚姻登记为不合法，故依"条例"第 74 条规定状请台北地方法院院裁定认可广东省梅州市民政局关于撤销双方结婚登记之决定以及梅州市梅江区人民法院行政裁定书。台北地方法院认为声请

---

① 台湾宜兰地方法院民事裁定 2010 年家声字第 79 号。

② 台湾台北地方法院民事裁定 2009 年家声字第 596 号。

人请求认可之《广东省梅州市民政局之关于撤销胡技烜与黄艳珠结婚登记的决定》，并非"民事确定判决""民事确定裁定"或"民事仲裁判断"，裁定本件声请于法不合，应予驳回。

这两件裁定均说明：即便行政判决书或裁定书改变了当事人的民事婚姻法律状况，是对婚姻民事关系的法定变更，但台湾地区仍不认可大陆法院所为之行政裁定书或行政判决书。既然立法已经限定得予以认可的是"民事"类裁断，故法庭的依法裁断本无可厚非，只是这种状况的出现将导致一个重要的问题是：两岸当事人在大陆的婚姻已被解除而归于无效，但行政文书在台湾地区不被认可，当事人在台湾地区仍维持婚姻合法化状态，而陷入在台湾地区无法再婚之窘迫境地。

问题之由来，得从大陆婚姻成立制度谈起。在大陆婚姻法律实行的是严格的婚姻登记成立主义。根据《中华人民共和国婚姻法》第 8 条的规定："要求结婚的男女双方必须亲自到婚姻登记机关进行结婚登记。符合本法规定的，予以登记，发给结婚证。取得结婚证，即确立夫妻关系。未办理结婚登记的，应当补办登记。"

办理结婚登记不仅是成立法律婚的特殊形式要件，而且是成立法律婚的唯一形式要件[①]。《婚姻登记条例》进一步对有权办理婚姻登记的机关、办理婚姻登记应提交的证件和材料、婚姻登记机关的审查程序等作出了进一步的规定，尽管《婚姻法》对婚姻登记的实质要件予以了具体规定，但在婚姻登记机关逐步淡化其行政管理职能的背景下，其在实际审查过程中自觉收缩其职能，对当事人婚姻登记请求及文书仅进行窗口形式审查。实质审查的缺位难免造成秩序的沦丧，进而损及对婚姻公示效应而生的信赖利益。在两岸间屡禁不止的"假结婚"行为由此而生。所谓"假结婚"就是当事人完成了婚姻登记，但实质间却缺乏真实的缔结婚姻的合意，婚姻

---

① 余延满：《论婚姻的成立》，《法学评论》2004 年第 5 期，第 46 页。

登记实质要件和形式要件背离而产生的一种现象。

一般而言，婚姻效力问题属于民事诉讼管辖范畴，因此应通过民事诉讼的途径，以民事判决的方式进行裁断。现行《婚姻法》规定了婚姻无效的四种情形，对于可撤销婚姻，仅有受胁迫一种情况。无论是无效婚姻还是可撤销婚姻，采取的都是实质要件审查标准。但如果是结婚形式要件的欠缺则不在民事诉因的范畴之内，仅能通过行政诉讼的方式，以婚姻登记机关为诉讼主体一方予以查明判定。例如以假名与一方当事人结婚，如果欲提起民事诉讼但却无法确定被告身份，则在民事案件受理环节就无法继续进行下去，这时只能提起行政诉讼，以婚姻登记行为欠缺法定形式要件，而要求婚姻登记机关行政行为撤销颁发结婚证这一行政行为。所以，关于婚姻效力之诉，有时行政诉讼方式相比较于民事诉讼而言具有后者所不具备的举证比较优势和较优的实务可操作性。

婚姻登记行为本质上是一种确认性行政登记，该项登记行为一旦由国家作出，所记载的事由就有了国家权威性的背书，本着对国家行为的信赖，当事人即可凭借公示性的婚姻状况记载而从事民事活动。根据《婚姻法》关于婚姻必须同时具备实质要件和形式要件方为有效婚姻的立法精神，即使婚姻登记机关已经恪尽职守履行了勤勉谨慎的合理审查义务，若登记双方当事人刻意隐瞒或采取其他诈欺手段违反结婚实质要件，仍应认定行政机关登记行为无效而予以撤销。由于我国《行政诉讼法》规定人民法院审理行政诉讼案件的可能的三种结果是"维持""撤销"和"变更"，故多有可能因对婚姻登记机关提起行政诉讼而撤销当事人婚姻登记，最终使婚姻归于无效。

欠缺实质要件或形式要件之婚姻，其合法有效性堪可质疑。通过民事诉讼提起婚姻无效之诉并不是唯一可行的司法路径，行政诉讼亦是一种对婚姻效力进行司法裁断的进路。而后者同样也会因撤销婚姻登记行政行为而使民事婚姻归于无效，最终效果上和民事诉讼一样，将改变当事人婚姻身份乃至以该婚姻为核心的家庭和社会结构。但是，由于立法的制约，这类以民事关系为关涉之行政诉讼判决文书却在两岸间无法得到认可和执行。台湾一方当事人欲解除其在台湾地区的婚姻法律关系，只能请求在大陆的当事人，在台湾地区再次重复提出起诉，否则，就会出现双方婚姻在大陆已归于无效，而在台湾地区婚姻关系却仍然成立之"跛行婚"现象。故在未来，两岸似可进一步考虑放宽得予以认可文书的范畴，特别是针对这类以改变民事关系状态的合法性之行政裁判文书，可考虑斟酌认可之可能。或者在婚姻登记行政机关登记当事人婚姻状态时，对此类行政判决文书予以认可采纳，以维持两岸婚姻效力评价的一致性和法律秩序的稳定性。

二、民事调解书的认可问题

台湾地区法院实务见解中，关于大陆法院于诉讼中所作之民事调解书，是否属于"两岸人民关系条例"第 74 条所规定之认可标的存在较大分歧。台湾地区"司法院"1994 年 11 月 19 日 83 秘台厅民三字第 20524 号函、"法务部"1994 年 12 月 22 日 83 法律决字第 27860 号函以及台湾高等法院 2001 年家抗字第 370 号裁定中，曾明确表达"两岸人民关系条例"第 74 条所指民事确定裁判，宜解为不包括民事调解书在内。

然而，实务界人士及学者对此多持有异议。"大法官"杨建华论曾论述道：（1）《中国人民共和国民事诉讼法》规定"人民法院审理民事案件，根据当事人自愿的原则，在事实清楚的基础上，分清是非，进行调解"。调解既须在事实清楚的基础上，分清是非，故大陆法院调解成立之调解书，依实务上所见，列有理由一栏，载明法院所认定的事实，何造当事人负有法律责任，与判决书之理由无异，故大陆之法院调解，实系融合判决与调解为一炉，名为调解，实具有判决或仲裁（分清是非）之性质。《中华人民共和国民事诉讼法》对于法院调解成立作成调解书或调解笔录者，依其规定，具有法律效力，在大陆所谓具有法律效力，与我"民事诉讼法"确定判决相当，虽不得对之提起上诉，但依《中华人民共和国民事诉讼法》规定，则与判决同视，可以申请再审。（2）如前所述，大陆法院作成之调解书或调解笔录，系由法院认定"事实清楚的基础上，分清是非，进行调解"，与我"民事诉讼法"中之和解调解，完全基于私法自治与处分权主义，基本上完全不同。大陆法院作成之调解书，具有事实理由与法律意见，与裁判书几无所差异，而不服调解书者，又得与裁判同视，对之申请再审。若以我"民事诉讼法"和解或调解之观念，认定大陆之调解书不得裁定认可，未免过于望文生义，拘泥于法条形式上词句之解释。按解释法律固须参考原立法意旨，惟于立法后解释法律，非仅探究立法者于立法时所表达者为何项意思，而应顾及具体的妥当性，法律解释功能即在于此，若拘泥于文义，则法律即无生命力可言。[1] 还有学者认为：调解书在大陆已确定发生离婚之法律关系，因民事调解书在台湾地区不被认可，将使得同一婚姻关系在台湾地区仍然有效，当事人如拟解消在台湾地区的法律关系，只能请求在大陆的当事人，再"配合演出"地接受在台湾地区的重新起诉，终究是浪费人力、财力及司法资源，认为应从调解书的定性问题着手，认定大陆的调解离婚书的性质及效力，合理解释"两岸人民关系条例"第74条"民事确定裁判"一词的意义。[2] 就"两岸人民关系条例"第74条规定的立法目的而言，应包括统一两岸之民事法律关系，避免当事人重复应诉之劳费、保障既得权利，以及节约台湾地区司法资源等意旨，而大陆之确定民事调解书，既已经当事人同意为终局解决其间纷争之基准，于程序及实体正义均无疑义，则台湾地区法院予以认可，适与"两岸人民关系条例"第74条规定之立法目的相符，基于"等者等之"之原理，本于同一法律理由，应得比附援引而类推适用该条之规定，而肯认得认可大陆民事调解

---

① 杨建华：《民事实务问题试释》，台湾《司法周刊》2006年7月，第395页。

② 陈荣传：《两岸民事司法互助实务之研究》，台湾《法学丛刊》2008年总第209期，第11页。

书。①

也有学者经统计数据发现，在台湾地区司法实务上，有的法院一概不予认可，有的法院一概认可，还有的法院不同法官持不同态度。总体上，以不认可大陆民事调解书者居多。②

很显然，正是因为实务界及理论界对民事调解书是否包括在"民事确定裁判"范围内未形成统一意见，方导致相互矛盾的判决结果，在这背后亦折射出司法实务界的困惑之乱。

在本研究条件（2009年1月1日—2019年12月31日）设定下，所收集的全样本案例中，共有69件经由各法院受理的申请认可大陆法院所作民事调解书的案例，分别统计如表4–1：

表4-1　民事调解书认可案例汇总表

法院	认可调解书的案件	不认可调解书的案件
台湾台北地方法院	民事裁定 2015 年家陆许字第 8 号 民事裁定 2012 年家声字第 95 号 民事裁定 2010 年审声字第 16 号	民事裁定 2009 年家声字第 977 号
台湾士林地方法院	民事裁定 2018 年陆许字第 3 号 民事裁定 2015 年家陆许字第 6 号 民事裁定 2014 年家陆许字第 21 号	民事裁定 2019 年陆许字第 1 号 民事裁定 2016 年家陆许字第 14 号 民事裁定 2015 年家陆许字第 20 号
台湾新北地方法院	民事裁定 2018 年家陆许字第 13 号 民事裁定 2015 年家陆许字第 32 号 民事裁定 2015 年家陆许字第 22 号 民事裁定 2014 年家陆许字第 44 号 民事裁定 2014 年家陆许字第 9 号 台湾板桥地方法院民事裁定 2011 年家声字第 6 号 台湾板桥地方法院民事裁定 2010 年家声字第 212 号	民事裁定 2012 年陆许字第 2 号

① 伍伟华：《论认可大陆地区民事裁判之要件》，台湾《玄奘法律学报》2008 年总第 10 期，第 7—8 页。

② 罗发兴：《两岸相互认可民事裁判若干问题的检讨与完善》，台湾《法令月刊》2011 年第 62 卷第 9 期，第 108 页。

法院	认可调解书的案件	不认可调解书的案件
台湾基隆地方法院	民事裁定 2016 年家陆许字第 8 号	民事裁定 2019 年家陆许字第 4 号 民事裁定 2014 年家陆许字第 8 号
台湾桃园地方法院	民事裁定 2014 年家陆许字第 14 号 民事裁定 2012 年家声字第 111 号 民事裁定 2010 年家声字第 457 号 民事裁定 2009 年家声字第 215 号	家事裁定 2013 年家陆许字第 61 号 民事裁定 2013 年家陆许字第 59 号 民事裁定 2013 年陆许字第 1 号 民事裁定 2010 年家声字第 656 号
台湾新竹地方法院	民事裁定 2018 年家陆许字第 7 号 民事裁定 2015 年家陆许字第 11 号	民事裁定 2009 年声字第 730 号
台湾苗栗地方法院	无	民事裁定 2018 年司家陆许字第 8 号
台湾台中地方法院	民事裁定 2014 年家陆许字第 43 号 民事裁定 2017 年家陆许字第 27 号	民事裁定 2016 年陆许字第 2 号 民事裁定 2015 年陆许字第 4 号
台湾彰化地方法院	民事裁定 2018 年家陆许字第 13 号	民事裁定 2015 年家陆许字第 12 号
台湾南投地方法院	家事裁定 2012 年家陆许字第 4 号	无
台湾云林地方法院	民事裁定 2014 年家陆许字第 17 号	民事裁定 2019 年家陆许字第 5 号
台湾嘉义地方法院	无	民事裁定 2012 年家陆许字第 15 号 民事裁定 2012 年家陆许字第 6 号 民事裁定 2011 年家声字第 167 号 民事裁定 2010 年家声字第 293 号
台湾台南地方法院	无	民事裁定 2012 年家陆许字第 13 号 民事裁定 2009 年家声字第 402 号
台湾高雄地方法院	民事裁定 2015 年抗字第 129 号（废弃同法院民事裁定 2015 年声字第 14 号不予认可民事调解书之裁定） 民事裁定 2012 年家声字第 96 号 民事裁定 2011 年家声字第 11 号 民事裁定 2010 年家声字第 680 号 民事裁定 2009 年家声字第 361 号 民事裁定 2009 年家声字第 8 号	民事裁定 2010 年家声字第 705 号 民事裁定 2010 年家声字第 164 号

续表

法院	认可调解书的案件	不认可调解书的案件
台湾花莲地方法院	民事裁定 2014 年家陆许字第 4 号 民事裁定 2015 年家陆许字第 7 号	无
台湾台东地方法院	无	民事裁定 2018 年家陆许字第 2 号
台湾屏东地方法院	民事裁定 2017 年家陆许字第 6 号 民事裁定 2017 年家陆许字第 4 号 民事裁定 2016 年家陆许字第 9 号 民事裁定 2016 年家陆许字第 2 号	民事裁定 2014 年家陆许字第 5 号
金门地方法院	民事裁定 2016 年陆许字第 1 号	民事裁定 2009 年家声字第 9 号
高雄少年及家事法院	民事裁定 2014 年家陆许字第 23 号 民事裁定 2016 年家陆许字第 38 号	民事裁定 2016 年家陆许字第 7 号

（一）裁定理由总结

不认可大陆法院所作民事调解书的案件中，法院裁定的主要理由大多仍是参照台湾高等法院 2001 年抗字第 370 号裁定、"司法院秘书长 1994 年 11 月 19 日（83）秘台厅民三字第 20524 号函说明二"、"法务部 1994 年 12 月 22 日（83）法律决字第 27860 号"要旨认为：民事调解书，并非属"两岸人民关系条例"第 74 条第 1 项规定之民事确定判决、民事确定裁定或民事仲裁判断。

也有法院裁定[①]理由是参照台湾高等法院暨所属法院 2016 年法律座谈会民事类提案第 37 号意见[②]，认为：依《中华人民共和国民事诉讼法》规定，大陆法院所为之调解，并无与确定判决同一之效力，其法律效力嗣后

---

① 台湾基隆地方法院民事裁定2019年家陆许字第4号、台湾士林地方法院民事裁定2019年陆许字第1号。

② 该意见之法律问题为：大陆法院作成之调解笔录，是否可声请台湾地区法院认可？讨论意见分为肯定说和否定说。审查意见采否定说。研讨结果：多数采审查意见。（实到69人，采肯定说6票，采审查意见55票。）

尚可能被人民法院推翻。和台湾地区之调解相比，其法定程序与法律效力均有不同，不宜比附援引。另外，符合台湾地区"民事诉讼法"第402条所定要件，可声请强制执行之外国法院"确定判决"或"确定裁定"，尚难认为包括外国法院所成立之调解或和解①，如果"两岸人民关系条例"第74条之规定，可扩大解释及于大陆法院所成立之调解或和解，似有失平衡。

也许是出于对台湾地区法院不予认可民事调解书的担忧，在大陆法院审理已经达成调解协议的情况下，当事人有的也会要求法院以判决书的方式作出裁判。例如："经本院审查各方当事人所自愿达成的调解协议，内容符合法律规定，本院予以确认。……由于本案当事人要求以判决书形式确认调解书内容，故法院依法判决。"②

法院裁定书中认可大陆法院所作民事调解书的理由包括：

1.《中华人民共和国民事诉讼法》规定之调解与台湾地区诉讼法律之程序精神相符，应可视为民事确定判决。

大陆之调解者，人民法院审理民事案件，根据当事人自愿的原则，在事实清楚的基础上，分清是非，进行调解。又调解达成协议，人民法院应当制作调解书。调解书经由双方当事人签收后，即具有法律效力而所谓具有法律效力，与台湾"民事诉讼法"规定之确定判决效力相当，此依《中华人民共和国民事诉讼法》规定，对于已发生法律效力之调解书亦可声请再审，应可推知。又台湾地区"民事诉讼法"第377条以下和解一节，系以当事人于诉讼系属中，在法官面前，依当事人合意终止争执，而终结诉讼之全部或一部，与《中华人民共和国民事诉讼法》规定之调解，均是于诉讼中依当事人合意而终结诉讼，两者程序精神相符，而台湾地区"民事诉讼法"第380条第1项规定，诉讼上和解成立者，与确定判决有同一之

---

① 参见"司法院79秘台厅一字第01832号函释"。
② 台湾板桥地方法院民事裁定2011年声字第38号。

效力。① 离婚之民事调解书与台湾地区"民法"第 1052 条之 1 规定离婚经法院调解或和解成立者，婚姻关系即属消灭之规定意旨相符合。② 此之修正规定，旨在使调解离婚具有形成力而非属单纯的协议离婚性质，当事人一旦经法院调解离婚成立者，该民事调解即与形成判决具有同一之效力。③ 是参诸上揭台湾地区"法律"规定，在祖国大陆法院所作成之民事调解书，应可视为民事确定判决，于不违背台湾之公共秩序或善良风俗者，得声请法院裁定认可。④

2. 基于平等互惠原则。大陆既已依补充规定认可台湾地区法院之调解书，得申请裁定执行，"两岸人民关系条例"第 74 条之立法理由，系以大陆方面未能秉持互惠、对等原则而认可台湾作成之民事确定裁判及民事仲判断，而依公平及互惠原则增订第 3 项规定，以使大陆正视两岸司法互助问题，兼顾当事人权益；而最高人民法院本于互惠原则，已于 2009 年 3 月 30 日由最高人民法院审判委员会第 1465 次会议通过《最高人民法院关于人民法院认可台湾地区有关法院民事判决的补充规定》，于该补充规定第 1 条第 2 项明文规定："经人民法院裁定认可的台湾地区有关法院民事判决，与人民法院做出的的生效判决具有同等效力。申请人依裁定向人民法院申请执行的，人民法院应予受理。"第 2 条第 2 项规定："申请认可台湾

---

① 台湾花莲地方法院民事裁定 2014 年家陆许字第 4 号、台湾南投地方法院家事裁定 2012 年家陆许字第 4 号、台湾台中地方法院民事裁定 2014 年家陆许字第 43 号、台湾新竹地方法院民事裁定 2015 年家陆许字第 11 号、台湾新北地方法院民事裁定 2015 年家陆许字第 32 号、台湾新北地方法院民事裁定 2015 年家陆许字第 22 号、台湾新北地方法院民事裁定 2014 年家陆许字第 44 号、台湾新北地方法院民事裁定 2014 年家陆许字第 9 号、台湾板桥地方法院民事裁定 2011 年家声字第 6 号、台湾板桥地方法院民事裁定 2010 年家声字第 212 号、台湾士林地方法院民事裁定 2015 年家陆许字第 6 号、台湾士林地方法院民事裁定 2014 年家陆许字第 21 号、台湾新北地方法院民事裁定 2018 年家陆许字第 13 号。

② 台湾高雄少年及家事法院民事裁定 2014 年家陆许字第 23 号。

③ 台湾云林地方法院民事裁定 2014 年家陆许字第 17 号。

④ 台湾高雄少年及家事法院民事裁定 2014 年家陆许字第 23 号、台湾花莲地方法院民事裁定 2014 年家陆许字第 4 号、台湾高雄地方法院民事裁定 2015 年抗字第 129 号、台湾高雄地方法院民事裁定 2011 年家声字第 11 号、台湾云林地方法院民事裁定 2014 年家陆许字第 17 号。

地区有关法院民事裁定、调解书、支付令，以及台湾地区仲裁机构裁决的，适用规定和本补充规定。"基于平等互惠原则，大陆既已依补充规定认可台湾地区法院之调解书，得申请裁定执行，则大陆法院所作之调解书亦应予认可。⑤ 大陆之调解成立，自得适用上述认可裁判之规定，而不必拘泥于法条形式上之词句，认非"民事确定裁判"或"民事仲裁判断"之名义不可。⑥

（二）裁定结果数据分析

从裁定结果数据来看，69 例民事调解书申请认可案件，共有 40 件经裁定予以认可，占比 58%，共有 29 件经裁定不予认可，驳回声请，占比42%。可知，总体结果上，司法实务中以认可大陆民事调解书居多。特别值得注意的是，在"台湾高等法院暨所属法院 2016 年法律座谈会民事类提案第 37 号意见"之后，自 2017 年至 2019 年间，共有 12 件民事调解书申请认可案件，其中 7 件经裁定予以认可，占比 58%，有 5 件经裁定不予认可，驳回声请，占比 42%。在 2019 年的 3 件民事调解书申请认可案件中，则全部裁定不予认可。

应该说，实务意见目前仍是尚未完全一致。从统计数据来看，即使是同一个法院，也反复出现认可和不予认可的矛盾。

值得肯定的是，有的地方法院提到对大陆民事调解书予以认可的重要理由之一是基于互惠原则。大陆主动明文规定认可台湾地区有关法院作出的调解书等法律文书，某种程度上也鼓励了台湾地区法院对大陆法院文书采取友好态度，而这种基于"互惠原则"而产生的"投桃报李"的结果对两岸来说都是良性和积极的。这一结果更能说明互惠原则在两岸间判决认

---

⑤ 台湾高雄地方法院民事裁定 2015 年抗字第 129 号、台湾云林地方法院民事裁定 2014 年家陆许字第 17 号、台湾士林地方法院民事裁定 2018 年陆许字第 3 号、台湾新竹地方法院民事裁定 2018 年家陆许字第 7 号。

⑥ 台湾云林地方法院民事裁定 2014 年家陆许字第 17 号。

可与执行领域的适用的两个价值目标，即激励支持和对等报复，其最基本取向都应是为了实现在判决认可与执行上的合作，而并非主要是为此设置更多的障碍与不便。

（三）未经裁定认可之民事调解书在台湾地区的效力

1. 无既判力

大陆作成之民事调解书，未声请台湾地区法院裁定认可，或经声请裁定被驳回后，其在台湾地区即不具有确定力及执行力。当事人于大陆法院成立民事调解后，又向台湾地区起诉则不存在违反一事不再理之问题，台湾地区法院仍可从实体上加以审理。最为常见的情形是：婚姻关系中之双方当事人在大陆法院经调解离婚，但该民事调解书未声请台湾地区法院认可，或虽经声请但法院驳回离婚调解书之认可声请，当事人选择在台湾地区再次起诉离婚。台湾地区法院在确认有管辖权后通常对离婚诉讼请求作实质审理。例如：台湾台东地方法院 2012 年婚字第 3 号民事判决中写到：双方当事人系于 1996 年 10 月 25 日结婚，嗣于 1999 年 5 月 10 日向台东县东河乡户政事务所申请结婚登记，迄今未办理离婚登记，复经法院依职权调取 2012 年司家声字第 47 号声请认可大陆判决书卷宗查阅，被告确曾在大陆诉请离婚，双方并曾于 2011 年 4 月 18 日在四川省崇州市人民法院成立离婚协议，此有该卷宗所附（2011）崇州民初字第 2269 号民事调解书复印件附卷可查，原告以该调解民事调解书向法院声请认可，经法院以 2012 年司家声字第 47 号民事裁定驳回，因此双方即使于婚姻关系存续中在大陆法院调解成立离婚，但如尚未向户政事务为离婚登记前，则双方婚姻仍属有效存续。法院自得重新审理该离婚诉讼。

当事人在大陆法院已作之离婚调解书可作为认定双方有难以维持婚姻之重大事由。"大陆法院提起离婚诉讼经调解成立，双方至今均无联系，维持婚姻关系之感情基础已不复存在，衡情任何人倘处于同一处境，均将丧失维持婚姻之意欲，亦难期有复合之可能，堪认双方间有难以维持婚姻之重大事由存在。"①

2. 民事调解书视同文书证据

对台湾地区行政机关而言，双方当事人关于婚姻之民事调解书可视同为协议离婚之情形，当事人可凭大陆人民法院民事调解书暨签发予离婚双方之送达证书（或离婚调解生效证明），向大陆当地公证处办理公证书，经海基会验证后，向台湾地区户政机关申请离婚登记，离婚日期即以该民事调解书送达双方，当事人签收之日期为准。

对台湾地区法院而言，如果先前民事调解书的当事人是现行诉讼的当事人，或者二者间存在法律上的关联，则民事调解书通常会在法庭中作为

---

① 台湾高雄少年及家事法院民事判决 2014 年婚字第 572 号，类似情形的案例还包括：台湾高雄少年及家事法院民事判决 2012 年婚字第 342 号、台湾高雄少年及家事法院民事判决 2013 年婚字第 294 号、台湾澎湖地方法院民事判决 2014 年婚字第 30 号、台湾屏东地方法院民事判决 2011 年婚字第 177 号、台湾高雄地方法院民事判决 2010 年婚字第 678 号、台湾高雄地方法院民事判决 2010 年婚字第 631 号、台湾高雄地方法院民事判决 2009 年婚字第 897 号、台湾台南地方法院家事判决 2012 年婚字第 292 号、台湾嘉义地方法院民事判决 2009 年婚字第 447 号、台湾云林地方法院民事判决 2011 年婚字第 192 号、台湾彰化地方法院民事判决 2010 年婚字第 290 号、台湾台中地方法院家事判决 2012 年婚字第 861 号、台湾台中地方法院民事判决 2009 年婚字第 53 号、台湾苗栗地方法院民事判决 2011 年婚字第 34 号、台湾苗栗地方法院民事判决 2010 年婚字第 158 号、台湾桃园地方法院民事判决 2010 年婚字第 553 号、台湾桃园地方法院民事判决 2009 年婚字第 489 号、台湾板桥地方法院民事判决 2009 年婚字第 236 号、台湾板桥地方法院民事判决 2009 年婚字第 1073 号、台湾板桥地方法院民事判决 2010 年婚字第 428 号、台湾板桥地方法院民事判决 2012 年婚字第 35 号、台湾新北地方法院民事判决 2012 年婚字第 943 号、台湾士林地方法院民事判决 2011 年婚字第 57 号、台湾士林地方法院家事判决 2011 年婚字第 307 号、台湾士林地方法院民事判决 2014 年婚字第 70 号、台湾士林地方法院民事判决 2014 年婚字第 336 号、台湾台北地方法院民事判决 2012 年婚字第 377 号、台湾台北地方法院民事判决 2012 年婚字第 270 号、台湾台北地方法院民事判决 2010 年婚字第 401 号、台湾台北地方法院民事判决 2010 年婚字第 622 号、台湾台北地方法院民事判决 2009 年婚字第 673 号、台湾台中地方法院家事判决 2012 年婚字第 861 号。

证据，证明既判事实的真实性。[①]

3. 民事调解书具有私法上和解契约之效力

民事调解书虽然无法与民事确定判决具有同一之效力，但民事调解书是双方以终止争执为目的而互相让步所为之合意，仍应认为具有私法上和解契约之效力。按照台湾地区"民法"第736条、第737条之规定，和解有使当事人所抛弃之权利消灭及使当事人取得和解契约所订明权利之效力。和解成立以后，其发生之法律上效力，在消极方面，使当事人所抛弃之权利消灭，在积极方面，则使当事人取得和解契约所订明之权利。[②]　在台湾屏东地方法院民事判决2017年诉字第329号案件中，双方当事人各自委任法律工作者及律师，于广西壮族自治区桂林市中级人民法院所行之调解程序中，达成协议而成立调解。法院认为：该调解已有效成立，虽无与民事确定判决同一之效力，但仍具双方以终止争执为目的而互相让步所为之私法上和解契约之效力，不得以错误为理由撤销之。

---

① 台湾高雄少年及家事法院民事判决2012年亲字第67号、台湾高雄少年及家事法院民事判决2011年重家诉字第11号、台湾高雄少年及家事法院民事判决2013年家简字第11号、台湾嘉义地方法院民事判决　2014年亲字第23号、台湾嘉义地方法院民事判决2013年亲字第14号、台湾高等法院民事判决2011年重家上字第18号、台湾高等法院民事判决2012年上易字第1273号、台湾高等法院台南分院民事判决　2012年上易字第69号、台湾高等法院花莲分院民事判决2008年家上字第16号、台湾台中地方法院民事判决2011年重家诉字第26号、台湾台中地方法院家事判决2012年家诉字第422号、台湾台中地方法院民事判决2013年诉字第682号、台湾桃园地方法院民事判决2010年诉更字第6号、台湾桃园地方法院民事判决2009年诉字第1114号、台湾新北地方法院民事判决2012年诉字第248号、台湾新北地方法院民事判决2014年亲字第161号、台湾台北地方法院民事判决2009年亲字第162号、台湾台北地方法院民事判决2011年亲字第75号、台湾台北地方法院民事判决2011年消字第22号、台湾台北地方法院民事简易判决2012年北简字第6247号、台湾台北地方法院民事裁定2015年家亲声字第200号、台湾基隆地方法院民事裁定2014年家亲声字第152号、台湾板桥地方法院民事判决2008年婚字第1135号、台湾士林地方法院民事判决2012年湖诉字第4号。

② "最高法院1998年台上字第312号"判决意旨。

第二节　审查的范围及标的

一、审查的范围

对请求认可与执行的境外法院判决的审查，主要有实质审查和形式审查两种做法。所谓实质审查，就是对需要认可与执行外国法院的判决，从事实认定和法律适用两个方面进行全面的审查，若发现该判决事实认定错误或者适用法律不当，它就有权不予认可或执行。而形式审查则是指被请求国法院不对原判决的事实认定和法律适用进行审查，而仅审查外国法院的判决是否符合本国法律或有关条约中规定的认可与执行外国法院判决的条件①。目前，各国的普遍做法是不对外国法院判决作实质审查，只进行形式审查。②台湾地区立法所采行之审查主义为何，虽然条文文义并未明示，但学术通说③认为是采用形式审查方式，更有学者指出就认可要件亦仅能作形式上的审查④。实务上，实证研究样本中的案例有的亦明白指出或意思表达出台湾地区法院对大陆法院判决认可系采形式审查主义，典型表述如：台湾高等法院 2008 年非抗字第 91 号裁定："又认可判决程序既属非讼事件之裁定程序，不得就当事人间之法律关系重为判断，判决认可事件之审查即应着重于大陆作成之民事确定裁判，是否违背台湾地区公共秩序或善良风俗。"又如台湾台中地方法院民事裁定 2012 年抗字第 36 号："大陆法院认定上开书证之证据能力及证据力，系本于其法院职权依法所为认定，系

---

① 徐宏：《国际民事司法协助》（第二版），武汉大学出版社 2006 年 版，第 309 页。

② 钱锋：《外国法院民商事判决承认与执行研究》，中国民主法制出版社 2008 年版，第 120 页。

③ 刘铁铮、陈荣传：《国际私法论》（修订 5 版），台湾三民书局 2010 年版，第 685 页，张文郁：《论大陆判决之承认》，台湾《月旦法学杂志》2010 年总第 178 期，第 255 页，陈启垂：《外国判决的承认与执行》，台湾《月旦法学杂志》，2001 年总第 75 期，第 157 页。

④ 李沅桦：《国际民事诉讼法论》（第二版），台湾五南图书出版公司 2007 年版，第 296 页。

属审判事项的核心范围，抗告人所称上情，均为法院独立审判，本其心证所为之决定，系大陆法院依职权自由裁量之事项，且认可判决程序属非讼事件之裁定程序，不得就当事人间之法律关系重为判断，是本院就本件实体事项，并再无调查、审理权限。"研究样本中，有多例① 判决文书明确表述台湾地区法院在审查认可大陆法院民事判决时，不得就当事人间同一实体法律问题重为实质审查判断，大陆法院认定事实或适用法规是否有误，不在台湾地区法院审查范围，由此可推认为台湾地区部分实务见解应与学者通说基本一致，认为台湾地区法院在审查大陆民事判决时系采用形式审查方式。

　　与上述实务见解及学者通说不同的是，就实务之实际操作情形而言，台湾地区仍有不少法院对大陆法院民事判决并非采用严格的形式审查主义。如上文所述，形式审查要求法院不可就该境外民事判决所认定之事实

---

　　① 在裁定书中明确表述，采形式审查主义的案例包括：台湾高等法院民事裁定2009年非抗字第58号、台湾高等法院民事裁定2008年非抗字第91号、台湾台中地方法院民事裁定2012年抗字第36号、台湾新北地方法院民事裁定2015年抗字第96号、台湾士林地方法院民事裁定2009年抗字第25号、台湾台北地方法院民事裁定2012年抗字第62号、台湾台北地方法院民事裁定2013年陆许字第1号、台湾台北地方法院民事裁定2013年抗字第234号、台湾屏东地方法院家事裁定2013年家声抗字第13号、台湾新北地方法院民事裁定2015年抗字第78号、台湾新北地方法院民事裁定2015年抗字第111号、台湾台北地方法院民事裁定2010年家抗字第101号、台湾高雄地方法院民事裁定2016年抗字第106号、台湾台南地方法院民事裁定2017年抗字第108号、台湾彰化地方法院民事裁定2017年家陆许字第4号、台湾彰化地方法院民事裁定2016年家陆许字第8号、台湾彰化地方法院民事裁定2016年家陆许字第6号、台湾彰化地方法院民事裁定2016年家陆许字第5号、台湾彰化地方法院民事裁定2016年家陆许字第2号、台湾彰化地方法院民事裁定2016年家陆许字第1号、台湾新竹地方法院民事裁定2017年抗字第40号、台湾新竹地方法院民事裁定2017年抗字第27号、台湾士林地方法院民事裁定2016年抗字第285号、台湾台中地方法院民事裁定2016年抗字第108号、台湾新北地方法院民事裁定2016年抗字第271号、台湾新北地方法院民事裁定2017年抗字第152号、台湾高等法院民事裁定2017年非抗字第118号、台湾高等法院台中分院民事裁定2016年非抗字第184号、台湾高等法院高雄分院民事裁定2017年非抗字第4号、台湾高等法院台中分院民事裁定2018年非抗字第224号、台湾新北地方法院民事裁定2018年抗字第128号、台湾新北地方法院民事裁定2018年抗字第77号、台湾士林地方法院民事裁定2018年抗字第157号、台湾台中地方法院民事裁定2018年抗字第140号、台湾台北地方法院民事裁定2019年抗字第228号、台湾高等法院高雄分院民事裁定2019年非抗字第8号，等等。

部分再为实质审查，即便是对该国法律对认可境外判决所涉之认可要件部分之审查，亦应仅作形式审查，即就判决是否符合认可要件之事实判断，仍需尊重原裁判法院之事实认定，台湾地区法庭不具有实质审查权力，不得重新调查证据、认定事实。与此理论假设相反的是，实证研究表明，台湾地区法院对大陆法院民事判决进行审查时，虽原则上不对判决为实质审查，但就该判决是否有违反台湾地区立法所设之认可条件时，台湾地区法院实际上均会对就是否违反该认可条件之事实进行实质审查。表现在：

1. 就管辖权有无之事实认定。如果需彻底贯彻形式审查主义之意旨的话，台湾地区法院应完全尊重大陆法院对案件事实证据的认定，但台湾地区法院于判断大陆法庭是否具有适当的管辖权时，仍会实质地审查事实证据。例如："本件两造婚后虽同住于台北市○区○路，惟相对人于2013年12月13日携两造所生未成年子女王龙泰返回大陆，迄未再来台，抗告人亦未前往大陆与相对人同住，……堪认相对人已无以上揭台北市○区○路为两造共同住所之意，两造已无夫妻无共同之住所地甚明，则夫或妻之住所地，均属家事事件法第52条第1项第1款所指之住所地（台湾高等法院暨所属法院97年法律座谈会民事类提案第38号参照），是相对人向其大陆住所地所属法院提起离婚诉讼，符合家事事件法第52条第1项第1款专属管辖之规定。"①

2. 就诉讼文书是否有经合法送达而可为缺席裁判之事实审查判断上进行实质审查，重新调查证据，作出与大陆法院不同之事实判断。大陆民事判决文书中通常已经记载开始诉讼之通知已于法定期间内合法送达当事人，尤其是台湾地区被告，在经合法送达程序未能送达的情况下，为缺席审判。此时，如果采形式审查主义，台湾地区法院自应尊重作出裁判之大陆法院所为诉讼开始之通知已于法定期间内，经法定程序送达之事实认定，

---

① 台湾士林地方法院民事裁定2014年家声抗字第95号。

不得再重新调查该通知究竟有无合法送达之事实。但台湾地区法院在许可程序中不仅会重新调查当事人住所等证据，而且还会根据重新调查的证据对是否合法送达进行重新认定。例如："声请人提出之大陆湖北省枝江市人民法院于 2014 年 5 月 5 日以（2013）鄂枝江民初字第 141 号民事判决，其上记载相对人之地址为'花莲市民意里 2 邻'，惟相对人原住所花莲市〇里〇邻〇号，而声请人诉请人民法院判决离婚时，相对人已迁至花莲县花莲市〇里〇邻〇号，此有相对人之个人户籍资料查询结果、全户户籍资料查询、迁徙纪录资料查询结果可稽，是相对人显然并无收受该法院通知或为应诉之可能。因声请人未提出相对人在台湾地区之正确住居所，以供大陆湖北省枝江市人民法院对相对人为合法之送达，致该法院未依前揭互助协议请求协助送达，并于相对人未到庭时，遽准为一造辩论判决，显然与台湾地区民事诉讼法关于保障诉讼当事人程序权保障，……亦有违两岸人民关系条例第 74 条规定'台湾地区公共秩序或善良风俗'之情事，自不应认可系争大陆判决。"[①]

3. 就准据法及实体法适用是否正确无误，是否符合台湾地区相关法律规定进行实质审查。

例如："相对人系在台湾地区设有户籍之台湾人民，声请人为在大陆设籍之大陆人民，本件两造之婚姻是否有效，依前揭两岸人民关系条例第 52 条第 1 项规定，自应适用行为地即大陆之规定。……查两造虽有结婚登记，然相对人无与声请人结婚之真意，两造结婚之民事行为既系恶意串通，

[①] 台湾花莲地方法院民事裁定 2015 年家陆许字第 2 号，类似案例还有台湾桃园地方法院民事裁定 2017 年家陆许字第 30 号、台湾桃园地方法院民事裁定 2016 年家陆许字第 32 号、台湾桃园地方法院民事裁定 2016 年家陆许字第 28 号、台湾桃园地方法院民事裁定 2016 年家陆许字第 20 号、台湾桃园地方法院民事裁定 2016 年家陆许字第 7 号、台湾桃园地方法院民事裁定 2016 年家陆许字第 3 号、台湾台北地方法院民事裁定 2017 年家陆许字第 16 号、台湾台北地方法院民事裁定 2017 年家陆许字第 8 号、台湾台北地方法院民事裁定 2016 年家陆许字第 20 号、台北地方法院民事裁定 2016 年家陆许字第 7 号、台湾桃园地方法院民事裁定 2019 年陆许字第 1 号。

乃违背行为地《中华人民共和国民法通则》第 58 条第 1 项第 4 款之规定，应属无效，两造虽已完成结婚登记，婚姻仍不生效，然福建省平潭县人民法院仍就声请人与相对人间之离婚诉讼为裁判，其判决内容显与上开规定及台湾之相关法律规定相违，堪认该判决违背台湾之公共秩序或善良风俗；从而，本件声请人声请认可福建省平潭县人民法院（2006）岚民初字第 2号民事判决，于法不合，自应予驳回。"①

　　又如："结婚之方式及其它要件，依行为地之规定；判决离婚之事由，依台湾地区之法律；夫妻之一方为台湾地区人民，一方为大陆地区人民者，其结婚或离婚之效力，依台湾地区之法律；两岸人民关系条例第 52 条、第 53 条分别定有明文。本件相对人为台湾地区人民，声请人为大陆人民，虽相对人之户籍誊本上并未登记声请人为其配偶，惟两造系于大陆广东省梅州市结婚，故关于两造结婚之方式及其它要件，应依结婚地即大陆之法律认定，又依大陆适用之《中华人民共和国婚姻法》第 8 条规定：要求结婚的男女双方必须亲自到婚姻登记机关进行结婚登记；符合本法规定的，予以登记，发给结婚证；取得结婚证，即确立夫妻关系。本件两造于 2018年 10 月 6 日在广东省梅州市办理结婚登记等情，业据声请人提出中华人民共和国广东省梅州市公证处结婚公证书为证。是以，两造结婚之方式及其它要件，合于结婚地即大陆适用之《中华人民共和国婚姻法》第 8 条之规定，纵在台湾地区并未为结婚之户籍登记，惟依结婚行为地法即上开《中华人民共和国婚姻法》规定，堪予认定两造之结婚行为已合法生效。"②

---

① 台湾台南地方法院民事裁定 2010 年家声字第 164 号。

② 台湾苗栗地方法院民事裁定 2018 年司家陆许字第 6 号、台湾苗栗地方法院民事裁定 2018 年司家陆许字第 5 号、台湾苗栗地方法院民事裁定 2018 年司家陆许字第 4 号、台湾苗栗地方法院家事裁定 2013年家陆许字第 10 号、台湾彰化地方法院民事裁定 2018 年家陆许字第 5 号、台湾南投地方法院民事裁定 2018 年家陆许字第 1 号、台湾南投地方法院民事裁定 2018 年家陆许字第 2 号、台湾云林地方法院民事裁定 2018 年家陆许字第 8 号、台湾苗栗地方法院民事裁定 2019 年司家陆许字第 5 号、台湾苗栗地方法院民事裁定 2019 年司家陆许字第 2 号、台湾宜兰地方法院民事裁定 2019 年家陆许字第 1 号。

在研究样本中，几乎所有的离婚判决许可裁定中，均作出如下类似表述："……符合台湾地区民法第 1052 条第 2 项规定难以维持婚姻之重大事由，足见该判决认事用法，与台湾地区"法律"有关规定相符，亦与台湾地区之公共秩序或善良风俗无违。从而，声请人声请裁定认可上开大陆作成之民事确定判决，为有理由，应予准许。"① 又或者："判决确认相对人系声请人之子，且相对人自该判决生效之日起随声请人共同生活，声请人应负担相对人之扶养费至相对人 18 周岁时止，核与台湾民法第 1067 条所定求生父认领、第 1069 条之 1 认领非婚生未成年子女权利义务准用之规定相符，亦不违背台湾公共秩序或善良风俗，爰依两岸人民关系条例第 74 条第 1 项之规定，准许声请人所请，认可该中华人民共和国之民事确定判决。"② 上述表述说明，台湾地区法庭在审查大陆法院民事确定判决时，会援引台湾地区实体法规，比如"民法"中的法条，对案件的法律适用进行实质性的再审查。③

总之，虽然台湾地区学者通说与实务见解均认为台湾地区就大陆法院所作民事判决之认可，"是"或"应"采形式审查主义，然经研究发现，就实务之整体情形而言，台湾地区法院并非完全采严格形式审查主义，在对例外不认可条件进行实质审查时，台湾地区法院会采用双重重叠原则加以判断，即原则上先适用裁判地之大陆方面法律，之后再重叠考查台湾地区之法律加以审视，再作最终之判断。应该说台湾地区就大陆民事判决认

---

① 台湾屏东地方法院民事裁定 2015 年家陆许字第 12 号，类似的表述还有台湾高雄少年及家事法院民事裁定 2017 年家陆许字第 27 号："该民事判决，系以两造长期分居两地，感情业已破裂为由，而准予判决离婚，与民法第 1052 条第 2 项规定之有难以维持婚姻之重大事由相当。"

② 台湾桃园地方法院民事裁定 2014 年家陆许字第 27 号、台湾高雄少年及家事法院民事裁定 2017 年家陆许字第 13 号。

③ 类似的案件还有台湾桃园地方法院民事裁定 2017 年陆许字第 2 号、台湾桃园地方法院民事裁定 2016 年陆许字第 2 号、台湾台北地方法院民事裁定 2019 年家陆许字第 10 号、台湾台北地方法院民事裁定 2019 年陆许字第 3 号。

可系兼采形式审查和实质审查方式，即原则上对台湾地区所设认可大陆法院判决所设条件以外之一般法律问题采形式审查主义，但就是否符合"两岸人民关系条例"第 74 条或"民事诉讼法"第 402 条第 1 项①中所列之不认可条件，实际上采用的是实质审查主义。

对于台湾地区这种兼采两种审查方式的做法，可从积极影响和消极影响两方面来进行评价。值得肯定的是，在适用范围上，台湾地区已大大限缩了采用实质审查的法律事实面，将进行实质审查的范围限定在认可要件的事实调查上，一定程度上保障了裁判当事人通过既定判决而取得的实体权益，同时节约有限之司法资源，减轻审查法院的负担。而且，不可否认的是，从保障台湾地区的整体公共利益角度而言，如果对大陆民事判决全面采取形式审查，亦不免将造成判决的审查过程流于形式，或者说许可要件审查的内容"空洞化"，使立法上所设定之认可判决条件被架空。

但是，从实证研究所获取的样本案例之来看，对认可条件进行实质审查仍有值得斟酌之个案。例如：台湾屏东地方法院 2013 年家陆许字第 9 号家事裁定中写道："声请人主张其与相对人原为夫妻关系，因感情破裂，业经大陆福建省莆田市涵江区人民法院判决离婚确定，惟核声请人提出之大陆福建省莆田市涵江区人民法院判决系以双方于 2010 年 10 月 21 日在莆田市民政局登记结婚为诉讼标的所为之判决，然查相对人户籍誊本之配偶栏为空白，……并无再与声请人结婚之记载，自难认双方原系夫妻，故本院尚难认可大陆福建省莆田市○区○号民事判决，声请人之声请，应予驳回。"②又如台湾台南地方法院民事裁定 2010 年家声字第 164 号中，对大陆法院作出的离婚判决进行认可审查时，台湾地区法院径行认定双方当事人结婚之民事行为，违背行为地《中华人民共和国民法通则》第 58 条第 1

---

① 实务中对是否应适用民事诉讼法第 402 条第 1 项规定审查大陆法院民事判决认可与执行案存在分歧。

② 类似的以台湾地区户籍誊本上无配偶记载而否定当事人婚姻状况的案例还有：台湾台北地方法院民事裁定 2012 年家陆许字第 8 号、台湾台北地方法院民事裁定 2018 年家陆许字第 5 号。

项第 4 款之规定，系恶意串通之无效婚姻。

这两个案件中，大陆法院作出离婚判决是以婚姻的合法有效存在事实为前提。在案件中，证据已证明当事人已在大陆为合法有效的婚姻登记，当事人亦未主张其婚姻关系为虚假婚姻，法院自可对婚姻有效的事实作出认定。基于诚实信用原则，婚姻当事人在大陆离婚诉讼中的程序权利已得到充分保障，法院亦进行了实质审理的情况下，大陆法院对诉讼标的之外的婚姻有效性之争点所为的判断应有拘束力。在判决生效后的许可程序中，当事人不能反为主张、举证，法院亦不得重为证据调查和事实认定并作出矛盾之判断。特别是婚姻关系的判决具有对世性和公益性，以夫妻关系为核心会产生父母子女之身份关系及家庭财产对外关系及与社会的其他主体的关系，故围绕同一婚姻的法律状态发生纠纷时，更不容许出现两岸法院对同一婚姻关系作出相互矛盾的婚姻有效性认定，以免造成围绕婚姻关系而生的权利义务关系的混乱。故在上述两个案例中，一个用台湾地区户籍登记文书中配偶记载缺失为由，一个用虚假婚姻违反台湾地区公共秩序为由，对大陆离婚判决为实质性的事实审查，否定大陆离婚判决中关于婚姻有效性的事实认定，并不妥当。

二、认可的标的

（一）对离婚判决的认可

离婚判决与其他民事判决相比，具有一定的特殊性，其内容往往涉及夫妻婚姻关系、夫妻财产分割、债务负担以及子女抚养等多项问题，判决内容综合复杂。从立法来看，大陆关于认可台湾地区民商事判决的司法解释中，并没有对认可台湾地区的离婚判决书的内容进行明确的界定。但是根据 1991 年 7 月 5 日最高人民法院通过的《关于中国公民申请承认外国法院离婚判决程序问题的规定》第2条，"外国法院离婚判决中的夫妻财产分割、生活费负担、子女抚养方面判决的承认执行，不适用本规定"，据此可以推定大陆对外国法院离婚判决认可的标的范围应是仅限于身份关系的解除，不含夫妻财产分割、生活费负担、子女抚养等方面。

台湾地区的相关规定中，亦没有明确若大陆离婚判决若包含多项内容的情况下，是仅认可其中夫妻身份关系解除的部分，还是对离婚判决进行全面认可。台湾地区学者陈荣传教授在总结台湾地区司法案例要旨后，指出[1]：大陆法院之离婚判决经台湾地区法院裁定认可者，其效力所及之范围应仅限于该大陆法院的离婚判决本身，而不及于其他相关的争议，也不得以该判决所未判断之事项，作为驳回认可声请之理由。[2] 认可大陆法院的离婚判决时，亦宜就该离婚判决所涉及的各项诉讼标的分别判断。[3]

在样本案例中，离婚判决之认可均是按照上述案例要旨为判断[4]。典型案例如：在马某以潘某为相对人申请裁定认可佛山市中级人民法院2013年11月13日（2013）佛中法民一终字第1240号民事确定判决案[5] 中，该判决系就声请人与相对人间之离婚、酌定亲权、给付子女扶养费、夫妻剩余财产分配事件所为之裁判，台湾士林地方法院遂针对判决内容，并不拘泥于离婚一项，而是分别逐项审酌，最后综合认定裁判文书可予认可。该裁定书中写道：上述判决有关酌定未成年子女亲权、给付子女扶养费、夫妻剩余财产分配所举事由，符合台湾"民法"第1055条之1审酌子女之

---

① 陈荣传：《两岸民事司法互助实务之研究》，台湾《法学丛刊》2008年1月第209期，第10页。

② 参照台湾高等法院民事裁定2001年抗字第2487号。

③ 参照台湾高等法院民事裁定2002年抗字第2993号。

④ 台湾台中地方法院民事裁定2015年家陆许字第20号、台湾台中地方法院民事裁定2014年家陆许字第33号、台湾苗栗地方法院民事裁定2009年家声字第75号、台湾桃园地方法院民事裁定2015年家陆许字第25号、台湾桃园地方法院家事裁定2013年家陆许字第15号、台湾彰化地方法院民事裁定2018年家陆许字第1号、台湾宜兰地方法院民事裁定2018年家陆许字第1号。

⑤ 台湾士林地方法院民事裁定2014年家陆许字第17号。

最佳利益原则、第 1119 条扶养之程度、第 1030 条之 1 第 1 项法定财产制关系消灭时剩余财产之分配、"家事事件法"第 100 条、107 条第 2 项命给付扶养费之方法、"民事诉讼法"第 277 条举证责任分配之原则，并无违背台湾地区"法律"相关规定情事。故上述大陆之判决，与台湾地区之公共秩序或善良风俗并无违背，声请人之声请，经核尚无不合，应予认可。

由于涉当事人身份之裁判所关涉事项于当事人利益影响甚巨，如果裁判仅有部分未恰，但他项仍得认可时，判决认可声请全部驳回恐非恰当，亦不经济。法院应可就判决书中可接受部分予以一部认可。例如台湾士林地方法院家事裁定 2012 年家陆许字第 17 号文书裁定即仅对江苏省徐州市鼓楼区人民法院 2001 年 8 月 9 日（2001）鼓民初字第 1271 号民事确定判决有关酌定双方所生未成年子女王某权利、义务之行使或负担部分，准予认可。对判决书中判决解除双方之非法同居关系未予认可。

（二）判决许可程序中之声请人及相对人仅为判决所涉当事人之一部分，声请人亦仅就判决内容与其相关之部分提出认可与执行申请，那么判决经认可后之效力及于什么人或对哪些人发生作用，即判决许可效力之主体范围当如何认定？申请许可之法院可否就此为部分许可？

根据传统的民事诉讼效力相对性理论，当事人之外的人未受诉讼或非讼程序保障，未能充分行使其诉讼权利，包括主张、抗辩、举证、质证等诉讼权，故判决或裁定均不能对当事人之外的第三人判给权益，课以义务。当事人之外的人不受判决或裁定的拘束。判决许可程序亦应遵循同样的法理。

在声请人赖健明、张金娥、李李谦、李怡瑾以高文兴为相对人声请认可安徽省高级人民法院（2009）皖民一终字第 0065 号民事判决案中，原审裁定对该判决为全部认可[①]，裁定作出后，高文兴提出抗告，抗告法庭

---

① 台湾士林地方法院民事裁定 2011 年声字第 366 号。

进行重新审查后，裁定原裁定废弃。在裁判文书中，抗告法庭强调：民事诉讼所谓不干涉主义（广义的辩论主义）系指当事人所未声明之利益，不得归之于当事人，所未提出之事实及证据，亦不得斟酌之。本案中，原审裁定之双方为本件抗告人（即原审之相对人）与本件相对人（即原审声请人），而系争判决并非仅命抗告人给付款项及诉讼费用负担，尚有命抗告人以外之系争判决之诉讼当事人给付款项及诉讼费用负担，并驳回其他诉讼当事人之其余之诉，而关于系争判决命抗告人以外之诉讼当事人给付款项、诉讼费用负担及驳回其他诉讼当事人其余之诉等部分，显非于本件声请认可之范围，应仅得就本件两造间之系争判决为认可，方为适当。原审误将系争判决全部予以认可，应有违误。故抗告法庭裁定：仅认可安徽省高级人民法院（2009）皖民一终字第 0065 号民事判决书中关于原审声请人及原审相对人之部分之终审判决。[①]

第三节　审查的程序

一、管辖权

申请法院裁定认可在大陆作成之民事确定裁判，其性质在台湾地区被认为是非讼事件，只是"两岸人民关系条例"对于此事件之管辖均未设规定，故其裁定程序应适用"非讼事件法"总则之规定，或类推适用"民事诉讼法"相关规定，以定其管辖法院。

声请人请求法院裁定认可大陆人民法院关于离婚之民事确定判决，本应类推适用修正前"民事诉讼法"第 568 条之规定（"最高法院 1998 年台

---

① 台湾士林地方法院民事裁定 2012 年抗字第 69 号。类似的，以声请人与相对人为判决许可效力之主体范围而对大陆法院民事判决进行部分认可的案例文书还有：台湾台北地方法院民事裁定 2012 年抗字第 62 号以及台湾高等法院台中分院民事裁定 2012 年抗字第 18 号。

声字第 347 号"裁定意旨参照），只是因"家事事件法"第三编第二章已就婚姻事件之管辖为规定，故已将"民事诉讼法"第 568 条删除，因此，家事类民事判决申请认可与执行应类推适用"家事事件法"第 52 条①之规定决定其管辖权。

声请人请求法院裁定认可大陆人民法院作出的非家事类民事确定判决，其管辖权则是依据"非讼事件法"第 7 条规定依其处理事项之性质，由关系人住所地、事务所或营业所所在地、财产所在地、履行地或行为地之法院管辖。

非讼事件之全部或一部分，法院认为无管辖权者，可依声请人声请或依职权以裁定移送于其管辖法院。受移送之法院，应即就该事件为处理。研究发现，在声请人请求法院裁定认可大陆法院作出的民事判决过程中，因声请人不熟悉法律规定或其他原因，法院因没有管辖权而移送案件的情形较为常见，在本研究设定条件下采集的样本中，共有 127 例，均无明显程序或实质瑕疵。

二、裁定认可程序的提出主体

认可和执行境外法院判决的请求主体通常是当事人或原判法院。台湾地区立法未明确规定申请认可的主体，如何认定有权申请人是一个经由实务发展而来的规则。2009 年两会签署的《海峡两岸共同打击犯罪及司法互助协议》在第十条对两岸裁判的相互认可和执行作出原则性约定："双方同意基于互惠原则，于不违反公共秩序或善良风俗之情况下，相互认可及执

---

① "家事事件法"第 52 条："确认婚姻无效、撤销婚姻、离婚、确认婚姻关系存在或不存在事件，专属下列法院管辖：一、夫妻之住所地法院。二、夫妻经常共同居所地法院。三、诉之原因事实发生之夫或妻居所地法院。当事人得以书面合意定管辖法院，不受前项规定之限制。第一项事件夫或妻死亡者，专属于夫或妻死亡时住所地之法院管辖。不能依前三项规定定法院管辖者，由被告住、居所地之法院管辖。被告之住、居所不明者，由中央政府所在地之法院管辖。"

行民事确定裁判与仲裁裁决（仲裁判断）。"申请主体未曾体现协议明文中。在台湾地区立法中，"两岸人民关系条例"第74条也未说明可提出大陆判决认可的有权申请人，"民事诉讼法"第402条也未提到外国判决认可的有权申请人。只是鉴于裁定认可属于非讼事件，应根据"非讼事件法"适用非讼程序，在该法第10条中提到，该法所称关系人指的是声请人、相对人及其他利害关系人，所以，似可排除大陆法院作为申请主体的可能性，因其既非当事人，亦非案件的利害关系人。实证研究也未曾发现有大陆法院在台湾地区法院提出其判决的认可和执行申请。台湾地区也有法院认为得申请判决认可者，也以当事人及利害关系人为限。"裁判对于非当事人原则上不生效力，是以得就在大陆作成之民事确定裁判、民事仲裁判断声请法院裁定认可者，亦以该民事确定裁判、民事仲裁判断之当事人或其它依法为裁判、仲裁判断效所及之人为限。"①

相比较而言，在大陆，可向法院提出申请认可和执行台湾地区法院判决的主体只能是当事人，最高人民法院2015年6月颁发的《最高人民法院关于认可和执行台湾地区法院民事判决的规定》（法释201513号）第一条即规定："台湾地区法院民事判决的当事人可以根据本规定，作为申请人向人民法院申请认可和执行台湾地区有关法院民事判决。"显然，在这一点上，两岸是有所不同的。在台湾地区，不仅判决当事人可提出申请，而且与判决相关的利害关系人亦可提出。同样的，执行的相对人也是既包括当事人，也包括利害关系人。至于什么样的人可被视为是判决的"利害关系人"则需要通过个案来判断。

在程序上，毫无疑问，申请人均应举证证明自己以及相对人为申请认可之裁判当事人或其效力所及之人之原因事实，并其供证明或释明用之证据，否则即属申请不合程序，法院将驳回申请人之申请。例如，在黄某申

---

① 台湾新北地方法院民事裁定2014年陆许字第2号。

请认可大陆法院离婚判决案中，法院认定：声请人黄某并非本件婚姻关系中之当事人，亦未举证证明其与陈秀钦、施志明（注：离婚判决的双方当事人）有何利害关系，其当事人适格之要件即有欠缺，应认其声请为无理由。①

在实质关系判断上，研究样本共出现五种非判决当事人作为申请人或相对人的情形，分情况论述之：

1. 判决当事人之继承人

离婚判决当事人的继承人可作为利害关系人提出离婚判决认可之申请②。一般而言，婚姻当事人一方一旦死亡，婚姻关系归于消灭，另一方申请离婚判决的认可已无意义。但对于死者的继承人而言，死者死亡时的婚姻状况关系到死者配偶是否能以继承人身份进行继承，进而影响到死者的其它继承人可继承财产的份额，故离婚判决当事人的继承人作为利害关系人，自得申请认可该离婚判决。实务中，法院常参引台湾高等法院2005年家抗字第188号裁定意旨："法院以判决宣告离婚，足生消灭婚姻关系之效力，故离婚之诉为形成之诉，法院为离婚之判决，为形成判决，于判决确定前，形成力尚未发生，至判决确定时即生形成力，对第三人亦有效力。故大陆做成之确定离婚判决，除该确定裁判之当事人得声请法院裁定认可，为该确定裁判形成力所及之利害关系人，应认亦得声请。"

判决当事人的继承人亦可作为判决认可与执行之相对人③。根据台湾地

---

① 台湾台北地方法院民事裁定2011年家声字第18号，在研究样本中，类似的案例还包括：台湾新北地方法院民事裁定2014年陆许字第2号、台湾桃园地方法院民事裁定2009年家声字第337号、台湾台南地方法院民事裁定2011年家声字第228号。

② 案例包括：台湾高雄地方法院民事裁定2011年家声字第412号，台湾桃园地方法院民事裁定2009年家声字第288号，台湾苗栗地方法院家事裁定2013年家陆许字第1号，台湾彰化地方法院民事裁定2015年家陆许字第17号，台湾花莲地方法院家事裁定2013年家陆许字第3号、台湾台南地方法院民事裁定2017年家陆许字第9号、台湾台南地方法院民事裁定2016年家陆许字第5号、台湾云林地方法院2017年家陆许字第9号、台湾新北地方法院民事裁定2016年家陆许字第3号。

③ 台湾台南地方法院民事裁定2017年陆许字第2号。

区"民法",继承人自继承开始时,承受被继承人财产上之一切权利、义务,若被继承人为判决书中的义务履行方,则其义务即归于其继承人承受,自得作为判决认可与执行程序的利害管辖人而列为执行之相对人。不过,根据台湾地区"民法"规定,继承人也可抛弃其继承权。一旦继承人抛弃继承权,则意味着无须继受被继承人的权利义务,也就不应列为执行之相对人。例如台湾新竹地方法院受理的某执行申请中,申请人与相对人之被继承人林某有金钱借贷关系,经江苏省张家港市人民法院以民事调解书调解成立确定,并经台湾海峡交流基金会验证属实,为此申请人以林某的被继承人为相对人声请台湾地区法院裁定认可并执行该民事调解书。然而,林某的被继承人已向台湾地区法院为抛弃继承之声明,并经准予备查在案。法院认为,相对人既已合法抛弃继承,自无承受被继承人林某财产上之一切权利、义务,故相对人以林某之继承人为本件声请裁定认可之相对人,即不应准许。①

2. 作为判决当事人之公司正处于清算期间,视为尚未解散,清算人可为执行申请之相对人及申请人。

在台湾板桥地方法院民事裁定 2012 年陆许字第 4 号中,法院写道:"解散之公司除因合并、分割或破产而解散外,应行清算,且于清算范围内,视为尚未解散,……又有限公司之清算,以全体股东为清算人,但公司法或章程另有规定或经股东决议,另选清算人者,不在此限,……相对人业经全体股东同意于 2012 年 7 月 24 日解散,并选任李某为清算人,且经新北市政府准予解散登记在案,是以依公司法第 8 条第 2 项规定,李某于执行职务范围内,仍为相对人之法定代理人。"李某被列为执行申请案之相对人。在台湾台北地方法院民事裁定 2018 年陆许字第 3 号中,破产

---

① 台湾新竹地方法院民事裁定 2014 年抗字第 48 号。

清算组亦可作为申请人提出裁判认可申请。①

3. 诉讼第三人，即便非判决之原被告，但只要对其作为诉讼参加人之权利义务予以适当之保障，并课以权利义务，则可作为申请判决认可执行之申请人或相对人。

如台湾台北地方法院民事裁定 2012 年抗字第 62 号文中所述："本件大陆之终审判决于其诉讼程序中既已赋予承担民事责任之第三人即抗告人诉讼权利义务，即赋予抗告人了解原告起诉、被告答辩之事实和理由，并向人民法院递交陈述意见书，陈述自己对该争议的意见，提供证据，参加法庭辩论等行为，……足见该终审判决程序已就抗告人为相当于诉讼参加之诉讼权利予以适当之保障，揆诸前揭规定与说明，上开终审判决对参加诉讼之第三人即抗告人亦生效力。"②

4. 离婚判决当事人之再婚配偶

离婚判决当事人的再婚配偶可作为利害关系人提出离婚判决认可之申请。例如台湾台东地方法院 2016 年家陆许字第 1 号民事裁定中，声请人主张某与关系人范某于 2016 年 2 月 24 日在河南省驻马店市民政局登记结婚，然关系人范某与关系人陈某前于 2004 年 4 月 13 日大陆登记结婚，后经系争判决二人离婚，声请人既为关系人范书兰之再婚配偶，依"民法"第 985 条第 1 项规定，声请人就系争判决为利害关系人，其声请法院认可系争判决，于法并无不合。

5. 母子关联公司相互间非法律上之利害关系人，不得相互替代为许可执行案之申请人或相对人。

根据台湾地区"公司法"第 369 条之 1 规定："本法所称关系企业，指

① 但本申请被法院驳回，原因是申请人之法定代理人与所申请认可《江西省新余市中级人民法院（2015）余破字第 4–21 号民事裁定书》所载申请人公司之法定代理人不一致，且委任状时间早于所申请认可之裁定的作出时间。

② 研究样本中，持相同观点的判决还包括：台湾士林地方法院民事裁定 2012 年抗字第 69 号。

独立存在而相互间具有下列关系之企业：一、有控制与从属关系之公司。二、相互投资之公司。"因此，关系企业，其辖下之数公司仍具有独立之法律上人格，其财务结构亦截然分开，母公司无以关系企业各公司之名义为法律行为之可能。③例如：台湾桃园地方法院民事裁定2010年声字第507号文书中，法庭认定："声请人虽主张其为上开大陆裁定中所记载之'金像企业有限公司'百分之百持股之母公司，惟其人格于法律上仍与金像企业有限公司有异，难认声请人得径以自己名义为金像企业有限公司声请认可判决书。"

就大陆作成之民事确定裁判声请认可者，应限于裁判当事人或利害关系人始得为之。所谓利害关系人，系指将因大陆裁判之认可而影响其法律上权利之人，若仅事实上之利害关系，则不属之。④母子公司关系，或者其它关联企业关系，仅为事实上的利害关系人，本质上仍为不同的法律人格主体，若无实质性的法律上的权利义务之利害关系，自不得替代为认可判决的申请人或相对人。⑤

三、时间及文书要求

台湾地区"法律"并未规定认可与执行大陆法院判决的申请必须在该判决作出后的一定期限内提出，在时间上无任何限制。在形成判决，例如关于离婚判决的认可，理论上在判决确定后任意长时间均可声请，并无争议。但在涉及需要在认可后进行执行的案件，若声请时间距离判决确定之时过长，则可能使得当事人权利义务长期陷于不确定状态，从而易引发争议。

实证研究发现个案中出现：大陆法院所作判决在大陆已过两年请求强

---

③　台湾"最高法院1987年台上字第431号"判决意旨参照。

④　台湾桃园地方法院民事裁定2011年抗字第15号。

⑤　台湾桃园地方法院民事裁定2014年陆许字第2号、台湾桃园地方法院民事裁定2014年抗字第28号、台湾高等法院民事裁定2014年非抗字第22号。

制执行时效，而由于台湾地区对执行申请无时效限制，故当事人执大陆判决至台湾地区声请判决认可与执行，有些个案甚至从大陆判决生效之翌日算起至向台湾地区法院声请执行，已逾 13 年。[①]该案中法庭认为：被告请求强制执行之时效应适用大陆方面法律规定，故判决认可声请人向台湾地区法院声请为强制执行申请，已罹于消灭时效，自不得认可。该裁定将时效问题视为判决认可与执行的条件，显然是与立法相悖，属于错误适用。在相似的另一个案件中，系争事件原告在判决作出近 6 年后方才向法院声请认可大陆法院之确定判决，而相对人已然逝世。相对人之继承人对系争事件全然不了解，难以就确定判决所载内容提出实质有效值防御或抗辩，故认为声请人有权利滥用之虞，且也超过债权请求、执行时效之规定。但法院认为有关债权请求、执行时效之规定，与法院裁定审酌认可与否之要件无关[②]。

关于时效，亦有法庭援引台湾地区"民法"规定：消灭时效，自请求权可行使时起算。以不行为为目的之请求权，自为行为时起算。请求权，因十五年间不行使而消灭。但法律所定期间较短者，依其规定。时效完成后，债务人得拒绝给付。[③]因此，法庭认为系争大陆判决于 1997 年 6 月 19 日送达被告，自此时起被告即可依该判决行使请求权，至 2014 年 11 月 14 日向本院声请裁定认可时，已罹于 15 年之时效，系争债权之请求权消灭时效业已完成。[④]

认可和执行大陆法院的判决有文书形式上的要求。根据台湾地区"非讼事件法"第 29 条的规定，声请或陈述，除另有规定外，得以书状或言词为之。依"两岸人民关系条例施行细则"第 68 条规定，声请法院裁定

---

① 台湾南投地方法院民事简易判决 2014 年投简字第 98 号。
② 台湾台南地方法院民事裁定 2017 年抗字第 108 号。
③ 台湾地区"民法"第 125 条、128 条、144 条。
④ 台湾台中地方法院民事判决 2015 年诉字第 2045 号。

认可之民事确定裁判、民事仲裁判断，应经"行政院"设立或指定之机构或委托之民间团体验证。从实务案例来看，请求认可与执行大陆法院判决，通常应附下列文件：（1）大陆法院作出民事判决书；（2）生效证明书；（3）大陆公证处出具的公证文书；（4）海峡交流基金会核验证明。生效证明书通常用于证明判决已经生效并可执行，在大陆法院通常是在民事判决书之外另行出具生效证明书，该证明书同样应经过公证及台湾海基会验证程序。但如何出具证明，证明内容如何行文，在大陆法院并无统一做法。台湾地区有的法院对此持有相对宽容的态度，例如在大陆法院作出的判决书末页记载该判决为终审判决，则无须另行出具生效证明书，即足以认定为确定判决①。又如台湾台南地方法院民事裁定 2014 年家声抗字第 13 号文书中，法院写道："虽抗告人未另提出上开判决之生效证明书及经台湾地区财团法人海峡交流基金会验证之证明文件，惟如何出具判决之生效证明系大陆法院之职权，并非当事人所能决定，既然广西壮族自治区南宁市兴宁区人民法院在上开判决书右上侧盖上'本判决书调解书于 2013 年 4 月 27 日已发生法律效力，主办人：孔德羽'等字之印章以作为上开判决生效之证明，而不另出具生效证明书，抗告人亦只能接受此种证明之方式，无法拒绝，本院不宜强令要求抗告人必须另提出生效之证明书。……抗告人声请认可上开判决，应属合法。"但另有法院则对该证明样式不予认可，要求出具确定证明书或生效证明书。②

　　在当事人缺席审判情况下作出的缺席判决文书，申请人还通常应提交大陆法院已经合法传唤当事人的证明文件，包括台湾地区之相对人户籍誊本及大陆法院开庭通知书、判决书送达予相对人之证明文件，以说明诉讼程序的正当性以及对当事人诉讼权利已为合法保障③。如果当事人另主张判

---

①　台湾新北地方法院民事裁定 2017 年家陆许字第 37 号。

②　台湾台中地方法院民事裁定 2015 年陆许字第 3 号。

③　台湾台中地方法院民事裁定 2015 年家陆许字第 24 号。

决文书有不应予以认可之情形时，亦应举证说明并提交相关的证明文书予以佐证。

根据"非讼事件法"第30-1条的规定，如果所附文书未达到上述要求，若可以补正者，法院通常会裁定特定期间内补正。实务中，补正期间有5日①、7日②、30日③等，长短不一，通常由法院根据需补正文书的获取条件自由裁定。若文书不合程序、不具备相应要件或在特定期间届满当事人仍未补正，法院则将以裁定驳回当事人之申请。研究样本中，当事人逾补正期间仍未能提交法庭所要求的文书而被驳回声请的情形不在少数，在研究样本中，共有140例。文书不齐驳回属于程序瑕疵，驳回声请裁定自不具有实质上的既判力，倘若申请人日后再行补正缺失资料，自得依法再行提出声请。④法院通常会在裁判文书中对当事人做类似的权利提示。

四、审理程序

1. 非讼程序

在台湾地区，认可判决程序既属非讼事件之裁定程序，法庭不得就当事人间之法律关系重为判断，判决认可事件之审查只应着重于大陆作成之民事确定裁判，是否违背台湾地区公共秩序或善良风俗而为之。认可该民事判决之裁定程序，由于非以实体权利存否为审理对象，并不具讼争性，性质上系属于非讼事件，且通常以简便程序行之，程序上适用"非讼事件法"的相关规定，法院依职权或依声请，调查事实及必要之证据。判决的当事人、利害关系人或其代理人是否应到场为说明或说理抗辩，由法院依

---

① 台湾台中地方法院民事裁定2015年陆许字第2号。

② 台湾彰化地方法院民事裁定2015年家陆许字第3号、台湾高雄少年及家事法院民事裁定2016年家陆许字第23号。

③ 台湾云林地方法院民事裁定2012年家陆许字第12号。

④ 台湾台南地方法院家事裁定2012年家陆许字第32号。

职权视需要而定。即不采两当事人对立构造形式，强调职权主义运用。实务中，曾有当事人在对法院裁定提出抗告的文书中主张原审对事实未予详查，不给抗告人申辩，率而迅速片面为认可之裁定，于法显然不合。法庭不以为然，解释道："非讼事件法"第 32 条第 2 项规定，法院为调查事实，"得"命关系人或法定代理人本人到场，显见究否命关系人或法定代理人本人到场，法院自有裁量权限，是以，原审法院未命抗告人到场，于法尚无不合。①

2. 抗告及再抗告

法院对是否认可大陆民事确定裁判作出裁定后，于裁定送达后十日内，因裁定而权利受侵害者，可为抗告。驳回声请之裁定，声请人亦可为抗告。②抗告应向为裁定之原法院提出③由地方法院以合议裁定之。抗告法院为裁定前，应使因该裁定结果而法律上利益受影响之关系人有陈述意见之机会。但抗告法院认为不适当者，不在此限。④抗告法院之裁定，以抗告不合法而驳回者，不得再为抗告。但得向原法院提出异议。除此之外，对于抗告法院之裁定再为抗告，仅得以其适用法规显有错误为理由。⑤所谓适用法规显有错误，系指原第二审法院裁定就其取舍证据所确定之事实适

---

① 台湾新北地方法院民事裁定 2015 年抗字第 96 号。
② "非讼事件法"第 41 条、第 42 条。
③ "非讼事件法"第 43 条。
④ "非讼事件法"第 44 条。
⑤ "非讼事件法"第 45 条。

用法规有错误而言。在研究样本中，共有 18 个案件 [①] 在台湾地区"最高法院"、高等法院提出再抗告、再审，均被驳回。

第四节　审查的条件

一、管辖权基础

如前文所述，台湾地区"民事诉讼法"第 402 条就外国法院之确定判决在台湾地区的认可与执行条件作出规定，在例外不承认外国法院之确定判决效力的情形中，首要的就是"依台湾地区之法律，外国法院无管辖权者"，但就两岸间法院判决认可而言，"两岸人民关系条例"第 74 条仅规定了两条，一是"不违背台湾地区公共秩序或善良风俗"、二是互惠条件。所以，在审查大陆法院民事确定裁判时，是否要审查大陆法院是否具备管辖权，则又回到了前文所述的法律依据问题：如果认为不应类推适用"民事诉讼法"第 402 条，则不审查大陆法院之管辖权，如果认为应援引"民事诉讼法"第 402 条，或将其中的条件解释为包含在"条例"第 74 条的"公共秩序"中，则管辖权有无就成为公共秩序的考量范畴，应进行实质审查。

---

① 台湾"最高法院民事裁定 2017 年台简抗字第 144 号"、台湾高等法院高雄分院民事裁定 2019 年非抗字第 8 号、台湾高等法院民事裁定 2019 年非抗字第 76 号、台湾高等法院民事裁定 2019 年非抗字第 81 号、台湾高等法院民事裁定 2018 年非抗字第 139 号、台湾高等法院台中分院民事裁定 2018 年非抗字第 224 号、台湾高等法院台中分院民事裁定 2018 年非再抗字第 5 号、台湾高等法院民事裁定 2017 年非抗字第 115 号、台湾高等法院民事裁定 2017 年非抗字第 118 号、台湾高等法院民事裁定 2017 年非抗字第 55 号、台湾高等法院民事裁定 2016 年非抗字第 117 号、台湾高等法院民事裁定 2017 年非抗字第 6 号、台湾高等法院台中分院民事裁定 2016 年非抗字第 184 号、台湾高等法院高雄分院民事裁定 2017 年非抗字第 4 号、台湾高等法院民事裁定 2015 年非抗字第 82 号、台湾高等法院民事裁定 2015 年非抗字第 65 号、台湾高等法院民事裁定 2014 年非抗字第 22 号、台湾高等法院民事裁定 2009 年非抗字第 58 号。

　　理论的争论同样的反映在司法实务中。以数量最多的离婚判决认可为例。仅有部分法院、部分裁定中对大陆法院是否有管辖权作出评价，见下表。其基本表述方式是："判决系就声请人与相对人间之离婚事件所为之裁判，由大陆人民法院管辖审理，并未违背台湾有关离婚事件专属管辖之规定。"这种文书的写作非常雷同，似乎同出某种模板。不过无论出于何种原因，至少表明在这 366 件裁定中，确实有对大陆法院的管辖权作过裁量。

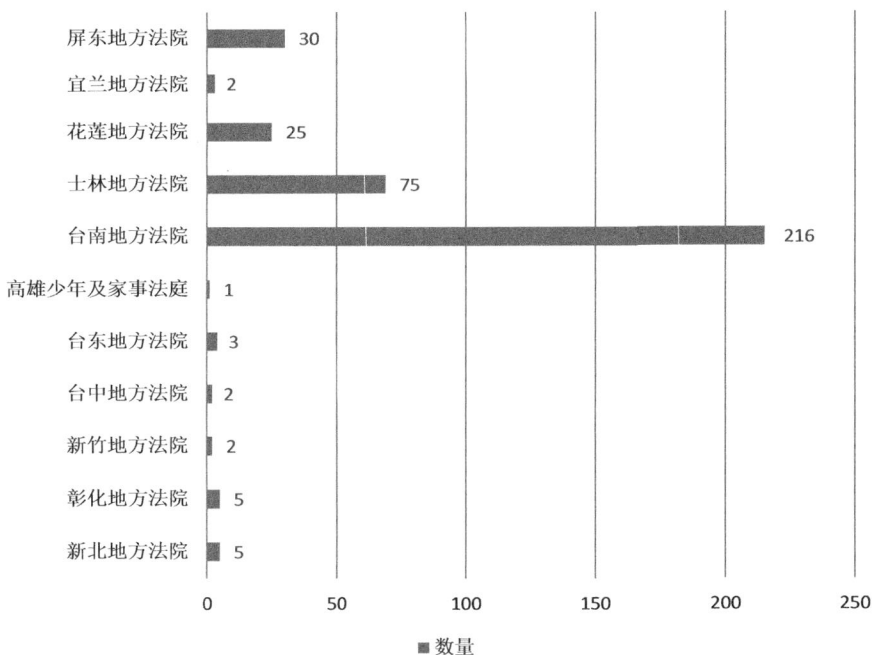

图表来源：作者自制

图 4-1　审查大陆法院管辖权的法院及案例数量统计

　　考查衡量大陆法院管辖权的裁定案在绝对数量上并不占多。对大陆法院管辖权作评价的法院也不占多。应该说，大部分的民事确定裁判许可裁定案中，大部分的法院在审查大陆民事确定裁判时，并未将大陆法院的管辖权考量明确写入裁定文书中。有的法院甚至在裁定文书中明确拒绝当事人审查大陆法院管辖权的请求。例如："依据上揭两岸关系条例第 74 条之规定，对于大陆民事确定判决，必须声请台湾地区之法院裁定认可，而认可该民事判决之裁定程序，由于非以实体权利存否为审理对象，并不具讼争性，性质上系属于非讼事件，且通常以简便程序行之，而台湾地区之法院亦仅系就该大陆民事确定判决有无违背台湾地区公共秩序或善良风俗为审查，并无适用民事诉讼法第 402 条第 1 项第 1 款关于依台湾之规定法律，外国法院无管辖权者不认其效力之规定。因此，抗告人主张相对人于大陆提起之离婚诉讼，违反台湾地区民事诉讼法第 1 条及第 568 条订定之以原就被原则等语，依上述说明，并无可采。"①

在样本案例中，仅有个别案件，当事人以大陆法院无管辖权为由，请求驳回对大陆法院民事确定判决之认可声请。但台湾地区法院均认为大陆法院管辖权正当，当事人声请理由系属无据。②

在样本案例中，关于大陆法院管辖权的考察有两种情形，第一种是当事人未请求，法院主动审查大陆法院是否有适当的管辖权，第二种是当事人抗辩大陆法院无管辖权，法院应驳回判决认可之声请。从结果来看，样本案例中，所有关于管辖权的考查都以肯定大陆法院管辖权为结论，并无案例以大陆法院管辖权失当为由驳回裁判许可之声请。从审查依据来看，目前国际上关于审查原审法院管辖权适当性主要采用了以下三个标准作为审查依据："一是以被请求国的直接管辖权规则为标准；二是以请求国的直接管辖权规则为标准；三是明确列举间接管辖权的标准，如果外国法院所行使的直接管辖权符合这些列举性规定，则认为满足了合格管辖权的要

---

① 台湾嘉义地方法院民事裁定 2009 年家抗字第 26 号。

② 台湾台南地方法院民事裁定 2013 年抗字第 78 号、台湾士林地方法院民事裁定 2014 年家声抗字第 95 号、台湾基隆地方法院民事裁定 2010 年家抗字第 20 号。

求。"① 在台湾地区审查大陆民事确定判决许可之管辖权基础时，所依据的均为台湾地区诉讼规则，即以被请求地的直接管辖权规则为标准。

二、互惠原则

"两岸人民关系条例"第 74 条强调在大陆法院判决的认可与执行上要求互惠原则，认可与执行大陆判决必须"以在台湾地区作成之民事确定裁判、民事仲裁判断，得声请大陆地区法院裁定认可或为执行名义者，始适用之。"本质上，互惠原则在两岸间判决认可与执行领域运用时主要关注两岸司法权或者政府利益的对等性，而并非着重于区际私法主体的私人利益。台湾地区法院在认可与执行大陆法院确定裁判时适用互惠原则，主要是考察请求方即大陆是否在同等情况下会对台湾地区法院判决予以认可或执行，从而实现司法利益保护上的对等性。如果结论是肯定的，则互惠原则不成为障碍，如果是否定的，则运用互惠原则对认可或许可声请予以驳回。受到两岸交往现实的影响，台湾地区不仅在立法上要求互惠原则的适用，在司法实务中同样未曾放弃对互惠的审查。事实上，在司法实务中，重点考察的不是要不要互惠要求的问题，而是如何适用该要求的问题。是采用事实互惠原则还是法律互惠原则，是由当事人举证还是法院依职权查明，是形式互惠还是实质互惠？实务中，台湾地区法院认可与执行大陆法院民事判决中对互惠原则的适用呈现出三个特点：

第一，可以肯定的是，两岸间民事判决的认可与执行存在法律互惠。所谓法律互惠就是指如果大陆有了对台湾地区判决认可与执行的规定，或者法律中规定了互惠原则，那么，即可认为互惠条件的满足。事实互惠是指大陆已经有认可与执行台湾地区判决的客观事实，即以两岸间存在事实上的互惠关系为要件标准，强调的是事实先例，且是针对台湾地区法院判

---

① 王吉文：《外国判决承认与执行的国际合作机制研究》，中国政法大学出版社 2014 年版，第 9 页。

决，而非其他国家或地区的判决予以认可和执行。

在立法上大陆并不拒绝认可台湾地区法院的确定裁判。1998 年 1 月 15 日最高人民法院通过《最高人民法院关于人民法院认可台湾地区有关法院民事判决的规定》，并于同年 5 月 26 日起施行。自此可明确认为台湾地区法院作成之民事确定裁判，已得依该规定声请大陆法院裁定认可。此后又分别作出《最高人民法院关于当事人持台湾地区有关法院民事调解书或者有关机构出具或确认的调解协议书向人民法院申请认可，人民法院是否受理的批复》《最高人民法院关于当事人持台湾地区有关法院支付令向人民法院申请认可人民法院应否受理的批复》，明确申请认可台湾地区有关法院的调解书、支付令，比照《最高人民法院关于人民法院认可台湾地区有关法院民事判决的规定》办理，从而使申请认可案件的范围扩大。2009 年 3 月 30 日最高人民法院又通过了《最高人民法院关于人民法院认可台湾地区有关法院民事判决的补充规定》，自 2009 年 5 月 14 日起施行。在总结人民法院多年来涉台审判工作经验的基础上，为保障海峡两岸当事人的合法权益，更好地适应海峡两岸关系和平发展的新形势根据，最高人民法院根据新修订的民事诉讼法、仲裁法等有关法律，于 2015 年 6 月 2 日通过《最高人民法院关于认可和执行台湾地区法院民事判决的规定》和《最高人民法院关于认可和执行台湾地区仲裁裁决的规定》，自 2015 年 7 月 1 日起施行。"认可和执行台湾民事判决的规定共 23 条，与此前有关人民法院认可和执行台湾地区民事判决的 4 个司法解释相比，适度拓宽了可申请认可和执行的台湾法院民事判决范围，扩大了此类案件管辖连结点，适度放宽此类案件的受理条件，更加注重办案的程序正当性，明确了人民法院程序中的受理优先原则，审查结果的设置更加科学，增加了程序救济途径，调整了申请认可与执行的期间等。"① 除了各自的单方立法，两

---

① 《最高法发布认可与执行台湾民事裁判司法解释》，资料来源于人民网，http://legal.people.com.cn/ n/2015/0630/c188502-27232647.html，2020 年 1 月 14 日访问。

岸间还于 2009 年 4 月 26 日两岸签署《海峡两岸共同打击犯罪及司法互助协议》,其中第十条约定:"双方同意基于互惠原则,于不违反公共秩序或善良风俗之情况下,相互认可及执行民事确定裁判与仲裁裁决(仲裁判断)。""对于本来由两岸各自为政的法院裁判及仲裁判断的认可及执行问题,本协议在不影响原有架构的基础上跨越两岸片面协助对方的阶段共同搭起互惠合作的桥梁。"①

　　实务中,台湾地区法院在审查大陆法院确定判决认可与执行声请时,亦是从法律互惠的层面予以肯定。典型表述如:"在台湾地区作成之民事确定裁判、民事仲裁判断,已得声请大陆法院裁定认可,业经大陆最高人民法院 1998 年 5 月 22 日公告在案,基于平等互惠原则,……"② 又如:"大陆业于公元 1998 年 1 月 15 日通过《最高人民法院关于人民法院认可台湾地区有关法院民事判决的规定》,并自同年 5 月 26 日起施行,嗣台湾地区法院作成之民事确定裁判,已得依该规定声请大陆法院裁定认可。"③

　　第二,在肯定法律互惠的基础上,台湾地区有的法院还通过司法调查,以寻求对两岸间互惠关系在事实上的存在与否作出有效的判断。事实互惠可能涉及两种不同的举证方式,一是由申请人举证大陆法院有认可或执行台湾地区法院判例的先例,二是由法院依职权调查取证。案例表明,在证明事实互惠的问题上,法院并未给当事人施加过多的证明责任,而是主动利用两岸间司法互助途径进行查证。在台湾台中地方法院 2015 年陆许字第 1 号民事裁定文书中,法院对查证过程及结果简要说明道:"经本院函请'法务部'协助向大陆主管机关请求提供'在台湾地区作成之民事仲裁判断'声请大陆法院裁定认可或为执行名义已经获准确定之最新实例

---

① 陈荣传:《两岸司法互助的协议与实施》,《人民司法》2011 年第 13 期,第 18 页。

② 台湾高等法院民事裁定 2010 年抗字第 1 号。

③ 台湾高雄少年及家事法院民事裁定 2015 年家陆许字第 24 号,台湾高雄少年及家事法院民事裁定 2017 年家陆许字第 30 号、台湾新北地方法院民事裁定 2018 年家陆许字第 24 号等。

两件。嗣由大陆最高人民法院协助完成调查取证回复，提供：（一）福建省厦门市中级人民法院（2004）厦民认字第 20 号民事裁定书，其裁定'对台湾地区中华仲裁协会 2003 年 11 月 4 日的 2002 仲声仁字第 135 号仲裁裁决的效力予以认可'；（二）江苏省苏州市中级人民法院（2014）苏中商外初字第 38 号民事裁定书，其裁定'对台湾士林地方法院 2013 年重诉字第 315 号民事判决予以认可'，此有'法务部'2015 年 9 月 21 日法外决字第 00000000000 号函检送之海峡两岸共同打击犯罪及司法互助协议（2015）法助台请（调）复字第 71 号调查取证回复书及所附之上开民事裁定书复印件附卷可稽。足见'在台湾地区作成之民事仲裁判断'声请大陆法院裁定认可或为执行名义已经获准确定之实例恐不多，但并非全无。准此，本于互惠原则，在大陆作成之民事仲裁判断，如不违背台湾地区公共秩序或善良风俗者，自得声请法院裁定认可。"

在江西赛维 LDK 太阳能高科技有限公司声请认可江西省新余市中级人民法院（2015）余破字第 4-1 号民事裁定书一案中，LDK 公司向新竹地方法院声请就系争重整裁定为认可，经该院驳回认可该裁定声请后[①]，复经该院废弃原裁定，而准予认可[②]。然而，原告以关系人提起再抗告后，经台湾高等法院裁定废弃准予认可之裁定，发回新竹地方法院更为审理[③]，理由为：大陆另有裁定似乎是拒绝承认台湾地区重整裁定之效力的。因此，原裁定未予调查大陆法院是否承认台湾地区法院所为重整裁定之效力，即遽认可预期大陆未来亦有可能承认我国法院作成之重整裁定，进而认定本件认可符合前述公平、互惠原则，尚嫌速断，因此自有再行调查、研酌余地。

在上述案件中，显然，台湾地区法院在个案中对互惠原则之适用坚持严格的"事实互惠"之要求。虽然我国立法明确将台湾地区民事裁判中之

---

① 台湾新竹地方法院民事裁定 2016 年陆许字第 1 号。

② 台湾新竹地方法院民事裁定 2016 年抗字第 36 号。

③ 台湾高等法院民事裁定 2016 年非抗字第 117 号。

"裁定"均纳入大陆法院认可和执行的范围内，但台湾地区法院仍认为大陆在事实上是否会承认台湾地区破产、重整程序中的所作裁定是不明确的。因此，在未对互惠"事实"作出明确调查前，尚不能裁定认可大陆法院所作的破产、重整裁定。

第三，在适用互惠原则时，强调条件的对等性，追求实质互惠。一般形式意义上的互惠指的是只要大陆方面根据自身所定条件认可与执行台湾地区法院判决，则台湾地区法院也应根据自己所定的条件认可与执行大陆判决，如此这般即已符合了互惠原则的要求，至于条件上的差异，并不重要。而实质互惠上则要求条件上一一对应。

严格来说，台湾地区对大陆法院判决认可执行的条件仅规定在"两岸人民关系条例"第74条，即公共秩序及互惠原则。而大陆方面对台湾地区判决的认可与执行条件则包括更多项目，根据2015年7月1日起施行的《最高人民法院关于认可和执行台湾地区法院民事判决的规定》第十五条规定："台湾地区法院民事判决具有下列情形之一的，裁定不予认可：（一）申请认可的民事判决，是在被申请人缺席又未经合法传唤或者在被申请人无诉讼行为能力又未得到适当代理的情况下作出的；（二）案件系人民法院专属管辖的；（三）案件双方当事人订有有效仲裁协议，且无放弃仲裁管辖情形的；（四）案件系人民法院已作出判决或者中国大陆的仲裁庭已作出仲裁裁决的；（五）香港特别行政区、澳门特别行政区或者外国的法院已就同一争议作出判决且已为人民法院所认可或者承认的；（六）台湾地区、香港特别行政区、澳门特别行政区或者外国的仲裁庭已就同一争议作出仲裁裁决且已为人民法院所认可或者承认的。"

显然，双方在判决文书认可和执行的条件上是不同的。实务中，台湾地区有的法院在审查大陆法院判决认可声请时，强调条件的对等性因素，区分互惠的具体条件，而不是整体性强调互惠原则的存在。例如：在台湾台北地方法院2012年家抗字第16号民事裁定中，抗告人和相对人有夫妻关系，相对人廖某前于 2009 年 7 月 13 日向台北地方法院提起离婚诉讼，经该院判决驳回相对人之诉，而作出判决。相对人持嗣后于 2010 年 8 月 27 日就同一事件向大陆法院再行起诉，而获准判决离婚之胜诉判决，后持该广西壮族自治区桂林市叠彩区人民法院（2010）叠民初字第 785 号民事判决书声请台北地方法院认可。法院认定不予认可，理由是：大陆于 1998 年 5 月 26 实施之《最高人民法院关于人民法院认可台湾地区有关法院民事判决的规定》第 9 条规定："台湾地区有关法院的民事判决举有下列情形之一的，裁定不予认可：……（五）案件系人民法院已作出判决。"，显见同一案件业经大陆法院判决者，嗣台湾地区法院对同一案件再为判决，大陆法院并不予认可该台湾地区法院判决，基于前揭法律规定，因无互惠原则之适用，则同一案件经台湾地区法院判决在前，大陆法院再为判决，对于大陆判决之声请认可自不应予以准许。①

三、确定性裁判

判决必须具有确定性是认可与执行大陆法院判决的前提条件，根据"两岸人民关系条例"第 74 条规定，请求认可与执行的裁判必须是"在大陆作成之民事确定裁判"。"确定性"要求，有的又称之为"终局性"要求，在概念上，常常被认为具有相同含义，故而被不加区别的混同使用。但在台湾地区诉讼制度上，"确定判决"与"终局判决"之含义还是有所区别的。台湾地区"民事诉讼法"第 381 条："诉讼达于可为裁判之程度者，法院应为终局判决。"终局判决是相对中间判决而言的，是法院以终结本审级的诉讼程序而作出的结论性处理，它的作出只说明本审级的结束，它既有可能是在一审程序中作出，也有可能是在二审程序中作出。在终局判决

---

① 类似的案例还包括：台湾台北地方法院民事裁定 2015 年家陆许字第 28 号、台湾高雄少年及家事法院民事裁定 2016 年家陆许字第 22 号。

已经形成，但未确定时，并不意味着判决的内容已经具有既判力。因此，严格规范来说，"确定判决"才是此处判决认可与执行的前提条件，即当事人的权利已经是具体、确定，已经再不能行使上诉权提起上诉的判决。

对于大陆判决的确定性的认定，首先涉及的是确定性认定的依据问题，是应根据判决作出地即大陆有关法律还是依据被请求地台湾地区规定来判定呢？从合理性角度来看，应依判决作出地法律来认定，毕竟只有作出判决的大陆法院才有权决定其作出判决的法律意义。从实务程序来看，既然认定判决的确定性的依据是大陆方面法律，那么对于被申请地台湾地区法院而言，确认该判决的效力有时就是一件十分困难的事情，毕竟两岸司法制度和司法体系完全不同。于是，台湾地区法院便建立了一种证明方法，即请求认可与执行大陆法院判决，声请人通常应附上大陆法院作出民事判决书及生效证明书，且判决书及生效证明书还应经"行政院"设立或指定之机构或委托之民间团体验证[①]，也就是取得台湾海基会的验证证书。在大陆制作之文书，经"行政院"设立或指定之机构或委托之民间团体验证者，推定为真正。[②] 所以，形式上，只要当事人能提交法院出具的生效证明书，并经公证机关公证及台湾海基会验证，即可推定文书为真正，进而推定裁判文书的确定性[③]。

从诉讼制度来看，大陆方面现行民事诉讼法并没有"确定判决"的概念，故所谓"大陆作成之民事确定裁判"应指的是现行《民事诉讼法》使用的"发生法律效力的判决"这一术语，又可称为"生效判决"。从大陆

---

① "两岸人民关系条例施行细则"第 68 条。

② "两岸人民关系条例"第 7 条。

③ 但实务中，也有法院认为，生效证明书并不是判断确定性的必要证据，认为"大陆一审判决与大陆上诉审判决自已告确定，不因声请人有无检附生效证明书而异。"见台湾士林地方法院民事裁定 2018 年陆许字第 1 号。在当事人对该案提出抗告后，台湾士林地方法院进一步提出："系争 167 号民事判决既因大陆高级人民法院公开宣告判决而发生效力，则抗告人于原审抗辩及本院抗告意旨一再争执判决未合法送达云云，实于系争 167 号判决之生效及确定不生影响。"见台湾士林地方法院民事裁定 2018 年抗字第 157 号。

方面民事诉讼制度来看，"生效判决"或者"确定判决"主要有两种情形：一是依法不能提起上诉的判决，包括最高人民法院作出的判决、二审终局判决、地方各审级法院作出的依法不允许上诉的一审判决，比如非讼程序判决及小额诉讼程序判决；二是针对依法准许上诉的一审判决在法定的上诉期间内，当事人没有上诉，当上诉期限届满，或者当事人虽然提起上诉但又撤回上诉请求经法院准许的，该判决即为生效判决。判决一旦生效即具有确定性，通常情况下，无论是原审法院还是上级法院，均不得任意修改、撤销已发生法律效力的判决。①

值得注意的是：大陆在诉讼制度上虽然实行两审终审制，但由于设立了独特的审判监督机制，生效判决只要存在错误，都有可能被提起再审，法院可以在当事人提出再审申请事由后，通过再审否定原生效判决。也就意味着，确定性判决在大陆并不意味着判决一旦成立就绝对无法改变，再审制度仍然存在把业已作出确定判决的案件重新纳入诉讼程序并另作新判决的可能。香港地区法院就曾以内地判决仍有可能受制于审判监督以及仍有可抗诉再审的可能为由，裁定有关大陆判决并非确定判决而拒绝在香港地区认可和执行内地法院判决的申请。②台湾地区法院在审查大陆法院民事判决认可执行声请案中，同样遇到过当事人以再审程序为由主张判决不具有确定性，从而声请法院驳回声请之情形。在研究样本案例中，共有两案例事涉再审及确定性判断：

案例一：台湾士林地方法院民事裁定 2014 年抗字第 132 号

相对人于原审声请认可之广东省东莞市中级人民法院、广东省高级人民法院分别作成之民事判决书。其中广东省高级人民法院判决结果为"驳

---

①　马永梅：《香港承认与执行内地民商事判决的确定性判决条件探讨》，《华南理工大学学报（社会科学版）》2011 年第 1 期，第 32 页。

②　见香港高等法院审理的 Chiyu Banking Corp.Ltd v. Chan Tin Kwun（集友银行诉陈天君案），1996 2 HKLR 395。

回上诉，维持原判"，判决书末并有"本判决为终审判决"之字样。然而本案中大陆判决虽经终审判决，但后经申请再审获准，双方在和解之后，已经撤回再审，并经大陆承审之广东省高级人民法院裁定准许，而终结再审程序。

法院认为：大陆作成之民事终审判决，因已不能以通常方法救济，虽可认为确定判决，但如经再审程序，裁定开始再审者，自不能再谓原终审判决为确定判决。惟倘申请再审人在再审期间撤回再审申请，并经大陆法院裁定准许而终结再审程序者，此时因须恢复原终审判决之执行，自仍应认为原终审判决为确定判决。依《最高人民法院关于适用〈中华人民共和国民事诉讼法〉审判监督程序若干问题的解释》第 34 条第 1 项规定："申请再审人在再审期间撤回再审申请的，是否准许由人民法院裁定。裁定准许的，应终结再审程序。"及同条第 3 项规定："终结再审程序的，恢复原判决的执行。"既然双方对于本案大陆判决经裁定再审后，又经撤回再审申请，并经大陆承审法院裁定准许，彼此间均无争执，则依照最高人民法院再审程序解释，本案大陆判决即恢复执行，而可认为系属确定判决。

案例二：台湾台北地方法院民事裁定 2012 年抗字第 11 号①

本案中，相对人于原审声请台北地方法院裁定认可广东省东莞市中级人民法院及广东省高级人民法院所作民事判决书。该广东省高级人民法院民事判决书载明"本判决为终审判决"等语，该裁判文书生效证明也记载"本院……（2011）粤高法民四终字第 1 号判决书，已于 2011 年 5 月 26 日发生法律效力"。然，本案抗告人已向大陆人民检察院提出抗诉申请书，申请法院再审。并在抗告中主张，抗告人对本件大陆民事判决，已循大陆法规合法程序救济中，依法自应保障抗告人之程序权，原审为认可裁定，属违背台湾地区公共秩序，故应废弃原裁定。

---

① 与本案持类似观点的案件还有：台湾新北地方法院民事裁定 2018 年抗字第 77 号。

法院认为：对照《中华人民共和国民事诉讼法》第 141 条规定"最高人民法院的判决、裁定，以及依法不准上诉或者超过上诉期没有上诉的判决、裁定，是发生法律效力的判决、裁定"，足见本件相对人声请法院裁定认可之系争判决，系属不得上诉而"发生法律效力"之判决，与台湾"民事诉讼法"第 398 条所定判决确定之时期及意义相当。故原审就大陆已确定之系争判决为认可裁定，核与"两岸人民关系条例"第 74 条第一项规定相符。纵抗告人已依《民事诉讼法》第 178 条规定"申请再审"，亦无违背台湾公共秩序之可言，另依《民事诉讼法》第 187 条规定，人民检察院认有再审事由"应当提出抗诉"，足见抗诉非当事人所得发动之程序，纵抗告人已向大陆人民检察院提出抗诉申请书，亦无违背台湾公共秩序之可能。

上述案例可以说明三点问题：

一是在判断判决的"确定性"时，是以大陆民事诉讼相关法律为依据。毕竟，源之于司法审判权的大陆法院判决之"确定性"是以大陆方面民事诉讼法律制度来赋予法院之判决的，因此，必须立足于《民事诉讼法》之上来探讨大陆法院判决的"确定性"。

二是在判断"确定性"时，是以是否具有"执行力"作为判断标准，认为其中包括了《民事诉讼法》上正常判决程序中的两审终审和一审后当事人未上诉形成的生效判决等，这显然不同于认为大陆法院判决因审判监督程序存在而无终局性的观念，采取了更为务实的理念。

三是在判断判决的"确定性"是否已失效时，以再审是否进入实质性阶段为衡量标准，仅以当事人提起抗告申请为由，尚不足以认定前诉确定判决的既判力被推翻。

四、不存在相互冲突的判决

一般来说，如果一个判决与在被请求地就相同当事人、相同标的、相同原因的争议作出的另一个判决相抵触，则被请求地法院可以拒绝认可与执行该判决。相互抵触的判决，是普遍适用的拒绝认可境外判决的理由[①]，在各国立法和国际公约中多加以规定或约定。[②] 在 2015 年 7 月 1 日起施行的《最高人民法院关于认可和执行台湾地区法院民事判决的规定》（法释201513 号）第十五条第四、五、六项中规定台湾地区法院民事判决具有下列情形之一的，裁定不予认可：案件系人民法院已作出判决或者大陆的仲裁庭已作出仲裁裁决的；香港特别行政区、澳门特别行政区或者外国的法院已就同一争议作出判决且已为人民法院所认可或者认可的；台湾地区、香港特别行政区、澳门特别行政区或者外国的仲裁庭已就同一争议作出仲裁裁决且已为人民法院所认可或者认可的。

台湾地区法规中，无论是外国、港澳地区裁判还是大陆裁判许可认可与执行条件中都没有关于这一项内容的规定。但这并不代表实务中，台湾地区法院不加以考虑和运用。为了避除司法僭越之造法嫌疑，在裁判说理部分，这一拒绝认可条件被进行了适度的"包装"，以容纳进现有的立法原则及规定中。在样本案例中，共有三种主要的适用理由：

1. 婚姻关系业已解消，欠缺权利保护之必要性。[③]

法院在裁定认可大陆有关民事确定裁判时，实体上应审核声请认可之

---

① 胡振杰：《国际合同争议管辖权与判决执行比较研究》，中国法制出版社 2014 年版，第 250 页。

② 何其生：《比较法视野下的国际民事诉讼》，高等教育出版社 2015 年版，第 334-335 页。

③ 台湾桃园地方法院民事裁定 2013 年家陆许字第 40 号、台湾高雄少年及家事法院民事裁定 2013 年家陆许字第 10 号、台湾屏东地方法院家事裁定 2013 年家陆许字第 14 号、台湾台北地方法院民事裁定 2012 年家声字第 191 号、台湾高雄少年及家事法院民事裁定 2013 年家陆许字第 26 号、台湾云林地方法院民事裁定 2014 年家陆许字第 13 号、台湾台中地方法院民事裁定 2016 年家陆许字第 2 号。

大陆有关民事确定裁判有无违背台湾地区公共秩序或善良风俗。不过，法院对声请认可之大陆民事确定裁判为该实体审核前，程序上应先审核声请人声请认可大陆民事确定裁判有无权利保护之必要性（权利保护要件），若欠缺权利保护之必要性（权利保护要件），即无由法院予以认可大陆民事确定裁判之必要性。双方当事人已经台湾地区法院判决离婚，则婚姻关系不复存在，当事人再声请认可大陆离婚判决即已无实益，自应以欠缺权利保护要件而予驳回。

　　例如：台湾云林地方法院民事裁定 2014 年家陆许字第 13 号案件中，声请人与关系人即大陆人民古某间之婚姻关系，经大陆人民法院以（2014）梅县法民一初字第 9 号民事判决离婚生效，亦经广东省梅州市嘉应公证处公证，及经台湾海峡交流基金会验证属实，为此声请认可该判决书。然而，声请人与关系人古某间之婚姻关系，已经云林地方法院判决离婚，声请人也于判决生效之后，持该判决及确定证明书至户政机关办理离婚登记。法院认为：声请人显无再以声请认可其与关系人古福香间之大陆离确定判决，以解消其与关系人古福香间婚姻关系之实益，是应认声请人向本院声请认可上开大陆离婚确定判决，并无权利保护之必要性，从而，本件声请欠缺权利保护要件，应予驳回。①

　　2. 违反台湾地区公共秩序，拒绝认可与执行。

　　在样本案例中有二例②，以违反公共秩序为由，驳回大陆相冲突之判决的认可声请。台湾澎湖地方法院民事裁定 2009 年声字第 5 号案件中：相对人已于 2007 年 9 月 29 日在澎湖地方法院提起离婚诉讼，经该院于 2007 年 12 月 27 日以 2007 婚字第 46 号判准双方离婚，且判决已于 2008 年 1 月 25 日确定。从而，双方婚姻关系于 2008 年 1 月 25 日业已解消，大陆

---

①　类似的案例还包括：台湾高雄少年及家事法院民事裁定 2016 年家陆许字第 22 号。

②　台湾澎湖地方法院民事裁定 2009 年声字第 5 号、台湾台南地方法院民事裁定 2017 年陆许字第 18号。

法院犹于 2008 年 2 月 25 日就已不存在之婚姻关系为判决，亦有违背台湾地区之公共秩序或善良风俗之情事。

未经大陆裁定认可与执行的台湾地区判决，在大陆并不具有既判力，大陆法院仍得依《民事诉讼法》中管辖权规则受理裁判一方为大陆居民之离婚请求。澎湖地方法院以该判决违反台湾地区公序良俗为由拒绝认可执行，实乃牵强。

3. 基于互惠原则，拒绝认可与执行。[①]

在本章论述互惠原则时，已涉及此问题。台湾地区有的法院在审查大陆法院判决认可声请时，强调条件的对等性因素，对两岸判决认可之具体条件进行对比，强调实质的互惠，而不是整体形式上的互惠原则。大陆在认可执行台湾地区法院判决时，条件之一即不存在相冲突的既有判决，而台湾地区立法上并没有明确这一条件。故台湾地区法院在遇到相同情形时，即以互惠原则为由，拒绝认可大陆法院的冲突判决。

比如：台湾台北地方法院民事裁定 2015 年家陆许字第 28 号事件中，法庭论述道："同一案件业经大陆法院判决者，嗣台湾地区法院对同一案件再为判决，大陆法院并不予认可该台湾地区法院判决，基于前揭法律规定，因无互惠原则之适用，则同一案件经台湾地区法院判决在前，大陆法院再为判决，对于大陆判决之声请认可自不应予以准许。"

五、非讼程序要件

大陆法系国家的实体法学较为重视法律要件理论研究，并将其作为一个基本的范式用于分析法律关系产生、变更及消灭的不同过程及其产生的效果。例如，侵权责任构成要件、结婚形式要件及实质要件等等。而诉讼

---

① 台湾台北地方法院民事裁定 2012 年家抗字第 16 号、台湾台北地方法院民事裁定 2015 年家陆许字第 28 号、台湾台中地方法院民事裁定 2017 年家陆许字第 35 号、台湾台中地方法院民事裁定 2016 年家陆许字第 2 号。

要件则是从诉讼结构的角度，分析不同的诉讼程序、不同的诉讼阶段应具备的要素。在现代，随着诉讼要件理论不断发展和完善，台湾地区的民事诉讼理论及立法上，对于诉讼要件这一重要概念均有规定。由于必须具备诉讼要件，法院才能对本案进行审理判决，因此所谓"诉讼要件"也是法院对本案实体权利义务争议问题继续审理并作出实体判决的前提条件，又被称为"实体判决要件"。[①]

对于非讼程序而言，同样应具备相应的程序要件。对非讼程序之关系人而言，声请人对其提出之声请能获得本案裁判，也须证明该非讼程序要件已经具备。声请人之声请若欠缺一定的程序要件，同样会阻碍法院进行实体上的裁判。台湾地区对外国（法域）判决之许可与执行适用的乃非讼程序，故裁定声请程序亦应满足相应的要件，方能对裁定许可之实质性条件进行进一步的审查。

借鉴诉讼要件之精神及要义，裁定声请程序要件亦可区分为形式要件和实质要件：形式要件包括声请人提起的裁定申请程序需具备的法律规定条件。包括：有关法院对该裁定声请具有管辖权，当事人适格，应提交的书证齐全；实质条件则指当事人利用非讼制度的正当利益及必要性，包括：不存在法院就相同主体就相同判决书已有裁定的情形，当事人提起裁定声请应有权利保护的必要性。欠缺不同的要件，法庭的处理自有不同。

1. 法院就相同主体之相同判决书已有是否予以许可之裁定

台湾地区"民事诉讼法"第 253 条规定："当事人不得就已起诉之事件，于诉讼系属中，更行起诉。"同法第 400 条第 1 项规定："除别有规定外，确定之终局判决就经裁判之诉讼标的，有既判力。"

然而，裁定声请许可并非适用诉讼程序，而是非讼程序。在台湾地区"非讼事件法"并无类似其"民事诉讼法"第 253 条及第 400 条第 1 项

[①] 张卫平：《民事诉讼：关键词展开》，中国人民大学出版社 2005 年版，第 69 页。

之规定，亦无法准用该规定。因此非讼事件，尚不发生所谓一事不再理之问题。倘若非讼事件经裁定确定后，其裁定内容不能实现，当事人自仍得声请更行裁定。反之，非讼事件经裁定确定后，如果没有内容不能实现之情事，当无声请更行裁定之必要；若当事人再行声请裁定，自属欠缺权利保护之要件，而应予以驳回。① 台湾地区法院在大陆裁判声请认可审查时，均与该见解一致。

例如：台湾台北地方法院民事裁定 2012 年家声字第 86 号事件中，声请人即大陆人民李秀妹与相对人谭亦玮原系夫妻，双方婚姻关系业经大陆福建省宁德市蕉城区人民法院于 2010 年 8 月 5 日以民事判决判准双方离婚，并于 2010 年 8 月 31 日生效确定。但是本件相对人曾就同一事件声请认可该同一民事判决书，经同法院裁定准予认可，故法院认为：本件声请人既已就同一事件声请离婚认可并经准予认可确定，其内容亦无不能实现之情事，自无再行声请裁定之必要。②

2. 欠缺权利保护要件

在诉讼法理论中，根据权利保护请求权说，诉讼除一般诉讼要件之外，原告还需要具备"诉讼的权利保护要件"，指当事人必须具有值得由法院加以保护的资格以及诉讼内容得受必要保护之利益。③ 其中，所谓"诉讼内容得受必要保护之利益"指的是原告对请求具有要求判决的现实必要性。如果欠缺诉的利益，法院就无必要进行本案判决。

尽管判决认可与执行程序在台湾地区适用的是非讼程序，但法庭同样

---

① 台湾地区"最高法院 2001 年台抗字第 666 号"裁定意旨参照。

② 在研究样本案例中，类似的判决还包括台湾宜兰地方法院民事裁定 2014 年家陆许字第 1 号、台湾新北地方法院民事裁定 2015 年家陆许字第 40 号、台湾台北地方法院民事裁定 2012 年家陆许字第 24 号、台湾台北地方法院民事裁定 2012 年家声字第 110 号、台湾台北地方法院民事裁定 2012 年家声字第 86 号、台湾高雄地方法院民事裁定 2012 年家声字第 158 号、台湾高雄少年及家事法院民事裁定 2016 年家陆许字第 10 号。

③ 陈荣宗、林庆苗:《民事诉讼法》,台湾三民书局 2005 年版，第 80 页。

要运用裁判权审查声请人的请求后依职权作出裁断，也是关涉当事人实体权利实现的重要司法方式，故非讼程序中同样也要考察有无利用非讼程序使法院进行裁判之必要，即权利保护必要的问题。提起非讼程序的利益与当事人实体权利义务不同，它不影响具体权利请求是否存在实体法的理由，而是在一定情形下，法院是否有必要通过非讼程序对当事人提供权利保护救济。

在具体案件当中，如果申请人申请判决的认可与执行，其声请被认定为不具有诉的利益，或欠缺权利保护的必要性，则法院不会进入下一步的对判决的认可条件的审查阶段。其实际意义在于通过它建立了一种程序法上的筛选机制。对欠缺权利保护必要性的声请，法院也是依法裁定驳回声请人的声请。

具体而言，以审查大陆离婚确定判决是否予以认可过程中，因欠缺权利保护要件而驳回当事人声请，存在三种情形：

（1）在大陆离婚诉讼尚未结束前，台湾地区当事人实际已经死亡，而大陆法院仍然作出离婚判决，该离婚判决应被认为欠缺诉的利益（权利保护要件），而不被台湾地区所认可。[①]

例如：在台湾桃园地方法院民事裁定 2013 年家陆许字第 41 号声请认可事件中，声请人声请认可广西壮族自治区南宁市兴宁区人民法院所作之离婚民事判决书，该判决系于 2011 年 8 月 10 日发生效力，有该人民法院出具之证明书可凭。但该判决所涉婚姻关系一方当事人即被告陈某已于 2011 年 7 月 28 日死亡。法院认为：依台湾地区"民法"第 580 条之夫或妻于判决确定前死亡者，关于本案视为诉讼终结所示，本案视为诉讼终结，即离婚事件本案之诉讼系属，因夫或妻之死亡，无待法院之裁判，当然归于消灭，不生承受诉讼或另予裁判之问题。因此上述人民法院民事判决发

[①]　台湾新北地方法院民事裁定 2013 年家陆许字第 21 号、台湾桃园地方法院民事裁定 2013 年家陆许字第 41 号

生效力前，该离婚事件即因被告死亡视为诉讼终结，则上述人民法院判决即无从确定，自无从依"两岸人民关系条例"第 74 条第 1 项之规定予以认可。是声请人之声请，应予驳回。

（2）大陆所作离婚判决已经生效，但尚未在台湾地区得到认可，在此期间，婚姻关系当事人一方死亡。之后，声请该离婚判决的许可是否欠缺权利保护要件，实务见解不一致。

在台湾南投地方法院家事裁定 2013 年家陆许字第 5 号文书中，法庭认为：本件系争离婚之民事判决纵已经确定，但在声请法院裁定认可之前，在台湾地区亦无从发生判决离婚之效力，亦即在此之前，在台湾地区不承认声请人与林台南已经因判决而离婚。按夫妻之一方死亡时，其婚姻关系即因而解消，故夫妻之一方于离婚之诉判决确定前死亡者，关于本案视为诉讼终结（"家事事件法"第 59 条规定参照），不生承受诉讼之问题，是夫或妻于就在大陆作成之离婚确定判决声请法院裁定认可确定前死亡时，其在台湾地区之婚姻关系亦应随之解消，该裁定认可程序亦应视为终结。声请人显无再以认可判决之方式，解消两造婚姻之实益。从而本件声请于法不合，应予驳回。①

但在台湾士林地方法院民事裁定 2015 年家陆许字第 18 号文书中，法庭认为：系争大陆判决在林永坤（婚姻关系当事人）死亡前已生效，如经裁定认可，仍有解消声请人与林永坤间婚姻关系之效力，而对声请人及林永坤之继承人均有确定身份及继承法律关系之效果，自无不予裁定认可之

---

① 类似的案例还有台湾南投地方法院家事裁定 2016 年家陆许字第 1 号。

理由。①

（3）在大陆离婚判决在台湾地区裁定认可前，当事人婚姻关系在台湾地区已经解除，该非讼程序被视为欠缺权利保护要件，而无须法院作出认可裁定。

在前述不存在相冲突的判决之条件部分，有的法庭即认为双方当事人已经台湾地区法院判决离婚，则婚姻关系在台湾地区即已经不复存在，当事人再声请认可大陆离婚判决已无实益，应以欠缺权利保护要件而予驳回。

除此之外，当事人以两愿离婚方式（在大陆指的是协议离婚），签订离婚协议书，并经公证后，至户政机关完成离婚登记，则双方婚姻关系在台湾地区亦已经解除。当事人若在大陆获得离婚判决之后，再至台湾地区声请该离婚判决，亦无实益，无以非讼方式保护权利之必要性，法院亦得驳回声请。②

六、诉讼程序公正

诉讼程序有失公正，是拒绝认可境外判决的一个重要理由。尤其是如果作出判决的法院所依程序未保障当事人的听审权，未给予其出庭及辩论的机会，则被请求认可的法院通常即可拒绝认可该判决的效力。若当事人已收受关于诉讼开始的通知，即可认为其已获得了平等地参与诉讼的适当机会。实务中，有的当事人拒绝收受所送达的诉讼通知，只要当事人已经知晓诉讼之事，并不影响合法送达之认定。例如："相对人虽辩称大陆曾

---

① 类似的案例还有台湾高雄少年及家事法院民事裁定2017年家陆许字第24号，认为被声请人甲某死亡之事实既发生于系争民事判决生效后，尚无碍于声请人对该大陆民事判决声请认可，另有台湾新北地方法院民事裁定2017年家陆许字第1号、台湾新北地方法院民事裁定2018年家陆许字第11号、台湾台南地方法院民事裁定2018年家陆许字第13号、台湾台南地方法院民事裁定2018年家陆许字第14号、台湾桃园地方法院民事裁定2019年家陆许字第18号、台湾台中地方法院民事裁定2019年家陆许字第10号、台湾彰化地方法院2019年家陆许字第8号亦持类似见解。

② 台湾台南地方法院民事裁定2018年家陆许字第15号。

寄开庭通知，但伊不在伊母亲拒收，相对人既知大陆之法院已寄通知，纵其母亲拒收，但被告应知已有诉讼之事，其不前往开庭，尚符合民事诉讼法第 402 条第 1 项第 2 款但书之规定，相对人所辩为无理由，本件声请于法并无不合，应予认可。"① 至于当事人是否选择出席庭审，参与言词辩论，或是选择不出席，而委托诉讼代理人代为诉讼等，则属于当事人自身权利行使事项，不得据此裁断缺席审判欠缺程序保障。易言之，相对人经合法传唤未到庭陈述，所为缺席判决，不违背台湾地区公共秩序或善良风俗，应予认可。② 尤其是相对人若于事件审理中，系已经合法通知，由其等诉讼代理人到庭应诉为判决，更应可认为其实质防御权行使应已具充分保障。③

在我国立法中，《最高人民法院关于认可和执行台湾地区法院民事判决的规定》（法释 201513 号）中第十五条第（一）款中即规定："台湾地区法院民事判决具有下列情形之一的，裁定不予认可：（一）申请认可的民事判决，是在被申请人缺席又未经合法传唤或者在被申请人无诉讼行为能力又未得到适当代理的情况下作出的。"

在台湾地区规定中，其"民事诉讼法"第 402 条第 2 项规定："外国法院之确定判决，有下列各款情形之一者，不认其效力：二、败诉之被告未应诉者。但开始诉讼之通知或命令已于相当时期在该国合法送达，或依台湾地区法律上之协助送达者，不在此限。"但是，如前文所述，关于对大陆民事确定判决，并非适用上述"民事诉讼法"第 402 条之规定，而系依据"两岸人民关系条例"第 74 条第 1 项规定："在大陆地区作成之民事确定裁判、民事仲裁判断，不违背台湾地区公共秩序或善良风俗者，得声请

---

① 台湾高雄地方法院民事裁定 2011 年家声字第 299 号。

② 台湾高雄地方法院民事裁定 2011 年家声字第 299 号、台湾嘉义地方法院民事裁定 2009 年家抗字第 26 号、台湾台南地方法院民事裁定 2013 年抗字第 78 号。

③ 台湾台中地方法院民事裁定 2015 年抗字第 84 号。

法院裁定认可。"很显然，后者并无关于合法送达之条件要求。

实务见解中，关于在大陆法院裁判裁定认可程序中，是否应类推适用"民事诉讼法"第 402 条中关于合法送达的认可条件，有的法庭主张类推适用，理由是："大陆判决与外国判决均非属台湾法院之判决，既均须经认可，其性质应无二致。民事诉讼法第 402 条之规定或系基于公益理由，或系为保护台湾人民，可解释为两岸人民关系条例第七十四条规定之'台湾地区公共秩序及善良风俗'，自应于认可大陆判决时类推适用之。"[①] 有的法庭则持反对意见，认为不应类推适用"民事诉讼法"第 402 条，理由是："两岸人民关系条例"第 74 条立法"系撷取民事诉讼法第 402 条第 1 项规定之主要精神，而于该条例第 74 条第 1 项予以为具有原则性之概括条款，授权审判者依个案之具体情况公平裁决，较诸前述民事诉讼法第 402 条第 1 项之规定更富有弹性，更能因应两岸人民各种不同之情况，而彰显其规范之功能。是前开两岸人民关系条例第 74 条第 1 项未将民事诉讼法第 402 条第 1 项第三款以外之规定同时列入，显属立法者之有意省略，并无以类推适用予以补充（漏洞补充）之余地。"[②] "两岸关系条例第 74 条之规定，与民事诉讼法第 402 条之规定，显系有意采不同之立法体例倘一方面认大陆判决之认可未赋予既判力而得另以债务人异议之诉推翻，他方面复认与有既判力之外国确定判决相同，须完全类推适用民事诉讼法第 402 条第 2

[①] 台湾台中地方法院民事裁定 2014 年家陆许字第 34 号、台湾桃园地方法院民事裁定 2015 年家陆许字第 3 号、台湾桃园地方法院民事裁定 2015 年家声抗字第 53 号、台湾桃园地方法院民事裁定 2013 年家陆许字第 40 号、台湾基隆地方法院民事裁定 2011 年声字第 61 号、台湾基隆地方法院民事裁定 2009 年抗字第 19 号、台湾士林地方法院民事裁定 2012 年家陆许字第 24 号、台湾士林地方法院民事裁定 2009 年声字第 601 号、台湾台北地方法院民事裁定 2015 年家陆许字第 23 号、台湾台北地方法院民事裁定 2012 年家陆许字第 6 号、台湾台北地方法院民事裁定 2012 年陆许字第 1 号、台湾台中地方法院民事裁定 2016 年家陆许字第 16 号、台湾台北地方法院民事裁定 2017 年家陆许字第 16 号、台湾高等法院民事裁定 2019 年非抗字第 81 号，等等。

[②] 台湾台中地方法院民事裁定 2018 年陆许字第 2 号、台湾台中地方法院民事裁定 2014 年家声抗字第 121 号、台湾士林地方法院民事裁定　2011 年抗字第 128 号、台湾台北地方法院民事裁定 2011 年抗字第 47 号。

项规定要件，殊与法理未合，亦有违诉讼经济。"①

　　无论是认为应类推适用者，还是反对者，他们都有一个基本的共识，即应将"两岸人民关系条例"第74条中的"公共秩序"条款进行扩张解释，将"程序公正"纳入公共秩序考量范畴。"民事诉讼法第402条之规定或基于公益理由，或系为保护台湾人，可解释为两岸人民关系条例第74条规定之'台湾地区公共秩序及善良风俗'，自应于认可大陆判决时纳入考量。"②"所谓公序良俗在承认外国法院判决之要件上，不应该被理解为是一种内国法律秩序的统一性，应从解决各国人民往来间所可能产生纠纷的观点来看待公序良俗。而要解决各国人民往来间所可能产生的纠纷，以所谓民主的方式，或审议式民主的观念，让每个人都有机会去参与人与人之间往来规范形成的过程，这种民主的方式可以解决纠纷，并且是在多元文化的世界体系中，借由言说规则来寻求可能的共识，也足以避免各国人民因为利益的争夺和因为欠缺可以彼此论证权利主张的适当机制而导致以战争解决纠纷。因此对于外国判决是否应该加以承认，仅仅在外国法院的判决系在欠缺程序保障的正当性下方应加以拒绝，而公序良俗条款便可以在此种理解下，被认为不单单指向实体法上的公序良俗，而更应包含指向外国法院判决是否具有正当性的程序保障上的公序良俗。是揆诸上开说明，台湾地区与大陆人民关系条例第74条第1项所称之'公序良俗'即包含实体法上公序良俗及程序法上公序良俗，若大陆法院所为之确定判决有所

---

①　台湾士林地方法院民事裁定2009年声字第601号。

②　台湾高等法院2000年11月法律座谈会意见，参照该法律文书的裁判有：台湾花莲地方法院民事裁定2015年家陆许字第2号、台湾台中地方法院民事裁定2015年抗字第84号、台湾台中地方法院民事裁定2014年家陆许字第34号、台湾台中地方法院家事裁定2013年家声抗字第85号、台湾桃园地方法院民事裁定2015年家陆许字第3号、台湾桃园地方法院民事裁定2015年家声抗字第53号、台湾桃园地方法院民事裁定2013年家陆许字第40号、台湾基隆地方法院民事裁定2011年声字第62号、台湾士林地方法院民事裁定2012年家陆许字第24号、台湾台北地方法院民事裁定2015年家陆许字第23号，台湾台北地方法院民事裁定2017年家陆许字第16号等等。

违反，台湾地区法院即不应予以认可。"① 上述观点，在台湾地区"最高法院"的裁定中得到肯定："所谓台湾地区公共秩序或善良风俗（下称公序良俗），不以实体法之公序良俗为限，亦包括违背程序上之公序良俗。准此，在大陆作成之民事确定裁判，其诉讼程序如违反台湾地区关于被告听审请求权（如被告应受合法通知应诉）、公正程序请求权等程序基本权之保障，难谓无悖台湾地区公序良俗，法院自不得予以裁定许可。"② 不过，这种被告听审请求权之保障，仅限于被告为台湾地区居民或台湾地区法人为被告的情形。如果被告或声请相对人为大陆居民或法人，即便开始诉讼之通知未曾在大陆合法送达，台湾地区法院也无须解释或考察该条规定所指"台湾地区公共秩序或善良风俗"③。

从台湾地区法院对大陆法院认可实践观察可发现：台湾地区法院非常重视台湾地区居民作为一方当事人的案件中，其是否获得参与诉讼通知，获得平等参与大陆法院诉讼之机会。对于这一问题关注的程度甚至超过对判决实体内容的关注，在拒绝认可与执行大陆法院裁判之理由中，位于被援引次数的榜首。具体而言，包括以下几种主要情形：

1.因声请人未提出相对人在台湾地区之正确住居所以供大陆法院对相对人为合法之送达，法庭于相对人未到庭时作出缺席判决。

在两岸没有签署司法互助协议之前，邮寄送达是大陆法院审理涉台民商事案件中送达诉讼文书的最有效、也是最便利的途径。邮寄送达被告的地址，通常由原告举证，以证明"有明确被告"。不过，由于客观上，有的台湾地区被告的流动性较大，经常往返于海峡两岸，又或者是大陆当事人离台返还大陆之住所后，与台湾地区一方当事人往往是久不联络，故在

---

① 台湾台中地方法院民事裁定2015年抗字第84号、台湾台北地方法院民事裁定2012年家陆许字第6号、台湾花莲地方法院民事裁定2011年家声字第115号、台湾宜兰地方法院民事裁定105年家声抗字第3号。

② "最高法院民事裁定2017年台简抗字第144号"。

③ 台湾台北地方法院民事裁定2016年陆许字第6号。

其提出离婚之诉时，相对人多数已经搬离原住所。法院根据起诉时当事人提供的旧住址为送达，相对人显然并无收受该法院通知或为应诉之可能，此种情形下，送达程序既尚未臻完备，对相对人而言，欠缺正当性的程序保障，法庭所作缺席裁判有违程序法上公共秩序，不应予以认可。① 有的法庭还认为，在两会已于 2009 年 4 月 26 日签署《海峡两岸共同打击犯罪及司法互助协议》之后，该协议第 7 条约定相互协助送达司法文书，台湾海基会亦制订《办理两岸司法及行政文书送达作业规定》，大陆法院可以，且应该请求台湾地区法院协助送达司法文书与相对人，若法院复又未按照该互助协议请求台湾地区法院协助送达，遂于相对人未到庭时作出缺席审判。在这种情况下，台湾地区法院通常以开始诉讼通知未合法送达，致使台湾地区之被告缺乏程序权保障、有违"两岸人民关系条例"第 74 条规定"台湾地区公共秩序或善良风俗"之情为由拒绝认可与执行该裁判。②

然而，若是身为诉讼中未经合法送达之相对人于事后已合法收受或知悉该大陆判决内容，且对于判决结果及内容均无异议，更进而持该大陆判决向台湾地区法院声请认可，此时，即难认定有何侵害其诉讼权益或悖于

---

① 台湾台中地方法院民事裁定2015年家陆许字第30号、台湾花莲地方法院民事裁定2011年家声字第115号、台湾花莲地方法院民事裁定2012年家陆许字第4号、台湾台中地方法院民事裁定2015年家陆许字第24号、台湾台中地方法院民事裁定2014年家陆许字第34号、台湾台中地方法院民事裁定2014年家声抗字第121号、台湾花莲地方法院民事裁定2015年家陆许字第2号，台湾桃园地方法院民事裁定2017年家陆许字第30号、台湾桃园地方法院民事裁定2016年家陆许字第32号、台湾桃园地方法院民事裁定2016年家陆许字第28号、台湾桃园地方法院民事裁定2016年家陆许字第20号、台湾桃园地方法院民事裁定2016年家陆许字第7号、台湾桃园地方法院民事裁定2016年家陆许字第3号、台湾台中地方法院民事裁定2016年家陆许字第16号、台湾台北地方法院民事裁定2017年家陆许字第16号、台湾台北地方法院民事裁定2017年家陆许字第8号、台湾台北地方法院民事裁定2016年家陆许字第22号、台湾台北地方法院民事裁定2016年家陆许字第7号、台湾台北地方法院民事裁定2018年家陆许字第5号、台湾桃园地方法院民事裁定2018年家陆许字第6号、台湾台中地方法院民事裁定2018年陆许字第2号。

② 台湾花莲地方法院民事裁定2015年家陆许字第2号、台湾台中地方法院民事裁定2015年陆许字第3号、台湾新竹地方法院民事裁定2019年抗字第49号。

公共秩序之问题，自不宜再援引上述规定否准其认可之声请。[①]

2. 采用公告送达方式，法庭在相对人未到庭时作缺席审判。

实务中，由于两岸人口信息查询合作分享机制尚未建立，所以大陆人民法院较难查实台湾地区当事人的真实送达地址，多数情况下只能根据原告提供的地址进行送达。如果送达不成功，在原告无法提供新的确切地址进行送达的情况下，多采取公告送达方式。根据 2008 年 4 月 23 日起施行的《最高人民法院关于涉台民事诉讼文书送达的若干规定》第三条就涉台民商事案件诉讼文书的送达方式作了专门的规定，其中规定的合法的送达方式包括：直接送达、向代理人送达、向代收人送达、向相关机构或人员送达、邮寄送达、通过传真或电子邮件送达、两岸认可的其他途径送达，最后规定："采用上述方式不能送达或者台湾地区的当事人下落不明的，公告送达。"规定还要求："采用公告方式送达的，公告内容应当在境内外公开发行的报刊或者权威网站上刊登。""公告送达的，自公告之日起满三个月，即视为送达。"在《最高人民法院关于审理和执行涉外民商事案件应当注意的几个问题的通知》的第 1 条规定，"涉外案件需要公告达的，应当在《人民法院报》或省级以上对外公开发行的报纸上和受案法院公告栏内同时刊登公告。"实务中，因涉台民商事案件的诉讼程序参照适用涉外案件的诉讼程序规定，故在涉台民商事案件的公告发布方式上通常也是参照该通知执行。

大陆作为裁判作出地，其关于送达的法律自应作为台湾地区法院在审查大陆判决是否对相对人为合法送达时的审查依据。不过，实务中，台湾地区法院显然采用的是双重标准。前文所述，台湾地区"民事诉讼法"第 402 条第 1 项第 2 款规定：有败诉之被告未应诉之缺席判决，不认可其效力，但开始诉讼之通知或命令已于相当时期在该国合法送达，或依台湾法

[①] 台湾台北地方法院民事裁定 2017 年家陆许字第 12 号。

律上之协助送达者，不在此限。对于该条中"已于相当时期在该国合法送达"，似乎表明，应依照诉讼地法律来衡量是否为合法送达之方式。然而，根据台湾地区"最高法院 2008 年台上字第 109 号"判决意旨："民事诉讼法对须向当事人或法定代理人本人为之，向其诉讼代理人送达者，亦无不可，惟以该国之替代送达方法为之，对于当事人之防御权是否充分保障，上诉人可否充分准备应诉，自应予详细调查。"也就是说，采用向本人及法定代理人、诉讼代理人送达之外的方式，是否充分保障了当事人的诉讼权，是否可认为合法送达，法庭自应在调查之后进行自由裁量。

那么，在上述双重审查标准下，台湾地区法庭在实务中究竟是如何裁量公示送达的合法性的呢？公示送达究竟应满足怎样的前提条件后，方可认为合法？

从实务见解来看，有的法庭认为："民事诉讼法"第 402 条第 1 项第 2 款但书所谓"开始诉讼所需之通知或命令已在该国送达本人"，于公示送达之情形，须该本人应为送达之处所确实不明，且受送达人即该本人可能由法院公告知悉公示送达之情形者，始得为之。[①]

关于第一个条件，如何判断"应为送达之处所确实不明"，有的法庭认为："依大陆民事诉讼法所认公告送达之原因'受送达人下落不明'之定义，系与台湾地区民事诉讼法第 149 条第 1 项第 1 款'应为送达之处所不明'情形相同，故解释上，自应参酌台湾地区民事诉讼法有关公示送达之文献说明之。而按台湾地区实务上已认为所谓'应为送达之处所不明'一节，系指已用相当之方法探查，仍不知其应为送达之处所而言；既非以声请人主观的不明为标准，亦非以客观的绝对不明为准；况且其'不明'之事实，应由声请公示送达之人负举证之责任，而由法院依具体事实判断之。换言

---

① 台湾高等法院 2000 年 11 月法律座谈会意见，援引该意见的裁判有：台湾基隆地方法院民事裁定 2009 年抗字第 19 号、台湾士林地方法院民事裁定 2011 年声字第 110 号、台湾台北地方法院民事裁定 2012 年陆许字第 1 号。

之，不得以诉讼之他造指称对造下落不明，法院即迳为公示送达之决定。"①

　　所谓"已用相当之方法探查"，在有些法院看来，两会既然已于 2009 年 4 月 26 日签署《海峡两岸共同打击犯罪及司法互助协议》，该协议第 7 条约定相互协助送达司法文书，台湾海基会亦制订《办理两岸司法及行政文书送达作业规定》，大陆法院得直接请求台湾地区法院协助送达司法文书与相对人，若大陆法院未利用司法互助方式合法送达开庭通知与相对人，致相对人未曾实际到庭应诉，是系争大陆判决"未依台湾法律上之协助送达"，该公示送达被认为并不合法。② 相反，如果大陆之受诉法院知悉相对人非居住于大陆，且已依两岸司法互助协议请求协助送达而未能送达，即可认定已用尽相当之方法探查仍不知相对人送达处所之情形，依公告方式（公示送达）送达司法文书及通知相对人到庭，并据此认定相对人经合法传唤未到庭，为相对人败诉之缺席判决，可认定为与台湾地区"民事诉讼法"之公示送达要件相符，未违反诉讼当事人程序权之保障规定。③

　　关于第二个条件，如何判断"受送达人即该本人可能由法院公告知悉公示送达之情形"？根据最高人民法院办公厅下发的一系列法律文件④，其

---

　　① 台湾台北地方法院民事裁定 2013 年家陆许字第 6 号。

　　② 台湾台北地方法院民事裁定 2019 年陆许字第 5 号、台湾台北地方法院民事裁定 2018 年家陆许字第 17 号、台湾士林地方法院民事裁定 2018 年陆许字第 2 号、台湾台中地方法院家事裁定 2013 年家声抗字第 85 号、台湾台中地方法院家事裁定 2013 年家陆许字第 8 号、台湾台中地方法院民事裁定 2011 年声字第 4 号、台湾士林地方法院民事裁定 2011 年抗字第 128 号、台湾台北地方法院民事裁定 2012 年陆许字第 1 号、台湾台北地方法院民事裁定 2011 年抗字第 47 号。

　　③ 台湾花莲地方法院民事裁定 2018 年陆许字第 1 号。

　　④ 这些法律文件分别是 1992 年下发的《关于法院公告一律由〈人民法院报〉刊登的通知》，该《通知》明确从 1992 年 10 月 1 日起全国各级法院公告必须按照《人民法院报法院公告刊登办法》的要求通过《人民法院报》刊登；1993 年最高人民法院办公厅发布的《关于重申法院公告一律由〈人民法院报〉刊登的通知》，并重新修订发布了《〈人民法院报〉法院公告刊登办法》；2001 年最高人民法院办公厅下发的《关于改进人民法院公告发布的通知》，明确了人民法院报社驻各高级法院记者站负责该省各级法院公告的代办工作；2005 年最高人民法院发布的《关于进一步规范法院公告发布工作的通知》，在全国设立了 29 个公告刊登代办点，同时实现了公告文书在中国法院网的同步免费刊载；2009 年最高人民法院办公厅发布的《关于充分运用人民法院报人民司法杂志做好司法宣传工作的通知》。

多次明确指出公告送达的全国唯一、合法、有效的报纸刊登媒体为《人民法院报》，全国各级法院必须按照统一的刊登办法进行刊发。然而，台湾地区有的法庭认为台湾地区被送达人通过阅览该报纸的公告而应诉的可能性微乎其微。"大陆之受诉法院明知相对人非居住于大陆，仍仅以刊登大陆人民法院报公告传唤方式通知相对人，复据此认定相对人经合法传唤未到庭为，即为一造辩论而为被告败诉之判决，与民事诉讼法之公示送达要件不合，……显不可能由法院公告知悉公示送达之情形，该公示送达并不合法，有令相对人无从得知被诉，而剥夺其及时行使实质攻击防御权利之程序上不利益，显与民事诉讼法前揭对于诉讼当事人程序权之保障之规定有所违背。"① 有的法庭甚至就公告送达地点作出要求，即如果相对人是台湾地区居民，则应于台湾地区为公告。"按民事诉讼法第151条第2项、第152条规定，法院为公示送达者，除应于法院黏贴公告外，并应将文书之缮本、复印件或节本，登载于公报或新闻纸，或用其他方法通知或公告之。如当事人居住于国外者，并应于国外为送达。系争判决书既已记载相对人为'台湾台北县人'，自应于台湾为公告，使相对人有应诉机会，始不违背台湾诉讼程序所应遵守之公共秩序。"②

程序上，为审酌大陆受诉法院以公告送达方式通知被告，是否符合台湾地区"民事诉讼法"第402条第1项第2款但书规定，法庭会要求声请人提交相关事证资料，比如：相对人本人签收通知之回单复印件或台湾海基会曾受大陆法院委托送达诉讼文书予相对人之相关事证，以证明大陆受诉法院对于开始诉讼之通知或命令已于相当时期合法送达相对人，或依台湾地区规定之协助送达。若无法提供上述证据，即无法证明大陆法院是否经依相对人住居所地址送达不到后始为"公告传唤"，及"公告传唤"之

---

① 台湾士林地方法院民事裁定2018年陆许字第2号、台湾台北地方法院民事裁定2012年陆许字第1号。

② 台湾高等法院民事裁定2010年非抗字第182号。

程序如何进行。若仅以公告通知相对人应诉，未依台湾地区规定为协助送达，送达即非适法，相对人之程序及实质防御权未获得实质保障，系争判决审理程序即有瑕疵，从而驳回声请人之声请。[①]

在研究样本案例中，所有大陆法院采公告送达方式的判决书中，仅有2 例得到认可。详细情况，见表 4-2：

表 4-2　采公告送达方式判决书认可情况统计

法院	认可	驳回
台湾高等法院		民事裁定 2010 年非抗字第 182 号（原审及抗告裁定：台湾台北地方法院民事裁定 2010 年抗字第 125 号、2010 年声字第 81 号）
台北地方法院		民事裁定 2018 年家陆许字第 17 号 民事裁定 2015 年陆许字第 3 号 民事裁定 2013 年家陆许字第 6 号 民事裁定 2012 年陆许字第 1 号 民事裁定 2011 年抗字第 47 号（原审裁定：民事裁定 2010 年声字第 471 号） 民事裁定 2009 年审抗字第 55 号（废弃原审裁定：台北地方法院民事裁定 2009 年审声字第 149 号）
士林地方法院		民事裁定 2018 年抗字第 245 号（原审裁定：民事裁定 2018 年陆许字第 2 号 民事裁定 2011 年抗字第 128 号（原审裁定：2011 年声字第 138 号） 民事裁定 2011 年声字第 110 号

---

① 台湾基隆地方法院民事裁定 2011 年声字第 62 号、台湾基隆地方法院民事裁定 2010 年家声字第 86 号、台湾基隆地方法院民事裁定 2008 年声字第 574 号、台湾台北地方法院民事裁定 2012 年陆许字第 1 号、台湾台北地方法院民事裁定 2009 年审抗字第 55 号。

续表

法院	认可	驳回
基隆地方法院		民事裁定 2011 年声字第 62 号 民事裁定 2010 年家声字第 95 号 民事裁定 2011 年家声字第 88 号 民事裁定 2010 年家声字第 86 号 民事裁定 2010 年声字第 43 号 民事裁定 2009 年声字第 84 号
桃园地方法院	民事裁定 2015 年家陆许字第 11 号 ①	
台中地方法院		家事裁定 2013 年家声抗字第 85 号（原审裁定：2013 年家陆许字第 8 号） 民事裁定 2011 年声字第 39 号 民事裁定 2011 年声字第 4 号
花莲地方法院	民事裁定 2018 年陆许字第 1 号	

3. 向无诉讼行为能力之被申请人送达，而非向其适当的代理人作出。

根据台湾地区"民事诉讼法"第 127 条规定："对于无诉讼能力人为送达者，应向其全体法定代理人为之。"《中华人民共和国民事诉讼法》虽未明确规定无诉讼行为能力人之送达问题，但在同法第五十七条规定：无诉讼行为能力人由他的监护人作为法定代理人代为诉讼，应可表明送达亦是应由法定代理人签收。故而，若被告为无民事诉讼行为能力，法院未向法定代理人为送达，则该送达不被视为合法。例如在台湾高等法院台中分院民事裁定 2012 年抗字第 18 号中，法庭写道："游炳荣既已心神丧失达不能处理自己事务之程度，就其本人被诉及上海上荣纺织公司被诉部分，显然

---

① 台湾桃园地方法院民事裁定2015年家陆许字第11号："声请人就上开离婚诉讼虽未到庭应诉，然查依上开大陆法院判决所示，江西省上饶县人民法院于公元 2011 年 4 月 19 日按声请人身份证住址向声请人邮寄送达诉状副本、开庭传票等，于未收到声请人之送达回证后，复又依法于公元 2011 年 5 月 28 日《人民法院报》刊登公告向声请人为公示送达，公告期满后声请人仍未到庭应诉，堪认声请人已受合法通知，且声请人提出本件声请，亦足证其对上开大陆法院之判决并未不服，故其声请亦应认可。"

不具诉讼能力，亦无受合法送达及应诉之能力，即应由其法定监护人作为法定代理人代为诉讼，并受送达，始能保障其诉讼权。然依抗告人提出之系争民事事件之送达回证所载之受送达人，仅各记载'游炳荣'、'上海上荣纺织印染工业有限公司'，均未载明受送达人为游炳荣之法定监护人张文珠，显系对不具诉讼能力之游炳荣本人为送达，依民事诉讼法第 127 条第 1 项规定，不生合法送达之效力，为保障相对人游炳荣等 2 人之诉讼权，应认定该二相对人就系争民事事件开始诉讼之通知或命令，并未于相当时期受合法送达。"

4. 向在台湾地区监狱服刑之相对人送达，在相对人不可能参加大陆诉讼程序时，法院作出缺席裁判。

台湾地区"民事诉讼法"第 181 条规定："当事人于战时服兵役，有停止诉讼程序之必要者，或因天灾、战事或其它不可避之事故与法院交通隔绝者，法院得在障碍消灭前，裁定停止诉讼程序。"第 386 条规定：有下列各款情形之一者，法院应以裁定驳回前条声请，并延展辩论期日：……二、当事人之不到场，可认为系因天灾或其它正当理由者。"实务中，法庭通常会认为当事人在监狱服刑即属于上述两条规定中之"其他正当理由"之情形。例如台湾地区士林地方法院曾审理涉陆被告的侵权损害赔偿诉讼，而该被告正在大陆法院服刑，法院即根据"民事诉讼法"上述规定，裁定停止诉讼程序。在该裁定中，法庭阐述理由道："如其是在台湾服刑，为保障其听审权，法院仍应依法提解被告到庭应讯，以保障其在民事诉讼程序中充当诉讼主体而为宪法所保障之程序权。本件被告在大陆服刑，依目前两岸关系，本院并无提讯被告到庭应讯之相关机制可供运用。如此，其情形即与民事诉讼法第 181 条之情形类似，而此一听审权之妨碍并不能因原告声请公示送达而获得补正，被告依大陆法律规定服刑而无法于言词辩论期日到场，应符民事诉讼法第 386 条第 2 款规定之'天灾或其它正当理由'。"最后，法庭认为，这种情况下，有裁定停止本件民事诉讼程序之必要，并不是一定必须得依原告声请而作缺席判决。最终法庭裁定本件于被告在广东省东莞监狱执行刑期期满释放前，停止诉讼程序。①

反过来看，如果台湾地区当事人因正在监狱服刑，而未能至大陆法院应讯，台湾地区法院同样认为这种情形属于未能大陆诉讼之"正当理由"。大陆法庭理应裁定停止诉讼程序。如果"该大陆人民法院仅凭传票传唤，即遽以一造辩论判决，该判决之认事用法，实已违背台湾地区有关送达规定，……既与台湾地区所保障当事人诉讼主体权之法律有所抵触，则显然已违背台湾地区公共秩序或善良风俗。"②

5. 受送达人在当时已经死亡，无当事者能力，无从接受送达，所为缺席判决不应认可。例如：在台湾台南地方法院家事裁定 2013 年家陆许字第 2 号、台湾台南地方法院民事裁定 2010 年家声字第 5 号中，大陆人民法院在立案受理案件时，受送达人已经死亡，而法院未查，以经传唤无正当理由拒不到庭为由作出缺席判决，该判决声请均被台湾地区法院裁定驳回。

6. 判决是对无收受送达权限之人为送达，未能保障相对人提起救济之诉讼权，不予认可。例如：在台湾桥头地方法院民事裁定 2019 年抗字第 9 号中，法院认为，在相对人不在受送达处所时，根据《中华人民共和国民事诉讼法》第 85 条规定，判决应向其同住成年家属送达，方能保障相对人之诉讼权。在该案中，代收人张某与相对人记载为朋友关系，其是否为与相对人同住之成年家属，声请人未举证证明之，则判决显然是对无收受送达权限之人为送达，未能保障相对人提起救济之诉讼权，即有违背"两岸人民关系条例"第 74 条规定之"台湾地区公共秩序及善良风俗"，应不予认可。

---

① 台湾士林地方法院民事裁定 2008 年诉字第 682 号。

② 台湾澎湖地方法院民事裁定 2009 年声字第 5 号。

七、公序良俗

公共秩序一直是各国拒绝认可与执行境外判决的一项重要而传统的条件，具有制度上的绝对重要性及规范作用之普及性，在两岸区际判决相互认可和执行中也不例外。2009 年 4 月 26 日，两会签署的《海峡两岸共同打击犯罪及司法互助协议》第 10 条关于裁判认可条款中，双方约定："双方同意基于互惠原则，于不违反公共秩序或善良风俗之情况下，相互认可及执行民事确定裁判与仲裁裁决（仲裁判断）。"在我国立法中，《最高人民法院关于认可和执行台湾地区法院民事判决的规定》（法释 201513 号）第 15 条中规定："认可该民事判决将违反一个中国原则等国家法律的基本原则或者损害社会公共利益的，人民法院应当裁定不予认可。"台湾地区之"两岸人民关系条例"第 74 条规定："在大陆地区作成之民事确定裁判、民事仲裁判断，不违背台湾地区公共秩序或善良风俗者，得声请法院裁定认可。"从措辞来看，两岸司法互助协议和台湾地区之"两岸人民关系条例"中，均采用了"公共秩序和善良风俗"这一表述，而大陆方面显然更意在强调一个中国原则等法律基本原则及社会公共利益。不同的表述和内涵也说明"公共政策"这一概念具有较大的弹性和不确定性。

就台湾地区法院对大陆裁判进行审核时所依据的"公序良俗"之内涵来看，"良俗乃社会一般道德观念，公序是指国家社会之一般利益，两者虽不无重复之嫌，但其范围未尽一致，而具有相依相成之作用。"[①] 无论公共秩序，还是善良风俗，其用语均颇为抽象简洁，何种裁判之事实认定形态、法律适用结果应可被论断已违反公共秩序和善良风俗，其被违反的程度究竟有多严重，或者依什么样的衡量尺度和价值观念来判断，凡此种种，都有待于司法裁判者，就具体指个案，依社会观念之一般标准来进行解释

---

① 　刘铁铮，陈荣传：《国际私法论》，台湾三民书局 2011 年修订五版，第 219 页。

和裁断。因此，在个案审查时之论断，就给予了裁判法官以相当大的造法空间及释法弹性。

从研究样本案例来看，就公共秩序的内涵，通说认为可区分程序公共秩序和实体公共秩序两类。"所谓公序良俗在承认外国法院判决之要件上，不应该被理解为是一种内国法律秩序的统一性，应从解决各国人民往来间所可能产生纠纷的观点来看待公序良俗。而要解决各国人民往来间所可能产生的纠纷，以所谓民主的方式，或审议式民主的观念，让每个人都有机会去参与人与人之间往来规范形成的过程，这种民主的方式可以解决纠纷，并且是在多元文化的世界体系中，借由言说规则来寻求可能的共识，也足以避免各国人民因为利益的争夺和因为欠缺可以彼此论证权利主张的适当机制而导致以战争解决纠纷。因此对于外国判决是否应该加以承认，仅仅在外国法院的判决系在欠缺程序保障的正当性下方应加以拒绝，而公序良俗条款便可以在此种理解下，被认为不单单指向实体法上的公序良俗，而更应包含指向外国法院判决是否具有正当性的程序保障上的公序良俗。是揆诸上开说明，'两岸人民关系条例'第 74 条第 1 项所称之'公序良俗'即包含实体法上公序良俗及程序法上公序良俗，若大陆法院所为之确定判决有所违反，台湾地区法院即不应予以认可。"①

如前文所述，"程序上公共秩序"实在是因为"两岸人民关系条例"第 74 条仅规定了公序良俗及互惠要求，故需要对"公序良俗"之含义进行扩张解释，以容纳台湾地区"民事诉讼法"中对外国判决认可与执行条

---

① 台湾台中地方法院民事裁定 2015 年抗字第 84 号、台湾台北地方法院民事裁定 2012 年家陆许字第 6 号、台湾花莲地方法院民事裁定 2011 年家声字第 115 号、台湾台北地方法院民事裁定 2011 年家声字第 994 号、台湾桃园地方法院民事裁定 2013 年家陆许字第 40 号、台湾桃园地方法院民事裁定 2013 年家陆许字第 27 号、台湾桃园地方法院民事裁定 2013 年家陆许字第 1 号、台湾台中地方法院民事裁定 2014 年家陆许字第 34 号、台湾台中地方法院民事裁定 2012 年家陆许字第 31 号、台湾台中地方法院民事裁定 2012 年家声字第 106 号、台湾台中地方法院民事裁定 2011 年家声字第 126 号、台湾台中地方法院民事裁定 2009 年家抗字第 19 号、台湾花莲地方法院民事裁定 2012 年家陆许字第 4 号。

件中程序法之部分，包括管辖权适当、合法送达、保障当事人庭审及辩论权、相互冲突的台湾地区既判裁决、欠缺诉之权利要件等。具体内容，前文已有详细论述，在此不再赘述。

如果说程序公共政策主要涉及作出判决的程序，关注的是当事人在程序法上权利保障的问题，那么实体公共政策则是涉及大陆法院判决的内容，是对法律事实认定及法律适用结果进行综合认定，评判是否与台湾地区公共秩序及善良风俗显然不相容，且不得因大陆方面与台湾地区相关规定之内容不同就径行认定有悖于公序良俗。例如在台湾彰化地方法院民事裁定2014年抗字第47号，法庭写到："认可判决程序属非讼事件，原不得就当事人间实体法律关系重为判断，且不同国家间就民事法本有相异法制，乃属当然，纵认本案大陆判决所持法律见解有异于台湾法律规定，然其解释之结果及精神，均未显违背台湾民法以及其它法令之立法精神，是不得仅凭此节，径谓该判决悖于台湾公共秩序或善良风俗。"[①]

由于公序良俗为一不确定法律概念，必须通过实务之诠释才能充实其内涵。因此下文将重点放在研究样本案例中公序良俗条款运用之实务见解，分析可能违反公序良俗之样态，并进一步确认其适用之内涵和范围。在研究样本中，承认与执行大陆裁判者，涉及实体公共秩序问题，主要有以下几类：

1. 大陆法院所作之离婚确定判决，是以双方之婚姻系合法存在之前提下所为，然而双方当事人乃"假结婚"，此判决即与台湾地区之公序良俗有悖。

而目前两岸人民利用"假结婚"方式，帮助大陆人民非法进入台湾地区之情况时有发生。其中亦有少数以假借结婚名义进入台湾地区从事非法活动、打工或卖淫之现象。"两岸人民关系条例"第15条规定："下列行为

---

① 持相似观点的还有：台湾台北地方法院民事裁定2019年抗字第228号。

不得为之：一、使大陆地区人民非法进入台湾地区。……"且在同"条例"第 79 条规定违反该规定者，"处一年以上七年以下有期徒刑，得并科新台币一百万元以下罚金。"实践中，也有大陆居民利用假结婚进入台湾地区被查获之非法入境被遣送出境之案例，甚至有专门之婚姻非法中介之人口贩运人蛇集团进行违法操作。通谋虚伪之假结婚，实则非法入境台湾的情况客观上亦会给台湾地区之社会稳定带来隐患或冲击。

因此，台湾地区法院于审理认可大陆人民法院之离婚判决时，多会进行事实调查，以确认双方是否有结婚之真意而成立有效婚姻。双方如系无结婚真意之"假结婚"，婚姻应属无效，则大陆就无效之婚姻判决准许离婚，即认定其属违反台湾地区之公序良俗，法院对此认可离婚之判决将裁定驳回。[①] 特别是当事人已经台湾地区相关部门因假结婚而科以刑罚在先，或者遭台湾地区"内政部警政署入出境管理局"遣返之大陆离婚判决均以有悖于公序良俗为由拒绝予以认可。[②]

2. 大陆法院所作之离婚确定判决所涉双方当事人乃重婚，与台湾地区之公序良俗有悖。

在台湾云林地方法院民事裁定 2014 年家陆许字第 18 号事件中，声请人与关系人吴纪纬在大陆为结婚登记时，关系人吴纪纬与大陆人民许华芳之婚姻关系尚未解除，声请人与关系人吴纪纬之婚姻关系，即属重婚而无效，从而，声请人声请认可之大陆离婚判决书，属与台湾地区公共秩序或善良风俗相违背，应予驳回。

3. 大陆民事判决未支持台湾地区人民之继承权。

---

① 台湾花莲地方法院民事裁定 2015 年家声抗字第 19 号、台湾苗栗地方法院家事裁定 2013 年家陆许字第 4 号。

② 台湾台南地方法院民事裁定 2010 年家声字第 164 号、台湾台南地方法院家事裁定 2010 年家声字第 108 号、台湾苗栗地方法院民事裁定 2011 年家声字第 17 号、台湾苗栗地方法院民事裁定 2012 年家陆许字第 1 号、台湾台北地方法院民事裁定 2015 年家陆许字第 13 号、台湾台中地方法院民事裁定 2017 年家陆许字第 36 号、台湾台中地方法院民事裁定 2019 年家陆许字第 19 号。

在台湾士林地方法院家事裁定 2013 年家陆许字第 2 号事件中，声请人系被继承人林其俊之女，相对人则为林其俊之养子、养女，林其俊于 2002 年 5 月 8 日死亡后，福建省高级人民法院于 2005 年 9 月 15 日作出民事判决，以相对人为林其俊之继子女，未能举证证明其等与林其俊间形成扶养关系，故依《中华人民共和国继承法》第 10 条规定，不得享有继承权为由，驳回相对人分配林其俊遗产之请求。台湾地区法院首先援引台湾地区冲突规范认定本案关于林其俊所遗财产之继承事项，应适用台湾地区民事法律。复又适用台湾地区"民法"第 1077 条第 1 项规定："养子女与养父母及其亲属间之关系，除法律另有规定外，与婚生子女同。"因此，养子女与婚生子女相同，对于养父母之遗产均有继承权，且不以养子女需证明有扶养养父母之事实为前提。因此，大陆法院以相对人不得享有继承权为由，驳回相对人分配林其俊遗产之请求，与台湾地区民事法律规定相悖，若予以裁定认可，将剥夺相对人依台湾地区民事法律规定对林其俊所遗财产应有之继承权，而生违背台湾公共秩序与善良风俗之情事。

4. 以"民法"中亲权之基本原则来衡量是否违背台湾地区公共秩序或善良风俗。

在台湾桃园地方法院民事裁定 2015 年家陆许字第 25 号中，法庭写道："其判决关于未成年子女亲权行使负担、给付扶养费之内容亦符合未成年子女最佳利益，关于两造剩余财产分配之方式亦符合台湾民法夫妻间剩余财产差额分配之原则，故认上开判决内容尚不违背台湾地区公共秩序或善良风俗，于法核无不合，应予准许。"

第五节　经认可后大陆民事判决之效力

作为司法主权行使的体现，法院判决通常仅在其域内有效，而无域外效力。外国（法域）判决要在内国（法域）获得认可与执行，必须取得内国（法域）法院的认可，才能在内国（法域）取得相应的法律效力。国际礼让说、既得权说、债务说、既判力说、互惠说等理论虽然提出了不同的关于认可外国（法域）在内国（法域）法律效力的必要理由，但其共同点都是只有取得内国（法域）认可的外国（法域）判决，才能在内国（法域）取得相应的法律效力。

学说上，通常认为判决经认可后之法律效力通常意味着外国（法域）判决取得了与内国（法域）判决同等的效力，外国（法域）判决中所确定的权利义务关系在内国（法域）得到确认。[①] 就大陆法院判决在台湾之认可后效力，刘铁铮大法官及陈荣传教授著作中认为："认可仅系就声请之裁判或仲裁判断，审查是否在台湾有其效力，并非另为判决，故经认可之大陆确定裁判或仲裁判断，在台湾应有其判决本身之确定力、既判力、形成力及执行力。"[②] 陈荣宗教授在其合著中也认为：大陆法院及其民事裁判，其经台湾法院以裁定认可者，在台湾地区有裁判效力。[③] 就立法而言，《最高人民法院关于认可和执行台湾地区法院民事判决的规定》（法释201513号）第十七条规定："经人民法院裁定认可的台湾地区法院民事判决，与人民法院作出的生效判决具有同等效力。"在此之前，由最高人民法院颁行的四个司法解释[④] 均对台湾地区法院判决效力的同等性给予尊重和认可。

台湾地区立法中，"两岸人民关系条例"第74条规定："在大陆地区作成之民事确定裁判、民事仲裁判断，不违背台湾地区公共秩序或善良风俗者，得声请法院裁定认可。前项经法院裁定认可之裁判或判断，以给付为

---

① 何其生：《比较法视野下的国际民事诉讼》，高等教育出版社2015年版，第315页。

② 刘铁铮、陈荣传：《国际私法论》，台湾三民书局2011年修订五版，第750页注释8。

③ 陈荣宗、林庆苗：《民事诉讼法》，台湾三民书局1996年版，第116页。

④ 四个司法解释：《最高人民法院关于人民法院认可台湾地区有关法院民事判决的规定》（法释1998 11号）、《最高人民法院关于当事人持台湾地区有关法院民事调解书或者有关机构出具或确认的调解协议书向人民法院申请认可人民法院应否受理的批复》（法释199910号）、《最高人民法院关于当事人持台湾地区有关法院支付命令向人民法院申请认可人民法院应否受理的批复》（法释200113号）和《最高人民法院关于人民法院认可台湾地区有关法院民事判决的补充规定》（法释20094号）。

内容者，得为执行名义。"就因为在该规定之措辞中未明确写到"效力"二字，近年来，就经台湾地区法院裁定认可之大陆确定民事判决和仲裁裁决是否有既判力这一问题，争议忽起。先是 2007 年，台湾地区"最高法院"在"2007 年台上字第 2531 号、2008 年台上字第 2376 号民事判决"以"大陆的民事确定判决经台湾法院裁定认可后仍不具既判力"为由，拒绝认可经认可之大陆法院确定判决在台湾地区具有既判力，后发展至 2015 年，台湾地区"最高法院"以"2015 年台上字第 33 号民事判决"以类似的理由，拒绝认可经认可之大陆仲裁裁决在台湾地区具有既判力。台湾地区"最高法院"先后两种司法见解引起了两岸司法实务界及理论界的极大争议。

一、案情概要

（一）长荣国际储运股份有限公司（以下简称"长荣公司"）诉浙江省纺织品进出口集团有限公司（以下简称"浙江纺织公司"）债务人异议之诉

1. 案情事实：浙江纺织公司为出口校服到伊拉克，辗转由货代公司，将校服交付已由长荣公司合并之立荣海运股份有限公司承运。浙江纺织公司以其中 21 张提单未收回为由，主张违反运送契约，在上海海事法院诉请长荣公司赔偿，经上海海事法院、上海市高级人民法院判决（下称系争大陆判决）长荣公司败诉确定。浙江纺织公司持系争大陆判决声请桃园地方法院 2004 年声字第 1032 号民事裁定（下称系争裁定）准予对长荣公司强制执行，再声请桃园地方法院 2005 年执字第 17060 号强制执行事件（下称系争强制执行事件）对原告之财产为强制执行。长荣公司遂依强制执行法第 14 条第 2 项规定提起债务人异议之诉。

本案历审裁判为：台湾桃园地方法院 2005 年重诉字 208 号民事裁定（2007 年 3 月 9 日）、台湾高等法院 2007 年重上字 175 号民事判决（2007

年 7 月 4 日)、"最高法院 2007 年台上字 2531 号民事判决"（2007 年 11 月 15 日)、台湾高等法院 2007 年重上更（一）字 210 号民事判决（2008 年 6 月 17 日)、"最高法院 2008 年台上字 2376 号民事判决"（2008 年 11 月 13 日)。

2. 判决要旨：

"最高法院民事判决 2007 年台上字第 2531 号"：（1）"两岸人民关系条例"第 74 条仅规定，经法院裁定认可之大陆民事确定裁判，以给付为内容者，得为执行名义，并未明定在大陆作成之民事确定裁判，与确定判决有同一之效力，该执行名义核属"强制执行法"第 4 条第 1 项第 6 款规定其他依法律之规定得为强制执行名义，而非同条项第 1 款所称台湾确定之终局判决可比。（2）该条就大陆民事确定裁判之规范，系采"裁定认可执行制"，与外国法院或在香港、澳门作成之民事确定裁判（"香港澳门关系条例"第 42 条第 1 项明定其效力、管辖及得为强制执行之要件，准用"民事诉讼法"第 402 条及"强制执行法"第 4 条之一之规定)，仿德国及日本之例，依"民事诉讼法"第 402 条之规定，就外国法院或在香港、澳门作成之民事确定裁判，采"自动承认制"，原则上不待台湾地区法院之认可裁判，即因符合认可要件而自动发生认可之效力未尽相同，是经台湾地区法院裁定认可之大陆民事确定裁判，应只有执行力而无与台湾地区法院确定判决同一效力之既判力，债务人自得依"强制执行法"第 14 条第 2 项规定，以执行名义成立前，有债权不成立或消灭或妨碍债权人请求之事由发生，于强制执行程序终结前，提起债务人异议之诉。

"最高法院民事判决 2008 年台上字第 2376 号"：（1）系争大陆判决经台湾地区法院依"两岸人民关系条例"第 74 条规定裁定许可强制执行，固使该判决成为"强制执行法"第 4 条第 1 项第 6 款规定之执行名义而有执行力，然并无与台湾地区确定判决同一效力之既判力。债务人如认于执行名义成立前，有债权不成立或消灭或妨碍债权人请求之事由发生者，在强制执行事件程序终结前，即得依同"法"第 14 条第 2 项规定，提起债务人异议之诉。（2）至于确定判决之既判力，应以诉讼标的经表现于主文判断之事项为限，判决理由原不生既判力问题，法院于确定判决理由中，就诉讼标的以外当事人主张之重要争点，本于当事人辩论之结果，已为判断时，除有显然违背法令，或当事人已提出新诉讼资料，足以推翻原判断之情形外，虽应解为在同一当事人就与该重要争点有关所提起之他诉讼，法院及当事人对该重要争点之法律关系，皆不得任作相反之判断或主张，以符民事诉讼上之诚信原则，此即所谓"争点效原则"。唯依前所述，经台湾地区法院裁定认可之大陆民事确定裁判，应只具有执行力而无与台湾地区法院确定判决同一效力之既判力。该大陆裁判，对于诉讼标的或诉讼标的以外当事人主张之重大争点，不论有无为"实体"之认定，于台湾地区当然无争点效原则之适用。台湾地区法院自得斟酌全辩论意旨及调查证据之结果，为不同之判断，不受大陆法院裁判之拘束。

（二）添进裕机械股份有限公司（以下简称"添进裕公司"）诉广东深鼎律师事务所（深鼎律所）债务人异议之诉

1. 案情事实：深鼎律所前于大陆向中国国际经济贸易仲裁委员会华南分声请仲裁，请求添进裕公司给付报酬，经该会作成裁决书（下称系争仲裁判断），命添进裕公司给付人民币 70 余万元，深鼎律所嗣持系争仲裁判断声请台湾桃园地方法院以民事裁定（下称系争裁定）准予认可系争仲裁判断，再声请台湾桃园地方法院对添进裕公司之财产为强制执行。添进裕公司主张该认可裁定无实质确定力，系争仲裁判断系依双方订立之委托代理合同为给付，该合同诸多约定违背台湾强制规定及公序良俗，应属无效，且深鼎律所有债务不履行情事，其亦已终止委任契约，依系争合同约定，其无给付报酬之义务等，故依"强制执行法"第 14 条第 2 项规定提起债务人异议之诉。

本案历审裁判为：台湾桃园地方法院 2011 年诉字 1468 号民事裁定（2012 年 8 月 31 日）、台湾桃园地方法院 2011 年诉字 1468 号民事判决（2012 年 10 月 31 日）、台湾高等法院 2012 年上字 1408 号民事判决（2013 年 6 月 11 日）、"最高法院 2015 年台上字 33 号民事判决"（2015 年 1 月 8 日）

2. 判决要旨：

（1）"两岸人民关系条例"第 74 条规定"在大陆地区作成之民事确定裁判、民事仲裁判断，不违背台湾地区公共秩序或善良风俗者，得声请法院裁定认可。前项经法院裁定认可之裁判或判断，以给付为内容者，得为执行名义。前二项规定，以在台湾地区作成之民事确定裁判、民事仲裁判断，得声请大陆地区法院裁定认可或为执行名义者，始适用之"。该"条例"对于在大陆作成之民事确定裁判，民事仲裁判断，未如其后制定公布之"港澳条例"第 42 条明定："民事确定裁判之效力、管辖及得为强制执行之要件，准用民事诉讼法第 402 条、强制执行法第 4 条之一规定。民事仲裁判断之效力、声请法院认可及停止执行，准用商务仲裁条例第 30 条至第 34 条之规定。"而仅简略为上述规定，其认可并适用当时较为简易之非讼程序。参酌"两岸人民关系条例"第 1 条规定"国家统一前，为确保台湾地区安全与民众福祉，规范台湾地区与大陆地区人民之往来，并处理衍生之法律事件，特制定本条例。本条例未规定者，适用其它有关法令之规定"，"港澳条例"第 1 条规定："为规范及促进与香港及澳门之经贸、文化及其它关系，特制定本条例。本条例未规定者，适用其它有关法令之规定。但台湾地区与大陆地区人民关系条例，除本条例有明文规定者外，不适用之。"对照"两岸人民关系条例"第 74 条、"港澳条例"第 42 条规定之差异，及后"条例"系为排除前"条例"于港澳地区适用而特为立法，可见系立法者有意为不同之规范，即基于两岸之特殊关系，为解决实际问题，对于在大陆作成之民事确定裁判、民事仲裁判断，特以非讼程序为认可裁定，并仅就以给付内容者，明定其有执行力，而未赋予实质确定力。立法者既系基于两岸民事诉讼制度及仲裁体制差异，为维护我"法律"制度，并兼顾当事人权益（见该条文立法理由），而为上开规定，自不容再援引"民事诉讼法""仲裁法"关于外国民事确定裁判、外国仲裁判断效力之相关规定及法理，认在大陆作成之民事确定裁判及仲裁判断，经我法院裁定认可者，即发生既判力。

（2）2009年4月发布之《海峡两岸共同打犯罪及司法互助协议》第10条规定，与"两岸人民关系条例"第74条之规定并无不同，其内容未涉及法律之修正，仅由"行政院"核定后送"立法院"备查，自不影响上开"条例"第74条规定之解释。

（3）至于当事人如已于认可程序争执该确定民事裁判或仲裁判断之内容或其程序违背我公共秩序或善良风俗，为认可裁定之法院亦已行较周密之非讼程序而为判断，嗣债务人复以同一争执提起债务人异议之诉时，于具体个案是否违背程序上之诚信原则，则属另一问题。

二、争议问题点

台湾地区"最高法院"通过上述两个案例，先后否定了经台湾地区法院认可之大陆法院判决及大陆仲裁裁决在台湾地区具有既判力。虽然两个案件中，台湾地区地方法院和高等法院都肯定大陆判决及裁决经认可后在台湾地区既有执行力亦有既判力，但均遭台湾地区"最高法院"推翻。至此，台湾地区"最高法院"见解已大致确定，即否定早期理论及实务对大陆判决及裁决效力的肯定做法，而采全然相反之既判力绝对否定说。其高奇深渺之见可谓惊世骇俗，在两岸理论和实务界激起了百家争鸣，犹如惊涛拍岸，绵延至今。综合不同的观点交锋，本书尝试以台湾地区"最高法院"论据为核心，对以下主要论点进行辨析：

（一）立法者真意

台湾地区"最高法院"在文义上对照"两岸人民关系条例"第74条、"港澳条例"第42条规定之差异后，即推论"两岸人民关系条例"系为两岸适用而特为立法，乃立法者有意为不同之规范，对于在大陆作成之民事确定裁判、民事仲裁判断，特以非讼程序为认可裁定，并仅就以给付内容者，明定其有执行力，而未赋予实质确定力。

既然该司法见解直陈其观点乃探求立法原意而得，那么规范的还原就具有重要的意义。"现代立法的发展显示，不同的部门法在规范结构上有所不同，其规范表述的语言侧重存在差异。"① 接下来即有必要运用法学的还原实证方法，将"条例"置于当时特定的场景下考虑，找出立法者在制定法律时的意图和目的。

"两岸人民关系条例"在起草制定之处，共有五个版本的草案提案，分别是当局提案，即"法务部"依两岸政策执行需要草拟法案，送交"行政院"审议通过后函请"立法院"审议，其次是"立法委员"提案，包括"立法委员"赵少康等三十二人拟具"台湾与大陆人民关系法草案"，"立法委员"邱连辉等二十一人拟具"台湾与中国大陆关系法草案"，"立法委员"陈癸淼等二十一人拟具"台湾地区与大陆地区人民关系条例草案"，和"立法委员"丁守中等三十五人拟具"台湾地区与大陆地区人民关系条例草案"。为讨论需要，现将上述五个版本中，立法指导思想以及大陆裁判认可与执行之具体条文、立法说明分别摘录如下：

---

① 潘德勇:《实证法学方法论研究》，中国政法大学出版社2015年版，第137页。

表 4-3　各草案关于大陆裁判认可与执行之建议及说明

版本	草案条文	说明
赵少康等"委员"案	"第八条二、大陆地区所成立之民事判决或民事仲裁判断，已经中华关系基金会公证或认证后，得依台湾地区之规定，声请承认并强制执行之。"	"本草案乃采'既得权'之观念，加以制定。惟仍依现状就既得权之理论，予以相当之修改，以利适用。"① "权益之争执经裁决后，须加以强制执行，始具实效性。故将大陆地区成立之民事判决或民事仲裁判断，明定其执行之方式。其次，法治国家之裁判或仲裁，固均履行践相类似之程序，惟大陆地区法律制度未臻健全，且判决或仲裁程序之可代替性，亦非明确，爰规定该等判决或仲裁判断，须履践类似之程序后，始得加以执行。"②
邱连辉等"委员"案	"第二十六条 中国大陆法院之确定判决，虽有民事诉讼法第四百零二条第四款之情形，但台湾法院之确定判决为中国大陆法院所承认时，仍承认中国大陆法院之判决。"	"对中国大陆法院判决之承认，原应准用民事诉讼法第四百零二条之规定，但因台湾与中国大陆目前不可能有国际间之相互承认，故特设本条例之规定。"③
陈癸淼等"委员"案	同"行政院"案条文。	采纳"行政院"草案条文。
丁守中等"委员"案	第六十四条 同"行政院"案条文。	无

① "立法院公报"第七十九卷第九十八期"院会"记录，第34页。
② "立法院公报"第七十九卷第九十八期"院会"记录，第36页。
③ "立法院公报"第七十九卷第九十八期"院会"记录，第48页。

版本	草案条文	说明
"行政院"案	"第六十二条 在大陆地区作成之民事确定裁判、民事仲裁判断,不违背台湾地区公共秩序或善良风俗者,得声请法院裁定认可。前项经法院裁定认可之裁判或判断,以给付为内容者,得为执行名义。"	"两岸地区之民事诉讼制度及商务仲裁体制有异,为维护我法律制度,并兼顾当事人权益,爰规定因争议而在大陆地区作成之民事确定裁判或仲裁判断,须不违背台湾地区公共秩序或善良风俗,始得声请法院裁定认可。又经声请法院裁定认可之裁判或判断,若系以给付为内容者,为实现其给付,并明定得为执行名义。"① "法务部部长"吕有文说明"行政院"草案立法要旨时,就第五十一条为说明如下:"为兼顾情理,并保障既得权益,明定在本条例施行前,台湾地区人民与大陆地区人民间、大陆地区人民相互间及其与外国人间,在大陆地区成立之民事法律关系及取得之权利、负担之义务,不违背台湾地区之公共秩序或善良风俗者,承认其效力。"②
联席会审查通过案	第七十四条 照"行政院"条文通过。	无

由上表可知:现行"立法"条文第 1 项及第 2 项系依照"行政院"版草案之条文通过。除陈癸淼等"委员"案及丁守中等"委员"案提案之版本内容均与"行政院"版本相同外,"立法委员"尚有两个版本之草案条文,即赵少康等"委员"案及邱连辉等"委员"案。

综观"立法"过程出现之 3 个版本条文,其条文文字歧异不大。就大陆之民事判决及仲裁判断,均系采取互惠及平等承认原则。故"两岸人民关系条例"第 74 条之条文用语,虽使用声请法院"裁定认可",此与"民事诉讼法"第 402 条:"外国法院之确定判决,有下列各款情形之一者,不认其效力……"相比,两者均未明确使用"有既判力"四字,但也未明确

---

① "立法院"第一届第八十六会期第三十二次会议议案关系文书,"院"总第一五五四号,"政府提案"第三九三三号,报32。

② 台湾地区"立法院公报"第八十一卷第五十一期"院会"记录,第64页。

规定"无既判力"。各版本的条文说明中，也从未明确提到有意否认大陆确定裁判之既判力。从"立法"过程文件来看，"立法院"一读、"委员会"联席审查、二读广泛讨论及逐条讨论、三读过程中，"委员"们的发言均无否定大陆确定裁判之既判力的特别说明或任何暗示。

既然台湾地区"最高法院"的解释不仅仅只是对文本意义的追问，更是对"立法者"本意的探询，那么这种解释就应立足于"立法"的背景以及条文之历史沿革，以规定背后的历史和现实根据，来说明这种"本意"解释的合理性。"两岸人民关系条例"颁布于1992年，在当时的台湾地区成文法体系中尚未出现既判力这一法律概念。"既判力"这一名词首次出现在台湾地区时，是"两岸人民关系条例"颁布11年后，即2003年台湾地区修正"民事诉讼法"时，才在"民事诉讼法"第400条第一次明文规定"确定之终局判决就经裁判之诉讼标的，有既判力。"所以，若将法律发展视为一个有时间轴的成长体系，就很难理解台湾地区"最高法院"用十年后才在成文法中出现的既判力概念来解释十年前的"法律"是"立法者"有意否定之。这种抛开当时的情势去回溯历史的"六经注我"的意义附会，在法的规范解释适用里，基本上只能在现实中产生"恶"。

故从文义解释角度，法律文义并未明定既判力之否定意思，从历史解释角度，"立法"史料亦未发现任何"立法者"意见说明中有否定既判力的意思表示。

相反，赵少康"委员"在其草案总说明中提到："本草案乃采'既得权'之观念，加以制定。惟仍依现状就既得权之理论，予以相当之修改，以利适用。""法务部部长"吕有文说明行政院草案立法要旨时，也特别说明到"为兼顾情理，并保障既得权益，明定在本条例施行前，台湾地区人民与大陆人民间、大陆人民相互间及其与外国人间，在大陆成立之民事法律关系及取得之权利、负担之义务，不违背台湾地区之公共秩序或善良风俗者，承认其效力。"可见，两岸人民关系条例原则上系采取既得权保护理论，对大陆人民已取得之权利及负担之义务，在"不违背台湾地区之公共秩序或善良风俗"的条件下，承认其"效力"。正是基于立法史料说明，台湾高等法院在添进裕机械股份有限公司（以下简称"添进裕公司"）诉广东深鼎律师事务所（深鼎律所）债务人异议之诉的上诉审中，也认为应基于既得权理论，认同大陆仲裁判断之既判力。"倘在两岸人民关系条例施行前，两岸人民产生争讼业在大陆作成民事仲裁判断，即已依据大陆之程序法及实体法规定确定其债权债务关系，而依两岸人民关系条例之规定，台湾法院亦认为未违背台湾地区之公共秩序或善良风俗而裁定认可后，却仅承认就给付为内容之部分具有执行力，而排除其它效力。则涉争讼之当事人间复得以民事仲裁判断终结前所存在之事由，重复向台湾地区之法院起诉，以推翻该民事仲裁判断之效力，如此一来，纷争势必再起，人民间权利义务关系有变动之虞，恐与前述第 63 条第 1 项之'保护既得权'立法原则不一致。反之，如认为在大陆作成民事仲裁判断，再经台湾地区法院审查，认为未违背台湾地区之公共秩序或善良风俗而裁定认可后，得发生与外国仲裁判断、港澳地区仲裁判断同样之效力，则与前述既得权保护之立法原则即可相配合，不致发生矛盾。"①

综观前述之"立法"文书及立法讨论过程，无论是文义解释还是历史解释，都很难确凿的得出"立法"者有意将经认可之大陆民事确定判决和仲裁裁决之效力限缩为"仅取得执行力，而一概排除其它效力"的"言外之意"。

台湾地区高等法院也不认为程序上的不同可解为否定既判力，认为："对外国民事判决、仲裁判断采自动承认制（"民事诉讼法"第 402 条参照），另对大陆民事判决、仲裁判断采裁定认可制，然此等程序上之不同，仅是取得实质拘束力之"时程"（一为自动取得、一为经裁定认可后取得）

---

① 台湾高等法院民事判决 2012 年上字第 1408 号。

不同，并非可解释为纵经裁定认可后之效力仍有所不同，否则立法机关将对于相类事件为不同之立法裁量，有违国际礼让、互惠及司法互助之原则。"①

在一个法治社会里，司法者应该考虑和遵循的仅仅是立法者表现在法律文字中的客观意思，而不应该是立法者的主观意思，不应从客观语言之外去反向推测立法者主观上有否定既判力之意思。"无论依文义解释、论理解释、历史解释、目的性解释、结果取向解释方法，前述台湾'最高法院'判决之见解，执着于条文文字之钻研，自陷概念窠臼，以致产生令人惊讶之结果。"②法律解释应适格，方有价值，凡法律均需解释，通过解释，可以充分释放出法律文本的意义，推动社会的进步，而非成为其羁绊。"现今之法律解释适用者，是否应审时度势，衡酌各项利害关系，进而为合乎当今客观环境及时势潮流之解释，与时俱进，而不应受二十余年前立法文义不明之束缚？"③如姜世明教授所述："条文解释上，立法时或有其一定考虑因素，但自文义解释而言，就两岸条例第74条第1项、第2项规定，若将第1项之认可解为一'承认'许可意义，对于承认程序固被要求此一法院程序，但其经认可者，应即认为已发生'承认'之效力，大陆法院之相关裁判或民事仲裁判断在前开条件下，应有在台湾发生效力扩张余地之必要。"④

①　台湾高等法院民事判决2012年上字第1408号。

②　李念祖、陈纬人：《承认外国仲裁判断系赋予形式执行力或实质既判力？》，台湾《法令月刊》第60卷11期，第21、22页。

③　伍伟华：《经台湾法院裁定认可确定之大陆确定民事裁判与仲裁判断是否有既判力——台湾"最高法院"2015年台上字第33号民事判决前后》，《海峡两岸国际私法学会2015年学术研讨会论文集》2015年10月。

④　姜世明：《大陆地区民事确定判决之承认与执行：评"最高法院"2007年台上字第2531号民事判决》，《台湾法学杂志》，2009年3月第123期，第44、45页。

（二）仅否定给付判决之既判力，还是包括形成判决、确认判决之实质确定力？

判决的效力，可区分为判决的确定力、判决的形成力、判决的执行力：（1）判决之确定力又称为既判力，指的是就诉讼标的之法律关系，经裁判而确定终局判决，不论判决结果如何，即成为当事人其后法律关系之拘束。[1] 这种拘束效力指的是当事人不得以上诉的方式对判决求为废弃或变更，亦不得就该法律关系更行起诉；且于新诉讼用于攻击防卫方法时，当事人所为主张、法院所为判决不得与确定判决意旨相反。（2）判决之形成力，指的是形成判决依其之所宣告足生某法律上效果之力者。比如离婚判决和终止收养关系之判决，足生消灭婚姻关系及终止收养关系之法律上的效果。形成力之前提应是判决已经确定，未经确定之判决仍不生形成力，所谓确定，即指判决已生确定之既判力。（3）判决之执行力，指的是给付判决得为强制执行之力，即如果债务人不依其内容履行时，债权人本于判决之内容得声请执行法院以强制执行之方法命为履行之力。判决之执行力条件是判决须已确定或有假执行之宣告。判决之执行力以给付判决为限，确认判决、形成判决无执行力可言。所谓确认判决，就是对某种有争议的法律关系和权利存在与否的权威性声明[2] 只要利害关系人认为，其利益存在损害的可能性或危险性，即可向法院请求作出确认判决，宣告某种法律关系的存在或不存在。

无论给付判决、确认判决，还是形成判决，都应有既判力，唯给付判决有执行力。台湾地区"最高法院"否定经认可之大陆裁判有既判力，仅认给付判决有执行力，是否意味着否认所有判决，无论何类型之判决，均无既判力？

---

① 陈荣宗、林庆苗：《民事诉讼法》，台湾三民书局 2009 年修订六版，第 626 页。

② 张卫平、陈刚：《法国民事诉讼法导论》，中国政法大学出版社 1997 年版，第 126 页。

　　台湾地区"最高法院"关于既判力之司法见解认为："对于在大陆作成之民事确定裁判、民事仲裁判断，特以非讼程序为认可裁定，并仅就以给付内容者，明定其有执行力，而未赋予实质确定力。……自不容再援引民事诉讼法、仲裁法关于外国民事确定裁判、外国仲裁判断效力之相关规定及法理，认在大陆作成之民事确定裁判及仲裁判断，经我法院裁定认可者，即发生既判力。"从上述论述来看，其"大陆地区作成之民事确定裁判"指称乃一体化之整体指认，并不曾区分判决类型。应可推论是否定所有大陆民事确定裁判之实质确定力，仅承认给付判决之执行力。

　　若持此见解，则大陆判决认可与执行声请数量最多的离婚判决经认可后亦无既判力，此不仅与台湾地区法院一贯实践不符，也与离婚判决的特殊性质相违背。

　　首先，台湾地区法院一贯承认离婚判决经认可后具有绝对的既判力。体现在：（1）大陆离婚判决经台湾地区法院准予认可确定后，当事人若就同一事件再次声请认可，法院以当事人自无再行声请裁定之必要，其声请属欠缺权利保护之要件，自非适法，应予驳回。①声请人当可另向本院声请补发上述裁定与确定证明，以凭办理后续离婚登记事宜。（2）经认可之离婚判决其既判力之基准时应溯及大陆法院离婚判决确定时。所谓既判力基准时，是指确定终局判决对当事人之间争议的事实状态和权利状态产生既判效果的特定时间点。基准时点后当事人权利义务发生的新的变化。大陆离婚判决经台湾地区法院认可后，何时发生离婚之法律效果？台湾高等法院台中分院曾持观点认为既判力之基准时应回溯至前大陆法院离婚判决确定时较为合理："事涉两岸婚姻之大陆离婚判决经我方法院裁定认可，俟该裁定确定后，始在台湾发生法律上之效力，惟认可后仍须以大陆判决为

---

　　①　台湾台北地方法院民事裁定2012年家声字第86号、台湾新北地方法院民事裁定2015年家陆许字第40号、台湾高雄地方法院民事裁定2012年家声字第158号、台湾台北地方法院民事裁定2012年家声字第110号、台湾台北地方法院民事裁定2012年家陆许字第24号。

基础，承认该判决所生消灭婚姻关系之形成力，亦即应溯及自大陆离婚判决确定时，发生离婚之效力；另为确保法律之安定性，避免当事人声请我方法院裁定认可，于该裁定确定前，在大陆之婚姻关系业因大陆离婚判决而消灭，惟在台湾地区该婚姻关系仍存在所可能之争议，例如在这段期间再婚有无涉及重婚所生育之子女是否为非婚生子女等问题，并避免造成两岸司法资源及当事人付出之劳力、时间、费用等之浪费，故大陆判决经我方法院裁定认可确定后，溯及自大陆离婚判决确定时，产生消灭婚姻关系之形成力，较符合程序及实体之法理。"①

其次，离婚判决的特殊性质也不容许否定经认可之离婚判决的既判力。台湾地区离婚判决采"破绽主义"，与大陆基本一致，即只有在夫妻感情确已破裂的情况下才能判决离婚，解除婚姻关系对当事人而言应具有绝对的既判力，因为事后任何反悔或提起任何否认离婚的对抗诉讼都无法达到挽救夫妻感情，挽回婚姻的效果和目的。而且，婚姻关系判决具有社会性和公益性，围绕着夫妻关系的解除，会产生一系列的周边法律关系的变化，法院在审理离婚案件时，也是尽可能从维护婚姻关系的稳定性，促进家庭和谐，减少社会矛盾角度来处理。因此，离婚判决的确定力及形成力，即婚姻关系的解除，不仅在社会学观点看来，也不宜否定，更重要的是在法律上也不容否定。

最后，不仅离婚判决之既判力不容否定，其他家事判决因具有同样的理由，也应作如是观。台湾高等法院台中分院民事裁定 2011 年家抗字第 42 号文书中涉及大陆监护宣告判决在台湾地区之效力问题，法庭援引台"司法部"及"法务部"相关意旨参照后，在判决中肯定大陆监护宣告判决在台湾地区的效力，略以："监护宣告制度，旨在限制或剥夺精神能力有缺陷者之行为能力，并为其设置监护人予以辅助，俾保障其本身利益，进

---

① 台湾高等法院台中分院民事判决 2011 年重劳上字第 4 号、台湾彰化地方法院民事判决 2008 年劳诉字第 28 号。

而维系社会交易之安全。为保护受宣告者本身利益，其本国法院固有管辖权，惟是否为监护宣告，与受宣告者之居住国社会公益及第三人权益亦有相当关联。"基此，台湾学说及实务咸认，外国法院对有住居所于该国之台湾人所为之监护宣告，如依台湾地区民事法律及该外国法均有受监护宣告之原因，且无台湾"民事诉讼法"第402条所定各款情事之一存在者，该外国法院所为监护宣告之效力与台湾地区法院所为者同（"司法院"1989年5月24日（78）秘台厅（一）字第01478号函、"法务部"2000年4月25日（89）法律字第008766号函意旨参照），在大陆作成之民事确定裁判，于不违背台湾公共秩序或善良风俗之情形下，亦得依"两岸人民关系条例"第74条第1项规定，声请台湾地区法院裁定认可。倘相对人举家长居大陆，且无法返台接受鉴定，自得于大陆声请监护宣告，以维权益。

总之，台湾地区"最高法院"不区别判决的类型，无区别式否定所有类型判决，包括家事判决之既判力，此不仅与台湾地区法院一贯实践不符，也与家事判决的特殊公益性质相悖，殊为不妥。

（三）非讼程序原因

台湾地区"最高法院"在论述既判力否定观点时，特别提到大陆民事判决的认可程序为非讼程序，并以程序上之诚信原则暗为隐喻，文书表述上颇有些微妙之意，似认为裁定认可程序与既判力之有无存在因果关联。其表述略以："对于在大陆作成之民事确定裁判、民事仲裁判断，特以非讼程序为认可裁定，并仅就以给付内容者，明定其有执行力，而未赋予实质确定力。""至于当事人如已于认可程序争执该确定民事裁判或仲裁判断之内容或其程序违背我公共秩序或善良风俗，为认可裁定之法院亦已行较周密之非讼程序而为判断，嗣债务人复以同一争执提起债务人异议之诉时，于具体个案是否违背程序上之诚信原则，则属别一问题。"

如果按照台湾地区"最高法院"的逻辑，"两岸人民关系条例"第74

条之规定，与"民事诉讼法"第402条之规定，显系有意采不同之立法体例，大陆之判决纵然经法院裁定认可，仍无既判力，并得就执行名义成立前之抗辩事由，提起债务人异议之诉予以争执，效力显不若依"民事诉讼法"第402条规定认许之外国裁判。但是，如前文所述，台湾地区法院在审理大陆判决认可声请时，虽有"两岸人民关系条例"第74条规定，但多数法院要么类推适用台湾地区"民事诉讼法"第402条关于外国确定判决认可要件，要么将"公序良俗"进行扩张解释，以"程序上公序良俗"为由适用"民事诉讼法"第402条。那么，"倘一方面认大陆判决之认可未赋予既判力而得另以债务人异议之诉推翻，他方面复认与有既判力之外国确定判决相同，须完全类推适用民事诉讼法第402条第1项规定要件，殊与法理未合，亦有违诉讼经济。"①

另外，大陆判决认可在台湾地区乃经非讼程序。声请人得不经言词辩论由法院迅速、简便地得到裁决结果，特别是给付判决经裁定认可后即取得执行名义。故有认为"非讼事件的审理，常以简易方式行之，如果确定其实体上权利义务法律关系，不得在后诉中再为主张，将有侵害听审权之虞。"② 然而，前述实证研究表明，在台湾地区法院审理大陆判决认可声请时，声请人与相对人均受到充分的程序保障，双方或以言词辩论方式，或以交换书状方式，对判决是否应予认可作攻防辩论。且法院在进行声请审理时，早已超越单纯实体公序良俗之考量，对程序性公序良俗，甚至是原判决之事实认定和法律适用均作充分的实质审查。所以，大陆判决裁定认可之非讼程序过程与一般的非讼程序不同之处，其已经表现出诉讼化之倾向，双方当事人不仅处于对立状态，且其私法上权利或法律关系已为充分争执，故若"其已关系实体权利争议，在给予程序保障及言词辩论的情况

---

① 台湾士林地方法院民事裁定2009年声字第601号。

② 魏大喨：《新非讼事件法总则问题解析》，台湾《月旦法学杂志》2005年8月第123期，第276页。

下，似乎应该往承认既判力的方向理解。"[①]

三、简评

对于两岸民商事关系之当事人而言，经过了一段耗时费力的诉讼程序后获得的判决，即便再经过台湾地区法院裁定认可，仍不具有既判力，则不仅其先前进行的诉讼活动归于无效，而且当事人期望的通过诉讼以实现权利义务确定性的目标也难以保护。第二章关于"对抗诉讼"之实证研究表明，研究样本中，共有9例[②]，已经台湾地区法院裁定认可之大陆确定判决的当事人在台湾地区法院另行提出债务人异议之诉，延宕期间最长者达近10年之久，其次为将近7年。经实质审理的债务人异议之诉，最短的时间也在1年以上。由此可见，债务人异议之诉，时间耗费旷日持久，当事人争议在台湾地区难以最终确定，权利义务始终处于不确定状态，诉讼成本不可谓不高昂。即便是当事人故意提起债务人异议之诉，目的是停止原强制执行程序，但又不缴纳诉讼费，所拖延耗费的时间也近4个月。显而易见，因为大陆法院之给付判决在台湾地区不被承认具有确定力，从而演变为旷日持久的诉讼拉锯，这种做法事实上就有可能演变为一种两岸跨法域民商事关系中不诚信当事人提供法律规避和庇护的手段。从实证研究结果来看，9个债务人异议之诉中，有8个案件全部或部分否定了大陆法院之确定裁判，整体而言，经认可之大陆确定判决在经过债务人异议之诉后，被否定的概率较高。因此，大陆裁判无法给跨两岸从事民商事活动的当事人带来确定的财产执行结果，当事人在选择管辖法院时自然而然会实现向台湾地区司法机构的流动倾向。这不仅是对大陆司法判决的歧视，更违反了WTO框架下对大陆当事人所应承担的给予国民待遇的义务，如果

---

① 姜世明：《非讼事件法新论》，台湾新学林出版股份有限公司2013年版，第161页。

② 具体见本书第二章第三节"对抗诉讼"部分。

这种判决的认可执行规则构成了与贸易相关之实质障碍的话。

　　总之，无论从台湾地区之内部法治协调性、两岸协议互惠承诺等角度，台湾都应在区际民商事判决的认可与执行中坚持司法礼让原则，这对一国内不同的法域之间而言，是建立共同市场即实现人员、资金及技术无碍流通的需要。其目的就是要尽量减小或者杜绝政治制度的差异与意识形态领域的差别对解决民商事争议的影响，从而使民商事关系当事人的权益得到稳固而切实的保障[①]。

第六节　涉陆民事仲裁判断的认可与执行

　　"条例"第74条规定："在大陆地区作成之民事确定裁判、民事仲裁判断，不违背台湾地区公共秩序或善良风俗者，得声请法院裁定认可。前项经法院裁定认可之裁判或判断，以给付为内容者，得为执行名义。"该条文采合并立法方式，将"民事确定裁判"与"民事仲裁判断"并列，对二者设置了相同的认可与执行条件。那么，实务中，民事仲裁判断的认可与执行与民事确定判决的认可与执行是否体现出同质化特点？抑或存在差异化适用？本节实证研究将重点围绕该问题进行。

　　在本研究条件（2009年1月1日—2019年12月31日）设定下，所收集的全样本案例中，共有19件经由各法院受理的申请认可大陆民事仲

---

　　① 刘仁山：《国际民商事判决承认与执行中的司法礼让原则——对英国与加拿大相关理论及实践的考察》，《中国法学》2010年第5期，第73页。

裁判断的案例，其中 17 件予以认可①，2 件不予认可②。

一、仲裁判断的认可与执行对象

仲裁判断的认可与执行对象包括大陆作成之仲裁判断、仲裁委员会调解书。在研究样本中，予以认可的 17 件案件共有 16 件是申请认可与执行在大陆作成的民事仲裁判断，1 件是在大陆作成的仲裁委员会调解书③。该案审理法院金门地方法院认可仲裁机构通过调解方式解决仲裁纠纷，所作出的调解文书与仲裁裁决书具有同等法律效力。从互惠角度而言，最高人民法院于 2015 年 6 月 29 日发布之《最高人民法院关于认可和执行台湾地区仲裁裁决的规定》第 2 条规定："本规定所称台湾地区仲裁裁决是指，有关常设仲裁机构及临时仲裁庭在台湾地区按照台湾地区仲裁规定就有关民

---

① 台湾台北地方法院民事裁定 2010 年审声字第 2 号、台湾台北地方法院民事裁定 2015 年陆许字第 2 号、台湾士林地方法院民事裁定 2011 年声字第 276 号（本案历审裁判：台湾士林地方法院民事裁定 2011 年抗字第 132 号）、台湾士林地方法院民事裁定 2013 年仲认字第 1 号、台湾新北地方法院民事裁定 2009 年声字第 124 号、台湾新北地方法院民事裁定 2012 年陆仲许字第 1 号、台湾新北地方法院民事裁定 2012 年陆仲许字 2 号、台湾桃园地方法院民事裁定 2016 年陆仲许字第 1 号、台湾桃园地方法院民事裁定 2017 年陆仲许字第 1 号、台湾新竹地方法院民事裁定 2013 年陆仲许字第 1 号（本案历审裁判：台湾新竹地方法院民事裁定 2015 年抗字第 38 号）、台湾新竹地方法院民事裁定 2015 年陆仲许字第 2 号（本案历审裁判：台湾新竹地方法院民事裁定 2015 年抗字第 36 号）、台湾新竹地方法院民事裁定 2015 年陆仲许字第 1 号、台湾台中地方法院民事裁定 2015 年陆许字第 1 号（本案历审裁判：台湾台中地方法院民事裁定 2015 年抗字第 272 号）、金门地方法院民事裁定 2017 年陆许字第 1 号、台湾士林地方法院民事裁定 2019 年陆仲许字第 1 号、台湾台北地方法院民事裁定 2018 年陆仲许字第 1 号（本案历审裁判：台湾台北地方法院民事裁定 2019 年度抗字第 47 号）、台湾桥头地方法院民事裁定 2018 年抗字第 73 号（本案历审裁判：台湾桥头地方法院民事裁定 2018 年陆仲许字第 1 号）。

② 第一个不予认可之案例的历审裁判如下：台湾台北地方法院民事裁定 2016 年陆许字第 3 号、台湾台北地方法院民事裁定 2016 年抗字第 515 号、台湾高等法院民事裁定 2017 年非抗字第 6 号、台湾台北地方法院民事裁定 2017 年抗更一字第 5 号、台湾高等法院民事裁定 2017 年非抗字第 55 号、台湾台北地方法院民事裁定 2017 年抗更二字第 8 号、台湾高等法院民事裁定 2017 年非抗字第 115 号，最终裁定不予认可。第二个不予认可之案例的历审裁判如下：台湾新北地方法院民事裁定 2018 年度陆仲许字第 1 号、台湾新北地方法院民事裁定 2018 年抗字第 134 号，最终裁定驳回抗告，不予认可。

③ 金门地方法院民事裁定 2017 年陆许字第 1 号。

商事争议作出的仲裁裁决，包括仲裁判断、仲裁和解及仲裁调解。"可知，大陆认可之仲裁裁决亦包含仲裁调解，两岸在这一点上是存在互惠关系的。

二、涉陆仲裁判断标准

"条例"所称仲裁判断是指"在大陆作成的民事仲裁判断"，采用仲裁地标准，没有采用仲裁机构标准或仲裁准据法标准。研究样本中的申请认可仲裁判断的案件，均为大陆仲裁机构在大陆作出的仲裁判断，故在适用"两岸人民关系条例"上并无争议。但随着中国大陆经济的不断发展，国际知名仲裁机构争相在华落户设立代表处，例如香港国际仲裁中心和新加坡国际仲裁中心就已在上海自贸区设立代表处。虽然国际仲裁机构目前仍不能直接在中国大陆受理案件和作出仲裁，但未来大陆在仲裁案件受理和仲裁裁决作出方面作出突破也并非不可能。若届时国际仲裁机构在大陆作出的仲裁判断适用"两岸人民关系条例"认定为"大陆仲裁"，则以目前台湾地区"最高法院"之观点，该裁决即便经台湾地区法院认可也不具有法律上之既判力。如此一来，则不仅与其"仲裁法"认定之外国仲裁判断的法律效力相悖，而且可能使得台湾地区成为国际商事仲裁领域的异数。

三、仲裁判断认可与执行的审查事由

"条例"第74条仅规定仲裁判断认可与执行的审查事由为"公共秩序或善良风俗"以及"互惠原则"。"两岸条例施行细则"第68条仅规定了仲裁判断须经验证的相关程序。总体而言，台湾地区涉陆仲裁判断认可与执行的审查条件、文书要求、程序事项比较粗略，缺乏详细规范。所以实务中，作为权宜之计，只能将"仲裁法"以及"民事诉讼法"中关于仲裁判断和民事确定判决的审查事项全部涵摄为"公序良俗"之内涵，对"公序良俗"进行扩大化解释①。这种做法与台湾地区法院对大陆民事确定判决的认可与执行之审查如出一辙。上述做法，虽然解决了"条例"立法不敷使用的问题，但这种以扩张公序良俗内涵换取实务权宜之机的做法与国际社会严格限制公共秩序保留的适用是完全相悖的。当前，"包括我国在内的许多国家均采用狭义公共政策概念，严格限制公共政策的适用。"②而台湾地区法院在个案中或以"仲裁法"，或以"民事诉讼法"相关规定比附援引，扩大解释公序良俗的内涵，使得该项制度充满了不确定性。放在两岸的语境中，难免会被理解为充满浓重的个案色彩或政策性色彩。③

四、仲裁判断比照适用民事判决的认可与执行的相关规定

由于在立法上，"条例"第 74 条将仲裁判断与民事判决的认可与执行不加区别的适用相同的审查事由，所以实务中，台湾台北地方法院就曾在审查事由中采用比照适用的方法，援引"民事诉讼法"第 402 条"关于外国法院确定判决不予认可的情形的规定"，认为在大陆所作成不利台湾地区人民之民事仲裁判断，亦应在台湾地区人民之攻击与防御权益已获得保障之情形下，始能准予认可。④台湾高等法院对该法律适用方法予以认可，亦认为"民事诉讼法"第 402 条之规定，或系基于公益理由，或系为保护台湾人民，可解释为"条例"第 74 条所定台湾地区公序良俗，自应于认可大陆裁判、仲裁判断时类推适用。⑤

这种比照适用方式是否合适？本书拟以台湾台北地方法院 2016 年陆

① 台湾台北地方法院民事裁定 2017 年抗更二字第 8 号，台湾新北地方法院民事裁定 2018 年度陆仲许字第 1 号。

② 何其生：《国际商事仲裁司法审查中的公共政策》，《中国社会科学》2014 年第 7 期，第 161 页。

③ 郑清贤：《海峡两岸相互认可与执行民事仲裁存在的问题及对策建议》，《海峡法学》2010 年第 1 期，第 87 页。

④ 台湾台北地方法院民事裁定 2017 年抗更二字第 8 号。

⑤ 台湾高等法院 2017 年非抗字第 115 号民事裁定。

许字第 3 号民事裁定为起点的系列裁定 ① 为例加以说明。该案中声请人上银融资租赁（中国）有限责任公司以张某等为相对人，向台湾台北地方法院声请认可上海市上海仲裁委员会（2015）沪仲案字第 1188 号裁决书。关于该仲裁裁决书是否应予认可，台北地方法院和台湾高等法院先后作出了七次裁定，历经裁定、抗告、更为裁定、抗告、再抗告等程序。最后，台湾高等法院就当事人再抗告作出的 2017 年非抗字第 115 号民事裁定中，驳回了上银融资租赁（中国）有限责任公司的再抗告请求，最终认定系争仲裁裁决书不予认可。

在该案中，上海仲裁委员会已经依照系争保证契约上所载地址，将仲裁申请书、通知书及其附件送达予相对人。对此，上海仲裁委员会 2017 年 8 月 15 日出具之说明文件记载略以："在本案受理后，本会使用中国邮政特快专递 EMS 根据前述地址信息向各被申请人进行了仲裁通知送达程序，……经查，上述邮件均被退回。"且邮件查询网页截图所显示未成功将邮件投递之原因为"收件人名址有误""查无此人"。根据上海仲裁委员会仲裁规则第 7 条规定："向一方当事人或其仲裁代理人发送的仲裁文件，如经当面递交收件人或发送至收件人的营业地、注册地、住所地、惯常居住地或通讯地址，或经对方当事人合理查询不能找到上述任一地点，而由仲裁委员会以挂号信或特快专递或能提供投递记录的其他任何手段投递给收件人最后一个为人所知的营业地、注册地、住所地、惯常居住地或通讯地址，即视为已经送达。"上海仲裁委员会以相对人经合法送达开庭通知，无正当理由未到庭，而进行缺席审理及缺席裁决，于 2016 年 1 月 28 日作成系争裁决书。

---

① 台湾台北地方法院民事裁定 2016 年陆许字第 3 号、台湾台北地方法院 2016 年抗字第 515 号民事裁定、台湾高等法院 2017 年非抗字第 6 号民事裁定、台湾台北地方法院 2017 年抗更一字第 5 号民事裁定、台湾高等法院 2017 年非抗字第 55 号民事裁定、台湾台北地方法院 2017 年抗更二字第 8 号民事裁定、台湾高等法院 2017 年非抗字第 115 号民事裁定，最终裁定不予认可。

　　台湾高等法院在审查该案时，首先援引了"两岸人民关系条例"第74条关于大陆作成之仲裁裁决的认可与执行的规定，并进而阐述认为：该规定所谓台湾地区公共秩序或善良风俗（下称公序良俗），不以实体法之公序良俗为限，亦包括违背程序上之公序良俗。该法院进一步论证："民事诉讼法"第402条之规定，或系基于公益理由，或系为保护台湾地区人民，可解释为"两岸人民关系条例"第74条所定台湾地区公序良俗，自应于认可大陆裁判、仲裁判断时类推适用。准此，在大陆作成之民事确定裁判，其诉讼程序如违反台湾地区关于被告听审请求权（如被告应受合法通知应诉）、公正程序请求权等程序基本权之保障，难谓无悖台湾地区公序良俗，法院自不得予以裁定许可（"最高法院2017年台简抗字第144号"裁定参照）。故大陆作成之仲裁判断，如受不利判断之当事人未受合法通知而未到庭者，自不应予以认可。就本案事实而言，台湾高等法院认为：上海仲裁委员会虽以上述地址邮寄相关文件予相对人，唯并未经相对人收受，且未循类似于台湾地区公示送达之机制，使应受送达文书或通知书得以公告晓示方式使当事人得以周知。上海仲裁委员会于相对人未到庭应诉之情况下，仅由再抗告人一造出席仲裁审理即作成系争裁决书，自有违当事人程序权之保障，悖于台湾地区公序良俗，系争裁决书自不应准予认可。

　　台湾高等法院在该案中的论证逻辑依次为：第一，该案系争仲裁裁决书的认可应适用"两岸人民关系条例"第74条予以审查。"条例"第74条中的"公序良俗"应包含实体法和程序法上之公序良俗。第二，就何为程序法上之公序良俗，台湾地区"民事诉讼法"第402条之"被告应受合法通知应诉"的规定可类推适用于仲裁。第三，为保障当事人程序权，台湾地区"诉讼法"中公示送达之机制应适用于仲裁，并成为"公序良俗"之一部分。第四，即便仲裁委已经遵循了仲裁规则完成了送达程序，但若未使用公示送达方式使当事人周知，则有违台湾地区"公序良俗"。

　　显然，该案的关键问题是：公告送达是否是仲裁法上的送达的必经强制程序？在仲裁委已经遵循仲裁规则的情况下，是否能以其构成"公序良俗"之部分为由，否定仲裁裁决书的认可声请？

首先，从"立法"上来看，"仲裁法"并未强制要求仲裁文书的公告送达。虽然台湾地区"仲裁法"第27条规定："仲裁庭办理仲裁事件，有关文书之送达，准用民事诉讼法有关送达之规定。"但台湾地区"仲裁法"第19条亦规定："当事人就仲裁程序未约定者，适用本法之规定；本法未规定者，仲裁庭得准用民事诉讼法或依其认为适当之程序进行。"显然，"仲裁法"优先尊重当事人就仲裁程序之约定，只有在当事人未约定的情况下，才补位适用"仲裁法"中关于仲裁程序的规定。所以，如果当事人约定适用的仲裁规则中已经有关于送达方式的规定，则无须援引第27条准用"民事诉讼法"有关公告送达的规定。

其次，从台湾地区仲裁机构的仲裁实践来看，公告送达方式也并非是强制性规则。例如，台湾地区知名的中华仲裁协会在其《2017年中华仲裁协会国际仲裁中心仲裁规则》第五条"通知、陈述及其他书面通讯"条款中规定："通知、陈述及其他书面通讯采用下列各款方式之一时，即视为已送达当事人、仲裁庭或本中心：……当事人约定之地址。……前开各项均无法送达时，收件人最后为人所知之地址。"可见，只要仲裁庭已经按照仲裁规则，将文书送达当事人约定之地址，或收件人最后为人所知之地址，不论受送达人是否收到，都视为送达，即使未送达也拟制为送达，并不需要仲裁庭另为公告送达。

最后，从法理上来看，公告送达方式也不应是仲裁规则中的强制性规则。公告送达是诉讼过程中送达的最后必经程序，即拟制送达。因为被告（受送达人）可能在不知情的情况下被起诉，所以如果在无法与被告取得联系的情况下径为缺席审判，被告就可能丧失为自己辩解的权利，即无法保障被告的听审权。因此，诉讼法上之公告送达是在无法找到受送达人（被告）的情况下最便捷有效的送达方式。而在双方约定采仲裁方式解决争议的情况下，仲裁双方已经全然知晓双方的住所和通讯方式，并已经通过共同选定仲裁机关和仲裁规则的方式确定了送达程序规则。在争议切实发生前，争议双方是彼此了解和熟悉的。如果一方的住所或联系方式发生变化时，即应将新的送达信息及时告知对方或仲裁机构。如果怠于告知，导致依照约定的地址无法完成送达的情况，该方当事人自应承担送达不能的不利后果。北京仲裁委员会在其仲裁规则（2015 年版）释义第七十一条中特别强调："特别应当注意，由于仲裁的保密性，因此仲裁不能采用公告的方式来拟制送达，只能采用上述"投递企图"的送达方式。这一送达方式也是国际仲裁界均认可的一种做法。"①

　　简而言之，台湾高等法院在上述仲裁裁决书认可案件审理中，否定了仲裁裁决认可与执行的独立性，也忽视了仲裁裁决与民事判决在认可执行上的差异性特点，将诉讼程序中的公告送达方式错误的强行加于仲裁程序，恣意扩大"公序良俗"之内涵，并以此为由对大陆仲裁裁决书不予认可，就是机械类推适用"民事诉讼法"而犯典型性错误。

　　综上所述，由于"条例"在立法上对民事仲裁判断和民事确定判决未加区分的，适用同一条款解决认可与执行问题，故而在实务中，仲裁判断的认可和执行与民事确定判决的认可和执行呈现出"同质化"特点：仲裁裁决认可对象包括仲裁裁决书和调解书，法院判决认可对象亦包括民事判决书和调解书；大陆仲裁裁决书和民事判决书均采用"在大陆作成"为标准；审查事由均采用扩大解释"公序良俗"的方式，认为"公序良俗"不仅包含实体法上之公序良俗，而且还应包含程序法上之公序良俗；仲裁判断的认可与执行的审查事由比照适用民事判决的认可与执行的相关规定；经认可之大陆仲裁判断仅具执行名义，而不具有既判力（如前文第五节所述）。

---

　　①　北京仲裁委员会：《新规则》释义第七十一条，http://www.bjac.org.cn/news/view?id=2597，最后访问日期：2020 年 1 月 30 日。

第七节 涉陆判决认可与执行的特殊问题

一、重复执行

两岸人民经商、生活往来频繁，涉案被告或涉案财产散落两地的情形比较常见。通常，若能在一地法院起诉，并在该地办理强制执行，是比较理想的争议解决方式。如果被告在大陆和台湾地区都有可供执行的财产，那么申请人就可以任择一地选择起诉，并向该地法院提出执行申请。若该地财产不足以补偿全部债权时，申请人向一地法院提出执行申请的同时，还可向另一地法院再次提出执行申请。目前，两岸法院并未建立起执行情况的信息交流机制。所以，实务中就出现，当事人执大陆判决，在大陆为全部或部分执行后，又执同一份判决书，向台湾地区法院声请认可与执行。

由于台湾地区法院就裁判的申请与认可遵循的是非讼程序，故法院并不对争议事件进行实质的调查取证及审理。相反，根据"两岸人民关系条例"第 74 条规定，只要大陆判决未违背台湾地区公共秩序或善良风俗，即应裁定予以认可。因此，当事人在裁判的声请认可程序中所提已为执行之事实是无法阻止法院就该裁判为认可之民事裁定。[①]

例如：台湾新北地方法院民事裁定 2015 年抗字第 111 号事件中，相对人已于 2010 年 9 月 10 日持江苏省苏州市中级人民法院（2008）苏中民三初字第 53 号民事判决向江苏省苏州市中级人民法院申请执行，并由该法院以（2010）苏中执字第 342 号受理在案。而抗告人自 2013 年 3 月起至

[①] 台湾士林地方法院民事裁定 2018 年陆许字第 1 号："声请人是否已于大陆执行获偿，与其本件声请认可大陆民事判决应否准许无涉。至声请人嗣后执大陆一审判决在我国声请强制执行时，倘其已因获部分清偿而有债权消灭之事由，应由相对人依强制执行法第 14 条第 2 条规定提起债务人异议之诉以资救济。"表达类似观点的还有台湾台中地方法院民事裁定 2017 年陆许字第 3 号。

同年5月，已陆续偿还给付共计人民币30万元予江苏省苏州市中级人民法院，相对人本身业已自承收受抗告人合计人民币40万元款项等语。因此，抗告人就上开江苏省苏州市中级人民法院之民事确定裁判所示应给付相对人之债务，已陆续偿还给付共计人民币70万元。后相对人再次持相同民事判决向台湾新北地方法院声请裁定认可，抗告人据此提出异议。法庭认为："抗告人所陈抗告意旨，核属实体事项，本院并无调查、审理之权限，纵认属实，抗告人本应另行提起诉讼或向大陆法院依法定程序寻求救济以资解决。"

该判决中所述：抗告人应另行提起诉讼寻求救济以资解决，从实务来看，指的是债务人异议之诉。（有关债务人异议之诉详情，在前文管辖权章节中已有论述，在此不再重复赘述。）

例如：在台湾台北地方法院民事判决2012年重诉字第353号之债务人异议之诉中，相对人邓某系属大陆人民，于大陆对声请人起诉请求清偿债务事件，经广东省东莞市中级人民法院以相对人胜诉及广东省高级人民法院以驳回声请人之上诉而确定。然后相对人邓某就上述民事判决向台北地方法院声请判决认可，经该院以2011年声字第692号民事裁定准予认可。声请人不服，提起抗告，经同法院以2012年抗字第11号民事裁定驳回抗告。声请人作为该判决之债务人已在大陆法院清偿全部民事判决之债务，债权人对债务人已无任何债务。然而相对人在判决经台湾地区法院认可后，再对债务人之财产声请为强制执行。声请人就该院2012年司执字第18791号强制执行事件提起债务人异议之诉，并请求裁定停止本院2012年司执字第18791号清偿债务执行事件之强制执行程序。

法院就该债务人异议之诉，进行事实调查取证并听取双方当事人论辩主张后，认定：原告已依大陆方面相关法令规定将款项汇入法院账户后而全数清偿，故就上述大陆确定判决所认定之债务于被告在声请大陆执行时已经清偿完毕，足以消灭被告就同一大陆确定判决于台湾裁定认可所取得之执行名义之请求。

由上述两案可知，若一方当事人在两岸为重复执行声请，另一方当事人无法在裁判声请认可程序中提出有效异议。当事人只能在台湾地区法院为执行命令后提出债务人异议之诉进行实质抗辩。从第二个案件来看，当事人已经于 2012 年 1 月 13 日在大陆法院为全部清偿。因另一方当事人提出重复执行请求后，至 2012 年 12 月 28 日，方才结束在台湾地区之债务人异议之诉。当事人得在台湾地区重新委任律师，重新起诉，重新举证抗辩，提出执行异议，此过程程序繁复，且时间旷日持久，当事人在履行完判决之债务清偿义务后，平白遭遇近一年的缠诉。

显然，当事人及法院的讼累都是可以借由两岸建立有效的执行合作平台和机制来进行有效的预防。首先，被申请人在大陆和台湾地区均有可供执行财产的，申请人可以首先向判决作出地法院提出执行申请。其次，若无法足额求偿，则申请人可向一地法院提出执行申请的同时，向另一地法院申请判决认可后，并提出扣押或者冻结被执行人的财产保全声请。最后，待一地法院执行完毕后，可以根据该地法院出具的执行情况证明，经公证及台湾海基会认证后，就该证明所述之不足部分向另一地法院申请采取补充性质的处分财产的执行措施。

两岸法院若能建立有效的执行合作机制，则既能在程序上方便两岸债权人落实自己的权益，又能保障债务人在两地法院执行财产的总额不会超过其依据判决和法律规定所确定的应承担的债务数额。不过，从目前台湾地区法院不承认大陆法院民事判决在台湾地区的既判力来看，这一合作显然缺乏法律上判决效力一致的前提。而且，解决重复执行和超范围执行问题，还需要两岸法院在相互信任的基础上加强联系和磋商，进一步细化相关安排，否则很容易产生矛盾。

二、支付命令的认可与执行

案例：夏某与王某之间原有台湾士林地方法院 2009 年促字第 4493 号支付命令及 2009 年促字第 4560 号支付命令所载之债权债务关系（下称系争债权）。后双方于 2009 年 10 年 19 日签立协议书（下称系争协议书），约定放弃该系争债权。王某后于 2010 年 7 月 16 日执系争二支付命令前往大陆向广东省中山市中级人民法院申请认可，拟以系争二支付命令在大陆作为执行名义对原告财产强制执行。夏某遂于台湾台北地方法院提起确认债权不存在之诉。台湾台北地方法院于 2012 年 2 月 29 日作出 2011 年诉字第 353 号民事判决，确认上述系争债权不存在。

问题：同一系争债权，先为支付命令，后为债权不存在判决。支付命令已经在大陆获得认可，则就同一系争债权重新而为之新民事判决，因前支付命令在大陆已经获得既判力，则遵循"一事不二诉"原理，新民事判决不能在大陆法院得到认可与执行。

台湾地区法院所作之支付令，在大陆与民事判决一样为大陆法院认可与执行的对象。2009 年 3 月 30 日《最高人民法院关于认可台湾地区有关法院民事判决的补充规定》中即规定："申请认可台湾地区有关法院民事裁定、调解书、支付令，以及台湾地区仲裁机构裁决的，适用《规定》和本补充规定。"自 2015 年 7 月 1 日起施行的《最高人民法院关于认可和执行台湾地区法院民事判决的规定》中予以再次肯定。其中第二条规定："本规定所称台湾地区法院民事判决，包括台湾地区法院作出的生效民事判决、裁定、和解笔录、调解笔录、支付命令等。"且同规定第十七条规定："经人民法院裁定认可的台湾地区法院民事判决，与人民法院作出的生效判决具有同等效力。"也就是说，台湾地区法院作出的支付命令经大陆法院认可后，与大陆法院所作的生效判决一样具有既判力及执行力。

然而，从支付命令之程序特点来看，支付命令之本质并非诉讼程序，而是非讼程序，债权人可不经言词辩论而由法院迅速而简便的作出执行命令的一种督促程序。在台湾地区，"目前每年约有 2 万件异议案件、13 万件诉讼案件及 40 万件支付命令，而每年经法院确定的案件约有三十余万件"①，如此繁重的工作量，不可能由法官一一审定，故支付命令在台湾地区乃由司法事务官核发，而非法官，只有在当事人声明异议之后，才由法官审理。正是因为支付命令核发简便迅速核发，不需要证明文件的特点，在台湾地区即发生多起诈骗集团利用支付命令行骗之事。② 这也是台湾地区民众及"立法委员"代表等呼吁修正"民事诉讼法"，否定支付命令既判力之缘起，以赋予民众就支付命令更大的救济权利。

巧合的是，在大陆新司法解释颁布的同一天，即 2015 年 7 月 1 日，台湾地区"民事诉讼法"作出修正，规定台湾地区法院所作之支付命令仅有执行力而无既判力。债务人不仅可以对支付命令提出异议，而且在异议期过后，法院付与裁定确定证明书之后，债务人仍可提出债权不存在之确认之诉。

新法第 521 条规定："债务人对于支付命令未于法定期间合法提出异议者，支付命令得为执行名义。前项情形，为裁定之法院应付与裁定确定证明书。债务人主张支付命令上所载债权不存在而提起确认之诉者，法院依债务人声请，得许其提供相当并确实之担保，停止强制执行。"该修正乃根据台湾地区"立法委员"林国正等 25 人提案作出。在提案理由中，"立法者"特别说明："参酌德国及日本之督促程序制度，未于法定期间内提出异议之支付命令仅为得据以声请假执行裁定，仍不具有既判力。原法赋予确定之支付命令与确定判决具有同一效力，虽有便利债权人行使权利之优

---

① 张琼文副秘书长发言，"立法院公报"第 104 卷第 49 期委员会纪录，第 111 页。

② 《不理支付命令，小心财产没了》，资料来源于:中时电子报，http://www.chinatimes.com/newspapers/20140118000119-260205，最后访问日期: 2020 年 1 月 30 日。

点，但对于债务人之诉讼权保障仍有不足之虑。为平衡督促程序节省劳费与尽早确定权利义务关系之立法目的，及债务人必要诉讼权保障之需求，确定之支付命令虽不宜赋予既判力，惟仍得为执行名义，爰修正第一项规定。""修法后，支付命令仅有执行力，而债务人对于已确定之支付命令不服者，除于债权人已声请强制执行时，提起债务人异议之诉外，尚可提起确认之诉以资救济。为兼顾债权人及债务人之权益及督促程序之经济效益，参酌非讼事件法第一百九十五条第三项规定，债务人主张支付命令上所载债权不存在而提起确认之诉者，法院依债务人声请，得许其提供相当并确实之担保，停止强制执行，爰增订第三项规定。"①

　　那么问题就产生了。前列举之案例，虽然发生在台湾地区"民事诉讼法"修订之前，但恰是 2015 年 7 月 1 日，新修订后之可能发生情形。台湾地区已废止支付命令之既判力，则该支付命令即不具有确定性，而在大陆司法解释中却肯定经大陆法院认可之支付令能在大陆法院获得既判力，岂不矛盾之至？再者，如前述案例所示，同一系争债权，台湾地区法院先为支付命令，后为债权不存在判决。若支付令在大陆获得认可，则就同一系争债权台湾地区法院重新而为之新民事判决，则因前支付命令在大陆已经获得既判力，故不能在大陆法院得到认可与执行，再生重重矛盾。所以，大陆相关司法解释也应随台湾地区相关立法的变动而作相应改变。

本章小结

　　大陆民事确定裁判在台湾地区之认可与执行，经实证研究观察发现：

　　关于认可对象范围，法院作成之民事确定判决及民事裁定书均列为认可对象范围。实证研究表明：1. 以民事关系为对象之行政确定判决不被认可，即便行政判决书或裁定书改变的当事人的民事婚姻法律状况，是对婚

---

① 台湾地区"立法院公报"第 104 卷，第 54 期"院会"记录，第 155—158 页。

姻民事关系的法定变更。这种状况的出现将导致一个重要的问题是：两岸当事人在大陆的婚姻已被解除而归于无效，但因行政文书在台湾地区不被认可，当事人在台湾地区仍得维持婚姻合法化状态，而陷入在台湾地区无法再婚之窘迫境地。2. 台湾地区法院实务见解中，关于大陆法院于诉讼中所作之民事调解书，是否属于"两岸人民关系条例"第 74 条所规定之认可标的存在较大分歧，各持有不同之理由。总体结果上，司法实务中以认可大陆民事调解书居多，但实务意见尚未完全一致。值得肯定的是有的地方法院提到对大陆民事调解书予以认可的重要理由之一是基于互惠原则，两岸互动的结果产生良性和积极的效果。未经裁定认可之民事调解书在台湾地区无既判力，仅仍具有私法上和解契约之效力。但对台湾地区行政机关而言，双方当事人关于婚姻之民事调解书可视同为协议离婚之情形，当事人可凭之向台湾地区户政机关申请离婚登记。

关于判决书审查范围及标的：1. 台湾地区立法所采行之审查主义为何，虽然条文文义并未明示，但学术通说认为是采用形式审查方式，实证研究样本中的案例有的亦明白指出或意思表达出台湾地区法院对大陆判决认可系采形式审查主义。但实证研究表明，台湾地区法院对大陆法院民事判决进行审查时，虽原则上不对判决为实质审查，但就该判决是否有违反台湾地区立法所设之认可条件时，台湾地区法院实际上均会对就是否违反该认可条件部分进行实质审查。对于台湾地区这种兼采两种审查方式的做法，可从积极影响和消极影响两方面来进行评价。2. 对判决是全部认可还是部分认可：（1）就离婚判决而言，司法实务多遵循以下做法：大陆法院之离婚判决经台湾地区法院裁定认可者，其效力所及之范围应仅限于该大陆法院的离婚判决本身，而不及于其他相关的争议，也不得以该判决所未判断之事项，作为驳回认可声请之理由。认可大陆法院的离婚判决时，亦宜就该离婚判决所涉及的各项诉讼标的分别判断。（2）若判决许可程序中之声请人及相对人仅为判决所涉当事人之一部分，声请人亦仅就判决内容与其相关之部分提出认可与执行申请，那么判决经认可后之效力及于什么人或对哪些人发生作用，即判决许可效力之主体范围当如何认定？申请许可之法院可否就此为部分许可？实务中，法庭多根据传统的民事诉讼效力相对性理论，当事人之外的人未受诉讼或非讼程序保障，未能充分行使其诉讼权利，包括主张、抗辩、举证、质证等诉讼权，故判决或裁定均不能对当事人之外的第三人判给权益，课以义务。当事人之外的人不受判决或裁定的拘束。判决许可程序亦遵循同样的法理。

　　关于审查程序：1. 管辖权。申请法院裁定认可在大陆作成之民事确定裁判，其性质在台湾地区被认为是非讼事件，只是"两岸人民关系条例"对于此事件之管辖均未设规定，故其裁定程序应适用"非讼事件法"总则之规定，或类推适用"民事诉讼法"相关规定，以定其管辖法院。2. 裁定认可程序的提出主体，台湾地区立法未明确规定。实证研究未曾发现有大陆法院在台湾地区法院提出其判决的认可和执行申请。台湾地区法院也认为得申请判决认可者，也以当事人及利害关系人为限。在实质关系判断上，研究样本共出现五种非判决当事人作为申请人或相对人的情形：判决当事人之继承人；作为判决当事人之公司正处于清算期间，视为尚未解散，清算人可列为执行申请之相对人；诉讼第三人，即便非判决之原被告，但只要对其作为诉讼参加人之权利义务予以适当之保障，并课以权利义务，则可作为申请判决认可执行之申请人或相对人；母子关联公司相互间非法律上之利害关系人，不得相互替代为许可执行案之申请人或相对人。3. 时间及文书要求。台湾地区"法律"并未规定认可与执行大陆法院判决的申请必须在该判决作出后的一定期限内提出，在时效上无任何限制。在形成判决，例如关于离婚判决的认可，理论上在判决确定后任意长时间均可声请，并无争议。但在涉及需要在认可后进行执行的案件，若声请时间距离判决确定之时过长，则可能使得当事人权利义务长期陷于不确定状态，从而易引发争议。但认可和执行大陆法院的判决有文书形式上的要求，特别是在当事人缺席审判情况下作出的缺席判决文书，申请人还通常应提交大陆法院已经合法传唤当事人的证明文件。4.审理程序为非讼程序，当事人对裁定结果亦得提出抗告和再抗告。

关于审查条件：1.管辖权基础。是否要审查大陆法院是否具备管辖权，存在一个法律依据问题：如果认为不应类推适用"民事诉讼法"第402条，则不审查大陆法院之管辖权，如果认为应援引"民事诉讼法"第402条，或将其中的条件解释为包含在"条例"第74条的"公共秩序"中，则管辖权有无就成为了公共秩序的考量范畴，应进行实质审查。实证研究表明，仅有部分法院、部分裁定中对大陆法院是否有管辖权作出了评价。大部分的民事确定裁判许可裁定案中，大部分的法院在审查大陆民事确定裁判时，并未将大陆法院的管辖权考量明确写入裁定文书中。有的法院甚至在裁定文书中明确拒绝当事人审查大陆法院管辖权的请求。从结果来看，样本案例中，所有关于管辖权的考查都以肯定大陆法院管辖权为结论，并无案例以大陆法院管辖权失当为由驳回裁判许可之声请。从审查依据来看，所依据的均为台湾地区之"诉讼法"，即以被请求地的直接管辖权规则为标准。2.互惠原则。台湾地区法院认可与执行大陆法院民事判决中对互惠原则的适用呈现出三个特点：可以肯定的是，两岸间民事判决的认可与执行存在法律互惠；在肯定两岸间法律互惠的基础上，台湾地区有的法院还通过司法调查，以寻求对两岸间互惠关系在事实上的存在与否作出有效的判断；在适用互惠原则时，强调条件的对等性，追求实质互惠，要求条件上一一对应。3.确定性裁判。形式上，只要当事人能提交法院出具的生效证明书，并经公证机关公证及台湾海基会验证，即可推定文书为真正，进而推定裁判文书的确定性。实证研究表明：在判断判决的"确定性"时，是以大陆民事诉讼相关法律为依据；在判断"确定性"时，台湾地区法院是以是否具有"执行力"作为判断标准；在判断判决的"确定性"是否已失效时，以再审是否进入实质性阶段为衡量标准，仅以当事人提起抗告申请为由，尚不足以认定前诉确定判决的既判力已失效。4. 不存在相互冲突的判决。台湾地区规定中，无论是外国、港澳地区裁判还是大陆裁判认可与执行条件中都没有关于这一项内容的规定。但这并不代表实务中，台湾地区法院不加以考虑和运用。在样本案例中，共有三种主要的适用理由：（1）婚姻关系业已解消，欠缺权利保护之必要性。（2）违反台湾地区公共秩序。（3）基于互惠原则，拒绝认可与执行。5. 非讼程序要件。对非讼程序之关系人而言，声请人对其提出之声请能获得本案裁判，也须证明该非讼程序要件已经具备。形式要件包括声请人提起的裁定申请程序需具备的法律规定条件：有关法院对该裁定声请具有管辖权，当事人适格，应提交的书证齐全；实质条件则指当事人利用非讼制度的正当利益及必要性，包括：不存在法院就相同主体就相同判决书已有裁定的情形，当事人提起裁定声请应有权利保护的必要性。欠缺不同的要件，法庭的处理自有不同。6. 诉讼程序公正。实证研究表明台湾地区法院非常重视台湾地区居民作为一方当事人的案件中，其是否获得参与诉讼通知，获得平等参与大陆法院诉讼之机会。对于这一问题关注的程度甚至超过对判决实体内容的关注，在拒绝认可与执行大陆法院裁判之理由中，位于被援引次数的榜首。大陆法院采取的公告送达方式普遍不被认可。7. 公序良俗。从研究样本案例来看，就公共秩序的内涵，通常区分程序公共秩序和实体公共秩序两类。"程序上公共秩序"实在是因为"两岸人民关系条例"第74条仅规定了公序良俗及互惠要求，故需要对"公序良俗"之含义进行扩张解释，以容纳台湾地区"民事诉讼法"中对外国判决认可与执行条件中程序法之部分，包括管辖权适当、合法送达、保障当事人庭审及辩论权、相互冲突的台湾地区既判裁决、欠缺诉之权利要件等。认可与执行大陆裁判中"实体公共秩序"考量，主要有以下几类：（1）大陆法院所作之离婚确定判决，是以双方之婚姻系合法存在之前提下所为，然而双方当事人乃"假结婚"，此判决即与台湾地区之公序良俗有悖。（2）大陆法院所作之离婚确定判决所涉双方当事人乃重婚，与台湾地区之公序良俗有悖。（3）大陆民事判决未支持台湾地区人民之继承权。（4）以"民法"中亲权之基本原则来衡量是否违背台湾地区公共秩序或善良风俗。

关于经认可后大陆民事判决之效力，近年来，就经台湾地区法院裁定认可之大陆确定民事判决和仲裁裁决是否有既判力这一问题，争议忽起，起源于台湾地区"最高法院"认为大陆的民事确定判决经台湾法院裁定认可后仍不具既判力。但无论从立法者真意、无区别式否定所有类型判决，还是非讼程序原因来看，该结论都甚为不妥。对于两岸民商事关系之当事人而言，经过了一段耗时费力的诉讼程序后获得的判决，即便再经过台湾地区法院裁定认可，仍不具有既判力，则不仅其先前进行的诉讼活动归于无效，而且当事人期望的通过诉讼以实现权利义务确定性的目标也难以保护。实证研究表明，研究样本中，共有9例，已经台湾地区法院裁定认可之大陆确定判决的当事人在台湾地区法院另行提出债务人异议之诉，延宕最长者近10年，时间耗费旷日持久，当事人权利义务始终处于不确定状态，诉讼成本不可谓不高昂。无论从台湾地区之内部法治协调性、两岸协议互惠承诺等角度，台湾都应在区际民商事判决的认可与执行中坚持司法礼让原则，承认经认可后大陆民事判决之既判力。

关于涉陆民事仲裁判断的认可与执行，在样本案例中，共有19件经由各法院受理的申请认可大陆民事仲裁判断的案例，其中17件予以认可，2件不予认可。由于"条例"在立法上对民事仲裁判断和民事确定判决未加区分的，适用同一条款解决认可与执行问题，故而在实务中，仲裁判断的认可和执行与民事确定判决的认可和执行呈现出"同质化"特点：仲裁裁决认可对象包括仲裁裁决书和调解书，法院判决认可对象亦包括民事判决书和调解书；大陆仲裁裁决书和民事判决书均采用"在大陆作成"为标准；审查事由均采用扩大解释"公序良俗"的方式，认为"公序良俗"不仅包含实体法上之公序良俗，而且还应包含程序法上之公序良俗；仲裁判断的认可与执行的审查事由比照适用民事判决的认可与执行的相关规定；经认可之大陆仲裁判断仅具执行名义，而不具有既判力。

　　关于重复执行问题及支付命令的认可与执行问题需要两岸未来加强协商，加强程序衔接。

结　论

一、实证研究基本发现及展望

（一）基本发现

本实证研究以实务裁判为研究对象，旨在使文本论述能更贴近台湾地区涉陆区际民事私法纷争之现实，并掌握现实中出现的法律问题。所以本研究，并不采取虚拟设问的方式，而是采取大样本和小样本的结合研究方法，即对研究主题先行设定研究范围后，利用判决书资料检索系统，采集所有可得之与本研究主题相关之实务裁判，通过大数据统计方式，形成对具体研究主题的定量研究结论，此为大样本研究；在此基础上，通过一个个裁判的研读，分析出个案裁判中所明确提出或潜在的问题，在对问题进行分类后，将该问题之上的类似判决进行归纳整理，此为小样本研究。然后在上述样本基础上，通过对所有借此方式分析出之问题加以归纳整理，统合出本研究项下三大主要研究主题管辖权、法律适用及裁判认可与执行项下所欲探讨的各项研究子议题。

本实证研究围绕"两岸人民关系条例"等相关立法，以台湾地区法院于 2009 年至 2019 年所审理终结之涉陆民事案件为考察对象，在既有理论研究基础上，经由实证研究方法，得出三方面之重要观察发现与分析结果，兹分别归纳如下：

1. 涉陆民事案件管辖权的确定。台湾地区法院或类推或逆推适用台湾地区"民事诉讼法"，仅有少数个案在类推适用台湾地区内法域"民事诉讼法"管辖规则的同时，于考虑利益、公正等因素后，适当限缩涉陆民事案件管辖权范围，说明司法机关整体上对管辖权区际协调之意义，没有一致的共识。管辖权确定的类型主要包括普通管辖、特别管辖、专属管辖、应诉管辖和合意管辖。真正在涉陆民事诉讼领域中具备专属含义之管辖，从实务来看仅包括不动产所在地法院专属管辖权及支付命令之专属管辖权。对当事人合意管辖虽然整体是认可的，但如果当事人合意选定大陆法院为争议管辖法院时，其效力认定在实践中存在分歧，司法见解中有"并存之合意管辖"及"排他之合意管辖"两种结论。两岸民事诉讼领域中存在大量重复诉讼，尤其是离婚诉讼。在台湾地区对经认可之大陆判决否定其"既判力"后，对抗诉讼，特别是债务人异议之诉，使得涉陆争议当事人权利义务始终处于不确定状态，产生高昂的诉讼成本。针对管辖权冲突之协调，实务中曾有两种方式，一是先诉法院原则，但鲜有应用，且如果法庭认为台湾法院不承认大陆民事裁判具有和台湾地区法院裁判同等的"既判力"效力，即不符合"民事诉讼法"第182条之2第1项停止诉讼的要件。二是不方便法院原则，尽管缺乏法律明文或"最高法院"裁判意旨，在对台湾地区涉陆民事司法案件进行实证研究过程中，仍发现在限定研究条件内，仍有案例运用了"不便利法庭原则"判断管辖权，总体来看，管辖权冲突协调缺乏有力的制度性工具。

2. 涉陆民事案件法律适用一般问题。"两岸人民关系条例"关于自适用之范围的规定在现实中存在突破，在两岸民事事件的界定及其与涉外、涉港澳民事关系的区别以及补充性法源范围的理解上，呈现出个案变异的多元化样态。"两岸人民关系条例"中法律适用条款立法史表明，该部分立法是在特殊历史条件下，政党政治有限博弈下的立法成果，缺乏合理性论辩。法律适用结果表现出明显的本地法倾向。"台湾法至上"之立法基调在理论上所受到的批评，经实证研究发现，不再仅是理论上的争议，而是实践中确实存在的现象。"条例"中冲突规范的援引频率有显著差异，针对大陆所特别设定之冲突规则，就特别限制大陆方面法律适用，扩大台湾地区"法律"适用之目的而言，研究结果表明，其所发挥的作用远没有我们所设想的那样显著。在涉陆区际私法实务中，发展出大量超越"条例"现有条款，或调适后适用，或弥补漏洞之实务规则，如属人法连结因素的扩展、大陆方面法律查明及适用、强制性规则、法律规避。"公序良俗"条款的适用中，台湾地区司法实务中并不特别强调大陆方面法律之本身的差异和不妥，而更加注重个案是否违反法院地的公共秩序，展现出科学且合理的实践理性。这一状况不仅与立法文意在适用过程中发生了偏离，也与我们的学术"前见"存在着鲜明的反差。

3. 涉陆民事案件法律适用特殊问题。从不同民事法律关系法律适用情况来看，台湾地区涉陆民事裁判中普遍具有良好的"区际私法"思维，管辖权和准据法选择大多是涉陆民事判决书先行讨论部分，特别是在刑事、行政先决问题准据法选择以及分割法律适用方法上展现了较先进的冲突法思维素养。但仍不可否认，不同民事领域的选法规范都存在不同程度的"落后"性，或表现在连结因素僵硬、偏颇，或表现为单边冲突规范之不周延等，而且"条例"中民事实体规范对两岸当事人权益之实质影响甚于相应之冲突规范，特别是关于继承和收养法律关系，实体规则的歧视性和违理性对两岸当事人权益之实质影响远甚于冲突规范，这些都应成为未来修法之关注重点。

4. 民事确定裁判及民事仲裁判断的认可与执行。无论是"条例"第74条还是两岸间协议，均是粗线条式表述，给实务操作较大的留白空间，故其实证研究，乃置于"非讼程序法"及"民事诉讼法"等法律背景中进行。就认可的对象范围，司法实务中以认可大陆民事调解书居多，但实务意见尚未完全一致。就判决书认可审查，通说及实务皆认为是采形式审查，但实证研究表明台湾地区法院对大陆法院民事判决进行审查时，虽原则上不对判决为实质审查，但就该判决是否有违反台湾地区立法所设之认可条件时，台湾地区法院实际上均会对就是否违反该认可条件部分进行实质审查。实证研究表明，对判决书之认可可因申请认可事项或申请当事人原因而部分认可判决书。在程序问题上，判决申请认可当事人不包括法院，仅限于判决当事人及利害关系人，并通过非讼程序审理，管辖权问题则类推适用"民事诉讼法"。虽然"条例"对大陆判决书认可与执行审查仅设置了互惠及公序良俗两个条件，但实证研究表明，实务中，法庭审查条件还扩及大陆法院管辖权、确定性裁判、不存在相互冲突的判决、非讼程序要件、诉讼程序公正等实质性内容。近年来，台湾地区"最高法院"所持司法见解认为大陆的民事确定判决经台湾地区法院裁定认可后仍不具既判力，无论从立法者真意、无区别式否定所有类型判决，还是非讼程序原因来看，该结论都甚为不妥。而且该结论的直接效力结果就当事人可对经认可之大陆判决中关于债权债务关系的认定在台湾地区再次提出债务人异议之诉，这不仅使先前进行的诉讼活动归于无效，而且当事人期望的通过诉讼以实现权利义务确定性的目标也难以保护。实证研究表明，当事人在台湾地区法院另行提出债务人异议之诉，延宕最长者达十年之久，时间耗费旷日持久，诉讼成本不可谓不高昂。

（二）未来研究之展望

本研究采彻底的现实主义态度，完整的回顾了近十年台湾地区涉陆区际私法之实践状态，试图以接近真相的方式，揭示、解析和评价司法过程中之法律适用、解释及"造法"之经验现实。这么做的意义在于：无论未来我们期望两岸间法治应当怎样发展，进而设计何种框架、构建何种制度以实现这样的期望，都首先需要我们真实地分析、贴近地思考区际司法裁决过程本身，而非单纯以一种预设的道德评价标准或意识形态立场去希望、去要求司法裁判应该如何。总体而言，实证研究从最简单的层面而言，揭示了法律是如何在日常生活中运行的，以及日常生活是如何在法律中进行的①。未来本研究主题在以下两个方面仍有发展空间：

1. 关于学术研究角度。法律意识形态只是法律意识和思想的一部分，虽然这一部分是本文以及大陆学术界研究关注的焦点，但这并不妨碍我们承认在法律实践中仍然存在着与法律意识形态无直接关系的内容。实证研究表明，台湾地区司法界均有较好的准据法选择意识，面对"条例"的不平等和非理性，部分法官仍能在有限的裁量权范围内，按照法律目的和法律精神，通过价值的比较与权衡，作出合理的选择，将涉大陆法制体系锻造得更有包容性，也更具韧性。在大陆学术界未来的学术研究中，应特别关注到这点，不能"藏其所长，录其所短，以资排击"，而是应该区分立法和司法进行更全面和客观的评价。

2. 学术研究问题拓展。涉陆区际私法是一个复杂的研究对象，这种复杂性，决定需要更加多元化的方法对其进行深入和全面的研究。本实证研究只能说是帮助研究者更多地了解在区际私法实践中的相对真实状况和问题所在。未来还需要开展后续的研究，进一步的拓展研究视野和思路，使对策的研究和提出更具有现实的适应性并产生积极的实效。比如说：本研究深感不足的一点，也是未来研究应该继续深入接续的问题，就是台湾地区法官在面对涉陆区际审判中模糊性问题，面对作出甲选择和乙选择时，除了遵循一般法律解释方法之外，是否还有其他的社会学因素或者司法心理因素左右其中，司法决策和案件事实变量间究竟有何关联性？在研究中发现，"条例"作为一部典型的"具有时代性格的法"，在诸多问题上留有法律空白和漏洞，不管是类推适用还是反面推论其他法律或判例，都是一

---

① ［美］帕特里夏·尤伊克、苏珊·S·西尔贝：《法律的公共空间》，陆益龙译，商务印书馆 2005 年版，第 38 页。

种目的论的解释，都免不了作出价值判断和选择，特别是面对台湾地区"法律"体系中普遍存在地对大陆人民的差异性待遇，在类推适用上所必要的"等者等之，不等者不等之"的价值判断，因为没有绝对的标准，所以法官对人群、身份上的意识和法律心理不免就扮演了其中一个决定性的要素。在读取大量的裁判文书后，尤其是婚姻、亲子和继承裁判文书后，法官的法感就像浮水印一般，虽不在正文体现，可却能感知到它的清晰存在。未来，这一问题的探询，仍需要进一步以访谈、对话等田野调查方式进行，因为这些或许才是隐藏在沉默的裁判书文字后的真实源流。

二、对台湾地区立法的建议

"法学研究的结论必须具有建设性，必须有助于解决实际的法律问题，必须促使问题沿着一定'应有'的方向解决，而不能囿于'实有'的范围。"① 但是，相对于法之价值分析方法、比较分析方法等思辨性研究方法更易于得出"应然"之论断而言，"实证研究的基本假设是经验性的'我发现'，而不是表态性的'我认为'。"② 所以，此处结论，更合适地是指出需要进一步解决的法律问题，评价某种法律规范运行的实际效果，并以此为基础，提出下一步行动之参考和建议。

（一）修法的必要性

1. 现实发展的需要。"条例"由于其过于鲜明的保守政策宣示，决定了它在两岸民众的现实生活中的适应性还需要不断地加以修改提升。两岸关系发展至今，"条例"所预设的意识形态观念与国际格局前提受到极大冲击，甚至"条例"本身已经危害到了台商的实际权益以及台湾自身关于

---

① 葛洪义：《法律的理论与方法——法理学作为一门科学的条件和界限》，《中外法学》2001 年第 2 期，第 163 页。

② 雷小政：《法律生长于实证研究》，北京大学出版社 2009 年版，第 28 页。

法治、人权的自我定位，损及台湾的竞争力提升与国际形象。因此，台湾当局应适度超脱旧有意识形态，从新的世界格局、地缘政治、台湾定位以及中华民族整体利益的角度出发，群策群智群力形成新的两岸关系战略性共识，以此作为条例大幅度修改的政治基础①。

2. 法治进步的需要。囿于"条例"立法理性的局限，其规则体系明显存在不合理及不完备之处，在出现疑难案件时，法官不得不求助于外在价值的参照，出现大量的"类推""反推""参照"等"场外求援"的做法，以弥合规则与事实之间的脱节与背离，司法见解左右矛盾，上下不一的情形比比皆是。通过对"条例"的立法史研究可以发现，"条例"中区际私法部分的拟定与当时有效之 1953 年"涉外民事法律适用法"基本保持冲突法选法理念的一致性。时至今日，涉外冲突规范已经因应时代的进步完成了更新提升，而"条例"就区际选法之理念却还停留在二十世纪，未能引入更科学的弹性选法及基于人权考虑之亲属关系准据法确定方法等。司法机关于实务中早已感知到这点不足，所以在涉陆区际法律问题中，亦有个案法官借助于价值衡量方法将先进的选法理念以法理的形式参照适用于涉陆民事案件中，以提升裁判对社会新情势的适应性。

（二）现有立法的不合理之处

1. 台湾地区涉陆区际私法立法模式，即制定单独的涉陆区际规范，无论从政治效果、经济效率，还是实践可操作性角度，均不能被认为是一种良好的选择。

在对台湾地区区际私法的立法模式进行实证研究后发现：（1）台湾地区采用三分法，区分涉外、涉港澳以及涉陆法律关系，对区际法律冲突的解决同时采用两种模式，即涉港澳民事法律关系乃明确"类推适用"台湾地区"涉外民事法律适用法"，涉陆民事法律关系则另行制定区际冲突规

---

① 田飞龙:《历史脉络中的两岸人民关系条例》,《新产经》2013 年第 3 期，第 69 页。

则，加入了某些特别针对大陆之限制性条款。实证研究表明，这种区分由于未能明确界定各自的适用范围，尤其是当同一案件中既有涉外、涉港澳因素，又有涉陆因素的情况下，如何适用选法规则，法院之理解和做法亦未能完全一致，在实践中存在莫衷一是之混乱。（2）"条例"冲突规范中，特别针对大陆制定的限制性条款在实践中发挥的作用有些并不明显，有些明显违理，均无存在之必要。（3）"条例"作为规范涉陆民事关系的特殊法，其与台湾地区其他法律之间的关系不够清晰。实证研究表明，这种立法适用边界限定的模糊性，导致判决各有所据，司法见解矛盾不一。最典型的是："条例"第74条是对大陆民事判决认可的规定，台湾地区"民事诉讼法"第402条是对外国法院判决在台湾地区的认可与执行的规定，这二者之间的关系如何？在对大陆民事判决认可过程中，有的法院主张仅适用"条例"第74条，有的法院则类推或参照"民事诉讼法"第402条的规定，扩展判决认可的审查条件，导致判决认可条件从立法中的2条，实际扩展到7条。

2. 涉陆事件的界定仅以民事主体为唯一要素，过于单一，司法实务已有所突破。

"两岸人民关系条例"以当事人的身份作为唯一标准，只有台湾地区与大陆人民间之民事事件可被认为是"涉陆"民事事件，应依"条例"冲突规范选法。实证研究表明：多数案例严格按照法律文义解释的方法仅以属人法连接点户籍地识别涉陆案件，对台湾人民间之法律事件，即便订约地、履约地、物之所在地或其它因素在大陆，亦仅视为台湾地区之"内部"法律事件，直接适用台湾地区"法律"。这显然与法理不合。故而，实践中，亦有个别案件中的审理法庭并未刻板地因袭规则的限制，当然地指定台湾地区人民间事件只能适用台湾地区"法律"，而是倚重司法经验和冲突法法理，基于对诉讼中的某些争点或者因标的物的专门属性的特殊考虑而在大陆和台湾之间进行公平的选法，最终适用大陆实体法。

就涉陆区际法律事件的判断依据，实证研究表明：司法实务意见极不一致，但2014年台湾地区"最高法院"作成之"2014年台上字第1415号民事判决"中，明确认为在涉港澳事件的判断上，只要判决主体、行为地等连系因素与港澳具有牵连关系者均属涉港澳区际事件，判决书写道："民事事件中，涉及香港或澳门者，类推适用涉外民事法律适用法。涉外民事法律适用法未规定者，适用与民事法律关系最重要牵连关系地法律，香港澳门关系条例第三十八条定有明文。所称涉及香港或澳门，系指构成民事事件事实，包括当事人、法律行为地、事实发生地等连系因素，与香港或澳门具有牵连关系者而言。"从保持司法见解一致，涉陆区际私法法律适用亦应同此见解。

3.单边冲突规范及冲突规范的设计有失公平，欠缺合理性。

实证研究发现，台湾地区法院在审理涉陆民事案件中适用台湾地区"法律"居多，适用大陆方面法律的情况较少。从适用结果数据来看，适用大陆方面法律的比例仅为3.1%，即使把同时适用大陆方面法律和台湾地区"法律"的案件比例予以相加，适用大陆方面法律的比例也仅占3.8%。这也初步印证了理论上的判断，即"条例"以台湾地区"法律"为优先的冲突规范设计，实质上造成两岸民事法律在适用上的失衡现象。特别限制大陆方面法律适用，相应扩大台湾地区"法律"适用的的条款有6条，实证研究结果还进一步表明，这6条所发挥的作用并不显著，其存在的合理性及必要性令人质疑。

实证研究还发现，具体的冲突规范中，合同、侵权、婚姻、收养、继承及其他亲属关系冲突规范均存在连结点僵硬、落后、冲突规范范围不全面、未能体现保护子女利益等现代冲突法发展最新理念等缺陷，在实践中带来诸多司法难题，并产生司法见解相互矛盾、选法不具有确定性及可预见性，法律选择不公平等诸多弊端。

4. 对大陆人民实体权利的限制既不公平，也不合理。

实证研究表明，在台湾地区以"户籍"为标准之大陆人民身份的认定，所带来的结果就是一系列歧视违理的实体权利的限制性规定被强加于身。"条例"在冲突规则外，特别设立了大量的实体限制性规定，研究发现，这类实体权利义务的规定在适用时是优于冲突规范的，给大陆人民权利带来的影响也更为深刻，在前文研究中已可观之。

最显悖论的情形是大陆配偶因婚姻的结合而久居台湾，为家庭和社会付出良多，住所地法显然与其生活有着密切和真实的联系，可是在获得台湾地区户籍前需要经历至少6年时限，再加上一系列条件的限制，这已经是最快的速度。在此期间，其身份依然是大陆人民，依属人法连结点"设籍地"，即便在台湾地区连续生活达6年，也"无权"适用台湾地区人民之"法律"。在继承权利、收养权利等问题上，还是适用针对大陆人民而特设之限制性规定，其自由、平等及尊严何在？相比而言，台湾地区外籍配偶就不存在如此限制。单以最低限度之公平要求来看，大陆配偶这么多年来在台湾地区尽力争取的，也不过就是，希望能够得到和东南亚籍配偶一样的待遇。这种单纯因身份而歧视，因政治私利而绑架人民权利之规定，竟还得到法律的保障，放眼全球均为罕见。台湾地区又何足自称人权灯塔？

复以继承为例，实证研究表明：大陆人民声明继承得到准予的难度很大，近十年来，得到准予的案件仅占14%。而且这14%得到准予的案件中，多数乃经抗告后方得允准。同时，围绕大陆人民继承权之限制，台湾地区还形成了大量的补充规定及判解函释，均以限制大陆继承人行使继承权为意。虽然"条例"曾对大陆当事人继承不动产问题作出修改，允许将不动产折入可继承之金额，并对取得长期居留资格的大陆配偶继承不动产不作限制。然而，上述修改虽稍有改善大陆继承人继承权之不平等地位，但该规定仍以台湾地区居民居住利益为优先，设定了台湾地区居民"赖以居住"之例外，并留由台湾地区法院在司法实务中作出具体认定。实证研究表明，从结果上来看，仅少数，约 29% 系争不动产未被认定为台湾地区人民"赖以居住"之不动产，可纳入大陆人民之继承权利范畴，大多数系争不动产，大陆人民仍然不得继承之。

再以大陆人民继承遗产 200 万上限为例，通过文献实证研究方法，查阅"条例"立法文件，时任"副主任委员"马英九之解释为："根据我们所做的民意调查，社会精英有 57% 认为财产的继承，两岸人民应一视同仁；而一般民众有 47% 认为，不应让大陆人来台湾继承。为求尊重各方意见，几经折冲，才定二百万元为上限"① 时任"主任委员"之施启扬进一步说明："二百万元额度的订定，是以二百万台币一年银行利息约二十万，平均每月约一万五千元至六千元左右为准据。换成人民币来看，可提供大陆人民不错的生活。"② 且不说民意数据中何为"社会精英"，又何为"一般民众"，其样本取样本身就存在前提主体身份设定模糊的问题，数据百分比又如何得来，难以令人信服。再观之 200 万上限的设定也完全是种主观预估，缺乏可靠的实证调研为支撑。这充分证明"没有实证性的研究报告，仅仅依据属于民主方式的会议讨论、投票，在缺乏必要的信息支撑和有效评估的情况下，产生恶法的几率要比产生良法的几率大得多。"③ 但是，即便是这样一个在立法当初也备受诘难的"恶法"，放在今天的经济形势下，还依然乖谬的存在，在司法实践中还依然必须执行。要知道，承认大陆人民的继承权，并不是给什么优惠，不过是权利上等同于台湾地区人民和外籍人士而已，此系中华家庭伦理和人权的基本要求，否则何以自诩所谓的"台湾价值"？

作为一种社会控制，法律并不是万能的，尤其是在特定的时空背景下，法律能否如其设计发挥预期的功能，需要有支持其运作的政治、经济、社

---

① "立法院公报"，第 80 卷，第 63 期，"委员会"记录，第 42 页。

② "立法院公报"，第 80 卷，第 64 期，"委员会"记录，第 24 页。

③ 雷小政：《法律生长于实证研究》，北京大学出版社 2009 年版，第 37 页。

会、文化等资源。与其着力于制定那些因多种人为因素的制约而在现实中难以发挥太大效力的成文性法律文件，毋宁解除更多的人为限制，给两岸交往内部秩序的形成予更大的空间。从这个意义上说，国家统一前两岸交往秩序的建构所需要的可能并不是太多的规则，而是较少的政策性限制[①]。在涉陆婚姻、收养、继承等亲属关系中，这种来自于制度威权的对特定人群的过度压制，会逐渐演化为社会焦虑和暴力的来源，司法实务中，涉陆离婚案畸高就是例证。要改变这种状态，除了废除立法中这种僵硬落伍，与法治精神背道而驰的限制性规定外，更重要的是要根本改变台湾地区长期以来设置特殊轨道的"两岸关系政策"定位，方能根本消除不仅存在于立法，而且存在于司法场域内的对大陆人民之人权暗角。

（三）立法空白及法律漏洞

1. 涉陆管辖权的调整。

从台湾地区的相关立法来看，无论是"两岸人民关系条例"还是"民事诉讼法""家事事件法"等法律中均未对涉陆民事诉讼管辖问题作出特殊规定。事实上，台湾地区对所有涉外国或外法域的民事案件管辖权都基本未作特别规定，仅在其"涉外民事法律适用法"就外国人之禁治产及死亡宣告、"海商法"就载货证券所生争议例外赋予专属管辖权外，余则未予规定。实证研究发现：台湾地区涉陆民事案件管辖权确定与台湾地区内部一般民事案件相比，至少在法律适用上并无实质性区别，司法实践中多是"类推适用""推定适用"，或"参酌"台湾地区"民事诉讼法""家事事件法"中管辖权规则。

立法的缺失所带来的是司法管辖权的过度扩张。例如：台湾地区法院在确定涉陆婚姻事件管辖权时，有的援引"家事事件法"第 53 条建立台

---

① 王建源：《在事实与规范之间——论国家统一前的两岸交往秩序》，《台湾研究集刊》2001 年第 2 期，第 85—86 页。

湾地区原告住所地管辖权并不妥当，有违"以原就被"之程序原则，亦完全置大陆人民之诉讼利益于不顾，有的援引"家事事件法"第52条，设法在台湾地区找寻夫妻共同住所、共同居所或诉之原因事实发生之夫或妻居所地，甚至在大陆配偶从未入境台湾，或夫妻从未在台湾有过住所或居所的情况下，最后也要由"中央政府所在地"之台北地方法院管辖。如此竭尽所能行使对涉陆案件之管辖权，而完全忽略管辖权建立应考虑程序公益及原被告双方利益衡平的原则，实不足取。实证研究表明：管辖权过度扩张的结果就是，在两岸婚姻诉讼领域，产生大量的重复诉讼。重复诉讼不仅是对司法资源的浪费，而且对当事人而言也是耗时又耗财。更糟糕的是，若两地法院作出不同的判决，则当事人在两地的婚姻状况将处于矛盾的不稳定状态。

尽管如此，仍有一些司法机关在实务中注意到涉陆管辖权不同于台湾地区内部管辖权确立的特殊之处，发展出管辖权调适的实践规则。其中合理之处，未来可在修法中善加吸收：（1）采"修正类推适用"规则确定涉陆民事管辖权。以台湾地区民事诉讼管辖权规则为基础，但赋予法官一定程度的自由裁量权，允许法官根据个案事实与法庭地是否有某种牵连关系存在，衡量行使管辖权是否合理、且无违公平正义原则。（2）采"不方便法院原则"合理调整区际管辖权。在涉陆民事案件中，允许法庭根据以下因素认定管辖权行使的合理性：证据调查方便以及被告权益保障及应诉之方便，并以减少台湾地区之法院之劳力、时间与费用耗费，且无违当事人间之实质公平与程序之迅速经济为衡量标准。（3）当事人合意管辖条款立法应尽可能支持其合法成立，在条款的效力上宜采专属排他性解释，更符合当事人诉讼权益保障之基本价值。

2. "设籍地"作为两岸人民身份识别因素和属人法连结点，存在法律漏洞。

"设籍地"作为属人法连结点，实证研究发现，存在以下问题：首先，因两岸人民存在身份转换的可能性，当事人可能先后分别在台湾地区或大陆设籍，故"设籍地"显属"动态"连结点，在冲突规范中使用，即有可能产生准据法无法确定的可能。例如："子女设籍地区之规定"指的是子女"初次设籍地"大陆还是"现在设籍地"台湾地区？其次，自然人在两岸均没有设立户籍时，如何确定准据法？实务中，有的法院采"现在居住地"作为补充连结点。

"设籍地"作为身份识别因素，实证研究发现，因户籍变动引发身份变化，将带来以下法律问题，需要规则的进一步澄清：首先，是否有必要根据"条例"对在大陆已成立之收养关系以台湾地区人民身份重新声请认可？其次，因户籍变动而引发身份变化，继承开始时为大陆人民，但继承开始三年内取得台湾地区人民身份，则就继承被继承人之遗产，是否仍应向法院为继承之表示？再次，继承开始于"两岸人民关系条例"颁布实施前，在"条例"颁布之时，继承人身份为大陆人民，后取得台湾地区人民身份，则在此之后达成遗产分割协议取得不动产权利是否受"两岸人民关系条例"之规定限制？最后，原为大陆人民，后取得台湾地区人民身份，但却被台湾行政机关撤销户籍登记，则其之前以台湾地区人民身份所为行为效力如何认定，撤销是否有溯及力？若撤销台湾户籍登记时，其大陆户籍亦已经被注销，则其身份又该如何认定？

3. 大陆方面法律的查明缺乏立法规范。

关于大陆方面法律查明，"条例"并未规定。包括法律查明责任分配、查明途径及方法、查明对象、无法查明的后果等均未做出规定。实证研究发现，台湾地区司法实务中发展出一系列大陆方面法律查明的实务规则，可供未来立法参考。

4. 法律规避及强制性规范，虽立法未曾规定，但在实务中却有运用。

尽管"条例"对于法律规避问题并无明文规定，但在两岸区际法律适用之司法实务中，台湾地区法院却发展出与"涉外民事法律适用法"立法精神基本一致之法律规避实践规则。同样的，在"条例"中并未明文规定"强制性规范"，但由于其目的在于保护法院地之公共秩序，体现公法性实体政策之考虑，在涉及劳工保障及禁止未经许可之货币汇兑等问题上，该规则有个案适用。

5. 在涉陆民事案件之冲突规范领域，亦存在诸多立法缺漏。实证研究发现，冲突规范的强行性适用或任意性适用问题，在立法中未曾规定，但实践采强行性适用观。以下领域还存在冲突规范付之阙如的情形，司法实务存在分歧：大陆法人之当事人能力、自然人死亡宣告、债权让与、债务人异议、知识产权法律适用等。

6. 对大陆判决认可与执行的规定过于简陋，司法实践存在失范现象。这种因立法缺漏带来的实践失范特别表现在："条例"明文规定之外扩展认可审查条件、扩展实质审查范围、否定经认可之大陆民事确定判决在台湾地区的既判力。立法上应尽快明确相关争议问题的意涵，纠正实践中存在的不合理及错误之处。

三、两岸未来需要进一步加强磋商协调的问题

（一）协议商签的可能性

就当前"两岸人民关系条例"的规定来看，关于两岸协议商内容见于第4条之2第2项："行政院大陆委员会或前项经行政院同意之各该主管机关，得委托第四条所定机构或民间团体，以受托人自己之名义，与大陆地区相关机关或经其授权之法人、团体或其他机构协商签署协议。"第5条第2项："协议之内容涉及法律之修正或应以法律定之者，协议办理机关应于协议签署后三十日内报请行政院核转立法院审议；其内容未涉及法律之修正或无须另以法律定之者，协议办理机关应于协议签署后三十日内报请

行政院核定，并送立法院备查，其程序，必要时以机密方式处理。"该条内容规定较为笼统，所以尚未可知：协议能否直接约束台湾地区公权力机关，能否作为司法机关作出裁判的依据？如果协议内容涉及法律的修正或应以法律定之，若新法或修法尚未完成，协议本身能否作为司法裁判的依据？

从当前两岸商签的协议内容来看，大多属于事务性协议，比如《两岸公证书使用查证协议》等，但有的协议就不好区分，例如《海峡两岸共同打击犯罪及司法互助协议》，就不仅涉及刑事司法权力，还包括判决认可与执行等司法互助内容之民事司法权力，既有事务性，也有政治性。对该协议所涉判决认可与执行条款，可否在台湾地区法院审理大陆民事判决认可与执行声请中，作为法律依据直接援引，台湾地区"最高法院"曾在其所作"2015 年度台上字第 33 号民事判决书"中写道："2009 年 4 月发布之《海峡两岸共同打击犯罪及司法互助协议》第十条规定，与两岸人民关系条例第七十四条之规定并无不同，其内容未涉及法律之修正，仅由行政院核定后送立法院备查，自不影响条例第七十四条规定之解释。"似乎并不认为该协议可直接援引，而是仅对该协议是否对"条例"规定作出修正作出判断，最后依然是直接适用"条例"第 74 条作出判决。

本实证研究主题涉及涉陆民事案件管辖权、法律适用及判决认可与执行，皆是涉及以法律所定之司法实务问题，在台湾地区当前对两岸协议签署监督机制还没有形成共识，制度尚未落地的情况下，现阶段讨论该类议题之两岸协议商签，并不务实。但这并不意味着两岸在现阶段无所作为。因为至少仍有诸多问题是需要，且能够加强沟通和协调的，未来新法落地后，视两岸现实需要，或许仍有签署协议的可能性，也未可知。

（二）需要加强沟通协调的问题

1. 加强管辖权协调。实证研究表明，仅有少数个案会在"利益衡量说"基础上，考量案件跨法域特点而进行管辖权的综合性判断，大多数台湾地区法院确定涉陆民商事案件管辖权时完全是以其民事诉讼法中管辖权规则为基础进行类推或逆推，故而，两岸间重复诉讼及对抗诉讼案量庞大。未来，根据本实证研究之结果，两岸间管辖权之协调至少可以从以下几方面展开：一是承认当事人协议选择法院条款的效力，且在当事人没有相反意思表示的情况下，承认其约定具有排他效力；二是"先诉法院"原则之确立。在台湾地区立法上已有先诉法院原则，所以这一点并不存在障碍，唯研究发现，当前最大的问题在于大陆判决书既判力在台湾地区不被承认，则先诉法院原则不得适用；三是"不方便法院原则"之确立，虽然在台湾地区立法中并未规定，但却不乏此类实践，应可认为在司法裁量权范围内，该原则在台湾地区仍有适用的必要性和可行性。该规则的采用客观上也有助于减少原告"挑选法院"，合理建立司法管辖权。

2. 法律的查明、书证的提交、文书送达等可以电子化方式提高效率、善予方便。实证研究表明，通过两岸司法互助渠道进行法律的查证是低效率，且利用率很低的方式。司法程序上认为具有合格形式的书证提交要求对大陆当事人而言，是一项难题，实证研究表明，文书的提交亦是大陆当事人权利行使成功与否的重大障碍之一。未来，两岸应重视数据库平台的建立和对接，至少在法律的查明、书证电子化、文书送达等方面给予当事人方便，提高诉讼效率。

3. 判决认可与执行程序应进一步加强程序的相互衔接。

首先，两岸间判决认可与执行程序中最亟待解决的问题就是，台湾地区应当承认经认可之大陆判决在台湾的既判力。在此，且不问台湾地区"最高法院"应不应该做这种裁断，但问为什么需要做这种论断。实证研究表明，否认经认可之大陆裁判在台湾地区之既判力的目的，在于方便当事人在台湾地区法院针对该给付判决文书确定的债权债务提出债务人异议之诉。除此之外，形成判决和确定判决虽受"无既判力"之威胁，但至少在现实层面尚未出现否定的案例。债务人异议之诉有几种情况：第一种情况是针对大陆判决提出对抗诉讼。此类诉讼中，虽然"条例"中并无专门的债务人异议之诉选法规则，但均肯定应依该债之关系本应适用的法律。由于多数经大陆法院审理的债之争议适用选法规则后多指向大陆方面法律，这就意味着台湾地区法院得就发生在大陆之债依大陆方面法律再为实质审理。显然，这么做是不符合法律原理，也有违诉讼经济的。事实上，这么做有可能为民商事关系中不诚实当事人提供避法甚至是财产庇护效果，当事人完全有可能为了躲避大陆判决的执行而将财产往台湾地区进行转移。这也会让台湾地区法院承担有损其声誉的，为"不良行为"庇护的"恶名"。而且，经过大陆审理又经台湾地区法院认可之判决，仍因为旷日持久的债务人异议之诉而得不到执行的话，实在有损大陆法院司法权威。从原告评估诉讼效果后选择起诉法院权利角度而言，还会造成司法权力实际向台湾地区流动的效果。所以这种情况下，否定既判力，支持债务人异议之诉是完全不可取的。第二种情况是已经在大陆部分执行或执行完毕后，当事人持相同判决向台湾地区法院再为认可及执行声请。实证研究发现，对于此类声请，虽相对人会作抗辩，但法庭认为此不属于拒绝判决认可与执行的法定理由之一。故依然会予以认可，只是需要当事人提起债务人异议之诉。第三种情况是在大陆法院所作判决在大陆已过两年执行时效，而台湾地区对执行申请无时效限制，故当事人至台湾地区声请判决认可与执行，极端个案甚至从判决生效之翌日算起至向台湾地区法院声请执行，已逾 13 年。[①] 后两种情形，虽于当事人权利保护为必要，但就已为执行之判决书更为声请执行之情形、可以考虑在非讼程序要件上以书证证明，并以债归于消灭或部分归于消灭，欠缺保护利益为由驳回声请。就时效问题，台湾地区"法律"本就未设判决申请认可时效，为何对大陆判决，当事人时效抗辩又为有理由呢？又允许当事人提起债务人异议之诉呢？总而

---

① 台湾南投地方法院民事简易判决 2014 年投简字第 98 号。

言之，经认可之大陆判决在台湾地区无既判力，对这一问题大陆司法机关应有足够的重视，并在与台湾地区司法机关充分沟通的基础上协商处理好重复执行申请、超时效执行问题。以否定大陆判决既判力的方式方便当事人提请债务人异议之诉，要么诉本身不合理，要么可以其他先置程序合理解决，故该做法于目的之达成与采取之手段之间无必然的因果关系。

其次，台湾地区立法中对拒绝认可大陆民事确定判决明定理由为互惠原则及公序良俗。但实证研究发现，台湾地区法院在审查时，实际执行的条件要求多达七种。未来两岸间若有商谈机会，应就隐形审查条件明晰化，条件含义特定化，努力形成一致共识。

最后，判决认可与执行中之其他问题。在民事调解书及以改变民事关系状态为效果的行政裁判文书之认可与执行问题上，应进一步沟通明确。另外就是支付命令的确定性问题。台湾地区立法已废止支付命令之既判力，则该支付命令即不具有确定性，而大陆方面司法解释中却肯定经人民法院认可之支付令能在人民法院获得既判力。实证研究中亦发现案例为：同一系争债权，台湾地区法院先为支付命令，后为债权不存在判决。若支付命令在大陆已获得认可，则就同一系争债权台湾地区法院重新而为之否定债权民事判决，在人民法院又该如何认可与执行，与已经认可之支付令裁定之间关系如何处理？重重矛盾均需妥善因应，应有沟通确认之必要。

参考文献

一、中文论文

1. 王正嘉：《保护妇女与儿童的人身自由之刑事规范与国际法》，台湾《月旦刑事法评论》2017 年 6 月。

2. 吴光平：《即刻适用法争议问题》，台湾《月旦法学杂志》2016 年第 260 期。

3. 黄俊杰：《国际人权公约在行政救济之适用》，台湾《月旦法学杂志》2017 年第 261 期。

4. 林洲富：《合意管辖之要件与认定》，台湾《月旦法学教室》2017 年 10 月。

5. 吴光平：《两岸继承事件法律适用之研究》，台湾《辅仁法学》2015 年第 49 期。

6. 吴光平：《涉陆民事法律关系之准据法——两岸人民关系条例第三章之研究》，台湾《德明学报》2013 年第 22 期。

7. 吴光平：《国际合意管辖之效果》，台湾《月旦法学杂志》2013 年第 220 期。

8. 吴光平：《涉外专利权侵害之法律适用》，台湾《月旦法学杂志》

2013 年第 218 期。

9. 刘昌坪：《从宪法角度检视"台湾地区与大陆地区人民关系条例"第七十四条规定》，台湾《月旦裁判时报》2013 年第 20 期。

10. 王海南：《由涉外婚姻事件定性方法评台湾台南地方法院 2003 年度家诉字第八号民事判决》，《月旦裁判时报》2013 年第 21 期。

11. 林季阳：《涉外智慧财产权诉讼之国际裁判管辖——以侵害诉讼为中心》，台湾《科技法律透析》，2013 年第 25 卷第 8 期。

12. 蔡颖芳：《本土家事调解与观察——半自主社会场域观点》，台湾《成大法学》2013 年第 25 期。

13. 郭书琴：《从"法律知识的技术性"谈法律科际整合研究方法与实例》，台湾《成大法学》2013 年第 25 期。

14. 陈竹上、邱美月、赖月蜜：《婚姻暴力事件进入家事调解程序之可行性探讨：跨界整合及在地实证观点》，台湾《成大法学》2013 年第 25 期。

15. 容邵武：《责任、金钱、相对性：乡镇调解委员会里法律意识的探讨》，台湾《成大法学》2013 年第 25 期。

16. 黄维幸：《重新检视判例的拘束力与解释》，台湾《月旦法学杂志》2013 年第 213 期。

17. 翁燕菁：《〈经济、社会与文化权利国际公约〉的黯然登场——"大法官释字 709 号"与经社权利保障》，台湾《月旦法学杂志》2013 年第 218 期。

18. 林秀雄：《家事事件法中之收养非讼事件——从实体法的观点》，台湾《月旦法学杂志》2013 年第 219 期。

19. 吴信华：《大法官规范审查程序中"扩张审理标的"之研究——以"重要关联性"的探究为中心》，台湾《东吴法律学报》2013 年第 24 卷第 4 期。

20. 田飞龙：《历史脉络中的"两岸人民关系条例"法政转型观察手记

之四》,《新产经》2013 年第 3 期。

21. 严泉、蒋金海:《政党政治与台湾地区大陆政策的立法过程——以"两岸人民关系条例"为个案》,《台湾研究集刊》2013 年第 5 期。

22. 孙国平:《论两岸间的一事两诉问题》,台湾《月旦民商法杂志》2012 年第 38 期。

23. 王钦彦:《中国大陆人民法院判决效力之承认与宪法之诉讼权保障》,台湾《成大法学》2012 年第 23 期。

24. 姜世明:《家事非讼程序》,台湾《月旦法学杂志》2012 年第 212 期。

25. 邱联恭:《民事普通法院与家事法院之审判权划分、牵连及冲突——阐释其相关规定之法理依据及适用方针》,台湾《月旦法学杂志》2012 年第 212 期。

26. 邱锦添、陈新华:《两岸法院对仲裁判断之认可与执行》,台湾《军法专刊》2012 年 58 卷 6 期。

27. 蔡昌宪:《论国际法域竞争:以我国赴大陆投资上限及募资用途限制之松绑为中心》,台湾《中原财经法学》2012 年第 28 期。

28. 林洲富:《论选任未成年人与受监护宣告人之监护人——家事事件法施行后之展望》,台湾《月旦法学杂志》2012 年第 212 期。

29. 刘文忠:《两岸法律适用问题研究——一个政治与法律互动的视角》,《台湾研究》2012 年第 6 期。

30. 王建民:《"两岸人民关系条例"能否大修》,《今日中国(中文版)》2012 年第 11 期。

31. 陈荣传:《两岸司法互助的协议与实施》,《人民司法》2011 年第 13 期,总第 624 期。

32. 林恩玮:《国际私法上"分割争点"方法之适用——以"最高法院"两则判决为中心》,台湾《政大法学评论》2011 年第 119 期。

33. 罗发兴：《两岸相互认可民事裁判若干问题的检讨与完善》，台湾《法令月刊》2011 年第 62 卷第 9 期。

34. 黄居正：《国际公法的跨领域观点与其展望：从国际私法中的国际公法议题出发》，台湾《台湾大学法学论丛》2011 年第 40 卷。

35. 许耀明：《涉外侵权行为之准据法与再论选法规则之强行性》，台湾《月旦裁判时报》2011 年第 8 期。

36. 蔡佩芬：《法官审判先有心证始找理由？从涉外案件之审理谈台湾地区之审判》，台湾《月旦裁判时报》2011 年第 9 期。

37. 陈荣传：《涉陆经贸案件的合意管辖》，《台湾法学杂志》2010 年总第 146 期。

38. 陈长：《论"海商法"第七十七条规范意义之再商榷——从实务观点出发》，台湾《政大法学评论》2010 年第 64 期。

39. 吴光陆：《从案例研究大陆地区判决在台湾地区强制执行之救济》，台湾《法令月刊》2010 年第 61 卷第 7 期。

40. 蔡华凯：《国际契约诉讼事件之债务履行地管辖——兼论国际裁判管辖之定性》，台湾《东海大学法学研究》2010 年第 32 期。

41. 王晓丹：《初探台湾的法律与社会研究——议题与观点》，台湾《政大法学评论》2010 年第 117 期。

42. 吴从周：《试论判例作为民法第 1 条之习惯法：为我国判例制度而辩护》，台湾《台湾大学法学论丛》2010 年第 39 卷第 2 期。

43. 许耀明：《涉外事件之认定与涉外民事法律适用法之强行性》，台湾《月旦裁判时报》2010 年第 1 期（创刊号）。

44. 黄国昌：《国际诉讼合意管辖条款排除效果之有效性要件》，台湾《月旦裁判时报》2010 年第 1 期（创刊号）。

45. 陈永灿、何丽新：《两岸船舶碰撞损害赔偿的法律适用》，《水运管理》2010 年第 4 期。

46. 陈荣传 :《国际私法的新面貌——鸟瞰 2011 涉外民事法律适用法》,《台湾法学杂志》2010 年总第 156 期。

47. 伍伟华 :《大陆地区法律之证明及适用》,台湾《法学新论》2009 年第 12 期。

48. 吴光平 :《涉外海上件货运送契约案件的国际裁判管辖——以托运人或受货人的保护为中心》,台湾《玄奘法律学报》2009 年第 12 期。

49. 罗俊玮 :《论中国大陆法院判决之承认与执行》,台湾《万国法律》2009 年第 167 期。

50. 黄异 :《两岸协议的缔结与适用》,《台湾法学杂志》2009 年第 141 期。

51. 朱汉宝 :《两岸民事判决承认之现况与展望》,台湾《展望与探索》2009 年 9 月 7 卷 9 期。

52. 黄国昌 :《一个美丽的错误 :裁定认可之中国大陆判决有无既判力?》,台湾《月旦法学》2009 年第 167 期。

53. 黄翠纹 :《我国家事事件调解机制运作现况之比较分析》,台湾《月旦法学杂志》2009 年第 173 期。

54. 陈荣传 :《两岸民事司法互助实务之研究》,台湾《法学丛刊》2008 年总第 209 期。

55. 陈荣传 :《涉外与涉陆收养准据法之研究》,台湾《台北大学法学论丛》2008 年总第 66 期。

56. 吴光平 :《从平衡涉外民事诉讼实体利益与程序利益之观点探讨国际私法上先决问题之解决标准》,台湾《玄奘法律学报》2008 年第 10 期。

57. 伍伟华 :《经台湾法院裁定认可确定之大陆民事确定判决及仲裁判断是否有既判力?》,台湾《台湾大学法学论丛》2008 年第 38 卷第 4 期。

58. 伍伟华 :《论认可大陆地区民事裁判之要件》,台湾《玄奘法律学报》2008 年第 10 期。

59. 张嘉尹：《台湾宪改的途径选择——以台湾宪法变迁为脉络的思考》，台湾《世新法学》2008 年第 1 卷第 2 号。

60. 王志文：《涉外债之关系法律适用规范之修正》，台湾《月旦法学杂志》2008 年第 158 期。

61. 吴煜宗：《台湾国际家族的法制困境——基于"两岸人民关系条例"之外籍配偶二元制的矛盾性》，台湾《台湾国际法季刊》2008 年第 5 卷 1 期。

62. 江崇源：《论 WTO 架构下两岸间区域经贸整合：合适整合模式之建构及其该安排于国际法下之性质》，台湾《中原财经法学》2008 年第 21 期。

63. 陈丽娟：《全球化公司治理法律制度研究——当大陆法遇到英美法：两岸公司治理的危机与转机》，台湾《中原财经法学》2008 年第 20 期。

64. 李瑞生：《论电子商务民事诉讼之国际裁判管辖权》，台湾《玄奘法律学报》2008 年第 10 期。

65. 郭玉军、徐锦堂：《中国区际法律冲突解决路径探析》（上、下），《时代法学》，2008 年第 1、2 期。

66. 许耀明：《国际智慧财产权诉讼之国际管辖权决定、准据法选择与法律适用之问题》，台湾《玄奘法律学报》2007 年第 8 期。

67. 徐慧怡：《两岸贸易法律冲突之研究——由台湾地区与大陆地区关系条例之规定观之》，《〈WTO 法与中国论坛〉文集——中国法学会世界贸易组织法研究会年会论文集（六）》，北京大学出版社 2007 年版。

68. 赖来焜：《国际私法中区际法律冲突之研究》，《法律哲理与制度——国际私法》，台湾元照出版有限公司 2006 年版。

69. 吴光平：《从国际裁判管辖权之决定基准论我国法上海事案件国际裁判管辖权之决定》，台湾《中原财经法学》2006 年第 16 期。

70. 王重阳：《从国际私法选法规则对两岸收养案件之分析》，台湾《政大法学评论》2006 年第 94 期。

71. 王国治：《从东西德国法律冲突论台湾、香港、澳门与大陆地区冲突法》，《台湾海洋法学报》2006 年第 5 卷第 2 期。

72. 王重阳：《论大陆地区人民之继承回复请求》，台湾《展望与探索》2006 年第 4 卷 10 期。

73. 黄国昌：《国际诉讼之合意管辖——以排除效果之有效性要件为中心》，台湾《政大法学评论》2006 年第 90 期。

74. 陈启垂：《国际管辖权的合意》，台湾《月旦法学杂志》2006 年第 131 期。

75. 陈荣传：《2005 年学界回顾：国际私法》，台湾《月旦法学杂志》2006 年总第 138 期。

76. 陈荣传：《2004 年学界回顾：国际私法》，台湾《月旦法学杂志》2005 年总第 123 期。

77. 吴光平：《即刻适用法与劳动法的直接适用》，台湾《玄奘法律学报》2005 年第 4 期。

78. 周成瑜：《藉'结婚'名义使大陆人民非法入境相关法律问题之研究》，台湾《台湾海洋法学报》2004 年第 3 卷 1 期。

79. 裴普：《一国两制架构下海峡两岸区际私法构想——兼评台湾"两岸人民关系条例"》，《重庆大学学报（社会科学版）》2004 年第 2 期。

80. 杨茜、章易：《解读台湾当局新通过的"两岸人民关系条例"》，《统一论坛》2004 年第 2 期。

81. 凌凤仪、林光：《两岸人民关系条例修正与两岸空运通航相关问题之探讨》，台湾"立法院院闻"2003 年第 31 卷 12 期总号 368。

82. 柯泽东：《国际私法之发展与理想——迈向新境界》，台湾《月旦法学杂志》2003 年第 100 期。

83. 王文杰：《认真对待崛起中的中国大陆法制——一个客观检验标准

的建立》，台湾《月旦法学杂志》2003 年第 100 期。

　　84. 徐崇利：《两岸民商事法律冲突的性质及立法设计》，《厦门大学法律评论》第 5 辑，2003 年第 2 期。

　　85. 许俊强、吴海燕：《海峡两岸民事法律适用问题研究》，《大连海事大学学报 (社会科学版)》2003 年第 3 期。

　　86. 廖元豪：《从政治问题理论，论两岸关系宪法定位之可司法性》，台湾《政大法学评论》2002 年第 71 期。

　　87. 书涵：《检讨修正两岸人民关系条例》，台湾《交流》2002 年第 63 期。

　　88. 陈蘋：《从 "两岸关系条例" 的修正看两岸 "三通"》，《两岸关系》2002 年第 12 期。

　　89. 孙笑侠：《法律家的技能与伦理》，《法学研究》2001 年第 4 期。

　　90. 汪萍，许石慧，王淳：《试论海峡两岸民事法律冲突的合理解决——〈大陆地区与台湾、香港、澳门地区民事法律使用示范条例〉与〈台湾地区与大陆地区人民关系条例〉比较研究》，《江苏社会科学》1999 年第 5 期。

　　91. 裴普：《海峡两岸民商事关系法律适用刍议——兼评台湾 "两岸人民关系条例"》，《现代法学》1999 年第 2 期。

　　92. 肖永平、杜涛：《当代多法域国家区际法律冲突协调模式研究》，《中国国际私法与比较法年刊》，法律出版社 1998 年卷（创刊号）。

　　93. 姜茹娇：《浅谈海峡两岸民商事交往中的法律适用问题》，《中国律师》,1998 年第 7 期。

　　94. 杨德庸：《两岸人民关系条例中有关民事之规范》，台湾《空大学讯》1996 年第 01172 期。

　　95. 冯震宇：《大陆商标制度暨台商于大陆所遭遇商标问题之检讨》，台湾《中原财经法学》1996 年第 2 期。

　　96. 王志文：《论国际与区际民事司法协助》，台湾《法令月刊》1996

年第 47 卷 6 期。

97. 王志文：《海峡两岸之管辖界线》，台湾《法令月刊》1994 年第 45 卷 3 期。

98. 徐平：《台湾当局有关两岸民事关系法律适用规定之评析》，《台湾研究集刊》1994 年第 3 期。

99. 韩德培、黄进：《制定区际冲突法以解决我国大陆与台湾、香港、澳门的区际法律冲突》，《武汉大学学报》（社会科学版）1993 年第 4 期。

100. 余先予、杨亮：《评海峡"两岸人民关系条例"中的民事法律冲突规范》，《宁波大学学报（人文科学版）》1993 年第 2 期。

101. 金彭年：《海峡两岸民事法律适用问题研究》，《杭州大学学报（哲学社会科学版）》1993 年第 3 期。

102. 黄来纪、宋锡祥：《"台湾地区与大陆地区人民关系条例"研讨会综述》，《社会科学》1993 年第 3 期。

103. 刘文武：《"台湾地区与大陆地区人民关系条例"与海峡两岸律师实务》，《法学》1993 年第 5 期。

104. 杨贤坤：《试论海峡两岸民事、经济交往适用法律的原则——兼论"台湾地区与大陆地区人民关系条例"民事部分适用法律的规定》，《中山大学学报（社会科学版）》1993 年第 2 期。

105. 田文君：《论海峡两岸人民法律地位平等——对两个"两岸人民关系法草案"之比较》，《中南政法学院学报》1993 年第 4 期。

106. 许光泰：《论中共对"两岸人民关系条例"的批评》，台湾《中国大陆研究》1992 年第 35 卷 10 期。

107. 江惠：《析"两岸人民关系条例"与中共之反应》，台湾《中共研究》1992 年第 26 卷 10 期。

108. 蔡荣雄：《"两岸人民关系条例"之立法始末及其时代意义》，台湾《中国大陆研究》1992 年第 35 卷 10 期。

109. 张立宇：《"两岸人民关系条例"评议》，台湾《中山社会科学季刊》1992 年第 7 卷 3 期。

110. 林雅芬：《试评"台湾地区与大陆地区人民关系条例"草案——关于大陆地区人民来台继承之规定》，台湾《万国法律》1992 年第 64 期。

111. 王志文：《海峡两岸法律冲突规范之发展与比较》，台湾《华冈法粹》1992 年第 21 期。

112. 王志文：《港澳问题与两岸法律冲突》，台湾《法令月刊》1992 年 43 卷 1 期。

113. 陈荣传：《两岸法律冲突规则的立法问题》，台湾《军法专刊》1991 年 1 第 37 卷第 12 期。

114. 邵宗海：《谈"定位"对两岸关系发展的影响——从"两岸人民关系条例"草案谈起》，台湾《中央月刊》1991 年第 24 卷 4 期。

115. 朱新民：《对"两岸人民关系条例"的检讨与建议》，台湾《海峡评论》1991 年第 1 期。

116. 王志文：《研讨会两岸关系法朝野版本之比较评析》，台湾《法令月刊》1991 年 42 卷 1 期。

117. 梁建达、蔡银喜：《台湾当局应当赋予海峡两岸人民平等的继承权利——评"台湾地区与大陆地区人民关系条例（草案）"有关继承的规定》《汕头大学学报》，1991 年第 1 期。

118. 唐荣智、丁珊：《两岸人民关系条例与中华经济圈》，《法治论丛》1991 年第 1 期。

119. 陈培豪：《海峡两岸人民关系条例立法方向之研究》，台湾《法律评论》1990 年第 56 卷 10 期总号 1276。

120. 王志文：《析论海峡两岸法律问题及其处理规范》，台湾《华冈法粹》1990 年 19、20 期合刊。

121. 陈安、彭莉：《两种"两岸人民关系法"之对立与统一——兼谈

〈闽台自由贸易协定〉之可行》,《台湾研究集刊》1990 年 Z1 期。

122. 陈友平:《台湾"两岸人民关系暂行条例"草案得失评》,《法学杂志》1990 年第 5 期。

123. 范光群:《从海峡两岸人民婚姻问题评析"台湾地区与大陆地区人民关系暂行条例"草案》,《法律学习与研究》1990 年第 4 期。

124. 若成:《海峡两岸人民关系的法律问题——全国台联和人民大学台法所联合举行台湾"两岸关系条例"(草案)研讨会》,《法律学习与研究》1989 年第 6 期。

125. 黄介南:《两岸裁定认可民事确定判决之研究》,(台湾)东吴大学法律学系 2014 年硕士论文。

126. 程耀樑:《论外国判决之承认——以两岸判决承认为中心》,(台湾)东海大学法律学系 2012 年硕士论文。

127. 洪秀凤:《两岸协议的法制定位与国会监督》,(台湾)淡江大学中国大陆研究所硕士在职专班 2012 年硕士论文。

128. 詹凯晴:《两岸协议的法律拘束性——由 Kelsen 与 Hart 法理论试析之》,(台湾)台湾大学法律学研究所 2012 年硕士论文。

129. 钱炳村:《台海两岸亲子间法律问题之研究》,(台湾)中国文化大学中山与中国大陆研究所中山学术组 2012 年博士论文。

130. 吴佳玲:《两岸之收养法制与实务》,(台湾)台北大学 2011 年硕士论文。

131. 易先智:《海峡两岸智慧财产权保护与合作之法律研究》,(台湾)中国文化大学法律学系 2011 年硕士论文。

132. 郑钦隆:《两岸婚姻制度之比较研究》,(台湾)中国文化大学政治学系 2011 年硕士论文。

133. 徐欣蓉:《两岸婚姻法制之研究——以离婚为中心》,(台湾)东吴大学法律学系 2010 年硕士论文。

134. 邓朝晖：《魁北克国际私法研究——兼论对中国区际法律冲突问题之借鉴》，武汉大学 2009 年博士学位论文。

135. 郭俐君：《海峡两岸婚生、非婚生子女法制之研究》，（台湾）中山大学中国与亚太区域研究所 2009 年硕士论文。

136. 徐锦堂：《当事人合意选法实证研究——从我国涉外审判实践出发》，武汉大学 2008 年博士学位论文。

137. 吴秉林：《两岸人民关系条例婚姻规定之研究——自涉外民事法律适用法发展趋势以观》，（台湾）政治大学法律学研究所 2008 年硕士论文。

138. 刘蕙瑜：《两岸收养法律冲突之研究》，（台湾）台北大学法律学系 2008 年硕士论文。

139. 林逸群：《两岸收养法制冲突之研究》，（台湾）台北大学法律学系 2008 年硕士论文。

140. 朱振坤：《我国用大陆雇佣渔船船员问题之研究——在现阶段（2000 至 2006 年）两岸关系基础上分析》，（台湾）中国文化大学政治学研究所硕士在职专班 2007 年硕士论文。

141. 张秀杰：《两岸收养法制之比较研究》，（台湾）海洋大学 2007 年硕士论文。

142. 孙正华：《两岸司法互助之研究——以台湾对大陆地区法院裁判之认可与执行为主》，（台湾）台湾大学"国家"发展研究所 2007 年硕士论文。

143. 曾也珈：《从超国界法律观点看两岸婚姻移民》，（台湾）中正大学法律所 2007 年硕士论文。

144. 李欣芸：《论海峡两岸之收养法制》，（台湾）东海大学法律研究所 2006 年硕士论文。

145. 蔡生当：《两岸交流与管制模式之研究 (1987—2005)》，（台湾）

台湾大学政治学研究所 2006 年硕士论文。

146. 林家宏 :《两岸婚姻法律冲突理论与实务之研究》,（台湾）中正大学法律研究所 2005 年硕士论文。

147. 林家宏 :《两岸婚姻法律冲突理论与实务之研究》,（台湾）中正大学法律所 2005 年硕士论文。

148. 王彰显 :《海峡两岸相互间民事裁判与仲裁之认可与执行之研究》中国文化大学 2003 年硕士论文。

149. 余亚倩 :《台湾、大陆、香港与澳门地区间民事法律冲突之研究》,（台湾）中国文化大学法律学研究所 2002 年硕士论文。

150. 叶又亿 :《海峡两岸相互间民事司法协助问题研究》,（台湾）中国文化大学法律学研究所 2002 年硕士论文。

151. 杜晓炬 :《两岸民事法律冲突研究》,（台湾）东华大学大陆研究所 1997 年硕士论文。

二、中文著作

1. 林益山 :《国际私法与实例解说》,（台湾）元照出版公司 2014 年版。

2. 周叶中、祝捷编 :《构建两岸关系和平发展框架的法律机制研究》,九州出版社 2013 年版。

3. [德] 尼可拉斯·卢曼 :《法社会学》,宾凯、赵春燕译,上海世纪出版集团 2013 年版。

4. 黄进主编 :《我国区际法律问题探讨》,中国政法大学出版社 2012年版。

5. 冯霞 :《涉港澳台区际私法》,中国政法大学出版社 2012 年版。

6. 彭莉 :《台湾地区对大陆经贸事务立法研究》,厦门大学出版社 2012 年版。

7. 宋英辉：《法律实证研究方法的本土化探索》，北京大学出版社2012年版。

8. 李晓兵等著：《"一国两制"下两岸宪政秩序的和谐建构》，澳门理工学院一国两制研究中心出版2011年版。

9. 张文生主编：《两岸政治互信研究》，九州出版社2011年版。

10. 陈隆修、宋连斌、林恩玮：《国际私法新世纪两岸国际私法》，（台湾）五南图书出版股份有限公司2011年版。

11. 陈隆修、刘仁山、许兆庆：《国际私法程序正义与实体正义》，（台湾）五南图书出版股份有限公司2011年版。

12. 陈隆修、宋连斌、许兆庆：《国际私法国际程序法新视界》，（台湾）五南图书出版股份有限公司2011年版。

13. 彭庆军：《政治发展进程中的政治平衡问题研究》，武汉大学出版社2010年版。

14. 刘铁铮、陈荣传：《国际私法论》，（台湾）三民书局2010年版。

15. 柯泽东：《国际私法》，（台湾）元照出版公司2010年版。

16. 袁发强：《宪法与我国区际法律冲突的协调》，法律出版社2009年版。

17. 邓建国：《海峡两岸继承法律实务》，法律出版社2009年版。

18. 许耀明：《国际私法新议题与欧盟国际私法》，（台湾）元照出版公司2009年版。

19. 陈隆修、许兆庆、林恩玮、李瑞生：《国际私法管辖与选法理论之交错》，（台湾）五南图书出版股份有限公司2009年版。

20. 雷小政：《法律生长与实证研究》，北京大学出版社2009年版。

21. 宋英辉、王武良：《法律实证研究方法》，北京大学出版社2009年版。

22. 杨德明：《中国区际知识产权制度比较与协调》，知识产权出版社

2008 年版。

23. 黎民编著：《国际私法各论体系重点整理》，（台湾）新保成出版事业有限公司 2008 年版。

24. 赖来焜编：《2007 两岸国际私法研讨会论文集》，（台湾）元照出版公司 2008 年版。

25.《国际私法理论与实务问题之探讨——刘铁铮教授七秩华诞祝寿论文集（二）》，（台湾）元照出版有限公司 2008 年版。

26. 仇立平：《社会研究方法》，重庆大学出版社 2008 年版。

27. 白建军：《法律实证研究方法》，北京大学出版社 2008 年版。

28. [美] 迈尔斯·休伯曼：《质性资料的分析：方法与实践》，张芬芬译，重庆大学出版社 2008 年版。

29. 于飞：《海峡两岸民商事法律冲突问题研究》，商务印书馆 2007 年版。

30. 周叶中、祝捷：《台湾地区"宪政改革"研究》，香港社会科学出版社有限公司 2007 年版。

31. 陈隆修、许兆庆、林恩玮：《国际私法选法理论回顾与展望》，（台湾）台湾财经协会发行 2007 年版。

32. 徐昕主编：《司法程序的实证研究》，中国法制出版社 2007 年版。

33. 左卫民等：《中国刑事诉讼运行机制实证研究》，法律出版社 2007 年版。

34. [美] 萨丽·安格尔·梅丽：《诉讼的话语——生活在美国社会底层人的法律意识》，郭星华、王晓蓓、王平译，北京大学出版社 2007 年版。

35.《〈法律哲理与制度——国际私法〉马汉宝教授八秩华诞祝寿论文集》，（台湾）元照出版公司 2006 年。

36. 柯泽东：《国际私法新境界》，（台湾）元照出版公司 2006 年版。

37. [美] 吉姆·帕森斯等：《试点与改革：完善司法制度的实证研究方

法》，郭志媛译，北京大学出版社 2006 年版。

38. 许兆庆：《国际私法论文选集》，（台湾）台湾财产法暨经济法研究协会 2005 年版。

39. 李其瑞：《法学研究与方法论》，山东人民出版社 2005 年版。

40. 吴经熊：《法律哲学研究》，清华大学出版社 2005 年版。

41. 马汉宝：《国际私法》，（台湾）马汉宝自版发行 2004 年版。

42. 赖来焜：《基础国际私法学》，（台湾）三民书局 2004 年版。

43. 陈荣传：《两岸法律冲突的现况与实务》，（台湾）台北学林书局 2003 年版。

44. 曾陈明汝：《国际私法原理》总论篇、各论篇，（台湾）学林文化 2003 年版。

45. 赖来焜：《海事国际私法学——〈比较海商法〉与〈国际私法〉交会为中心》（上、下），（台湾）神州图书出版有限公司 2002 年版。

46. [美] 本杰明·N. 卡多佐：《司法过程的性质》，苏力译，商务印书馆 2002 年版。

47. [美] 唐纳德·布莱克：《社会学视野中的司法》，郭新华等译，法律出版社 2002 年版。

48. 黄进：《中国的区际法律问题研究》，法律出版社 2001 年版。

49. 余先予主编：《台湾民商法与冲突法》，东南大学出版社 2001 年版。

50. 赖来焜：《当代国际私法学之构造论——建立以"连结因素"为中心之理论体系》，（台湾）神州图书出版有限公司 2001 年版。

51. [美] Kenneth hoover、Todd Donovan：《社会科学方法论的思维》，张家麟译，刘佩怡校，韦伯文化事业出版社 2001 年版。

52. 陈向明：《质的研究方法与社会科学研究》，教育科学出版社 2000 年。

53. 沈涓:《中国区际冲突法研究》，法律出版社 1999 年版。

54. [德] 马克斯·韦伯:《社会科学方法论》，韩水法、莫茜译，中央编译出版社 1999 年版。

55. [法] 迪尔凯姆:《社会学研究方法论》，胡伟译，华夏出版社 1998 年版。

56. 陈安主编:《海峡两岸交往中的法律问题研究》，北京大学出版社 1997 年版。

57. 王泰铨:《当前两岸法律问题分析》,（台湾）五南图书出版公司 1997 年版。

58. 袁方主编:《社会研究方法教程》，北京大学出版社 1997 年版。

59. 黄进主编:《区际私法协助的理论与实务》，武汉大学出版社 1994 年版。

60. 李后政:《两岸民事关系条例与审判实务》,（台湾）永然文化出版股份有限公司 1994 年版。

61. 张晋藩主编:《台湾法律概论》，中国政法大学出版社 1992 年版。

62. 黄进:《区际冲突法研究》,（台湾）学林出版社 1991 年版。

63. 顾倚龙等主编:《海峡两岸法律冲突及海事法律问题研究》，山东大学出版社 1991 年版。

64. 曾宪义等:《大陆法律学者论海峡两岸关系暂行条例》，蔚理法律出版社 1989 年版。

三、外文著作及论文

1. Xiaoliang Fan，Quingming Li，Comparative Study on Selected Aspects of the Latest Private International Law Legislation across the Taiwan Straits，Frontiers of Law in China, Vol. 10, Issue 2 (June 2015), pp. 316-342

2. Chung Chi，International Law and the Extraordinary Interaction between the People's Republic of China and the Republic of China on Taiwan，Indiana International & Comparative Law Review, Vol. 19, Issue 2 (2009), pp. 233-322

3. Chung Chi，Conflict of Law Rules between China and Taiwan and Their Significance，St. John's Journal of Legal Commentary, Vol. 22, Issue 3 (Winter 2008), pp. 559-594

4. Chen Rong-Chwan，Boat on a Troubled Strait: The Interregional Private Law of the Republic of China on Taiwan, Wisconsin International Law Journal, Vol. 16, Issue 3 (1997-1998), pp. 599-638

5. J.Fawcett(ed)，Declining Jurisdiction in Private International Law，Clarendon Press，1995

6. Huang Jin，Qian Andrew Xuefeng，One Country, Two Systems, Three Law Families, and Four Legal Regions: The Emerging Inter-Regional Conflicts of Law in China，Duke Journal of Comparative & International Law, Vol. 5, Issue 2 (Spring 1995), pp. 289-328

四、数据库和网站

1. 月旦法学网：http://www.lawdata.com.tw/

2. 法源法律网：http://www.lawbank.com.tw/

3. 台湾法实证研究资料库：http://tadels.law.ntu.edu.tw/

4. 台湾"司法院"司法统计资讯：http://www.judicial.gov.tw/juds/index1.htm

5. 台湾"法务部"之法务统计网站：http://www.moj.gov.tw/ct.asp?xItem=35093&CtNode=7866&mp=001

6. 台湾统计资讯网：http://www1.stat.gov.tw/mp.asp?mp=3

7. 国际社会调查计划：The International Social Survey Program, ISSP
http://www.issp.org/

8. 密歇根大学社会学研究所：Institute for Social Research, ISR
http://home.isr.umich.edu/